本书为国家社科基金资助项目（批准号：08CYY009）

2010年教育部人文社会科学研究项目（编号：10XJA770008）"关中—天水经济区人地关系与生态文明研究"成果

2011年度中央财政支持地方高校发展专项资金

—— 陇右文化学科建设项目成果

陇右文化研究丛书

主 编 雍际春 副主编 霍志军

HUANGSHUI LIUYU FANGYAN YU
WENHUA YANJIU

湟水流域方言与文化研究

芦兰花 ◆ 著

中国社会科学出版社

图书在版编目（CIP）数据

湟水流域方言与文化研究／芦兰花著 . —北京：中国社会科学
出版社，2017.12
ISBN 978 - 7 - 5203 - 0204 - 3

Ⅰ. ①湟…　Ⅱ. ①芦…　Ⅲ. ①汉语方言—方言研究—青海
②地方文化—文化研究—青海　Ⅳ. ①H17②K294.4

中国版本图书馆 CIP 数据核字（2017）第 086601 号

出　版　人	赵剑英	
责任编辑	张　林	
特约编辑	宋英杰	
责任校对	王佳玉	
责任印制	戴　宽	

出　　版　中国社会科学出版社
社　　址　北京鼓楼西大街甲 158 号
邮　　编　100720
网　　址　http://www.csspw.cn
发 行 部　010 - 84083685
门 市 部　010 - 84029450
经　　销　新华书店及其他书店

印　　刷　北京明恒达印务有限公司
装　　订　廊坊市广阳区广增装订厂
版　　次　2017 年 12 月第 1 版
印　　次　2017 年 12 月第 1 次印刷

开　　本　710 × 1000　1/16
印　　张　19
插　　页　2
字　　数　339 千字
定　　价　86.00 元

陇右文化研究丛书编委会
及主编名单

总　序

　　大千世界，万象竞呈。因区域自然和人文社会环境的差异性，在中国广袤无垠的土地上孕育了丰富多彩的地域文化，彰显着各地人们的文化气质。燕赵、齐鲁、巴蜀、三秦、荆楚、吴越等文化已广为人知。这其中，陇右文化更是因其所处的农牧交错、华戎交汇与南北过渡的区位优势，成为我国地域文化百花园中绽放的一朵奇葩，具有迷人的风采，散发着瑰丽的芬芳。

　　陇右文化源远流长。若从原始人类遗迹来看，从陇东华池县赵家岔、辛家沟和泾川大岭上发现的旧石器时代早期石器，到旧石器时代晚期距今3.8万年前的"武山人"遗迹的发现，已昭示着陇右远古文化的曙光即将来临。进入新石器时代，以天水地区大地湾、西山坪、师赵村等遗址为代表的新石器早期遗存，翻开了陇右文化源头的第一页。继之而起的仰韶文化、马家窑文化、齐家文化等文化类型，在多样化农业起源与牧业起源，中国最早的彩陶与地画、文字刻画符号、宫殿式建筑、水泥的发现，最早的冶金术和铜刀、铜镜与金器的出土，礼仪中心的出现，表明等级身份的特殊器具玉器的发现，贫富分化与金字塔式的社会等级的出现等，这一系列与文明起源相关的物质与精神文化成就，既为中华文明起源与形成提供了佐证、增添了异彩，也是黄河上游地区开始迈入文明时代的重要标志。在齐家文化之后的夏商之际，西戎氐羌部族广泛活动于陇右地区，并与中原农耕文化保持频繁的接触与交流，开创了农耕与草原文化相互介入、渗透和交融创新的文明模式。与此同时，周人起于陇东，秦人西迁并兴起于天水，陇右成为周秦早期文化的诞生地，并奠定了陇右以华戎交汇、农牧结合为特征的第一抹文化底色。自秦汉至于明清，陇右地区民族交融不断，中西交流不绝，在悠久的历史积淀中形成兼容并蓄、多元互补、尚武刚毅、生生不息的地域文化特质。这种独具特色的地域文化元素，成为华夏文化中最具活力的基因和重要组成部分，在华夏文明的传承中发挥了不可估量的作用。

　　然而，在国内各地域文化研究如火如荼、成果层出不穷，地域文化与旅游开发日益升温的形势下，陇右文化的研究却相对冷寂，只是在近年来才引起人们的重视。这其中，天水师范学院陇右文化研究中心的同仁们做了不少有益的工作。2001年，在学校领导的支持和学校陇右文化研究爱好者共同的努力下，国内唯一的陇右地域文化研究学术机构——陇右文化研究中心成立。中心以开放的管理方式，以学校内部的学术力量为基础，广泛联系省内外的科研院所和相关文博专家，同气相求，共同承担起陇右文化学术研究和文化旅游资源开发的重任。以期中心的研究成果庶几能为甘肃区域经济社会和文化事业的发展提供智力支持和决策参考。

中心成立至今，已经走过了12个春秋。12年里，天水师范学院的陇右文化研究与学科建设取得长足的进步。一是通过理论研究和实践探索，初步构建了陇右文化的学科体系和课程体系，为陇右文化研究和知识普及奠定了坚实的基础。二是催生和形成了一个省级重点学科，将科研团队建设与人才培养有机结合，使陇右文化研究工作迈上可持续发展有了基础保障。三是2010年中心被确定为甘肃省人文社科重点研究基地，为陇右文化学科建设与科学研究搭建了平台。四是汇聚和成长起一支富有既充满活力又富有潜力的学术研究队伍。五是通过在《天水师范学院学报》长期开办"陇右文化研究"名牌栏目，编印《陇右文化论丛》连续出版物和出版"陇右文化研究丛书"，为研究和宣传陇右文化营造了一块探索交流的学术阵地。在此基础上，产生一批高质量的科研成果，在推进学科建设，服务甘肃文化大省建设，促进区域经济社会文化事业的发展等方面发挥了积极作用。

2010年，学校为了进一步加大对陇右文化学科建设与科学研究的扶持力度，将陇右文化重点学科建设作为重大项目，申报中央财政支持地方高校专项经费得到资助，这为陇右文化研究基地的建设与发展提供了坚实的经费保障。由此我们研究条件大为改善，先后启动了项目研究、著作出版和资料购置等计划。现在展现在读者面前的这套"陇右文化研究丛书"，即是著作出版计划的一部分。我们深知，陇右文化内涵丰富，博大精深，但许多领域的研究几近空白，基础研究工作亟待加强。所以，对于"丛书"的编写，我们秉持创新的理念，科学的精神，求实的态度，提倡作者以陇右地域文化为研究范围，立足各自的研究领域和学术特长，自拟选题自由探讨。只要有所创新，成一家之言，不限题材和篇幅，经申报评审获得立项后，即可入编"丛书"。

经过各位作者一年多的辛勤努力和创造性劳动，"丛书"按计划已基本完成。入编"丛书"的著作，涉及陇右文化研究的各方面，主要包括始祖文化、关陇文化、陇右文学、杜甫陇右诗、陇右旅游文化、陇右石窟艺术、陇右史地、陇右方言和放马滩木板地图等主题。各书的作者均是我校从事陇右文化研究和学科建设的骨干，其中既有多年从事陇右文化研究的知名学者，也有近年来成长起来的中青年才俊。因此，"丛书"的出版，无疑是天水师范学院陇右文化研究与学科建设最新进展与成果的一次整体亮相；也必将对深化陇右文化的研究产生积极的影响。我们深知学海无涯，探索永无止境，"丛书"所展示的成果也只是作者在陇右文化研究探索道路上的阶段性总结，可能还有这样那样的不足与欠缺。作为引玉之砖，我们希望并欢迎学界同仁和读者多提批评指导意见，激励我们做得更好，以推动陇右文化研究不断走向深入。

"丛书"出版之际，正值甘肃省华夏文明传承创新区建设启动实施之时。这一发展战略确定了围绕"一带"，建设"三区"，打造"十三板块"(简称"1313 工程")的工作布局。"一带"就是丝绸之路文化发展带；"三区"为以始祖文化为核心的陇东南文化历史区、以敦煌文化为核心的河西走廊文化生态区和以黄河文化为核心的兰州都市圈文化产业区；"十三板块"即十三类文化发展与资源保护开发工作，分别为文物保护、大遗址保护、非物质文化遗产保护传承、历史文化名城名镇名村保护利用、民族文化传承、古籍整理出版、红色文化弘扬、城乡文化一体化发展、文化与旅游深度融合、文化产业发展、文化品牌打造、文化人才队伍建设、节庆赛事会展举办等。这一战略以华夏文明传承创新区为平台，对加快甘肃文化大省建设，探索一条在经济欠发达但文化资源富集的地区实现科学发展的新路子，都具有重要的现实意义。

由此可见，甘肃省华夏文明传承创新区建设战略及其实施重点，也就是我们陇右文化研究与学科建设的主旨所在。人才培养、科学研究、文化传承与服务社会是高校所肩负的神圣职责。甘肃省华夏文明传承创新区建设战略的实施，为高校与地方经济社会文化发展的深度融合提供了契机，也为天水师范学院陇右文化研究学科提供了前所未有的发展机遇。我们将以此为新的起点，充分利用陇右文化研究基地这一平台，发挥人才和学术优势，积极参与华夏文明传承创新区建设，为甘肃省文化大省建设和文化产业的发展建言献策、奉献智慧。我们相信，天水师范学院的陇右文化研究与学科建设，无疑在这一战略实施中大显身手，发挥排头兵的作用；也必将在华夏文明传承创新区建设战略的实施中进一步深化合作，不断提升服务社会的能力，并开拓新的发展空间和学科生长点。

祝愿本套丛书的出版为甘肃省华夏文明传承创新区建设增光添彩！

雍际春

2013 年春于天水师院陇右文化研究中心

序　言

　　最近十多年来，我比较关注西北方言，尤其是甘青地区方言的调查研究。恰好，前后两届博士生张建军、芦兰花分别来自甘肃、青海，他们的论文选题确定为《河州方言语音研究》《湟水流域汉语方言语音研究》，之所以设计这样的题目，目的是想看看在语法上备受关注的河湟方言，能否在语音上发现一些语言接触的现象，以求有新的突破。张建军和芦兰花不负老师和学界的期待，都写出了很不错的博士论文。芦兰花感觉敏锐，在读博期间，又申请到国家社会科学基金青年项目"湟水流域方言与地域文化研究"。这也是她所供职的天水师范学院第一个语言学领域的国家社科基金项目。

　　现在项目的成果就要出版了，我先睹为快，通读之后很是兴奋。这本书无疑是方言与文化结合研究的新成果，至少在以下几个方面取得了创新和进展。

　　第一，将方言和文化研究有机地结合起来。本书共十章，其中有五章及两个附录主要是语言问题，另外五章则以民俗文化为主。这个研究思路，正契合当下方言学、民俗学的学科发展趋势，同方言与文化之间互为表里、互相依存的紧密关系相吻合。需要指出的是，作者不是生硬地将方言和文化进行"拉郎配"，而是在民俗文化的观照中采取语言的视角，从语言运用的角度来观察民俗文化的特点，展示了一幅幅湟水流域民俗文化的画卷。而在方言词汇、语法的描写中，又注重突出其文化内涵，将民族文化特点的挖掘贯穿其中，如第八章方言语法的描写，就采取了"湟水流域汉语方言语法的地域文化内涵"的独特角度。读者在了解青海东部独特的方言景观的同时，当能领略到当地融合了多种民族元素的物质文化和精神文化的风貌。这种研究视角对西北方言文化乃至整个汉语方言文化研究都有一定的启迪作用。在当下语言资源保护开发的热潮中更有特殊的价值。

　　第二，语音的调查描写比较细致，对一些特殊的语音演变导致的复杂现象，采取了不同于前人的处理方式。以平安县平安镇话为例，作者在归纳声母表、韵母表时，根据发音实际，将塞擦音声母分为4套：

ts 走资增低　　tsʰ次从梯全　　s 思桑三试沙许色续　　z 衣鱼一语

tʂ知追制照　　tʂʰ锄除齿吹　　ʂ赊世手蛇　　　　　　　ʐ惹让日人

tʃ鸡挤饥租　　tʃʰ妻齐启促　　ʃ 西洗系素

tɕ家旧轿甲　　tɕʰ区敲桥琴　　ɕ霞休闲穴

其中[tʃ tʃʰ ʃ]组同[ts tsʰ s z]组都出现在[ɿ]韵前。在韵母部分，作者描写[ɿ]韵时指出："[ɿ]当声母是[ts tsʰ s]时读[ɿ]，当声母是[tʃ tʃʰ ʃ]时，实际读音是[i]，由于是互补分布，所以[ɿ]和[i]归为一个音位，但是，后面分析时会将这两个音分开。"如果把[ɿ]和[i]分立为两个音位，那么[tʃ tʃʰ ʃ]同[ts tsʰ s z]就是互补关系，也就是说，[tʃ tʃʰ ʃ]、[ts tsʰ s z]同[ɿ]、[i]实际上互为条件。作者在这里把声母分得更细，让它们分立为两组，不仅是由于它们在发音和音值上差距较为明显，更是为了适当地突出声母在音韵结构和语音演变中的地位，是比较恰当的。外地人听甘青新三省区人说话，常有"咬牙切齿"的感觉，从目前的认知看，这当然是元音高化所致。但我认为，元音（单元音、介音）和声母之间是互相依存、互相影响的，在考察元音高化的过程中，还得考虑到声母在其中所起的作用，关注声母、韵母（特别是介音）之间的互动。西北方言的辅音声母，发音部位普遍靠前，阻塞较紧，送气塞音、塞擦音的气流既强且长，往往能听到明显的小舌擦音乃至颤音。这也是西北方言元音高化的重要原因。同时，作者在后面的讨论中，又将[ɿ]、[i]分开，以便于考察元音高化的过程。这样灵活而实事求是地处理和解决问题，在面对甘青这类方言的时候，是值得肯定的。

第三，共时音变描写比较细致。连读变调、轻声、儿化等共时音变处于语音同词汇、语法的交接地带，又是西北方言中非常复杂而突出的语言现象。如西北方言中的连读变调及其与轻声的关系，似乎就难倒不少"英雄汉"。作者没有回避这个难题，详细描写了湟源、乐都话的连读变调、轻声和儿尾，并举出了大量词例。笔者近年来致力于从理论和实践上厘清西北方言的词调、连读调及其关系，以求从根本上解决西北方言中"轻声不轻"的难题。本书对这两个方言中连读变调和轻声的描写，提供了可贵的语料，对进一步分析和认识西北方言的词调，颇有价值。而她对儿尾及其音变（包括声调变化）的详细描写，对于认识甘青方言中小称义的表达方式，认识其中的变音的机制，也具有重要的理论价值。

请看下面的例子，以湟源话 4 个单字调为基础，它的 NN 儿式的词调可以归纳如下：

1. 车 44　　车车儿 32 21 24　　刀 44　　刀刀儿 32 21 24（阴平重叠+儿尾）
2. 轮 24　　轮轮儿 24 21 21（阳平重叠+儿尾 1）
3. 核 24　　核核儿 21 24 21（阳平重叠+儿尾 2。向东按：是否同来源

入声有关？需要观察更多语料）

　　4. 碗 55　碗碗儿 55 21 24　眼 55　眼眼儿 55 21 24（上声重叠+儿尾）

　　5. 庙 213　庙庙儿 32 21 21　座 213　座座儿 32 21 21（去声重叠+儿尾）

　　湟源话 NN 儿式名词共有 5 种词调，以单字调为统摄：[32+21+24]、[24+21+21]、[21+24+21]、[55+21+24]、[32+21+21]。如果将 NN 式的词调也归纳出来，那么，N、NN、NN 儿之间在连调上的生成关系就清楚了。由此可见本书提供的大量语料及其描写在共时音变理论方面的独特价值。

　　第四，方言民俗文化的记录，内容丰富精彩，具有很高的研究价值。本书有几章主要描写方言民俗文化。作者发挥所长，注意观察民俗文化与方言的关系，用大量篇幅记录了湟水流域许多富有文化意味的民俗事象。其中第六章有两条关于"保存"和"赎身"的民俗，引起笔者极大的兴趣：

　　保存：旧时，由于婴儿的死亡率很高，所以小孩出生后一岁左右，请神佛保佑。请求保佑的神灵有很多，如菩萨、山神、火神、灶神、关公、二郎神、六郎神等，相应地还要给男孩子起一个神佑的名字，如菩萨保、山神保、灶君保、关祖保、二郎保等。小女孩经神求保之后，也可起名为"某某存"，如菩萨存，山保存、观音存、灶存等。祈求保佑时，由父母带上小孩，拿上香表、馒头、钱币等礼物，到神佛前跪拜祝愿，祈求保佑，以后每年到寺院随喜布施，大约到 12 周岁时结束。

　　赎身：小孩子由神佛保佑之后，虽然在家生活，但从名义上说，已经皈依佛门，实际上和出家人一样了。到虚岁 13 岁的第一个本命年时，要请来和尚道士到家中念经、点灯，还愿布施，这样才能"还俗"回家，所以叫"赎身"，即有从寺院中赎买回来之意。也有在 13 岁时，到寺院中行礼、布施以"赎身"。

　　"赎身"在晋语区有"完十三、圆锁儿、开锁儿"等说法，仪式都是在满 12 岁的时候举行。我的母方言神木话正好叫"赎身"，与湟水流域相同。晋语区相关的民俗词语还有"保锁儿、定锁儿、括拦"等①。过去我们以为"赎身"民俗只在晋语区有，没想到西北地区也存在。这个民俗现象及其方言词语，再次证明了晋语和西北官话之间极其紧密的深刻联系。如果把晋语和官话区关于"保存""赎身"的民俗事象和方言词语画成方言民俗地图，就可以帮助我们追寻到"保存、赎身"民俗的来源。从该民俗的操作过程和用语来判断，它最可能与佛教有关。

　　第五，论证和强调方言是民歌的灵魂，是古老文化的载体。请看作者对"花儿"和当地方言之间关系的论述：

———

① 参看邢向东《汉语方言文化调查：理念及方法》，《语言战略研究》2017 年第 4 期。

　　"花儿"是用当地的汉语方言传唱的，无论是汉族，还是其他少数民族，唱花儿均用汉语方言，语言朴素生动。"花儿"歌词里的方言，很难用对应的普通话词汇表达，也就是说，普通话的词汇无法准确地表达方言词汇的含义，"花儿"中的方言词语积淀着丰富而生动的民间民俗文化和人们对事物的认知。随着社会的发展，"花儿"中所用的方言词语，已经大为弱化。记录、保存和研究这些方言词语，对湟水流域汉语方言和文化的研究，有非常重要的意义。"花儿"歌词里保存了大量的方言，它是一种双重身份，它不仅是记录"花儿"本身，同时也是古老的文化载体。方言的运用可以说是"花儿"最有特色的地方之一。

　　以上的阐述，与中华优秀文化传承工程中"保护方言文化"的思想和语言资源保护工程中对方言文化的定位非常切合，反映了作者对方言文化研究的敏锐触觉和强烈的问题意识。

　　当然，由于本书内容涉及面广，作者精力有限，有些内容还显得比较粗略，还有进一步深化和开掘的空间。比如，比较句、"把"字句、"哈"字句、"宾—动"句是湟水流域汉语方言中极富特色的句式，与语言接触的关系非常密切，第九章对比较句的描写十分深入细致，但对其他几种句式的描写就比较简略，读了以后感觉有点不过瘾。

　　芦兰花 2007 年考入陕西师范大学，随我攻读博士学位。她给人印象最深的就是能拼，不怕吃苦，有股不服输的倔劲儿。在田野调查期间，她只身一人走遍湟水流域的调查点，每次打电话来，都是要我帮她核实方言记音，从来不说遇到了什么难处。取得博士学位后，仍然经常通过电话、电邮、微信、短信，与我讨论学术问题，于此可见她的勤于动手、动腿、动脑，善于学习。今天，芦兰花的书就要出版了，作为导师，我在欣喜之余，希望她继续读书时期的锐气，踏踏实实地做学问，在西北方言与文化研究的路上，走得更远、更长。

邢向东

2017 年 12 月 5 日于西安

目　录

导　言

一　湟水流域地理概况

湟水，当地人称为"湟水河"，是黄河上游最大的一级支流，主要由湟水干流及其支流大通河组成。其流域呈树叶状，西北高，东南低，干流自西北流向东南，流经青海省的湟源、湟中、大通、西宁、互助、平安、乐都和民和等县市，于甘肃省永靖县注入黄河，全长 374 公里。流域内最高海拔 4898 米，最低海拔 1650 米，相对高差约 3250 米，地理位置为北纬 36° 02′—37° 28′，东经 100° 42′—103° 04′。整个流域气候高寒，干旱少雨，冬寒夏凉，自然条件艰苦。

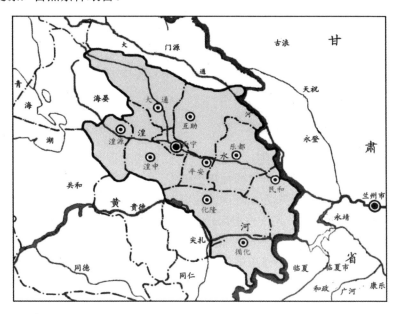

湟水流域位于青海省东部，是青海省经济文化的发祥地和政治、经济、文化、交通中心，同时也是青藏高原一个特殊的自然地理单元和生态系统。湟水流域孕育了灿烂的马家窑、齐家、卡约文化，养育了青海省约 60% 的人口，被称为"青海的母亲河"。"青海省汉族之分布以湟水流域为最多，湟水流域诸县，汉人占百分之五十至百分之九十。"①朱马（1949）在《甘宁青三省汉语声音研究之浅见》一文中指出："甘宁青原为一省，在自然地理上黄河水系一以贯之；……在此区内汉语声音，虽大同而实小异，大约可分为：一、黄河干流区　二、黄河支流区　三、江流区　四、内陆水流区四种。……故青海汉语应当属于黄河支流之湟水系。……湟水为青海主要河流，两岸人口集聚，以西宁为中心，语音以舌音及止齿音较多，其显著之音，'我'、'老'、'口'、'考'、'哥'、'高'为独特……"②本书所述的湟水流域是指今青海省东部农业区的十个市县，即西宁市、湟源县、湟中县、大通回族土族自治县、互助土族自治县、平安县、乐都县、民和回族土族自治县、化隆回族自治县、循化撒拉族自治县。据 2008 年统计结果，湟水流域总人口约 363 万人，其中西宁市区约 112 万人，湟源县约 14 万人，湟中县约 45 万人，平安县约 11 万人，乐都县约 28 万人，多为汉族；循化撒拉族自治县约 11 万人，撒拉族约占 60%；民和回族土族自治县约 37 万人，其中回族、土族约占 66%；互助土族自治县约 37 万人，少数民族约占全县总人口的 26%；化隆回族自治县约 24 万人，少数民族约占 75%；大通回族土族自治县约 44 万人，少数民族约占总人口的 41%。

　　湟水流域是个多民族聚居区，除汉族外主要有回族、土族、撒拉族、藏族、蒙古族等少数民族。其中回族主要分布在西宁市、化隆回族自治县、大通回族土族自治县、民和回族土族自治县和平安县；土族主要分布在互助土族自治县和民和回族土族自治县；撒拉族主要分布在循化撒拉族自治县；藏族和蒙古族各县都有分布。

二　湟水流域历史沿革

　　据《后汉书·西羌传》记载，殷商以前的远古时期，青海被称为"三危"地，到周秦时则称为"西戎氏羌地"。春秋战国时代，秦霸西戎，由于秦忙于统一六国，无暇西顾，诸羌社会较为稳定，人口发展迅速。西汉时，汉军进入湟水流域，羌人被迫西迁，霍去病分别在今西宁城址修筑军事据点西平亭，今西宁市以西设置临羌县、今海东市乐都区以东设置破羌县。从此，青海纳入中原封建王朝郡县体系。汉宣帝神爵元年（公元前 61 年），派后将军赵充国深入河湟地区，在取得军事胜利之后，为保持边境安宁，赵充国三上"屯田奏"，力陈罢兵屯田的益处。汉宣帝准奏，留步兵一万零

---

① 甘肃省图书馆数目参考部编：《西北民族宗教史料文摘（青海分册☆上）》甘肃省图书馆出版社 1986 年版，第 232 页。

② 朱马：《甘宁青三省汉语声音研究之浅见》，《新光》1949 年第 11 期。

二百八十一人分在各地屯垦。但是这些屯田兵于次年奏准撤回。汉平帝后期，王莽秉政，在今青海湖西、南置西海郡，徙囚犯来此地屯田，但建郡不久即废，西汉王朝亦趋衰落。到东汉时期，东汉统治阶级与羌人之间战争连绵不断，大量诸羌男子死于疆场，致使青海编户人口锐减，"到东汉顺帝永和五年（公元 140 年），青海编户人口仅剩 8378 人"。①

汉以后，魏、蜀、吴三国鼎立，与羌人接壤的魏、蜀两国均力图争取羌人，以扩充势力。公元 345 年，张轨之孙张骏自称凉王，控制了青海省东部地区。公元 376 年，前秦派兵进入河西走廊，灭了前凉。"以后十余年里，青海东部在名义上暂归前秦控制，但实际上却为当地各羌族部落所占据。"②

西晋后期迁入青海的辽东慕容鲜卑吐谷浑，经过各种方式兼并、联合以羌族为主体的其他民族，形成了一个新的民族共同体——吐谷浑。他们以伏俟城（今青海共和县境内）为首都，建立了吐谷浑政权（329—663），控制着甘南和青海广大地区。吐谷浑政权存在了整整三个半世纪，在隋唐时期也是西北地区一支不可忽视的民族力量。

隋末唐初，崛起于今西藏的吐蕃人日渐强盛，其势力范围已扩张到今青海西南部，先后使吐谷浑及诸羌沦为吐蕃的部属。"吐蕃占领河陇地区的近一百年间，对其统治下的各民族采取了统一融合和强制同化政策，大量的羌人部落和吐谷浑融入吐蕃民族当中，所以唐以后，河湟地区已无诸羌及吐谷浑人的踪迹可寻，而整个河湟地区的大量汉人也在吐蕃强制同化下吐蕃化了。"③"安史之乱"后，驻在甘青地区的军队悉数东调，吐蕃乘势东进，在近百年的吐蕃统治和强制同化政策下，这里经受了一场大规模的"吐蕃化"洗礼，"去年中国养子孙，今著毡裘学胡语"④，"汉人尽作胡儿语，却向城头骂汉人"⑤，这些唐人的诗句如实反映了晚唐时期甘青地区民族交流和融合的历史现象。在这个过程中，大多数汉人融入吐蕃之中，这里遂成为吐蕃的分布区域。公元 11 世纪初，在河湟、洮岷地区出现了延续100 余年的以吐蕃赞普后裔唃厮罗为首的青唐吐蕃（藏族）政权。蒙古成吉思汗进军临洮、河州、西宁等地，把青海东部纳入蒙古汗国版图之内。

明王朝建立后，当明军进军西北，驱走故元的军事力量时，在陇右、河西的要害之地陆续地建立军事卫所，屯兵戍守。此时大批内地汉族将士

---

① 青海省地方志编纂委员会：《青海省志☆人口志》，西安出版社 2000 年版，第 3 页。

② 青海省志编纂委员会：《青海历史纪要》，青海人民出版社 1987 年版，第 30 页。

③ 秦永章：《甘宁青地区多民族格局形成史研究》，民族出版社 2005 年版，第 31 页。

④ （唐）张籍：《陇头行》，《全唐诗》（全二册），上海古籍出版社 1986 年版，第 949 页。

⑤ （唐）司空图：《河湟有感》，《全唐诗》（全二册），上海古籍出版社 1986 年版，第 1596 页。

及其家属不断迁入。明代，西北设陕西布政使司，管理民政。陕西布政使司的范围除今陕西外，还包括今甘肃及青海、宁夏的部分地区。明代以后，随着边军屯戍，移民屯田，汉族人口大规模迁入青海，汉族成为这里人口最多的民族。"有明一代，是历史上汉族大量进入甘宁青地区的重要时期。随着汉族移民的定居分布，甘宁青地区的民族分布格局发生了划时代的变化，该地区已从原来比较单纯的少数民族聚居区，逐渐演变为汉夷共居和杂居的地区，而且汉族人口已经跃居其他民族之上，成为这里的主体民族，并在经济、文化方面起着主导作用，而当地其他民族则成为名副其实的少数民族。"①

清初，由于清廷对全国的统治尚不稳定，在行政建制上多用明制，在西北地区仍设卫所。到康熙时期，清朝对全国的统治渐趋稳定，于是开始对各地的行政建制进行调整。康熙三年（公元 1664 年），清廷分陕西布政使司为陕西左右两布政使司。六年（公元 1667 年）七月，清廷改陕西右布政使司为甘肃布政使司，青海东部地区隶甘肃布政使司（习称甘肃省）。乾隆以后，清廷对地方的行政管辖权进一步扩大，青海地区的行政设置以及隶属关系又发生了较大的变化，陆续增设了一些县、厅等建制。如乾隆九年（公元 1744 年），在化隆设巴燕戎格厅，置通判；二十七年（公元 1762 年）移河州同知于青海循化，设循化厅；道光九年（公元 1829 年）设丹噶尔厅，置扶番同知，并将循化厅改隶于西宁府。辛亥革命（公元 1911 年）以后直至青海建省（公元 1929 年）前，青海仍隶属甘肃省。

三　湟水流域的语言概况

湟水流域是一个多民族聚居的地区，主要的民族有汉、回、土、撒拉、藏、蒙古等六个民族，其中土族是湟水流域的独有民族。除回族以外，他们都有自己的民族语言。按照《中国语言地图集》（第 2 版）的划分，湟水流域汉语方言属中原官话秦陇片、陇中片和河州片。

湟水流域属于阿尔泰语系的民族语言主要有撒拉语和土语。属于汉藏语系的民族语言主要是藏语安多方言。回族尽管没有自己的语言，但回民话在语音、词汇和语法方面有一些不同于汉民话的特点。撒拉语主要分布在循化县；土语主要分布在互助县的东山乡、五十乡、松多乡和民和县官厅镇；藏语主要分布在民和县杏儿乡，乐都县下营乡和中坝乡，化隆县雄先藏族乡、查甫藏族乡、金源藏族乡、塔加藏族乡，湟源县日月藏族乡，湟中县群加藏族乡等。

---

①　秦永章：《甘宁青地区多民族格局形成史研究》，民族出版社 2005 年版，第 185 页。

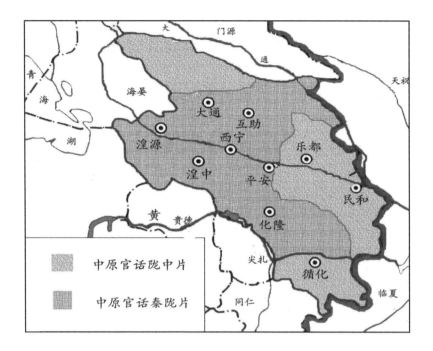

四　湟水流域汉语方言和地域文化的研究现状

　　方言是在一定的地域通行的，从属于民族共同语的一种语言形式。地域文化一般是指特定区域的生态、民俗、传统、习惯等文明表现。方言是地域文化的一部分，同时又是文化的载体，方言和地域文化在形成过程中是相互依存、相互影响、相互推进的。英国语言学家帕默尔说过："语言忠实地反映了一个民族的全部历史、文化，忠实地反映了它的各种游戏和娱乐、各种信仰和偏见。"① "每一个民族的语言都是自己民族文化的一面镜子，能反映出与之对应的文化；另一方面，语言植根于文化之中，民族文化对民族语言的形成、发展、演变有着深刻的影响。正是在这个意义上，语言的研究不能局限于语言结构本身，而应该联系与之密切相关的文化现象进行研究。"②而文化的研究也离不开语言，尤其是方言可以从另一个角度佐证文化研究的结论。

　　我国最早把语言和文化现象联系起来研究的是北齐颜之推的《颜氏家训》，该书从地理环境的角度对方言进行了分析："南方水土和柔，其音清举而切旨，失在肤浅，其辞多鄙俗。北方山川深厚，其音沈浊而钝钝，得

---

① L.R. 帕默尔著，李荣等译：《语言学概论》，商务印书馆1983年版，第139页。
② 罗昕如：《湖南方言与地域文化研究》，湖南师范大学出版社2001年版，第1页。

其质直，其辞多古语。"①中国现代语言学家中，罗常培先生当属是最早从事语言与文化研究的。他于 1950 年出版了《语言与文化》一书，并在书中指出："语言学的研究不能抱残守缺地局限在语言本身的资料，必须要扩大研究范围，让语言现象跟其他社会现象和意识联系起来，才能格外发挥语言的功能，阐扬语言学的原理。"②罗常培先生的倡导与实践为中国语言学研究开辟了一条新路。

湟水流域在历史上是一个少数民族活动的舞台，现在也是多民族聚居区。历史上不同时期、不同地区的移民所带来的汉语方言跟民族语言融合，形成了湟水流域汉语方言。从不同地区迁移到此的汉族移民，同时也带来了迁出地的文化，这些文化跟当地的少数民族文化相互影响、相互吸收，形成了今天湟水流域独特的文化现象。近年来，将湟水流域方言与地域文化分开研究的成果不少，但是，将方言和地域文化二者结合起来进行研究的成果不多。

1. 湟水流域汉语方言的研究现状

"传统的北方话的分类应当说是建立在语言印象加地理概念的基础上的，比如旧有的西北方言的划分，大概就是因为太行山以西的方言与北京话为代表的北方话太不相同，所以笼统归入神秘的西北方言。这里的西北就既不同于地理上的西北概念，也找不出共同的语言特征。这种印象式的分类状况直到近年才得到改变。"③20 世纪 80 年代以前，方言学界把分布在"山西、陕西、甘肃、宁夏等省区和河北、青海、内蒙古一部分"的汉语方言泛称为西北方言或西北官话（袁家骅等，1960），说明对这一地区的方言认识很模糊。对方言性质认识的不足必然导致方言研究的局限。如果把晋语、兰银官话、中原官话放在同一个平面上，就会用青海、西安或太原来代表或代替兰州、银川的方言研究。这个缺陷直接体现在方言论著选择代表点的问题上，比如早期的《汉语方音字汇》等都是用西安代表整个西北地区的方言，这固然与选点的密集程度有关，但是也从一个侧面看出当时这一带的方言对语言学家来说还是比较陌生的。随着《方言》杂志的创刊，各省区方言丛书的出版，方言学界对北方话的认识逐步加深。在此基础上出现了用语言特征来给北方话分类的文章。20 世纪 80 年代在配合为语言地图的绘制而进行的全国范围较大规模的语言调查的基础上，李荣先生对传统的西北方言作了"精细"的分类。他把晋语从北方话中分离出来，独立

---

① [南北朝] 颜之推著，蒋筱波编译：《颜氏家训》，三秦出版社 2013 年版，第 129 页。

② 罗常培：《语言与文化》，语文出版社 1989 年版。

③ 刘勋宁：《再论汉语北方话的分区》，《中国语文》1995 年第 6 期。

为一个大方言，再将剩余的北方话分为八个区（最初分七区，后来又把北京官话和东北官话分开）。分别是北京官话、东北官话、冀鲁官话、胶辽官话、江淮官话、兰银官话、西南官话和中原官话。

张盛裕、张成材《陕甘宁青四省区汉语方言的分区（稿）》（1986）和《中国语言地图集》（1987）将中原官话分为九片：1 郑曹片；2 蔡鲁片；3 洛徐片；4 信蚌片；5 汾河片；6 关中片；7 秦陇片；8 陇中片；9 南疆片。分布在青海境内的为秦陇片和陇中片，涵盖十一个县市，其中六个县市属秦陇片，五个县属陇中片。《中国语言地图集》（1987）B4《官话之四》说明："陕甘宁青四省区汉语方言内部，最主要的差别是古入声的今调类，古知庄章日四组声母的今部位。"中原官话的共同特点是：古清音入声和次浊入声今读阴平，古全浊入今读阳平。秦陇片和陇中片的区别在于秦陇片有阴平、阳平、上声、去声四个单字调，陇中片平声不分阴阳，只有三个单字调。

"青海省的汉语方言主要分布在东部农业区的十个县市。解放后新迁入的汉人还没有形成稳定的当地方言。西宁、湟中、平安、互助、门源、贵德、化隆、湟源八处，古全浊声母入声字今读阳平，如'白'字，分类和北京、西安大致相同。古清音和古次浊声母入声字今读阴平，如'百'字和'麦'字，分类和西安大致相同。此外大通（除桥头镇）、乐都、民和、循化、同仁五处单字调不分阴阳平，'百、麦、白'三字都是平声。要是这五处的平声以阴平论，这五处跟前八处一样，属于中原官话。要是这五处的平声以阳平论，这五处就属于西南官话。现在考虑到青海十三处方言在其他方面的共同点，都划归中原官话。"①张成材先生（1984）将青海省的汉语方言分为三个片：西宁片、乐都片和循化片。西宁片包括西宁、湟中、平安、湟源、互助、贵德（指县城"巧话"，即跟西宁话相近似的一种话）、化隆和门源等。西宁片的共同点是：声调有阴平、阳平、上声、去声四个。乐都片包括乐都、民和等地。单字调平声不分阴阳，只有平声、上声、去声三个声调。循化片包括循化、同仁、贵德（指王屯、刘屯、周屯等地讲的"土话"）、尖扎及黄河沿线靠近循化的一些地方。循化片的特点也是有平声、上声、去声三个单字调。

西宁市、湟源县、湟中县、民和县、乐都县、化隆县、互助县、平安县、大通县、循化县十个市县同处湟水流域，湟水谷地的地理环境极为相似，历史上的民族统治和民族融合以及移民来源也基本一致，方言面貌有很多共同点。因此本书将对以上县市的方言进行描写、归纳、比较和研究。

---

① 李荣：《官话方言的分区》，《方言》1985 年第 1 期。

　　从现代方言学的角度研究西北方言，最早可追溯到20世纪初高本汉《中国音韵学研究》。20世纪30年代罗常培先生的《唐五代西北方音》利用汉藏对音材料，以及《切韵》和现代方言材料，为西北方言的历时研究、语音构拟提供了一个范本。

　　新中国成立以前，研究青海汉语方言的论著凤毛麟角。青海省图书馆编《馆藏青海文献目录》（青海人民出版社，1988）仅著录《唐五代西北方音》（罗常培）和《甘宁青三省汉语声音研究之浅见》（朱马，载《新光》1949年第11期）。后者以水系为方言分区，认为青海汉语属于黄河支流之湟水河系。并用不是很科学的术语描摹西宁方言的一些特点。这是新中国成立前留下来记录西宁方言的唯一的研究材料。

　　为了配合推广普通话的工作，青海省教育厅曾编写了《西宁人学习普通话手册》（1961），对青海省普通话的推广起了积极作用。20世纪50年代，围绕推广普通话发表了一系列的文章，如罗太星、刘延竹（1958）等。20世纪50年代以来，青海省语言文字工作委员会办公室编写了《青海省普通话水平培训测试手册》（约24万字，内部铅印）。

　　60年代以后，在描写语言学理论的指导下，青海省的方言研究真正进入了语言学意义上的研究阶段，在语音、词汇和语法等方面都有一定的进展。全面系统地描写青海方音的第一篇论文是青海师范学院中文系方言调查组调查、张成材整理的《乐都音系》（1960）。1979年，张成材根据1958年调查的方言材料编成《青海汉语方音字汇》，列有14个地点的材料。

　　20世纪80年代以后，青海境内中原官话的调查研究取得了一定的进展，其中一些成果大多是在国家重大社科项目的支持下完成的。如《中国语言地图集》的编纂工作带动了大面积的调查，并且引起了对方言区域性特点和方言归属的讨论。以张盛裕、张成材《陕甘宁青四省区汉语方言的分区（稿）》（1986）为代表的一系列文章，介绍中原官话各方言的语音特点，成为区分中原官话和兰银官话以及中原官话内部各片的依据。

　　张成材、朱世奎合作撰写的《西宁方言志》从西宁音的分析、西宁同音字表、西宁音与北京音的对应规律、西宁话语法特点几个方面全面、系统地研究了西宁方言，记录了四千多条方言词汇。

　　其他研究成果主要表现在以下几个方面：

　　（1）湟水流域汉语方言语音研究。这方面的成果较少，而且侧重于西宁方言的研究，单点方言的研究以共时描写为主，一般比较注重方音的细致描写和分析，并兼顾古今音韵的对比。主要成果有：① 西宁方音与中古音和北京音的比较研究。例如：张成材《中古音与青海方音字汇》（2006），列举了北京、西安、兰州、西宁、湟中、湟源、大通、平安、互助、化隆等 16 个方言点的 2700 多字的中古音和今音，为青海方言语音特征及其分布以及青海方言的古今语音演变和发展的历史规律研究提供了宝贵的材料。此外，论文有张成材《西宁方音与北京语音的对应规律》（1983）、都兴宙《中古入声字在西宁方言中的读音分析》（1991）、都兴宙《中古庄知章三组声母字在西宁方言中的读音分析》（1992）、张成材《西宁声母与〈广韵〉声母的比较》（1995）、张成材《西宁韵母与〈广韵〉韵母的比较（上、下）》（1996）等。② 语音专题研究。例如：都兴宙《西宁方言二字组连读变调研究》（2001），王双成《青海方言元音 [i] 的舌尖化音变》（2006），贺虎《青海汉语方言舌尖后音向舌尖前音的转化》（2008），曹志耘、邵朝阳《青海乐都方言音系》（2001）等。

（2）语法方面对一些特殊的语法现象及其与阿尔泰语的关系有所关注，成果较多。论文如：程祥徽《青海口语语法散论》（1980），这篇文章的独到之处是将青海汉语方言跟藏语作了对照，提出始动态、终动态等术语及其语法现象。张成材《西宁方言的语法特点》（1981）全面系统地论述了西宁方言的语法特点。文章分：宾语在动词前，状语在否定词前，看字、给字、脱字、罢字、把字以及其他几个否定词等。王培基、吴新华《关于青海口语语法的几个问题》（1981），此文对程文中所述一些语法现象发表了自己的看法。汪忠强《青海方言中几个特殊的助词》（1983）、《谈谈青海方言的特殊语序》（1984），贾晞儒《对河湟汉语语法几个语法现象的分析》（1990），都兴宙《论西宁话里的虚词"lia"》（1995），张成材《西宁及周边方言介词初探》（2006），李晓云《西宁汉语方言"X 呵 X（唉），S"句式分析》（2007），王双成《西宁方言的体貌》（2009），《西宁方言的差比句》（2009），《西宁方言的重叠式》（2009），马梦玲《西宁方言的"哈"、"俩"及其语序类型学特点》（2009）都是对青海方言语法的专题研究。此外，罗太星《青海汉语方言的"宾—动"式》（1981）对青海方言的"宾动式"进行了讨论，先后对青海汉语"宾动式"参加讨论的有：程祥徽（1980）、张成材（1981，2001）、罗太星（1981）、汪忠强（1984）、宋卫华（1995，2004）、马梦玲（2002）、任碧生（2003）等。

从表意形象化的特点出发对青海汉语方言进行研究的文章有：汪忠强《青海方言的特殊表意形式》（1980），在这篇文章里，作者指出了青海话的一种特殊比喻形式。如："青海湖的水平着平着平着镜儿般的个！""星星没有嗬，再黑着黑着黑着查理儿不见呐！""查理儿"是"压根儿""根本"的意思。这种比喻形式是先指某事物如何如何，在说"如何"时重复三次，在语气上一次比一次加重，然后再找个喻词。另外，李树玫发表了《西宁方言的歇后语》（1985），李咏梅、陈良煜发表了《青海方言形容词三、四音的生动形式》（1989）。

（3）从语言接触的角度进行探讨。由于湟水流域汉语方言与少数民族语言的接触广泛而深远，所以学者们对这一现象关注得较多。将湟水流域的汉语方言跟少数民族语言作对比的论文有：李克郁《青海汉语中的某些阿尔泰成分》（1987），《析青海汉语中的让动形式"给"》（1993），贾晞儒《青海汉话与少数民族语言》（1991），《青海汉话的"者"与青海蒙古语ʤu》（1993），《从青海汉语的几个方言词看语言间的接触影响》（1994），《语言接触中的汉语方言词》（2006），敏生智《汉语青海方言与藏语安多方言》（1989），席元麟《汉语青海方言和土族语的对比》（1989），韩建业《撒拉语与汉语语法结构特点之比较》（1990），宋金兰《汉语助词"了""着"与阿尔泰语言的关系》（1991），《甘青汉语选择问句的特点》（1993），喜饶嘉措《语言关系研究中的一些理论问题——汉语河州话与藏语的句子结构比较》（1991），仁增旺姆《汉语河州话与藏语的句子结构比较》（1991），通过藏语安多方言夏河话和河州话进行比较，认为藏语对河州话产生历史影响的可能性非常大，指出从语言发生学的角度说，汉语河州话产生的基础是藏汉两种语言，而阿尔泰系诸语言与汉语河州话句子结构的相似属于类型学的问题。此外，靳玉兰《青海方言中的程度副词"糊涂"》（1995），张成材《深入挖掘青海汉语方言中的民族语言成分》（2003），王双成《青海少数民族语言对当地汉语的影响——从"风搅雪花儿"说起》（2004），马梦玲《西宁方言 SOV 句式与境内阿尔泰诸语言语法比较》（2009），《西宁方言与吴方言的一些语言现象之比较》（2009），［美］狄志良《湟水话中反作格"哈"的来源》（2013）这些文章将青海汉语方言同藏语、蒙古语、撒拉语、土族语等作了比较，研究了语言的接触和变异，不但使人们了解当地的民情和风俗，而且为语言的发展提供了动态事实，对了解汉语和非汉语之间的关系，进一步认识汉语的性质都有非常重要的参考价值。

（4）对青海汉语方言分区和方言成因的探讨。关于方言分区的论文有：张成材《青海省汉语方言的分区》（1984），张盛裕、张成材《陕甘宁青四省区汉语方言的分区（稿）》（1986），张成材《青海省的语言概况》（1989），张成材《青海省志·方言志》（2001）等。有关青海汉语方言形成的论文主要有：张成材《试论青海汉语方言的形成》（1992）、李文实《青海汉语方言试探》（1991）、廖贞《青海汉语方言探微》（2007）、高守成《青海汉语方言探析》（2002）、陈良煜《河湟汉族来源与青海方言的形成》（2008）等。张成材先生认为青海汉语方言主要来自江淮官话，而陈良煜先生则认为最迟在东汉时期，河湟地区的汉语方言就已经形成，认为若将青海方言视为西北方言青海片更符合青海方言实际。

从整个湟水流域汉语方言研究来看，语法方面和语言接触的研究成果相对较多，词汇、语音研究比较薄弱。从语音方面来说，单点方言（主要集中于西宁方言）的描写较多，综合性的论述较少；共时的描写较多，历时的、比较性的研究较少。湟水流域汉语方言的研究，尽管取得了一些成绩，但与周边的甘肃方言、陕西方言的研究相比，还是远远不够，特别是词汇、语音方面还不够系统，不够深入。

根据湟水流域汉语方言研究的现状，本书将湟水流域的语言、词汇和语汇做了系统调查，全面描写了湟水流域汉语方言的语音、词汇和语法现象。

2. 湟水流域地域文化的研究现状

湟水流域是多民族聚居区，从古至今是个多民族活动的大舞台。对于湟水流域丰富多彩的地域文化，学者们给予了很多的关注。这一方面的论著和论文数量很多，主要集中在以下几个方面：

（1）湟水流域民间文学的研究。在青海、甘肃、宁夏、新疆等地广为流传一种民间文学的样式——"花儿"，人们不仅可以在田间地头经常听到这种悠扬的曲调，而且可以在每年定期举办的"花儿会"上一饱耳福。"花儿"研究具有两种特点：一是"花儿"的研究伴随着"花儿"的搜集整理同时进行；二是"花儿"每个时期的研究热都与当时社会政治形势和学术运动紧密相关。"花儿"研究的萌芽期是在五四民主科学思想和中国新民俗学形成的大形势下兴起的。以介绍和搜集"花儿"为主，其中部分学者开始从文学和历史的角度研究"花儿"的流派和结构问题。20世纪20年代，"五四"歌谣运动兴起，北京大学组织了"歌谣研究会"，1925年出版了《歌谣周刊》第82期，该刊发表了袁复礼《甘肃的歌谣——"话儿"的文章》，并刊登了袁复礼搜集的30首"花儿"。他对"花儿"词曲特点、流传地区和演唱进行了描述，这是公开介绍"花儿"的第一篇文章。1940年，出版了张亚雄编著的《花儿集》，成为这一时期"花儿"研究的代表性成果。40年代至50年代末，继张亚雄的《花儿集》之后，以青海和甘肃为主，搜集整理出版了《花儿集》共11本，其中有《青海的花儿》《花儿与少年》《青海山歌》《青海花儿曲选》等，至此"花儿"研究拉开了序幕。60年代初，青海"花儿"界展开了关于"花儿"源流的一场论争，从史学和文学的角度探讨"花儿"的起源问题，出现了黄荣恩的《青海"花儿"的来龙去脉》、赵存禄的《"花儿"的来龙去脉再探》、刘凯的《再谈"花儿"与元代散曲》，对"花儿"源流问题学者展开了针锋相对的但又充满学术自由的争论。1989年郗慧民先生的专著《西北花儿学》出版，它全面系统地阐释了"花儿"的各种理论问题，对"花儿"的类型、艺术构思、唱词格律，"花儿"的流布、演变及"花儿"会进行了系统的梳理。2004 年西北师范大学的张君仁博士的学位论文《花儿王朱仲禄——人类学情境中的民间歌手》出版,他从音乐人类学的角度首次以"花儿"歌手作为研究对象,展开了对"花儿"的研究阐释,这是"花儿"研究史上第一个研究"花儿"歌手的专著。西北民族大学的李雄飞博士学位论文《河州"花儿"和陕北信天游的对比研究》,用平行比较的方法,从两种山歌的对比研究中看河州"花儿"的特点。2007 年,闫国芳博士学位论文《乡土视阈下的花儿研究》从花儿的空间系统、河湟区域的文化生态、乡土社会与花儿、花儿的场域——花儿会等方面全面地对花儿进行了研究。

此外,湟水流域民间曲艺的研究也取得了很多成果。有一些学者对贤孝、平弦、越弦等民间曲艺从不同角度进行了研究。例如:关丙胜《河湟民间曲艺发展现状调查分析》(2008),梁玉金《略论河湟曲艺在青海民间的繁荣与发展》(2009),马岩芳《对河湟曲艺及社会功能的探讨》(2010),刘姝《青海民间小调浅论》(2002),王文澜《青海西宁贤孝音乐初探》(2000),苍海平《青海贤孝及其音乐研究》(2001),刘金萍《西宁贤孝及其传承与保护》(2008),许四辈《西宁贤孝的文化价值及其保护》(2010),李发旺《青海平弦曲牌探源》(1991),马桂花《青海平弦及其艺术风格初探》(2001),沈德成《青海坐唱曲艺平弦的起源与发展》(2007),沈玉梅《传承与保护非物质文化遗产视野下的青海平弦戏艺术》(2011),郭小莺《青海平弦及其研究综述》(2012),薛海萍《20 世纪西宁平弦的发展演变及特点》(2012),王文韬、刘萍《青海越弦音乐述略》(1999),王海龙《青海地方音乐"打搅儿"》(2008),苍海平《青海"打搅儿"及其音乐研究》(2008),陈良煜《河湟汉语漫议——丑语、昵称与打搅儿》(2009)等。

（2）湟水流域民俗文化研究。湟水流域多民族文化融合,该地区的民俗文化也是人们关注的焦点之一。各种民俗事象,如婚姻、葬礼、节日、祭祀、民间信仰等习俗均进入了学者研究的视野。例如:朱世奎主编《青海风俗简志》(1994)分汉族篇、藏族篇、蒙古族篇、土族篇、回族篇、撒拉族篇等从生产民俗、生活民俗、礼仪民俗、社会民俗等方面介绍了青海各民族的风俗文化。赵宗福《青海多元民俗文化圈研究》以宗教文化整合下的多元文化圈为突破口,对青海民俗文化圈从理论和实践进行了全方位的探索。马甘《青海乡风》(1994)分乡情乡风和风光人物两部分,描写了青海的"花儿""社火"、茶俗、香包等。赵宗福、马成俊《中国民俗大系•青海民俗》涵盖了物质民俗的生产、交通、商贸、居住、饮食、服饰;社会民俗的村落、家族、民间组织与社团、岁时节日、人生仪礼（婚丧嫁娶）以及精神民俗的民间信仰、禁忌、巫术、民间文艺、体育竞技等民俗事象。

对湟水流域民俗文化的宏观研究有：朱普选《青海多元民族文化的形成及
其整合》（2001），曹萍《关于青海民族民间文化保护的思考》（2005），谢
佐《青海地域文化与非物质文化遗产保护》（2006），王昱《试论青海地域
文化的命名及内涵》（2009）等；人生仪礼方面的研究有：蒲生华《青海婚
俗中的媒妁文化浅析》、《河湟汉族婚俗中抢婚文化的"遗留物"》（2005），
南德庆《青海乐都地区汉族寿礼习俗研究》（2006），芦兰花《青海"家西
番"丧葬习俗的宗教学解读》（2008），梁玉金、邹晓飞、胡玉昆《文化圈
理论之下的青海河湟汉族求子风俗探析——以湟中县为个案研究》（2012）；
民间信仰方面的研究有：拉玛杰布《浅谈青海河湟地区民间信仰与藏传佛
教关系》（2011），贺喜焱《青海汉族"田社"习俗与春社关系探析》（2011），
都兴宙《青海汉族的"社日"风俗及其他》（1998），鲁占奎《试谈青海民
间山神崇拜》（2002），林虎英《青海民间禁忌文化的特点及社会功能》
（2009），张海云、宗喀·漾正冈布《神圣和世俗间的信仰之旅——青海贵
德汉族信仰习俗研究》（2006），刘大伟《青海省互助县唐日台村龙王信
仰调查报告》（2006），谢海成《青海"在家道"的民俗学解读》（2011），
看本加《青海湖南部地区文昌神信仰的田野考察》（2008），晁元清《青
海民间艺术的活化石——社火》（2010），鄂春荣《浅释民和土族村庙中的
"装脏"仪式》（2004）等。生活习俗的研究如：邓慧君《青海近代民族服
饰、饮食状况分析》（2000），许英国《青海居住民俗撷言》（1992），张
筠的硕士学位论文《西宁方言的民俗文化研究》（2010），李国顺《青海
河湟宴席曲文学特征探析》（2010）、《青海河湟宴席曲音乐特点分析》
（2006）等。

五　湟水流域汉语方言的形成

　　湟水流域汉语方言具体的形成年代无从得知。但是，学界有一个基本
的共识，就是明以前湟水流域的优势语言是少数民族语言。

　　明清以来的内地移民使中原官话成为本流域的优势语言。明代明军对
青海蒙古诸部展开了强大的攻势，蒙古部向青海湖西北部撤退。明曾设置
西宁卫，修筑西宁城，归陕西布政司管辖。

　　清朝初年，由于朝廷对全国的统治尚不稳定，行政建制上多沿用明
朝建制，在西北地区仍置卫所。到康熙统治时期，清朝的统治逐渐稳固，
开始对各地的行政建制进行调整。康熙三年（公元 1664 年），清廷将陕
西布政使司分为陕西左右两布政使司。康熙六年（公元 1667 年），清廷
将陕西右布政使司改为甘肃布政使司，湟水流域隶属甘肃布政使司（习
称甘肃省）。乾隆以后，朝廷对地方的行政管辖权限进一步扩大，在青海

地区陆续增设了一些县、厅等建制，从而使青海的行政设置及其隶属关系发生了很大的变化。如乾隆九年（公元 1744 年），在化隆设立巴燕戎格厅[①]，置通判；乾隆二十七年（公元 1762 年），将河州同知移入青海循化，设置循化厅；道光九年（公元 1829 年），设丹噶尔厅（今湟源县），置扶番同知。

乾隆以后，县、厅的增设说明此时湟水流域人口激增。此时的汉族来源，如湟源县"汉族邑人相传皆因南京移民实边到此拨地居住，然详加考究，半系山陕川湖，或本省东南各府，因工商业到丹，立室家，传子孙，遂称土著"[②]。大通县"今城关、新城、衙门庄等集镇地区的很多人家的祖先是山西、陕西、四川的客商。原大通县城伯胜镇（今城关镇）还有'山陕会馆'、'山陕义院'、'四川义院'（墓地）"[③]。"黄家寨乡许家寨及赵家磨村李姓一门，原是陕西西安府人。"[④]"清初，山西、陕西商人，徙居互助地区的人日渐增多。威远镇段氏宗谱记载：段氏原籍在山西蒲洲，清代乾隆年间，迁居威远堡经营典当业。在威远堡城北有一座名为'合阳'坟滩，据说是陕西省合阳地区商人来此经商后的墓地。清代与民国时期，从甘肃和青海东部各县移入互助的农业人口也为数不少。"[⑤]化隆县在乾隆后"有大量来自兰州、临夏、永登、乐都、西宁等地的流民以应募农垦定居。加合乡李家庄李氏，于乾隆年间广招流民垦殖时，由西宁朝阳堡迁徙入境，以垦殖与酿酒为业，以后三兄弟各成一支，迄今发展到 120 余家，后裔分布于阿扎卜扎、赵家壕、地滩、巴燕镇等地"[⑥]。

乾隆后，湟水流域人口剧增，二级政区逐渐设置，行政机构逐渐健全，说明此时的汉族人口的迁入对该流域汉语方言的形成有至关重要的作用，梳理湟水流域各市县县志中的移民资料，我们可以看到清以后汉族移民主要来自陕西、山西、四川、甘肃等地，所以湟水流域汉语方言的形成与以上各地方言有密切关系。

民国元年（公元 1912 年）《甘肃省民政厅各县户口统计表》载青海七县厅人口约为 37 万人。1923 年，在西宁设立甘边宁海垦务总局，因经费支

---

① 厅为清朝特殊地区或少数民族杂居地区设置的一种相当于县级的政权建制。
② 中国西北文献丛书编委会：《中国西北文献丛书：西北稀见方志文献》第五十五卷，1990 年版第 870 页。
③ 同上。
④ 同上。
⑤ 互助土族自治县志编纂委员会：《互助土族自治县志》，青海人民出版社 1993 年版，第 503 页。
⑥ 化隆县志编纂委员会：《化隆县志》，陕西人民出版社 1994 年版，第 663 页。

绌，第二年，屯垦之事归青海镇守使署兼办。此后，凡前往青海省领垦的人，自己开具承领，由镇守使署发给执照，既不收地价，开垦也听其自然。1927年，再次成立西宁道属垦务局，主持计丈放垦，招民垦荒的工作。1929年青海建省，成立青海垦务总局。因上年甘肃旱灾，粮食歉收，甘肃粮食仰于青海，导致粮价猛升。各地农民纷纷认垦荒地，促使省内荒地大都得以开辟。

新中国成立后，随着经济的发展，省外人口不断迁入和省内人口的自然增长，湟水流域人口呈陡然发展趋势。例如1956—1957年河北、河南、北京、天津等地移民支边来乐都，后裔分居于碾伯、高庙一带。大通在设卫建县后，外地商人来到各集镇经商，桥头、新城、衙门庄等集镇一些汉族人，他们的祖先是从山西、陕西、四川等地区来此经商而后逐渐定居下来的。湟中县在有清以后，山西、陕西商人，河州、兰州"五匠"，甘州、凉州农民，徙居的人数日渐增多。而在民和县和互助县以及湟源县陕西、山西、河南籍的移民尤多。

从以上可以看出，有清以后，大批移民从甘肃、陕西、山西、河南、河北、天津、北京等地来湟水流域或经商，或做工，或务农，以后逐渐定居，成为湟水流域的主体民族，也使中原官话成为本流域的优势方言。

从《中国语言地图集官话·之四》（2012）可以看到，从湟水流域向东，至甘肃、陕西、河南大部分地区方言属于中原官话区，且连成一片，这也佐证了湟水流域汉语方言受甘、陕等中原地区移民及其方言的影响较大。比如"洛阳与西宁等地相距一千公里之遥，但洛阳方言作为中原官话的主要代表，与青海的中原官话音类对应相当整齐。中原官话突出的特点——古清入和次浊入归阴平、全浊如归阳平，在西宁、湟源方言中完全体现；乐都方言是全归平声，其实跟其他中原官话也相同，只不过阴、阳平合并了"[1]。

此外，湟水流域流传着这样一个传说，在明洪武年间，居住在南京珠玑巷也有说是珠市巷、竹子巷的群众在演社火的时候，有个角色大脚，麻脸，朱元璋认为在影射马皇后，就将这里的居民发配到西北。至今湟水流域很多人家的家谱记载他们的祖上来自南京。如《化隆县志》记载："明代，大批汉族先后迁居于青海地区。今化隆地区的大部分汉族自称祖籍南京珠玑巷，其先祖多是辗转数百年之后陆续入居化隆。"[2]《平安县志》也记载，明初，有大量汉民从南京等处调发青海实行民屯而定居。内有独丁，有举

---

[1] 麦耘：《从洛阳话和青海三个方言看元音高顶出位》，未刊稿（麦耘先生惠赠笔者阅读）。

[2] 化隆县志编纂委员会编：《化隆县志》，陕西人民出版社1994年版，第663页。

族，有官吏，有贫民，也有因罪而发配边陲的（谓为充发户）。明时的南京（京师）是一个幅员辽阔，地跨长江南北，淮河两岸，包括今日江苏、安徽和上海两省一市的庞大行政区。张成材先生从语音、词汇和语法三个方面将青海的汉语方言和南京、安徽省一些县市的方言进行了比较，认为青海的汉语方言与南京、安徽话具有一定的相似性，并认为青海汉语主要来源于江淮官话。

也有学者对"南京移民说"持有怀疑态度。陈良煜先生认为："许多河湟人说自己的祖上来自南京是因为南京曾是帝王之都。祖上来自天子居处的鱼米之乡—南京，自然荣耀。很多人家前世无考，听到别人说自己的祖籍在南京珠子巷，羡慕之余，在有能力修家谱或当别人问起时，为光耀门庭，南京就成了首选，何况有个具体的小巷，就更使人不得不信了。祖上来源无考，只能随附他说，张冠李戴也就在所难免。"[①]霍福先生也认为："民间传说将从南京竹子巷的少数移民当作了青海汉族的全部历史，这正是有些学者们否定传说并引起争议的原因所在。"[②]

由于明洪武年间对于西北地区大批移民的资料缺失，所以关于珠玑巷移民的历史真实性，学术界尚有许多的争议。

张先生进行比对的南京及安徽省一些市县的方言今属江淮官话。刘祥柏先生指出，江淮官话主要有以下六个特征：江淮官话在官话方言中，最突出的特征就是有独立的入声调类；[ən]与[əŋ]，[in]与[iŋ]不分的情况在江淮官话中普遍存在，古深臻曾梗四摄开口字今读韵尾多数点合并为[-n]，少数点合并为[-ŋ]，或者都读鼻化韵；绝大多数方言点[n l]不分；一般不分尖团，大多数的方言点精组、见晓组今读细音时，声母为[tɕ]组，或者是由此派生声母读[ts]组；绝大部分方言点，端系合口字今读洪音时失去介音；古见系开口二等字多有文白异读，白读多读[k kʰ x]，文读多读[tɕ tɕʰ ɕ]声母。[③]

与刘祥柏先生提出的六个特征相比，湟水流域汉语方言与江淮官话有三点完全不同：① 湟水流域无论是秦陇片还是陇中片都没有入声，这是本流域汉语方言与江淮官话最根本的区别；② 湟水流域汉语方言[n l]基本不混；③ 湟水流域汉语方言端系合口字今读洪音时有介音。另外有三点不完全相同：① 湟水流域汉语方言深臻曾梗通五摄舒声字合流，多读鼻化韵，部分点有[-ŋ]尾，但是没有[-n]尾；② 湟水流域汉语方言不分尖团，大多

---

① 陈良煜：《河湟汉族来源与青海方言的形成》，《青海师范大学学报》2008 年第 6 期。

② 霍福："南京竹子巷"与青海汉族移民》，《青海师范大学民族师范学院学报》2006 年第 11 期。

③ 刘祥柏：《江淮官话的分区（稿）》，《方言》2007 年第 4 期。

数方言点精组和见晓组在[i]介音和[i]韵母前读音相同，[i]介音前读[tɕ]，与江淮官话不同；③ 古开口见系二等韵字存在文白异读，但是只有少数字。通过以上比较可以看出，湟水流域汉语方言与江淮官话是差别较大的两种方言。

从湟水流域汉语方言自身特点看，湟水流域汉语方言属于中原官话。中原官话的主要特点是古入声字中的清声母字归阴平，浊声母字归阳平，在阴阳平单字调不分的方言里归平声。湟水流域西宁等多数地区清声母字归阴平，浊声母字归阳平，乐都、民和等地不分阴阳平，古入声字归平声。湟水流域多数地区单韵母[i]读作[ɿ]，与只能出现在[ts][tsʰ][s]后面的[ɿ]合流，如"逼"读[pɿ]，"漆"读[tsʰɿ]，"希"[sɿ]，跟汾河流域有着整齐的对应关系。中古知组二等、庄组和止摄章组今开口湟水流域汉语方言多读舌尖前音，如"茶、罩、是、志、争、事、衬"等；知组二等和庄组今合口及其他各摄的章组字（除止摄开口）今读舌尖后音，如"桌、助、窗、双、吹、周、城"等，这与中原官话的西安、洛阳话相同，也就是说，从语音上看，湟水流域汉语方言与西安、洛阳、汾河流域等地的中原官话有更多的一致性。

从词汇方面看，在湟水流域汉语方言中，有些古词语、方言词至今活在当地方言中。例如：主腰（自己缝制棉袄）、松活（毛笔）、胡基（土坯）、年时（去年）、老哇（乌鸦）、馍（馒头、大饼、花卷等）、亏杀（幸亏）、迭办（忙活、操办）等。所以，湟水流域汉语方言保留了它作为汉语方言的很多特点。

大量汉族移民将他们的汉语方言带到湟水流域，同时又与当地的民族语言特别是和藏语、蒙古语、土语、撒拉语等融合，形成了一种颇有特色的地方方言。湟水流域汉语方言的形成，和与它接触密切的相毗邻的少数民族语言的影响有直接关系。汉语和少数民族语言之间，是相互影响、相互吸收的。敏生智先生指出："青海省境内的汉民族并非本地的土著民族，当汉族迁入那些地区时，那里本来就居住着当地的藏族。为了交际上的需要，双方都得采取一种能够准确地表达思想的语言方式，来进行日益频繁的交际活动。当时因为汉族处于客居地位，不得不屈从于在经济、地理上都占优势的藏语言。因此一边学说藏语，一边改造自己母语的语言结构，以适应在新的语言环境中的需要。那里的藏族人民也同样为了交际的方便，就以藏语的语法结构、汉语的构词材料作为工具互相进行交际。这样久而久之，约定俗成，一种新的方言产生了，并扩散开来，原来不与藏族杂居的人也接受了这种语言方式，这便是汉语青海方言形成的一种主要因素。"[①]

---

① 敏生智：《汉语青海方言与藏语安多方言》，《青海民族学院学报》1989 年第 3 期。

　　语言间接触和相互影响的现象是非常复杂的，尤其是在那些两种以上的语言交错分布的地区，很难断定一种语言受哪种语言的影响更大一些。但是，"从目前存在的青海汉语的语言现象来看，它接受了安多藏语的结构这一点是不容置疑的"①。

　　湟水流域的汉语方言中，有很多词汇是民族语的借词，例如"曲拉"（奶渣）、"曼巴"（医生）、"阿纳马纳"（一模一样）、"糌粑"（用青稞炒面做的食物）、"骟巴"（屠户）、"阿拉巴拉"（只有一点点）、"呀"（应答之词，相当于"是""好的"）等，这此词来自藏语。"阿蒙"（怎么样、咋）、"唧"（吮吸）、"麻愣"（神志不清）是蒙古语借词。有些借词像喇嘛、哈达等已经进入了民族共同语。

　　除了借词，在湟水流域汉语方言中还出现了很多类似民族语言的语法结构，例如："你管的不要"（你不要管）。"茶喝，馍馍吃"（喝茶，吃馍馍），类似于藏语的"加统，古力嘲"（茶喝，馍馍吃）。这种"SOV"型句式结构，在湟水流域汉语方言中是个普遍的现象。

　　总之，湟水流域自古以来就是多民族聚居区，湟水流域的汉族均系外地移民而来，所以，该地区的汉语方言并不是由某一地区汉语方言或某一个民族语言影响的产物，而是由迁入湟水流域的各地的移民方言和生活在该地区的各少数民族语言共同影响下形成的。可以说湟水流域汉语方言是历史上汉人移民周边化和民族语言汉语化的产物。

---

① 敏生智：《汉语青海方言与藏语安多方言》，《青海民族学院学报》1989 年第 3 期。

第一章　湟水流域汉语方言语音的描写比较

本章归纳和描写了湟水流域汉民汉语方言和回民汉语方言共 13 个方言点的声母、韵母、声调系统。其中，民和县有 2 个方言点：川口镇、塘尔垣乡；乐都县有 2 个方言点：碾伯镇、高店乡；循化县有 1 个方言点：积石镇；化隆回族自治县有 2 个方言点：巴燕镇回民、甘都镇；平安县有 1 个方言点：平安镇；互助土族自治县有 1 个方言点：威远镇；大通回族土族自治县有 2 个方言点：桥头镇回民、朔北乡；西宁市有 1 个方言点：城中区；湟源县有 1 个方言点：城关镇。以下在列举音系时，回民话特别注明，没有注明的即是汉民话音系。

一　西宁话音系

1. 声母（26 个）

p帮步别不	pʻ怕婆派跑	m麻买女麦	f树数说所	
t朵道夺东	tʻ太透同掏	n南逆袄艾		l兰路连老
ts走低资需	tsʻ茶梯查取		s沙许色续	z椅移鱼欲
tʂ知追制照	tʂʻ锄除齿吹		ʂ赊世手蛇	ʐ惹让日人
ʧ鸡挤饥租	ʧʻ妻齐启促		ʃ西洗系素	
tɕ家旧轿甲	tɕʻ区敲桥琴		ɕ霞休闲穴	
k歌姑改柜	kʻ可苦开渴		x河呼孩灰	
ø哑瓦夜蛙				

说明：

（1）声母[pʻ]送气部分带有比较强的摩擦。

（2）[x]的发音部位比北京话靠后，与[a][æ][ɔ][ə]相拼时，实际读音为小舌清擦音[χ]。

（3）生、书、禅及少数船母合口字（相当于北京话[ʂ]声母）拼合口韵母的字读[f]声母。

2. 韵母（31个）

ɿ资支第鸡比	iᶻ姐野铁血	v布土都五	ʮ居粗虚鱼
ʅ知致制世		u喝扩活缩	yu月缺雪瘸
l̩李礼里丽			l̩ʅ驴吕铝虑
a爬娃阿扎	ia家夏洽牙	ua刮花抓袜	
ɛ蛇惹热车		uɛ快怪槐坏	
ɔ薄坡桃闹	iɔ叫小交要		
	i肥贼色得	ui鬼追推国	
əu藕口丑走	iəu九牛休有		
æ̃安担占弯	iæ̃边偏尖渊	uæ̃短砖全软	yæ̃劝恋选圆
ɔ̃党狂床黄	iɔ̃江抢香样	uɔ̃壮狂王撞	
ə̃根庚风吞	iə̃新星英融	uə̃冬横闰绒	yə̃轮论兄荣

说明：

（1）[ɿ]当声母是[ts tsʻ s]时读[ɿ]，当声母是[tʃ tʃʻ ʃ]时，实际读音是[ɨ]，由于是互补分布，所以[ɿ]和[ɨ]归为一个音位，但是，后面分析时会将这两个音分开。

（2）[ɣ]可自成音节，例如：武[ɣ⁵³]|儒[ɣ²¹³]，也可以与其他声母相拼，例如：古[kɣ⁵³]|楼[lɣ³⁵]|胡[xɣ³⁵]|初[tʂʻɣ⁴⁴]，[ɣ]在辅音声母后实际上是与前面的辅音同时发音的。

（3）边音自成音节，[l̩]的调音部位偏前，在齿背；[l̩ʅ]的调音部位偏后，在后龈，略带卷舌音色。

（4）[yu]的实际音值为[yʉ]。

（5）[ɔ̃ iɔ̃ uɔ̃]的鼻化成分微弱。

3. 单字调（4个）

阴平	44	高开飞得黑月麦
阳平	35	穷寒鹅局白熟
上声	53	古水好五老有
去声	213	盖大病抱近厚

二　湟源县城关镇话音系

1. 声母（23个）

p布帮部败	pʻ怕胖步婆	m门母忙泥	f父数所
t到当道读	tʻ太汤同突	n难怒拿我	l兰路罗刘
ts增争鸡低	tsʻ草全区柴		s僧生希虚	z衣鱼一语
tʂ知猪助治	tʂʻ初吹锄池		ʂ烧手逝蛇	ʐ惹日热酿

tɕ精家经截　　tɕʰ秋青琴墙　　　　　ɕ修休闲勋

k贵官柜街　　kʰ开葵狂况　　　　　x化黑活鞋

ø儿恋烟延

音值说明：

（1）声母[pʰ]送气部分带有比较强的摩擦。

（2）[tʂ]组声母与开合口呼韵母相拼时，由于卷舌不深，有时带舌叶色彩。

（3）[x]的发音部位比北京话靠后，与[a][æ][ɔ][ə]相拼时，实际读音为小舌清擦音[χ]。

（4）生、书、禅及少数船母合口字拼合口韵母字读[f]声母。

2. 韵母（31个）

ɿ资支师鸡西

ʅ知吃世日　　　　i²姐野你噎　　　v布故土都五　　　ɥ居渠虚鱼

l̩李礼里　　　　　　　　　　　　　　　　　　　　　　l̩ʮ驴吕铝

　　　　　　　　　　　　　　　　　u多左科饿　　　　yu靴缺脚月

　　　　　　　　　　i悲美蛇遮　　ui腿对国追

a爬下大　　　　　ia家架虾牙　　ua花瓜跨抓

ɛ帅买儿爱　　　　　　　　　　　uɛ快怪槐

ɔ包高我草　　　　iɔ教敲孝条要

ɤɯ皱抽口候　　　iɤɯ纽柳休九

an安胆酣三　　　ian天谦烟盐　　uan官宽欢碗全　　yan馅圆劝

ɔ̃张厂常　　　　　iɔ̃娘良匠向　　uɔ̃壮状狂王

ə̃肯蒸恒承　　　　iə̃凝率经荣　　uə̃昆混中虫　　　yə̃军云用雍

说明：

（1）[ɣ]可自成音节，例如：武[v⁵⁵]|儒[ɣ²¹³]，也可以与其他声母相拼，例如：古[kv⁵⁵]|楼[lɣ²⁴]|胡[xɣ²⁴]|初[tʂʰɣ⁴⁴]，[ɣ]在辅音声母后实际上是与前面的辅音同时发音的。

（2）边音自成音节，[l̩]的调音部位偏前，在齿背；[l̩ʮ]的调音部位偏后，在后龈，略带卷舌音色。湟源西乡[l̩]读[zɿ]，如：李=椅，[l̩ʮ]读[zʮ]，例如：驴=鱼。

（3）韵母[ɥ]与一般声母相拼时，摩擦比"鱼、语"等字弱一些，[zɿ]、[zʮ]的实际音值是[z̞]、[z̞ʮ]。

（4）[yu]实际读音为[yʉ]。

（5）[ɔ̃ iɔ̃ uɔ̃]的鼻化成分很弱。

3. 单字调（4个）

阴平　44　　高天飞黑歇月六

阳平　24　　穷寒鹅云棉白俗

上声　<u>55</u>　　古纸口五女

去声　213　　近抱盖爱共岸

说明：

（1）上声读音短。

（2）去声开头只是一个略微下降的头，与北京话上声之前半部分不同。

（3）阳平和去声由于调值相近，所以部分去声字读阳平调。个别字如形容疼痛感的zɔ̃、拟声词"喔"，读53调。

图1 湟源话憋（i²）、杯（i）的语图：

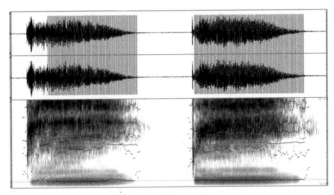

图1

从上方的声波图看，"杯"的声母爆发后紧接整齐的元音声波，元音（乐音）声波周期，很整齐；与之对应，下方频谱图中表现声母爆发的冲直条很清晰，接下来的元音频谱也很"干净"。"憋"的频谱图就比较"脏"，有一些乱纹，就是有摩擦造成的噪音；声波图里，在声母爆发后有强且杂乱的声波，甚至元音的开头一段显示不出声波周期来，因为有噪音声波扰乱了乐音声波。

带摩擦的i，F1大致在330—590H，F2大致在2580—3600H；普通的i，F1大致在330—680H，F2大致在2600—3060H，表示它们的舌位高度是一样的。

三　大通县朔北乡话音系

1. 声母（27个）

p帮步别不　pʰ怕婆派跑　m麻买女麦　f树数说所　v乌王外文

t朵道夺东	tʰ太透同掏	n南逆袄艾	l兰路连老
ts走低资	tsʰ茶梯查取	s沙许色续	z椅移鱼欲
tʂ知追制照	tʂʰ锄除齿吹	ʂ赊世手蛇	ʐ惹让日人
tʃ鸡挤饥租	tʃʰ妻齐启促	ʃ西洗系素	
tɕ家旧轿甲	tɕʰ区敲桥琴	ɕ霞休闲穴	
k歌姑改柜	kʰ可苦开渴	x河呼孩灰	
ø哑夜雨儿			

说明:

(1) 声母[pʰ]送气部分带有比较强的摩擦。

(2) 零声母音节开口带摩擦,[v]声母实际音值为[ʋ]。

(3) 日母合口字读[v]声母或以[ɣ]自成音节的零声母。

(4) [x]的发音部位比北京话靠后,实际读音为小舌清擦音[χ]。

(5) 生、书、禅及少数船母合口字拼合口韵母的字读[f]声母。

2. 韵母(31个)

ɿ资支第鸡比	iˀ姐野铁血	ɣ布土都五	ʮ居粗虚鱼
ʅ知致日吃		u喝扩活缩	yu月缺雪瘸
l̩李礼里丽			l̩ʅ驴吕铝虑
a爬娃阿扎	ia家夏洽牙	ua刮花抓袜	
ɛ蛇惹热车		uɛ快怪槐坏	
ɔ薄坡桃闹	iɔ叫小交要		
	i肥贼美北	ui鬼追推国	
ɯ藕口丑走	iɯ九牛休有		
æ安担占弯	iæ边偏尖渊	uæ短砖全软	yæ恋选圆
ɔ̃党狂床黄	iɔ̃江抢香样	uɔ̃壮狂王撞	
ə̃根庚风吞	iə̃新星英融	uə̃冬横闻绒	yə̃轮论兄荣

说明:

(1) [ɿ]当声母是[ts tsʰ s]时读[ɿ],当声母是[tʃ tʃʰ ʃ]时,实际读音是[ɨ],由于是互补分布,所以归为一个音位,但是,后面分析时会将这两个音分开。

(2) 单韵母[ɣ],在辅音声母后面发音时与前面的辅音同时发音,例如:古[kɣ^{44}]|楼[lɣ^{35}]|胡[xɣ^{35}]|初[tʂʰɣ^{35}];在零声母后自成音节,如武[ɣ^{44}]|儒[ɣ^{13}],五[ɣ^{44}]在发音时气流强,摩擦重。

(3) 边音自成音节,[l̩]的调音部位偏前,在齿背[l̩ʅ]的调音部位偏后,在后龈,略带卷舌音色。

（4）[yu]的实际音值为[yʉ]。

（5）[ɔ̃ iɔ̃ uɔ̃]的鼻化成分很微弱。

3. 单字调（3个）

平声　35　高天飞黑歇六穷寒鹅云棉月白

上声　44　古纸口五女

去声　13　近抱盖爱共岸用面

四　大通县桥头镇回民话音系

1. 声母（27个）

p帮步别不	pʰ怕婆派跑	m麻买女麦	f树数说所	v乌微外文
t朵道夺东	tʰ太透同掏	n南逆袄艾		l兰路连老
ts走低资需	tsʰ茶梯查取	s沙许色续	z椅移鱼欲
tʂ知追制照	tʂʰ锄除齿吹	ʂ赊世手蛇	ʐ惹让日绒
ʧ鸡挤饥租	ʧʰ妻齐启促	ʃ西洗系素
tɕ家旧轿甲	tɕʰ区敲桥琴	ɕ霞休闲穴
k歌姑改柜	kʰ可苦开渴	x河呼孩灰
Ø哑夜缘王

说明：

（1）声母[pʰ]送气部分带有比较强的摩擦。

（2）零声母音节开口带摩擦，[v]声母实际音值为[ʋ]。

（3）[ʐ]和[u]相拼时，[ʐ]的实际读音是卷舌近音[ɻ]。

（4）日母合口字读[v]声母或以[ɣ]自成音节的零声母。

（5）[x]的发音部位比北京话靠后，实际读音为小舌清擦音[χ]。

2. 韵母（31个）

ɿ资支第鸡比	iᶻ姐野铁血	ɣ布土都五	ʮ居粗虚鱼
ʅ知致日吃		u喝扩活缩	yu月缺雪瘸
l̩李礼里丽			l̩ʮ驴吕铝虑
a爬娃阿扎	ia家夏洽牙	ua刮花抓袜	
ɛʒ蛇惹热车		uɛ快怪槐坏	
ɔ薄坡桃闹	iɔ叫小交要		
i肥贼美北	ui鬼追推国		
ɯ藕口丑走	iɯ九牛休有		
æ安担占弯	iæ边偏尖渊	uæ短砖全软	yæ恋选圆权
ɔ̃党狂床黄	iɔ̃江抢香样	uɔ̃壮狂王撞	
ə̃根庚风吞	iə̃新星英融	uə̃冬横闰绒	yə̃轮论兄荣

说明：

（1）[ʅ]当声母是[ts tsʰ s]时读[ʅ]，当声母是[tʃ tʃʰ ʃ]时，实际读音是[ɨ]，由于是互补分布，所以归为一个音位，但是，后面分析时会将这两个音分开。

（2）[ʮ]和[ɨ]的发音部位一样，实际读音接近于[ʉ]。

（3）单韵母[ɣ]，在辅音声母后面发音时与前面的辅音同时发音，例如古[kɣ⁵³]|楼[lɣ³⁵]|胡[xɣ³⁵]|初[tʂɣ⁴⁴]。

（4）边音自成音节，[l̩]的调音部位偏前，在齿背；[l̩ʵ]的调音部位偏后，在后龈，略带卷舌音色。

（5）[yu]的实际音值为[yʉ]。

（6）[ɔ̃ iɔ̃ uɔ̃]的鼻化成分很弱。

3. 单字调（4个）

阴平　44　高开飞得七黑月
阳平　35　穷寒鹅局白
上声　53　古水好五老有
去声　13　盖大病抱近厚

五　循化县积石镇话音系

1. 声母（24个）

p帮保别不	pʰ步怕跑盼	m买毛女麦	f扶放冯父	v乌王外文
t东定到低	tʰ太同掏梯	n南年怒眼		l兰路吕刘
ts祖走资增	tsʰ次从仓草	s思桑三虽		
tʂ知猪专责	tʂʰ锄除齿茶		ʂ湿烧山色	ʐ日人让绒
tɕ鸡绝居军	tɕʰ妻秋轻取		ɕ希线虚玄	
k哥高根柜	kʰ科开哭看		ŋ我娥饿俄	x红海鞋航
∅儿五牙圆				

说明：

（1）声母[pʰ]送气部分带有比较强的摩擦。

（2）端组拼齐齿呼时，汉民读[t tʰ]，回民读[tɕ tɕʰ]。

（3）零声母音节开口带摩擦，[v]声母实际音值为[ʋ]。

（4）[x]在舌面后元音前发音部位靠后，读音接近[χ]。

2. 韵母（30个）

ɿ资雌思死
ʅ知吃师日支　　i衣米地起　　u布柱固杜　　y区虚吕雨
ɑ爬娃阿扎　　iɑ家夏洽牙　　uɑ刮花夸抓

ɛ盖儿蛇策　　　　　　　　　　　　　　uɛ快怪槐坏

ɤ剥破歌窝　　　iɤ姐野铁接　　　uɤ过落国活　　　yɤ靴缺月药

ɔ包高桃闹　　　iɔ叫小交要

ei肥贼飞开　　　　　　　　　　　ui鬼追推碎

ɯ藕口丑走　　　iɯ九牛休有

ɛ̃班安盼弯　　　iɛ̃天见棉烟　　　uɛ̃短砖闩船　　　yɛ̃恋全选圆

ɔ̃党帮床黄　　　iɔ̃江抢香样

ə̃根庚温风　　　iə̃新星英林　　　uə̃蹲春冬虫　　　yə̃轮军兄荣

说明：

（1）[ei]的实际音值接近[ɪi]。

（2）宕江摄舒声北京话合口呼字读作开口呼，如：床=长，光=刚。

（3）[ə̃ iə̃]的鼻化成分很弱。

3. 单字调（3个）

平声　13　高开飞穷寒鹅得七黑局白熟

上声　53　古水五老有

去声　44　盖大病抱近厚

六　乐都县碾伯镇话音系

1. 声母（24个）

p班白别帮　　p'怕盘盼喷　　m麦泥女逆　　f分书双闩　　v外文软晚

t东定堆朵　　t'太同退透　　n南硬业安　　　　　　　　l兰路驴例

ts走资挤聚　　ts'草刺欺区　　s三思西需　　z椅鱼裕意

tʂ知专责债　　tʂ'迟茶车锄　　ʂ湿山色受　　　　　　z̥日人染饶

tɕ精绝经军　　tɕ'全轻拳牵　　　　　　　　　ç修选休玄

k过根国拱　　k'开亏考狂　　　　　　　　　h贺害海号

Ø儿夜圆眼

说明：

（1）声母[p']送气部分带有比较强的摩擦。

（2）零声母音节开口带摩擦，[v]声母实际音值为[ʋ]。

（3）日母合口字读[v]声母或以[ɣ]自成音节的零声母。

（4）生、书、禅及少数船母合口字拼合口韵母字读[f]声母。

2. 韵母（32个）

ɿ比米资衣

ʅ知支事制　　　i你　　　　　　ɣ布土路绿　　　ʮ租粗吕雨

ɑ爬刷娃阿　　　iɑ家架牙鸦　　　uɑ瓜抓话跨

ɛȝ帅外儿爱　　　　　　　　　　　uȝ怪快坏怀

　　　　　　　ii杯美贼碑　　　ui对岁归回

ɣ剥歌涩黑　　　i◌百墨姐拍　　uɣ多恶壳虐　　　yɣ脚药靴月

ɔc包高所号　　　ci条要敲巧

əu藕走透柔　　　iəu九有牛修

ã班安闩弯　　　iã天烟年先　　uã短砖恋全　　　yã权缘元院

õ党双王张　　　iõ讲祥想匠　　uõ光庄窗黄

ɔŋc根庚温逢　　inŋ新星英宁　uɔŋc蹲魂虫吞　　yəŋc轮云兄荣

m̩母

说明：

（1）单韵母[ɣ]，在辅音声母后面发音时与前面的辅音同时发音，例如古[kɣ⁵³]|楼[lɣ³⁴]|胡[xɣ³⁴]|初[tʂɣ³⁴]；在零声母后自成音节，如武[ɣ⁵³]儒[ɣ¹³]，[ɣ]在发音时气流强，摩擦重。

（2）[ɛ əu]两韵，有的人读得近[ɛ◌ uɛ◌]。

（3）[ɔ ic]两韵里的舌位略高，且有点动程。

3. 单字调（3个）

平声　13　高开飞得七黑
上声　53　古老月六骡学白熟
去声　34　盖大放淡近厚

说明：

碾伯话古清平和清入读平声，古浊平、全浊入和次浊入读上声。

七　乐都县高店乡话音系

1. 声母（24个）

p班白别步　　p◌怕盘盼喷　　m麦泥女逆　　f分书双闩　　v外文软晚
t东定堆朵　　t◌太同退透　　n南硬眼鹅　　　　　　　　l兰路吕李
ts走资挤鸡　　ts◌草齐欺区　　　　　　　　s三思西需　　z椅鱼裕意
tʂ知专责债　　tʂ◌迟茶车鼠　　　　　　　　ʂ湿山色受　　ʐ日人染饶
tɕ精绝经军　　tɕ◌全轻拳牵　　　　　　　　ɕ修选休玄
k过根国拱　　k◌开亏考狂　　　　　　　　h贺害海号
ø儿圆野有

说明：

（1）声母[p◌]送气部分带有比较强的摩擦。

（2）零声母音节开口带摩擦，[v]声母实际音值为[ʋ]。

（3）日母合口字读[v]声母或以[ɣ]自成音节的零声母。

（4）生、书、禅及少数船母合口字拼合口韵母字读[f]声母。

2. 韵母（31 个）

ɿ比米低机

ʅ支事时纸　　　i你　　　　　　ɣ布土路物　　　ɥ租粗吕雨

ɑ爬刷娃阿　　　iɑ家架牙鸦　　　uɑ瓜抓话跨

ɛ帅爱则儿　　　iɛ叶血拍铁　　　uɛ快怪坏怀　　　yɛ薛缺月学

ɿi色百得麦　　　　　　　　　　　ui对追国或

ɤ剥惹刻舌　　　uɤ多戳鹅鹤

ɔ包高袄桃　　　iɔ叫小条要

əɯ藕走欧透　　　iəɯ九有牛修

ã安闩弯班　　　iã天烟渊年　　　uã短砖船乱　　　yã卷恋全悬

õ党双王我　　　iõ讲祥想匠　　　uõ光庄窗撞

ɔŋ根庚唇　　　iŋ新星英雍　　　uɔŋ蹲横吞倾　　　yəŋ云顷荣融

说明：

（1）[ɔ iɔ]两韵里的[ɔ]舌位略高，而且有点动程，发音过程像[ɔɤ]。

（2）[ɣ]可自成音节，例如：武[ɣ⁵⁵]|儒[ɣ¹³]，也可以与其他声母相拼，例如：古[kɣ⁵⁵]|楼[lɣ²⁴]|胡[xɣ²⁴]|初[tʂʐɣ⁴⁴]，[ɣ]在辅音声母后实际上是与前面的辅音同时发音的。

（3）[əɯ]发音时[ə]的舌位较高。

（4）[õ]组韵母的鼻化成分很弱。

3. 单字调（4 个）

阴平　44　　诗高开天三飞
阳平　24　　时寒娘文六白服
上声　55　　古水好马老盗
去声　13　　盖大放淡近厚

说明：由于受碾伯话影响，有些清平字读入阳平，如歌。

八　平安县平安镇话音系

1. 声母（27 个）

p帮别不步　　pʰ皮怕跑悲　　m买毛女尼　　f分双帅唇　　v瓦位弯挖
t东定到单　　tʰ太同掏摊　　n南年怒眼　　　　　　　　　l兰路吕李
ts走资增低　　tsʰ次从梯全　　　　　　　　　s思桑三试　　z衣鱼一语
tʂ知追制照　　tʂʰ锄除齿吹　　　　　　　　　ʂ赊世手蛇　　ʐ惹让日人
tʃ鸡挤饥租　　tʃʰ妻齐启促　　　　　　　　　ʃ西洗系素
tɕ家旧轿甲　　tɕʰ区敲桥琴　　　　　　　　　ɕ霞休闲穴

k哥高根街　　k□科开腔看　　　　　　　　x贺害海号

ø儿望围外野

说明：

（1）声母[p□]送气部分带有比较强的摩擦。

（2）[tʂ]组声母与开合口呼韵母相拼时，由于卷舌不深，有时带舌叶色彩。

（3）声母[z]发音时摩擦重。

（4）[x]的发音部位比北京话靠后，实际读音为小舌清擦音[χ]。

（5）日母合口字多读[v]声母或以[ɣ]自成音节的零声母。

2. 韵母（30个）

ɿ资支挤鸡

ʅ知吃世日	j比泥米匹	ɣ布故土浊	ɥ居鱼驴律
	i□叶业跌捏	u左饿若壳	yu靴缺月学
ɑ爬下刷大	iɑ家架虾牙	uɑ花瓜跨抓	
	i悲碑摘策	ui腿对国追	
ɛ帅儿社蛇		uɛ快怪槐拙	
əɯ皱抽口候	iəɯ纽九有绿		
ɔ包我鹅佛	iɔ教敲条要		
ã安胆醋三	iã天谦盐渊	uã官宽欢碗全	yã馅圆劝恋
ɔ̃张厂常瓜	ɔ̃娘良匠向	uɔ̃壮状狂王	
əŋ肯恒唇吞	iŋ凝率融倾	uŋ昆混虫横	yŋ军云雍荣

说明：

（1）[ɿ]当声母是[ts tsʰ s]时读[ɿ]，当声母是[tʃ tʃʰ ʃ]时，实际读音是[ɨ]，由于是互补分布，所以归为一个音位，但是，后面分析时会将这两个音分开。

（2）[ɣ]可自成音节，例如：武[ɣ⁵³]|儒[ɣ²¹³]，也可以与其他声母相拼，例如：古[kɣ⁵³]|楼[lɣ³⁵]|胡[xɣ³⁵]|初[tʂ□ɣ⁴⁴]，[ɣ]在辅音声母后实际上是与前面的辅音同时发音的。

（3）[yu]的实际音值为[yʉ]。

（4）[ɔ̃ iɔ̃ uɔ̃]的鼻化成分很微弱。

3. 单字调（4个）

阴平　44　　高开飞得黑月麦

阳平　35　　穷寒鹅局白熟

上声　53　　古水好五老有

去声　213　　盖大病抱近厚

九　互助县威远镇话音系

1. 声母（27个）

p帮别不步　　pʰ皮怕跑悲　　m买毛女尼　　f分双帅耍　　v瓦位文外
t东定到单　　tʰ太同掏摊　　n南年怒眼　　　　　　　　l兰路吕李
ts走资增低　　tsʰ次从梯全　　　　　　　　s思桑三试　　z衣鱼一语
tʂ知追制照　　tʂʰ锄除齿吹　　　　　　　　ʂ赊世手蛇　　ʐ惹让日人
tʃ鸡挤饥租　　tʃʰ妻齐启促　　　　　　　　ʃ西洗系素
tɕ家旧轿甲　　tɕʰ区敲桥琴　　　　　　　　ç霞休闲穴
k哥高根街　　kʰ科开腔看　　　　　　　　x贺害海号
Ø晚网湾袜

说明：

（1）声母[pʰ]送气部分带有比较强的摩擦。

（2）零声母音节开口带摩擦，[v]声母实际音值为[ʋ]。

（3）日母合口字读[v]声母或以[ɣ]自成音节的零声母。

2. 韵母（30个）

ɿ支试挤鸡　　　　　　　　　　　　　　　　ʮ居鱼驴律
ʅ知吃世日　　iɛ节铁姐额　　ɣ布柱固杜　　y雪靴
　　　　　　　　　　　　　u喝鹅壳涩　　yu月缺学虐
a爬娃阿刷　　ia家夏洽牙　　ua刮夸抓袜
ɛ盖艾宅而　　　　　　　　　uɛ快槐坏拙
ɔ薄坡说各　　iɔ叫小交要
　　　　　　　iɛ肥贼刻黑　　ui鬼追推国
əɯ藕口丑走　　iəɯ九牛休有
ã安担弯暖　　iã边偏尖渊　　uã短砖船全　　yã恋选圆劝
ɔ̃王双张巷　　iɔ̃江抢香样　　uɔ̃光黄狂状
əŋ根庚风吞　　iŋ新星英荣　　uŋ冬横虫吞　　yŋ轮论兄军

说明：

（1）[ɿ]当声母是[ts tsʰ s]时读[ɿ]，当声母是[tʃ tʃʰ ʃ]时，实际读音是[ɨ]，由于是互补分布，所以归为一个音位，但是，后面分析时会将这两个音分开。

（2）[ɣ]可自成音节，例如：武[ɣ^{53}]|儒[ɣ^{13}]，也可以与其他声母相拼，例如：古[kɣ^{53}]|楼[lɣ^{35}]|胡[xɣ^{35}]|初[tʂʰɣ^{44}]，[ɣ]在辅音声母后实际上是与前面的辅音同时发音的。

（3）[yu]的实际音值为[yʉ]。

（4）[ɔ̃ iɔ̃ uɔ̃]的鼻化成分很微弱。

3. 单字调（4个）

阴平　44　高开飞得七黑
阳平　35　穷寒鹅局白熟
上声　53　古水好五老有
去声　13　盖大病抱近厚

十　化隆县巴燕镇回民话音系

1. 声母（27个）

p帮保别不	pʰ步怕跑盼	m买毛女麦	f扶冯逢风	v晚王外文
t东到大低	tʰ太同掏梯	n南怒眼尼		l兰路吕李
ts祖走资增	tsʰ茶查草次		s思沙三色	z衣一雨欲
tʂ知追制照	tʂʰ吃出船吹	ʂ社烧受数	ʐ绒茸软入	
ʧ鸡挤饥租	ʧʰ妻齐启促		ʃ西洗系素	
tɕ定绝典店	tɕʰ天甜轻缺		ɕ修线玄闲	
k哥高根改	kʰ科开可客		x红海航号	
Ø牙院缘野				

说明：

（1）声母[pʰ]送气部分带有比较强的摩擦。
（2）零声母音节开口带摩擦，[v]声母实际音值为[ʋ]。
（3）端组拼齐齿呼时在[i]介音前读[tɕ tɕʰ]。
（4）[z]和[u]相拼时，[z]的实际读音是卷舌近音[ɻ]。

2. 韵母（29个）

ɿ资支死比			ʮ雨集慰吕
ʅ知吃日世	iʔ节铁怯歇	ʯ布柱固杜	
ər儿二耳而		u喝割扩活	yu掘缺雪月
a爬娃阿刷	ia家夏冶牙	ua刮花夸抓	
ɛ盖外蛇惹		uɛ快怪槐坏	
ɔ薄坡桃闹	iɔ叫小交要		
	i肥贼飞黑	ui鬼追推税	
əɯ藕口丑走	iəɯ九牛休有		
ã安担占弯	iã边偏尖烟	uã短砖闩船	yã恋全选圆
õ党狂床黄	iõ江抢香样		
ə̃根庚温风	iə̃新星英荣	uə̃僧春冬横	yə̃轮论军兄

说明：

（1）[ʅ]当声母是[ts tsʰ s]时读[ʅ]，当声母是[ʧ ʧʰ ʃ]时，实际读音是[ɨ]，由于是互补分布，所以归为一个音位，但是，后面分析时会将这两个音分开。

（2）[ɣ]可以和声母相拼，例如：古[kɣ⁵³]|楼[lɣ²⁴]|胡[xɣ²⁴]|初[tʂʰɣ⁵⁵]，[ɣ]在辅音声母后实际上是与前面的辅音同时发音的。

（3）[yu]的实际音值为[yʉ]。

（4）[õ]组韵母的鼻化成分很微弱。

（5）宕江摄舒声北京话合口呼字读作开口呼，如：床=长，光=刚。

3. 单字调（4个）

阴平	44	高开飞得七黑
阳平	24	穷寒鹅局白熟
上声	53	古水好五老有
去声	213	盖大病抱近厚

十一　化隆县甘都镇回民话音系

1. 声母（27个）

p帮保别不	pʰ步怕跑盼	m买毛女麦	f树水数闪　v晚外绒软
t东到大低	tʰ太同掏梯	n奥年泥眼	l兰路吕刘
ts祖走资增	tsʰ次草从仓		s思桑三虽　z一衣雨椅
tʂ知猪专纸	tʂʰ茶查齿锄		ʂ市师色沙　ʐ让日人染
ʧ鸡挤饥租	ʧʰ妻齐启促		ʃ西洗系素
tɕ定典店精	tɕʰ天甜掉全		ɕ修线玄写
k哥高根街	kʰ科开腔跪		x红海航鞋
∅牙院荣野			

说明：

（1）声母[pʰ]送气部分带有比较强的摩擦。

（2）零声母音节开口带摩擦，[v]声母实际音值为[ʋ]。

（3）端组拼齐齿呼时在[i]介音前读[tɕ tɕʰ]。

（4）生、书、禅及少数船母拼合口韵母的字读[f]声母。

2. 韵母（30个）

ɿ资替鸡挤		
ʅ试市师纸迟	ɣ布柱固入	ʮ区虚雨驴
ɑ爬娃阿扎	iɑ家夏洽牙　uɑ刮花夸抓	

ɛ窄百灭而色　　　iɛ铁斜拍节　　　uɛ快怪槐坏　　　yɛ掘缺雪药
ɔ包高桃闹　　　　iɔ叫小交要
ɤ河喝哥割　　　　　　　　　　　uɤ国骡活鹅
　　　　　　　　　i肥贼飞黑　　　ui鬼追推碎
əɯ藕口丑走　　　iəɯ九牛休有
ã安担占弯　　　　iã边偏尖烟　　　uã短砖闩船　　　yã恋全选圆
õ党双张场　　　　iõ江抢香样　　　uõ王狂床黄
ə̃根庚温风　　　　iə̃新星英云　　　uə̃春冬红横　　　yə̃论军兄荣

说明：

（1）[ʅ]当声母是[ts tsʰ s]时读[ʅ]，当声母是[tʃ tʃʰ ʃ]时，实际读音是[ɨ]，由于是互补分布，所以归为一个音位，但是，后面分析时会将这两个音分开。

（2）[ɣ]可自成音节，例如：武[ɣ53]|儒[ɣ13]，也可以与其他声母相拼，例如：古[kɣ53]|楼[lɣ44]|胡[xɣ44]|初[tʂʰɣ44]，[ɣ]在辅音声母后实际上是与前面的辅音同时发音的。

（3）[õ]组韵母的鼻化成分很微弱。

（4）受西宁话影响，"月"读[yʉ]，如"一月ᵤzʅᵤyʉ"。

3. 单字调（3个）

平声　　44　　高开飞得七黑穷寒鹅局白熟
上声　　53　　古水好五老有
去声　　13　　盖大病抱近厚

十二　民和县川口镇话音系

1. 声母（27个）

p班白步布　　　pʰ怕盘拍盼　　　m门毛麦尼　　　f书双耍唇　　　v望文软晚
t东定弟低　　　tʰ太同梯题　　　n南女眼泥　　　　　　　　　　　l兰路李驴
ts祖走资增　　　tsʰ茶查草次　　　　　　　　　　　s三思苏私　　　z椅鱼雨裕
tʂ知责纸争　　　tʂʰ吃巢除绽　　　　　　　　　　　ʂ诗市色师　　　ʐ日人染饶
tʃ鸡挤饥租　　　tʃʰ妻齐启促　　　　　　　　　　　ʃ西洗系素
tɕ精绝经军　　　tɕʰ青轻秋丘　　　　　　　　　　　ç修选休玄
k根怪街跪　　　kʰ开葵哭腔　　　　　　　　　　　h海鞋黑贺
ø牙远言缘

说明：

（1）声母[pʰ]送气部分带有比较强的摩擦。

（2）零声母音节开口带摩擦，[v]声母实际音值为[ʋ]。

（3）日母合口字读[v]声母或以[ɣ]自成音节的零声母。

2. 韵母（33 个）

ꭓ低机鸡挤

ʅ支事知师	i你	ɣ布古入获	yɥ租吕女雨
ər二儿而耳			
ɑ爬刷娃阿	iɑ家架牙压	uɑ瓜抓跨话	
ɛ外蛇热刻	iɛ拍接别血	uɛ快怪槐坏	yɛ靴薛学削
	ɪi黑贼麦碑	ui对岁回或	
ɤ窄河物鸽	uɤ多鹅割国	yɤ虐脚缺药	
ɔ包高桃闹	iɔ叫小交要		
əu藕走口丑	iəu九有修牛		
ã安闩弯占	iã天烟边偏	uã短砖船转	yã恋全旋原
õ党双张场	iõ讲祥江抢	uõ光庄窗撞	
əŋ根庚温风	iŋ新星英融	uŋ蹲魂横虫	yŋ轮军荣倾

说明：

（1）[ʅ]当声母是[ts tsʰ s]时读[ʅ]，当声母是[tʃ tʃʰ ʃ]时，实际读音是[ɪ]，由于是互补分布，所以[ʅ]和[ɪ]归为一个音位，但是，后面分析时会将这两个音分开。

（2）[yɥ]表示[y]发音有较重的摩擦。

（3）单韵母[ɣ]，在辅音声母后面实际上是与前面的辅音同时发音的[ɣ]，例如：布[pɣ24]|路[lɣ24]，[v]的触唇动作和摩擦较轻。

（4）[ɔ iɔ]两韵里的[ɔ]舌位略高，且有点动程，发音接近于[ɤɤ]。

（5）[õ iõ uõ]的鼻化成分很弱。

3. 单字调（3 个）

平声　　13　　高开飞局白熟

上声　　53　　使水好马老有

去声　　24　　盖大放淡近厚

说明：

平声[13]实际读音接近 113。

十三　民和县塘尔垣乡回民话音系

1. 声母（27 个）

p帮保别不　　pʰ步怕跑盼　　m买毛女麦　　f扶冯树数　　v晚王外文

t东到大低　　　tʰ太同掏梯　　　n南怒眼尼　　　　　　　l兰路吕李

ts祖走资增　　　tsʰ茶查草次　　　　　　　　s思三需私　　z衣一雨欲

tʂ知猪专争　　　tʂʰ茶吃出船　　　　　　　　ʂ沙山色受　　ʐ绒茸软让

tʃ鸡挤饥租　　　tʃʰ妻齐启促　　　　　　　　ʃ西洗系素

tɕ定绝典店　　　tɕʰ天甜轻缺　　　　　　　　ç修线玄闲

k哥高根街　　　kʰ科开葵苦　　　　　　　　h红海干航

Ø牙院荣缘

说明：

（1）声母[pʰ]送气部分带有比较强的摩擦。

（2）零声母音节开口带摩擦，[v]声母实际音值为[ʋ]。

（3）端组拼齐齿呼时在[i]介音前读[tɕ tɕʰ]。

（4）日母合口字读[v]声母或以[ɣ]自成音节的零声母。

2. 韵母（31个）

ɿ资思鸡挤　　　　　　　　　　　　　　　　　　yʮ雨集吕驴

ʅ知吃日世

ər儿二耳而　　　i你　　　　　γ布柱固杜

ɤ哥饿磨和　　　　　　　　　uɤ左祖多妥　　　yɤ掘缺雪瘸

ɑ爬娃阿扎　　　iɑ家夏洽牙　　　uɑ刮花夸抓

ɛ盖外待改　　　iɛ节铁怯歇　　　uɛ快怪槐坏

ɔ薄高桃闹　　　iɔ叫小交要

　　　　　　　　ɿi社贼飞惹　　　ui鬼追税国

əɯ藕口丑走　　　iəɯ九牛休有

ã安担占弯　　　iã边偏尖烟　　　uã短砖闩船　　yã恋全选圆

õ党狂床黄　　　iõ江抢香样

əŋ根庚温风　　　iəŋ新星英荣　　　uŋ春冬横众　　yŋ轮论军兄

说明：

（1）[ɿ]当声母是[ts tsʰ s]时读[ɿ]，当声母是[tʃ tʃʰ ʃ]时，实际读音是[ɨ]，由于是互补分布，所以[ɿ]和[ɨ]归为一个音位，但是，后面分析时会将这两个音分开。

（2）[yʮ]表示[y]韵母发音有较重的摩擦。

（3）单韵母[γ]，在辅音声母后面实际上是与前面的辅音同时发音的[γ]，例如：布[pγ24]|路[lγ24]，[γ]的触唇动作和摩擦较轻。

（4）宕江摄舒声北京话合口呼字读作开口呼，如：床=长，光=刚。

（5）[ð]组韵母的鼻化成分很微弱。

3. 单字调（3 个）

平声　　24　　高开飞得七黑穷寒鹅局白熟

上声　　53　　古水好五老有

去声　　13　　盖大病抱近厚

第二章　湟水流域汉语方言声、韵、调
与中古声、韵、调的比较

第一节　湟水流域汉语方言声母与中古声母的比较

一　古全浊声母的今读

1. 古並、定、从、澄、崇、群母的今读

湟水流域汉语方言古全浊声母字今逢塞音、塞擦音时，平声字一般读送气清音；仄声字一般读不送气清音。个别字仄声字存在文白异读现象，白读读送气清音。例如：

並仄：部步倍避並　　　　　　　定仄：舵弹蛋_{羊粪~}袋_{皮~}、口~洞_{空~}~

澄仄：杖_{擀~}着_睡撞绽住　　群仄：轿跪柜

个别全清声母字也读送气音，例如化隆：雕、簪、当、筝、规、巩、痹_{麻~}、愧、躁、抖、括_{包~}、昆、归。

2. 邪母

湟水流域汉语方言古邪母字在今洪音前一般读[s]，细音前一般读[ɕ]。例外有：止开三的"词辞祠"读塞擦音[tsʰ]，流开三的"囚泅"读塞擦音[tɕʰ]。

湟水流域汉语方言中，古邪母字多读[s][ɕ]。"词辞祠慈"等字在民和土族汉话和循化回民话中读[s]。

湟水流域汉语方言古邪母字读音举例如下：

	辞	似	诵	俗	斜	徐	习	旋	祥	席
民和_{川口}	₌tsʰʅ	sʅᴰ	₌suəŋ	₌syɣ	₌ɕiᴰ	₌sɣ	₌sʅ	₌ɕyã	₌ɕiõ	₌sʅ
民和_{马营}	₌tsʰʅ	sʅᴰ	₌suəŋ	₌su	₌ɕiᴰ	₌sɣ	₌sʅ	₌ɕyã	₌ɕiõ	₌sʅ
乐都_{碾伯}	₌tsʰʅ	sʅᴰ	₌suəŋ	₌su	₌ɕiᴰ	₌sɣ	₌sʅ	₌ɕyã	₌ɕiõ	₌sʅ
循化_{汉民}	₌tsʰʅ	sʅᴰ	₌suᵊ̃	₌su	₌ɕiɤ	₌sɣ	₌ɕij	₌ɕyɤ̃	₌ɕiõ	₌ɕij
循化_{回民}	₌sʅ	sʅᴰ	₌suᵊ̃	₌su	₌ɕiɤ	₌sɣ	₌ɕij	₌ɕyɤ̃	₌ɕiõ	₌ɕij
西宁_{城中}	₌tsʰʅ	sʅᴾ	₌suᵊ̃	₌su	₌ɕiɤᴾ	₌sɣ	₌sʅᴾ	₌ɕyæ̃	₌ɕiõᴾ	₌sʅᴾ
湟源_{城关}	₌tsʰʅ	sʅᴾ	₌suᵊ̃	₌sʅ	₌ɕiᶻ	₌sɣ	₌sʅ	₌ɕyæ̃	₌ɕiõ	₌sʅ

3. 船、禅母

湟水流域汉语方言中古船、禅母字清化以后，今读擦音的现象比较突出。船、禅母平声字声母北京话今读擦音的，湟水流域一般也读擦音，北京话今读送气塞擦音的，湟水流域今读送气塞擦音或擦音，如："仇"在湟源、湟中等地有 ₌tʂɯ/₌ʂɯ 两读；仄声字一般读擦音。

湟水流域汉语方言古船禅母字读音举例如下：

	蛇假开二船平	唇臻合三船平	舌山开三船入	晨臻开一禅平	善山开三禅上	署遇合三禅去
循化积石	₌ʂɛ	₌ʂuɔ̃	₌ʂɛ	₌ʂɔ̃	ʂɛ̃꜀	fu꜄
民和川口	₌ʂɣ	₌fəŋ	₌ʂɣ	₌ʂəŋ	ʂã꜀	fɣ̩꜄
乐都碾伯	₌ʂɣ	₌fɔŋ	₌ʂɣ	₌tʂɯəŋ	ʂã꜀	fɣ̩꜄
化隆巴燕	₌ʂɛ	₌fæ	₌ʂɛ	₌tʂɯəŋ	ʂã꜀	fɣ̩꜄
互助威远	₌ʂɛ	₌ʂəŋ	₌ʂɛ	₌ʂəŋ	ʂã꜀	fɣ̩꜄
西宁城中	₌ʂɿ	₌tʂɯuɔ̃	₌ʂɿ	₌ʂɿ	ʂæ꜀	fɣ̩꜄
湟源县城关	₌ʂi	₌tʂɯuɔ̃	₌ʂi	₌ʂɔ̃	ʂæ̃꜀	fɣ̩꜄

4. 奉、匣母

湟水流域汉语方言古奉、匣母字清化以后今读清擦音。奉母与非、敷合流，今读f。匣母与晓母合流，一般洪音前为x（h），细音前读ɕ，晓母部分字和匣母个别字细音前读ʂ，如湟源携匣母、畦匣母、戏晓母读 ₌ʂʅ、喜晓母读 ʂʅ꜄、希晓母读 ₌ʂʅ。"械"有两读 ɕi/tɕi。

二 非组声母的今读

1. 湟水流域汉语方言非敷奉母字合流读[f]。如西宁市：夫fɣ̩｜俘₌fɣ̩｜扶₌fɣ̩。
2. 湟水流域大通、民和、乐都、化隆、循化、互助古微母字声母一般读[v]。如大通县：味viʔ｜晚væ̃ʔ｜问vɔ̃ʔ。湟源、西宁、湟中古微母字读零声母。平安县有些古微母字读[v]，如文vɔ̃ʔ，有些读零声母，如望uɔ̃ʔ。遇摄合口三等微母字自成音节读[ɣ]。如西宁、湟源：无₌ɣ̩｜武₌ɣ̩｜雾ɣ̩ʔ。举例如下：

	夫遇合三非	武遇合三微	味止合三微	晚山合三微	望宕合三微
乐都	₌fɣ̩	₌ɣ̩	₌vi	væ̃ʔ	₌vɔ̃
平安	₌fɣ̩	₌ɣ̩	₌vi	væ̃ʔ	₌uɔ̃
大通	₌fɣ̩	₌ɣ̩	₌vi	væ̃ʔ	₌vɔ̃
湟源	₌fɣ̩	₌ɣ̩	₌ui	uæ̃ʔ	₌uɔ̃

三 知庄章组声母的今读

1. 湟水流域汉语方言知庄章组声母的今读有两种情况：

① 知庄章组今读开口呼的字，知组二等读ts组，三等读tʂ组；庄组读ts组音；章组除止摄开口三等读ts组外，其他全读tʂ组。分布在西宁、湟源、大通、平安、互助和化隆汉民中。如西宁：罩tsɔꜛ｜知₌tʂʅ｜策 ts'ʅ｜诗₌ʂʅ｜世ʂʅꜛ。

庄组声母，一般读ts组音。如西宁市：茶꜀tsʐa|柴꜀tsʐɛ|站tsæ꜄|斩꜂tsæ。

知三组声母和章组声母合流读[tʂ]组声母。如西宁市：猪꜀tʂʅ|煮꜂tʂʅ|柱꜄tʂʅ|世꜄ʂʅ。

② 知庄章三组声母合流，一般读tʂ组音。分布在民和、乐都、湟中、循化和化隆回民中。如乐都：茶꜀tʂʐa|支꜀tʂʅ|烧꜀ʂʅ|张꜀tʂõ。

2. 古生、书、禅以及少数船母合口呼字一般读[f]。如西宁市：双꜀fɔ̃|书꜀fʮ|谁꜀fi|顺fɚ꜄。

四　端精见组声母的今读

1. 湟水流域汉语方言端组一等字的声母读[t]组音。

端组四等字的声母读音有三种类型：

① 读[t]组音。分布在民和川口镇汉民、循化汉回民、化隆回民中。

② 读[ts]组音。分布在民和、乐都、平安、西宁、化隆、互助、大通、湟中、湟源等湟水流域绝大多数的汉民话中。

③ 读[tɕ]组音。分布在民和、化隆、循化回民话[i]介音前。

以上两种类型举例如下：

	低蟹开四	梯蟹开四	第蟹开四	地止开三	的梗开四	踢梗开四	笛梗开四
民和川口	꜀tʅ	꜀tʰʅ	tʅ꜄	tʅ꜄	꜀tʅ	꜀tʰʅ	꜀tʅ
循化汉民	꜀tʅ	꜀tʰʅ	tʅ꜄	tʅ꜄	꜀tʅ	꜀tʰʅ	꜀tʅ
化隆回民	꜀tʅ	꜀tʰʅ	tʅ꜄	tʅ꜄	꜀tʅ	꜀tʰʅ	꜁tʅ
民和回民	꜀tsʅ	꜀tsʰʅ	tsʅ꜄	tsʅ꜄	꜀tsʅ	꜀tsʰʅ	꜀tsʅ
乐都碾伯	꜀tsʅ	꜀tsʰʅ	tsʅ꜄	tsʅ꜄	꜀tsʅ	꜀tsʰʅ	꜁tsʅ
化隆汉民	꜀tsʅ	꜀tsʰʅ	tsʅ꜄	tsʅ꜄	꜀tsʅ	꜀tsʰʅ	꜁tsʅ
西宁城中	꜀tsʅ	꜀tsʐʅ	tsʅ꜄	tsʅ꜄	꜀tsʅ	꜀tsʐʅ	꜁tsʅ
湟源城关	꜀tsʅ	꜀tsʐʅ	tsʅ꜄	tsʅ꜄	꜀tsʅ	꜀tsʐʅ	꜁tsʅ

2. 精组一等字的声母一般读[ts]组音。如西宁市：再tsɛ꜄|紫꜂tsʅ|租꜀tsʮ|早꜂tsɔ。

3. 见系一等字的声母读[k]组音。见系开口二等字的声母一般已腭化读[tɕ]组音；少数未腭化的字有文白异读，文读为[tɕ]组音，白读为[k]组音。如民和县：解꜂tɕiɛ文/꜂kɛ白|鞋꜀ɕiɛ文/꜀hɛ白|咸꜀ɕia文/꜀hã白|瞎꜀ɕia文/꜀ha白|街꜀ɕiɛ文/꜀kɛ白|虾꜀ɕia文/꜀ha白|下ɕia꜄文/ha꜄白|腔tɕʮiõ꜄文/kõ꜄白|戒ɕi꜄文/kɛ꜄白|芥ɕiɛ꜄文/kɛ꜄白|杏ɕiŋ꜄文/hən꜄白|虹kõ꜄白。

4. 精组三四等字的声母今洪音前一般读[ts]组音。湟源、乐都精见组在今细音前一般读[ts]组音。如乐都：鸡꜀tsʅ|举꜂tsʮ|奇꜀tsʰʅ|乞꜀tsʰʅ|一꜁zʅ|橘꜀tsʮ|极꜀tsʅ|益꜁zʅ|曲꜀tsʰʮ。民和、平安、互助、大通、化隆、西宁、湟中精见组在今[i]介音前读[tɕ]组音，在今[ɿ]韵母前读[tʃ]组音。如湟中话：鸡꜀tʃʅ|妻꜀tʃʰʅ|

西ₛʃiˑ|骄ₛtɕiɔ|酒tɕiuˑ。

湟水流域汉语方言端精见组三、四等字声母读音举例如下：

	低端	梯透	妻清	齐从	西心	鸡见	溪溪	戏晓	资	刺
民和川口	ₛtʅ	ₛtʰʅ	ₛtʃʔɿ	ₛtʃʔɿ	ₛʃi	ₛtʃi	ₛʃi	ʃiˑ	ₛtsʅ	tsʰʅˑ
西宁城中	ₛtsʅ	ₛtsʰʅ	ₛtʃʔɿ	ₛtʃʔɿ	ₛʃi	ₛtʃi	ₛʃi	ʃiˑ	ₛtsʅ	tsʰʅˑ
平安	ₛtsʅ	ₛtsʰʅ	ₛtʃʔɿ	ₛtʃʔɿ	ₛʃi	ₛtʃi	ₛʃi	ʃiˑ	ₛtsʅ	tsʰʅˑ
大通	ₛtsʅ	ₛtsʰʅ	ₛtʃʔɿ	ₛtʃʔɿ	ₛʃi	ₛtʃi	ₛʃi	ʃiˑ	ₛtsʅ	tsʰʅˑ
互助	ₛtsʅ	ₛtsʰʅ	ₛtʃʔɿ	ₛtʃʔɿ	ₛʃi	ₛtʃi	ₛʃi	ʃiˑ	ₛtsʅ	tsʰʅˑ
乐都碾伯	ₛtsʅ	ₛtsʰʅ	ₛtsʰʅ	ₛtsʔʅ	ₛsʅ	ₛtsʅ	ₛsʅ	sʅˑ	ₛtsʅ	tsʰʅˑ
湟源城关	ₛtsʅ	ₛtsʰʅ	ₛtsʰʅ	ₛsʰʅ	ₛsʅ	ₛtsʅ	ₛsʅ	sʅˑ	ₛtsʅ	tsʰʅˑ

五　泥来母的今读

1. 湟水流域汉语方言中古泥来母字读音基本不混。泥母今读[n]声母；来母读[l]声母，西宁、大通、互助、湟源"驴、吕"等字读[lʷ]。其中一些字音不符合这个规律，后面单独讨论。

湟水流域汉语方言中古泥来母读音举例如下：

	男泥	兰来	怒泥	路来	年泥	你泥	李来	女泥	吕来
循化	ₛnẽ	ₛlẽ	nuˑ	luˑ	ₛȵiẽ	ᶜȵij	ᶜlij	ᶜmij	ᶜly
民和汉民	ₛnã	ₛlã	nˑɤ	lˑɤ	ₛniã	ᶜni	ᶜlʅ	ᶜmʅ/ᶜny	ᶜlʅ
民和回民	ₛnã	ₛlã	nˑɤ	lˑɤ	ₛniã	ᶜnia	ᶜlʅ	ᶜnɤ	ᶜlʅ
乐都碾伯	ₛnã	ₛlã	nˑɤ	lˑɤ	ₛniã	ᶜni	ᶜlʅ	ᶜmʅ	ᶜlʅ
大通回民	ₛnæ̃	ₛlæ̃	nˑɤ	lˑɤ	ₛniæ̃	ᶜni	ᶜʅ	ᶜmʅ/ᶜny	ᶜlʷ
西宁城中	ₛnæ̃	ₛlæ̃	nˑɤ	lˑɤ	ₛniæ̃	ᶜni	ₛʅ	ᶜmʅ	ᶜlʷ
湟源城关	ₛsnæ̃	ₛlæ̃	nˑɤ	lˑɤ	ₛniæ̃	ᶜni	ᶜʅ	ᶜmʅ	ᶜlʷ

2. 除了有规律的变化之外，各方言点还普遍存在一些不符合规律、读音比较特殊的例外字，如"女泥农浓脓弄驴例"等。

"农浓弄"普遍读同来母。

"女"除循化读[ᶜnʅ]、民和回民读作[ᶜny]、民和汉民、大通及化隆回民[ᶜmʅ][ᶜny]两读外，其余都与"米"同音，读作[m]声母。"泥、尼、匿、腻、溺"除循化读[ᶜnʅ]、民和汉民和大通回民有[ₛnʅ]、[ₛmʅ]外，其他都读同"迷"，声母读[m]。

遇合三，蟹开三、四，止开三在乐都碾伯、湟源西乡声母读作[z]。如湟源西乡：驴ₛzʮ|吕ᶜzʮ|例zʅˑ|李ᶜzʅ。举例如下：

	奴遇合一泥	女遇合三泥	泥蟹开四泥	李止开三来	农通合一泥	脓通合一泥
循化	ₛnu	ᶜmij	ₛnij	ᶜli	ₛluõ	ₛluõ

民和_{川口}	₅nɣ	₅mʅ/₅nʅ	₅mʅ	ʅʅ	₅luəŋ	₅luəŋ
乐都_{碾伯}	₅nɣ	₅mʅ	₅mʅ	₅zʅ	₅luəŋ	₅luəŋ
化隆_{甘都}	₅nɣ	₅mʅ/₅nɣ	₅nij	ʅʅ	₅eʅ	₅eʅ̃
平安	₅nɣ	₅mj	₅mj	ʅʅ	₅luəŋ	₅luəŋ
大通_{回民}	₅nɣ	₅mʅ/₅nɣ	₅mʅ/₅nʅ	ʅʅ	₅eʅ̃	₅eʅ̃
湟源_{西乡}	₅nɣ	₅mʅ	₅mʅ	₅zʅ	₅eʅ̃	₅eʅ̃

六　日母的今读

1. 湟水流域汉语方言止开三日母字一般读为零声母[ɸ]，如"儿、耳、二、而"等。具体来说，民和、乐都_{芦花}、循化、化隆_{巴燕回民}、化隆_{甘都回民}、化隆_{昂思多回民}、大通_{回民}读[ər]；乐都、互助、大通、平安、西宁、湟中、湟源读[ɛ]。

2. 其他日母字的读音有以下三种类型：

① 逢开口呼读[ʐ]，逢合口呼读[ɣ]，日母合口呼字读[v]声母或以[ɣ]自成音节的零声母，分布在湟水流域的大多数地区。如乐都、化隆、互助、大通。

② 不论开合口都读[ʐ]，分布在民和_{马营}、民和_{甘沟}、民和_{西沟}、民和_{塘尔垣}、循化县、大通县回民话中。

③ 逢开口呼读[ʐ]，逢合口呼读[ɣ]，日母合口呼字读零声母或[ɣ]自成音节，分布在西宁市、湟中、湟源。平安县日母合口呼字读[v]声母或零声母两可。

湟水流域汉语方言日母字读音举例如下：

	惹_{假开三}	如_{遇合三}	儿_{止开三}	绕_{效开三}	软_{山合三}	绒_{通合三}
民和_{马营}	₅ʐɤ	₅ʐu	₅ər	₅ʐɔ	₅ʐuã	₅ʐuŋ
循化	₅ʐɛ	₅ʐu	₅ər	₅ʐɔ	₅ʐuẽ	₅ʐuẽ
化隆_{巴燕回民}	₅ʐɛ	₅ʐu	₅ər	₅ʐɔ	₅ʐuã	₅ʐuẽ
化隆_{甘都回民}	₅ʐɛ	₅ʐu	₅ər	₅ʐɔ	₅ʐuã	₅ʐuẽ
乐都_{芦花}	₅ʐɤ	₅ɣ	₅ər	₅ʐɔ	₅vã	₅vəŋ
乐都_{碾伯}	₅ʐɤ	₅ɣ	₅ɛ	₅ʐɔ	₅vã	₅vəŋ
大通_{回民}	₅ʐɛ	₅ʐu	₅ɛ	₅ʐɔ	₅ʐuæ̃	₅ʐuẽ
西宁_{城中}	₅ʐɛ	₅ɣ	₅ɛ	₅ʐɔ	₅æ̃	₅uẽ
湟源_{城关}	₅ʐi	₅ɣ	₅ɛ	₅ʐɔ	₅uæ̃	₅uẽ

七　疑影母的今读

1. 湟水流域汉语方言疑母开口一等字民和、乐都部分字读[v]，如：我ʿvɤ|饿vɤʿ；部分字读[n]，如：俄₅nɣv|艾ʿnɛ|傲nɔʿ。平安、化隆、互助、大通、西宁、湟中、湟源读[n]。疑母果摄字如"蛾、鹅、我、饿"等字在循化读[ŋ]。

疑母开口二等部分字读零声母；部分字读[n]。如西宁：牙₅ia|硬niŋʿ|眼

ᶜniæ̃|咬。乐都、民和、循化"眼"读零声母ᶜiã，其他地区读ᶜniæ̃。

2. 疑母合口字今读除遇合三、山合三、通合三外，民和、乐都、循化、化隆、互助、大通一般读[v]声母，西宁、湟中、湟源一般读零声母，平安或者读[v]声母或者读零声母与微母合流。

湟水流域疑母遇合一等字多读[ɣ]自成音节的零声母。疑母遇合三、通合三入声读[z]声母。如乐都：吴ᶜɣ|五ᶜɣ|鱼ᶜzʅ|语ᶜzʅ|玉zʅᵓ。

3. 影母开口一等字一般读[n]，如西宁市：哀ᶜnɛ|奥nɔᵓ|安ᶜnæ̃|恩ᶜnə̃。

开口二、三、四等字一般读零声母，如西宁市：妖ᶜiɔ|鸭ᶜia|烟ᶜiæ̃|约ᶜyu|雍ᶜiə̃。

4. 影母合口字民和、乐都、循化、化隆、互助、大通一般读[v]声母。如乐都：蛙ᶜva|委ᶜvei|碗ᶜvã|汪ᶜvõ|翁ᶜvəŋ。西宁、湟中、湟源一般读零声母。如西宁：蛙ᶜua|委ᶜui|碗ᶜuæ̃|汪ᶜuõ|翁ᶜuə̃。平安或读[v]声母或读零声母。如：蛙ᶜva|委ᶜvi|碗ᶜvã|汪ᶜuõ|翁ᶜuəŋ，与微母合流。

湟水流域影母遇合三、通合三入声字读[z]声母，例如：迂zʅ|郁zʅ。

5. 疑影母除了有规律的变化之外，各方言点还普遍存在一些不符合规律、读音比较特殊的例外字，如"逆"。"逆"除循化读[nɻ]、民和汉民和大通回民有[nɻ]、[mɻ]两读外，其他都读同"迷"，声母读[m]。

湟水流域汉语方言疑影母字读音举例如下：

	我果开一	瓦假合二	五遇合一	鱼效开三	欧流开一	逆梗开三
循化	ᶜŋɤ	ᶜva	ᶜu	ᶜy	ᶜɱɯ	ᶜnɻ
民和马营	ᶜvɤ	ᶜva	ᶜʮ	ᶜzʅ	ᶜnəu	ᶜlɻ
乐都碾伯	ᶜɤ	ᶜva	ᶜʮ	ᶜzʅ	ᶜnəu	ᶜmɻ
乐都高店	ᶜŋɒ̃	ᶜva	ᶜʮ	ᶜzʅ	ᶜməu	ᶜmɻ
化隆巴燕回民	ᶜnɔ	ᶜva	ᶜʮ	ᶜzʅ	ᶜnəu	ᶜmɻ
化隆甘都回民	ᶜnɔ	ᶜva	ᶜʮ	ᶜzʅ	ᶜnəu	ᶜmɻ
大通回民	ᶜnɔ	ᶜva	ᶜʮ	ᶜzʅ	ᶜmɯ	ᶜmɻ
西宁城中	ᶜnɔ	ᶜua	ᶜʮ	ᶜzʅ	ᶜnəu	ᶜmɻ
湟源城关	ᶜnɔ	ᶜua	ᶜʮ	ᶜzʅ	ᶜmɯ	ᶜmɻ

八　云、以母的今读

湟水流域汉语方言云、以母一般读零声母，遇合三、止开三、臻开三入声、曾开三入声、曾合三入声、梗开三入声、梗合三入声、通合三入声云、以母字读[z]声母。举例如下：

	羽遇合三	盐咸开三	演山开三	引臻开三	羊宕开三	盈梗开三	融通合三	欲通合三
循化	ᶜy	ᶜiɛ	ᶜiɛ̃	ᶜiɛ̃	ᶜiɔ̃	ᶜiɛ̃	ᶜyɔ̃	ᶜy

乐都_{马厂} ᵴʐʅ　ꞇiã̠　ꞈiã̠　ꞈiŋ　ꞇiõ̠　ꞇiŋ　ꞇiŋ　ᵴʐʅ

化隆_{巴燕} ᵴʐʅ　ꞇiã̠　ꞈiã̠　ꞈiẽ̠　ꞇiõ̠　ꞇiẽ̠　ꞈyẽ̠　ᵴʐʅ

西宁_{城中} ʐʅˬ　ꞇiæ̃　ꞈiæ̃　ꞈiẽ̠　ꞇiõ̠　ꞇiẽ̠　ꞈyẽ̠　ᵴʐʅ

第二节　湟水流域汉语方言韵母与中古韵母的比较

一　果摄韵母的今读

1. 民和、乐都果摄开口一等韵一般与合口一等韵主要元音合流读作 [ɤ]。西宁、湟中、湟源、大通、互助等地果开一见晓组、果合一帮组字读[ɔ]，例如：哥ꞇkɔ|可ʰkɔᴾ|磨ᵴpɔᴾ婆ᵴpᴾɔ。化隆、平安、互助、大通、西宁、湟中、湟源果开一端系、果合一戈韵今多读[u]。例如湟源：多ꞇtu|罗ᵴlu|搓ꞇtsᴾu |过kuᴾ|糯nuᴾ。

2. 果摄三等民和、乐都主要元音读[ɤ]。化隆、平安、大通、西宁、湟中、湟源果合三主要元音读[u]。例如西宁：瘸ᵴtɕᴾyu|靴ꞇɕyu。互助果合三主要元音读[y]，例如：靴ꞇɕy。

二　假摄韵母的今读

1. 湟水流域汉语方言假摄开口二等韵非见系字的读音有两种类型：
① 读[a]，分布在平安、互助、大通、化隆、西宁、湟源、湟中。
② 读[ɑ]，分布在民和、循化、乐都。

2. 假摄开口二等见系部分字韵母有文白异读。如民和、乐都、循化等地假摄开口二等字的文读音与白读音只是介音有无的区别。如民和_{甘沟}：下 ɕiɑᴾ/hɑᴾ|虾ꞇɕiɑ/ꞇhɑ。化隆、平安、互助、大通、西宁、湟中、湟源假摄开口二等韵的文读音与普通话一致。如西宁：下ɕiaᴾ/xaᴾ。

3. 假摄开口三等字精影组字读[iɤ]/[iꞏ]/[i]；假摄开口三等字章日组读音为[ɤ]/[ɛ]/[iꞏ]/[i]。如乐都：姐ꞇtɕiɤ|谢ꞇiɤᴾ|野ꞇiɤ|车ꞇtʂɤ|社ʂɤᴾ|惹ꞇʐɤ；西宁：姐ꞇtɕiᴾ|谢ꞇɕiᴾᴾ|野ꞇiᴾ|车ꞇtʂɛ|社ʂɛᴾ|惹ꞇʐɛ；湟源：姐ꞇtɕiᴾ|谢ꞇɕiᴾᴾ|野ꞇiᴾ|车ꞇtʂꞏi|社ʂi|惹ʐi。

4. 假摄合口二等字韵母一般读[uɑ]/[ua]。如乐都：瓜ꞇkuɑ|花ꞇhuɑ；湟源：瓜ꞇkua|花ꞇhua。

三　遇摄韵母的今读

1. 湟水流域汉语方言遇摄一等精组字的韵母读[ʮ]/[yʮ]/[y]/[u]；帮端泥组和见系字韵母一般读[ɣ]。

湟水流域汉语方言遇摄一等字读音举例如下：

	步并	暮明	土透	奴泥	租精	素心	孤见	户匣	乌影
循化	puꜛ	mu²	ᶜtʰu	₅nu	₅tɕy	su²	₅ku	xu²	₅u
民和马营	pᴇɣ²	mɣ²	ᶜtʰɣ	₅nɣ	₅tsu	su²	₅kɣ	hˀɣ	₅ɣ
乐都碾伯	pɣ²	mɣ²	ᶜtʰɣ	₅nɣ	₅tsʮ	su²	₅kɣ	hˀɣ	₅ɣ
互助	pɣ²	mɣ²	ᶜtʰɣ	₅nɣ	₅tsʮ	sʮ²	₅kɣ	xˀɣ	₅ɣ
西宁城中	pᴇɣ²	mɣ²	ᶜtʰɣ	₅nɣ	₅tsʮ	sʮ²	₅kɣ	xˀɣ	₅ɣ
湟源城关	pᴇɣ²	mɣ²	ᶜtʰɣ	₅nɣ	₅tsʮ	sʮ²	₅kɣ	xˀɣ	₅ɣ

2. 湟水流域汉语方言遇摄三等知系、非组字韵母一般读[ɣ]/[u]。精组、见系字韵母读[yʮ]/[ʮ]；泥来母字韵母今洪音读[ɣ]，细音读[yʮ]/[ʮ]。"女"字韵母读音比较特殊，在湟水流域汉语方言有以下类型：

① [ʮ]，分布在化隆甘都、大通回民中。

② [ɹ̩]，分布在民和、乐都、循化、互助、化隆、大通、西宁、湟中、湟源。

③ [j]，分布在平安。

湟水流域汉语方言遇摄三等字读音举例如下：

	扶奉	女泥	旅来	蛆精	猪知	书章	遇见
循化	₅fu	ᶜn̩	ᶜly	₅tɕᴇy	₅tʂu	₅ʂu	y²
民和	₅fɣ	ᶜm̩/ᶜn̩	ᶜlʮ	₅tsᴇyʮ	₅tʂɣ	₅fɣ	zʮ²
化隆甘都	₅fɣ	ᶜm̩/ᶜnɣ	ᶜlʮ	₅tsᴇʮ	₅tʂɣ	₅fɣ	zʮ²
大通回民	₅fɣ	ᶜm̩/ᶜnɣ	ᶜlʮ	₅tsᴇʮ	₅tʂu	₅ʂu	zʮ²
乐都	₅fɣ	ᶜm̩	ᶜlʮ	₅tsᴇʮ	₅tʂɣ	₅fɣ	zʮ²
平安	₅fɣ	ᶜmj	ᶜlʮ	₅tsᴇʮ	₅tʂɣ	₅fɣ	zʮ²
西宁	₅fɣ	ᶜm̩	ᶜlʷ	₅tsᴇʮ	₅tʂɣ	₅fɣ	zʮ²
湟源	₅fɣ	ᶜm̩	ᶜlʷ	₅tsᴇʮ	₅tʂɣ	₅fɣ	zʮ²

四　蟹摄韵母的今读

1. 湟水流域汉语方言蟹开一、二等字韵母读音一般读[ɛ]。

2. 湟水流域汉语方言蟹开三、四等韵母的读音有两种类型：

① 精组、帮组、泥组、见系字韵母读[ʅ]，知庄章组字韵母读[ʮ]。分布在乐都、湟源。

② 帮组、端组、泥组字韵母读[ʅ]，知庄章组字韵母读[ʮ]，精组、见系字韵母读[i]。分布在西宁、大通、湟中、互助、循化、化隆、民和。

③ 帮组读[j]，端组、泥组韵母读[ʅ]，字韵母读[ʮ]，精组、见系字韵母读[i]，分布在平安县。

3. 蟹合一非帮组字韵母读[ui]，帮组字韵母读[i]/[ɿi]。蟹合二韵母一般读[əɛ]或[ua]。如西宁市：腿ᶜtʰui|累lui²|灰ᴄxui|杯ᴄpi|乖ᶜkuɛ|话xuaˀ。

蟹合三四等韵母一般读[i]/[ui]。如西宁市：岁suiˀ|税fiˀ|桂kuiˀ|慧xuiˀ。

五　止摄韵母的今读

1. 止摄日母字韵母今读

止摄日母开口字在湟水流域汉语方言里只有 4 个常用字：而儿耳二（贰）；合口字只有 1 个"蕊"字，西宁、湟中、湟源读[ᶜui]，其他地区读[ᶜvɿi]。"而儿耳二（贰）"的韵母在湟水流域汉语方言中读音有以下几种情况：

① 读ɚ，分布在民和、乐都芦花、乐都马厂、化隆巴燕、昂思多、甘都回民话、大通回民话中。

② 读ɛ，分布在循化、乐都、化隆汉民话、平安、互助、大通、西宁、湟中、湟源。

2. 湟水流域汉语方言止开三读同蟹开三、四等字。帮组字韵母部分读[i]/[ɿi]/[j]，部分读[ɿ]。知庄章组字韵母读[ɿ]。湟源、乐都端组、泥组、精组、见系字韵母读[ɿ]；西宁、大通、湟中、互助、循化、化隆、民和端组、泥组韵母读[ɿ]，精组、见系字韵母读[ɨ]。较为特殊的是"移"有两读，一读为[ᵴzɿ]，一读为[ᵴzɿ]。

3. 湟水流域汉语方言止合三（非组、庄组、章组、见系除外）与蟹合一、三等字韵母合流，读[ui]。止合三非组字韵母读[i]；庄组、章组、见系部分字读[i]，部分字读[ui]。如：水ᶜfi|危ᴄvi|毁ᶜxui。

六　效摄韵母的今读

湟水流域汉语方言效摄一等字读[ɔ]；二等字韵母除了见系字外读[ɔ]；三等字韵母除了知系外读[iɔ]；四等字韵母一律读[iɔ]。（"堡"有白读，韵母为[ɣ]。）
湟水流域汉语方言效摄字今读类型和分布如下：

	帮组	端组	泥组	精组	知组	庄组	章组	日组	见组	晓组	影组
一等	ɔ	ɔ	ɔ	ɔ					ɔ	ɔ	ɔ
二等	ɔ		ɔ					ɔ	iɔ	iɔ	iɔ
三等	iɔ		iɔ	iɔ	ɔ		ɔ		iɔ	iɔ	iɔ
四等		iɔ	iɔ	iɔ					iɔ	iɔ	iɔ

七　流摄韵母的今读

1. 湟水流域汉语方言流摄一等（帮组除外）、三等知庄章组字民和县川口、巴州、马营和西宁市读[əɯ]。民和县甘沟乡、循化、湟中、湟源读[ɯ]；其他地区读[əɯ]。如循化：楼ᴄlɯ|沟ᴄkɯ|绸ᴄtʂɯ|收ᴄʂɯ，湟中、湟源"楼"

读[ₑlɣ]。

2. 湟水流域汉语方言流摄三等泥组、精组、见系字韵母民和县川口镇、巴州、马营、乐都碾伯、西宁读[iəu]。民和县甘沟、循化、化隆昂思多、大通、湟中、湟源读[iɯ]；其他地区读[iəɯ]。如循化：刘ₑliɯ|秋ₑtɕʰɯ|臼₂iɯ|休ₑɕiɯ|油ₑiɯ。

3. 湟水流域汉语方言流摄明母字读音有以下类型：

① 非组和明母的部分字与遇摄相混，读[ɣ]，流摄例字如：某、亩、牡、母、拇、谋（明母）；浮、否、妇、负、富、副、复（非组字）。

② 流摄明母个别字与效摄相混，读[ɔ]，如：剖、茂、贸、矛。

八　咸山摄韵母的今读

1. 咸山摄开口一、二等舒声字韵母一般读[ã]/[æ̃]/[ɛ̃]，见系二等字韵母读齐齿呼。

2. 咸山摄开口三、四等（知系字除外）舒声字韵母一般读[iã]/[iæ̃]/[iɛ̃]。咸山摄开口三、四等知庄章组舒声字韵母一般读开口呼。

咸山摄开口舒声字韵母读音举例如下：

	贪咸开一	滩山开一	减咸开二	简山开二	廉咸开三	连山开三	陕咸开三	染咸开三
循化县	ₑtʰɛ̃	ₑtʰɛ̃	ᶜtɕiɛ̃	ᶜtɕiɛ̃	ᶜliɛ̃	ₑliɛ̃	ᶜʂɛ̃	ₑzɛ̃
民和县	ₑtʰã	ₑtʰã	ᶜtɕiã	ᶜtɕiã	ᶜliã	ₑliã	ᶜʂã	ₑzã
乐都县	ₑtʰã	ₑtʰã	ᶜtɕiə̃	ᶜtɕiã	ᶜliã	ₑliã	ᶜʂã	ₑzã
平安县	ₑtʰã	ₑtʰã	ᶜtɕiã	ᶜtɕiã	ᶜliã	ₑliã	ᶜʂã	ₑzã
西宁市	ₑtʰæ̃	ₑtʰæ̃	ᶜtɕiæ̃	ᶜtɕiæ̃	ᶜliæ̃	ₑliæ̃	ᶜʂæ̃	ₑzæ̃

3. 山合一、二（帮组除外）舒声字韵母一般读[uã]/[uæ̃]/[uɛ̃]；帮组、影组舒声字韵母民和、乐都读同一等韵。

4. 咸山摄合口三（四）等（知系、非组除外）舒声字韵母一般读[yã]/[yæ̃]/[yɛ̃]。山合三（四）等知庄章组舒声字韵母一般读[uã]/[uæ̃]/[uɛ̃]。咸山摄合口三（四）等非组舒声字韵母一般读[æ̃]，西宁、湟中、湟源"晚、挽、万、蔓"韵母读[uæ̃]。

咸山摄合口舒声字韵母读音举例如下：

	半山合一	段山合一	惯山合二	范咸合三	晚山合三	饭山合三	船山合三	悬山合四
循化县	pɛ̃ᵓ	tuɛ̃ᵓ	kuɛ̃ᵓ	ᶜfɛ̃	ᶜvã	fɛ̃ᵓ	ₑtʂʰuɛ̃	ₑɕyɛ̃
民和县	pãᵓ	tuãᵓ	kuãᵓ	ᶜfã	ᶜvã	fãᵓ	ₑtʂʰuã	ₑɕyã
乐都县	pãᵓ	tuãᵓ	kua	ᶜfã	ᶜvã	fãᵓ	ₑtʂʰuã	ₑɕyã
西宁市	pæ̃ᵓ	tuæ̃ᵓ	kuæ̃ᵓ	ᶜfæ̃	ᶜuæ̃	fæ̃ᵓ	ₑtʂʰuæ̃	ₑɕyæ̃
湟中县	pæ̃ᵓ	tuæ̃ᵓ	kuæ̃ᵓ	ᶜfæ̃	ᶜuæ̃	fæ̃ᵓ	ₑtʂʰuæ̃	ₑɕyæ̃

5. 咸山摄开口一等端精组入声字韵母、咸开二入声字韵母民和、乐都读[ɑ]，西宁、大通、湟源、湟中等地读[a]。见系字韵母民和、乐都部分读[ɤ]、部分读[uɤ]，例如：鸽[ᵎkɤ]、合[ᵎkuɤ]。见系民和、乐都读[iɑ]，西宁、大通、湟源、湟中等地读[ia]。三、四等字韵母一般读[iɤ]/[iⵕ]/[i]，合口读[ɑ]/[a]。

山合一入声字非帮组韵母民和、乐都读[uɤ]，西宁、大通、湟源、湟中等地读[u]，帮组民和、乐都读[ɤ]，西宁、大通、湟源、湟中等地读[ɔ]；二等字韵母民和、乐都读[yɤ][iɤ]，循化、互助、化隆、大通读[yɛ][iɛ]，西宁、湟中、湟源读[u][i]韵母，互助"雪"韵母读[y]。

九　深臻曾梗摄韵母的今读

1. 湟水流域汉语方言臻曾摄开口一等舒声字韵母合流，一般读[ə̃]。如西宁市：恳=肯ᵎkə̃。民和、乐都、平安、互助读[əŋ]，如乐都：恳=肯ᵎkəŋ。梗开二舒声字韵母读同一等。

2. 深臻曾梗摄开口三等帮端见系舒声字韵母一般读[iə̃]。民和、乐都、平安、互助读[iŋ]，如民和：心ᵎɕiŋ|林ᵎliŋ|今ᵎtɕiŋ|贫ᵎp̌iŋ|冰ᵎpiŋ|命miŋᵎ。

深臻曾梗摄开口三等知系舒声字韵母读同一等。如乐都：针ᵎtʂəŋ|渗ʂəŋᵎ|珍ᵎtʂəŋ|整ᵎtʂəŋ。

3. 臻合一帮系舒声字韵母今读[ə̃]/[əŋ]，端精组、见系舒声字韵母今读[uə̃]/[uŋ]，"损"民和韵母读[yŋ]。民和、乐都、循化、化隆、互助、大通、平安声母是影母的字韵母读[əŋ]/[ə̃]；声母是来母的字韵母读[yə̃]/[yŋ]。如西宁市：盆ᵎpə̃|存ᵎtsʰuə̃|昏ᵎxuə̃|论lyə̃ᵎ|轮ᵎlyə̃。

臻合三非组字读同一等帮系字，精知章组字今读[uə̃]/[uŋ]，[yə̃]/[yŋ]，见系字读[yə̃]/[yŋ]。如西宁市：文ᵎuə̃|遵ᵎtsuə̃|俊tsuə̃ᵎ|轮ᵎlyə̃|群ᵎtɕʰyə̃。

4. 湟水流域汉语方言曾梗摄开口一、二等入声字韵母因声母不同，读音有以下类型：

Ⅰ　帮、端、泥组

① 读[i]，同蟹开一等字。主要分布在西宁市、互助、大通、湟中、湟源。如西宁市：白ᵎpi|百ᵎpi。

② 读[iⵕ]，同假开三等字。主要分布在民和、乐都。如乐都：北ᵎpiⵕ|德ᵎtiⵕ|百ᵎpiⵕ|麦ᵎmiⵕ。

③ 读[ɛ]，分布在循化、民和县川口、塘尔垣回民话中。

④ 读[ɔ]，分布在乐都县芦花乡、马场乡，民和县马营乡。如马营：北ᵎpɔ|麦ᵎmɔ。

Ⅱ　知庄组、见系

① 读[i]，主要分布在西宁市、互助、大通、湟中、湟源。如西宁市：

革₋ki|刻₋k□i。个别字例外，如格尔木（地名）"格"读₋kɔ。

② 读[ɤ]，主要分布化隆、民和、乐都。如乐都：刻₋k□ɤ|拆₋tʂ□ɤ|客₋k□ɤ|摘₋tʂɤ|革₋kɤ。个别字如："额"读₋ni□。

5. 深臻曾梗摄开口三（四）入声字韵母读同蟹开三、四等；深臻曾梗摄知系入声字韵母一般读同止开三等。

湟水流域汉语方言曾开一、梗开二、三、四等入声字韵母读音举例如下：

	曾开一德韵		梗开二陌韵		梗开二麦韵		梗开三昔韵		梗开四锡韵	
	黑	北	白	额	麦	革	脊	尺	笛	吃
循化回民	₋xɤ	₋pɛ	₋pɛ	₋nɛ	₋mɛ	₋kɛ	₋tɕij	₋tʂʅ	₋tɕij	₋tʂʅ
乐都	₋hɤ	₋pi□	₋pi□	₋ni□	₋mi□	₋kɤ	₋tʂʅ	₋tʂʅ	₋tʂʅ	₋tʂʅ
民和回民	₋hɤ	₋pɛ	₋pɛ	₋nɤ	₋mɛ	₋kɤ	₋tʃi	₋tʂʅ	₋tʃi	₋tʂʅ
民和马营	₋hɤ	₋pɔ	₋pɔ	₋nɤ	₋mɔ	₋kɤ	₋tʃi	₋tʂʅ	₋tʃi	₋tʂʅ
化隆昂思多	₋xi	₋pi	₋pi	₋nɛ	₋mi	₋ki	₋tʃi	₋tʂʅ	₋tʃi	₋tʂʅ
互助	₋xi	₋pi	₋pi	₋niɛ	₋mi	₋ki	₋tʃi	₋tʂʅ	₋tʃi	₋tʂʅ
西宁	₋xi	₋pi	₋pi	₋nɛ	₋mi	₋ki	₋tʃĩ	₋tʂʅ	₋tʃi	₋tʂʅ
湟中回民	₋ix i	₋pi	₋pi	₋nɛ	₋mi	₋ki	₋tʃi	₋tʂʅ	₋ʃi	₋tʂʅ

十 宕江摄韵母的今读

1. 湟水流域汉语方言宕江摄舒声字韵母合流，主要元音的读音类型有：

① 读[ɔ̃]，分布在循化、化隆、互助、平安、大通、西宁、湟中、湟源。

② 读[õ]，分布在民和、乐都。

2. 湟水流域汉语方言大部分地区宕开三庄组舒声字韵母、宕合一、三等见晓组舒声字韵母、江开二知庄组舒声字韵母合流，有[u]介音，宕开一精组舒声字韵母无[u]介音。分布在民和、乐都、化隆巴燕汉民、平安、互助、大通、西宁、湟中、湟源。

宕开三庄组舒声字韵母、宕合一、三等见晓组舒声字韵母、江开二知庄组舒声字韵母与宕开一精组舒声字韵母合流，无[u]介音。分布在循化、化隆巴燕回民、化隆昂思多汉、回民、民和塘尔垣回民。举例如下：

	仓宕开一精	桑宕开一精	丧宕开一精	床宕开三庄	庄宕开三庄	霜宕开三庄	创宕开三庄
民和塘尔垣回民	₋tsʰõ	₋sõ	₋sõ	₋tʂʰõ	₋tʂõ	₋ʂõ	tsʰõʔ
化隆巴燕回民	₋tsʰõ	₋sõ	₋sõ	₋tʂʰõ	₋tʂõ	₋ʂõ	tsʰõʔ
化隆昂思多汉民	₋tsʰõ	₋sõ	₋sõ	₋tʂʰõ	₋tʂõ	₋fõ	tsʰɒʔ

循化	₌tsʰɔ̃	₌sɔ̃	₌sɔ̃	₌tʂʰɔ̃	₌tʂɔ̃	₌ʂɔ̃	tʂʰɔ̃ˀ
乐都	₌tsʰɔ̃	₌sɔ̃	₌sɔ̃	₌tʂʰuɔ̃	₌tʂuɔ̃	₌fɔ̃	tʂʰuɔ̃ˀ
西宁	₌tsʰɔ̃	₌sɔ̃	₌sɔ̃	₌tʂʰuɔ̃	₌tʂuɔ̃	₌fɔ̃	tʂʰuɔˀ

	光宕合一	狂宕合三	黄宕合一	况宕合三	窗江开二	撞江开二	双江开二
民和塘尔垣回民	₌kɔ̃	₌kʷɔ̃	₌hɔ̃	kʷɔˀ	₌tʂɔ̃	tʂɔ̃ˀ	₌ʂɔ̃
化隆巴燕回民	₌kɔ̃	₌kʷɔ̃	₌xɔ̃	kʷɔ̃ˀ	₌tʂɔ̃	tʂɔ̃ˀ	₌ʂɔ̃
化隆昂思多汉民	₌kɔ̃	₌kʷɔ̃	₌xɔ̃	kʷɔˀ	₌tʂɔ̃	tʂɔ̃ˀ	₌fɔ̃
循化	₌kɔ̃	₌kʷɔ̃	₌xɔ̃	kʷɔˀ	₌tʂɔ̃	tʂɔ̃ˀ	₌ʂɔ̃
乐都	₌kuɔ̃	₌kʷuɔ̃	₌huɔ̃	kʷuɔ̃ˀ	₌tʂʷuɔ̃	tʂʷuɔˀ	₌fɔ̃
西宁	₌kuɔ̃	₌kʷuɔ̃	₌xuɔ̃	kʷuɔ̃ˀ	₌tʂʷuɔ̃	tʂʷuɔˀ	₌fɔ̃

3. 宕江摄入声字韵母因声母不同读音有以下类型：

Ⅰ　帮组、见系宕开一

① 读[ɣ]。同果摄合流。主要分布在民和、乐都、循化。

② 读[ɔ]。同效摄一等和二等帮、泥组字合流。主要分布在互助、大通、西宁、湟中、湟源。

Ⅱ　泥组宕开一、精组、知庄章组、见晓组宕合一

① 读[uɣ]。主要分布在民和、乐都、循化。

② 读[u]。读同果摄字主要分布在互助、大通、西宁、湟中、湟源。

Ⅲ　泥组宕开三、见组、影组

① 读[yu]。主要分布在互助、大通、西宁、湟中、湟源的宕开三以及江开二见晓组。

② 读[yɛ]。主要分布在民和甘沟、乐都高店、化隆甘都。

③ 读[yɣ]。主要分布在民和、乐都、循化。

例如西宁市：作₌tsu|酌₌tʂu|霍₌xu|桌₌tʂu|各₌kɔ|剥₌pɔ|约₌yu|确₌tɕʰyu|学₌ɕyu。

十一　通摄韵母的今读

1. 湟水流域汉语方言通摄一等（帮组除外）舒声字韵母读[uɔ̃]/[uŋ]；帮组舒声字韵母读[ɔ̃]/[əŋ]。如西宁市：东₌tuɔ̃|统₌tʰuɔ̃|蒙₌mɔ̃；乐都：东₌tuŋ|统₌tʰuŋ|蒙₌məŋ。

2. 通摄三等非组舒声字韵母大部分地区读[ɔ̃]，民和、乐都、平安、互助读[əŋ]；晓影组舒声字韵母大部分地区读[yɔ̃]，民和、乐都、平安、互助读[yəŋ]；其他系组字大部分地区读[uɔ̃]，民和、乐都、平安、互助读[uŋ]。

日母舒声字韵母民和、乐都、循化、化隆、平安、互助、大通读[əŋ]/[ɔ̃]，如乐都：绒₌vəŋ|茸₌vəŋ。西宁、湟中、湟源和湟水流域回民话韵母读[uɔ̃]，

如民和塘尔垣回民话：绒 $_c$zʐuŋ|茸 $_c$zʐuŋ；西宁：绒 $_c$uə̃|茸 $_c$uə̃。

3. 通摄一等喻母入声字韵母读同遇合一；三等入声字韵母读同遇合三。如乐都：秃|$_c$tʐɣ|^{c}tɣ毒|速 $_c$sʮ|目 ^{c}mɣ。

第三节　湟水流域汉语方言声调与中古声调的比较

湟水流域汉语方言声调有两种类型：

一、三个声调：平声、上声、去声。平声不分阴阳。古清声母和次浊声母上声字今读上声，古全浊声母上声字归去声。古去声今读去声。入声的分派有以下几种类型：

Ⅰ　不分清浊全部读如平声。分布在民和、乐都大部分地区、循化、大通县桥头镇以北地区、互助县的南门峡镇和五峰乡。

Ⅱ　清入读如平声，次浊入和全浊入读如上声。分布在乐都碾伯镇。

Ⅲ　古清入、次浊入读如去声，古全浊入读如平声。分布在民和川口镇回民话中。

二、四个声调：阴平、阳平、上声、去声。古平声清声母字和古清入、次浊入声母字今读阴平；古平声浊声母字和古全浊入声母字今读阳平；古清上和次浊上声母字今读上声；古全浊上和古去声母字今读去声。

第三章　湟水流域汉语方言的共时音变

　　湟水流域汉语方言分别属于中原官话秦陇片、陇中片和河州片。秦陇片方言有四个声调，陇中片和河州片方言只有三个声调，四个声调和三个声调方言共时音变不尽相同，以下以属于秦陇片方言的湟源话和陇中片方言的乐都话为例对湟水流域汉语方言的共时音变作一探讨。

第一节　连读调

　　本节主要讨论湟源话和乐都话两字组的连读调，仅限于不包括轻声的两字组。湟源话共有四个单字调，即阴平、阳平、上声、去声，分别用代码1、2、3、4代表。

一　湟源话的连读调

1. 湟源话两字组连读调

表 3-1　　　　　　　　　　湟源话两字组连读调

前字 ＼ 后字	1 阴平 44	2 阳平 24	3 上声 55	4 去声 213
1 阴平 44	44+44 （24+44）	44+44 24+24	21+24	21+24
2 阳平 24	24+44 （21+24）	24+24 （21+24）	21+24	21+24 44+24 24+24
3 上声 55	44+21 44+55	44+24 21	21+24	44+24
4 去声 213	24+44 21+44	21+44 24+24 44+44	21+44	24+24 21+44 44+24

　　如表 3-1 所示，湟源话的两字组共有 29 种连调模式，其中 4 组前后字

都不变调；4 组前字变调，后字不变调，2 组前字不变调，后字变调；20 组前后字都变调。变调的有一部分合并，合并后共有 8 种连调模式。

　　下面举例，表示数值的数字符号加粗表示变调；词例中支配结构、陈述结构放在其他结构的后边。方言词统一在举例后解释。

前字阴平：

1	1	44+44	家乡tɕiaɕĩ	秋天tɕʰiɯtʰ□iæ̃
			正月tʂ□yu	方桌fɔ̃tʂu
			钢笔kɔ̃pɻ	节日tɕi□zɻ
1	1	**24+44**	脚心tɕyuɕĩ	结冰tɕi□pĩ
			开业k□ɛni□	脚尖tɕyutɕiæ̃
			出力tʂ□yl̩	录音lɣĩ
1	2	**44+44**	猪毛tʂɣmɔ	木材mɣtsɔ̃ɛ
			客房k□ifɔ̃	今年tɕiɔ̃niæ̃
			安排næpɔ̃ɛ	新闻ɕiɔ̃uɔ̃
1	2	**24+24**	恶毒nutɣ	开门k□ɛmɔ̃
			消毒ɕiɔtɣ	出门tʂ□ɣmɔ̃
			入学ɣɕyu	山头sæ̃t□ɯ
1	3	**21+24**	辛苦ɕiɔ̃k□ɣ	屋顶ɣtiɔ̃
			浇水tɕiɔfi	收礼sɯl̩
			喝水xufi	吃苦tʂɻ̩k□ɣ
1	4	**21+24**	黑市xisɻ	一定zɻtiɔ̃
			落后luɯ	绿化lɣxua
			切菜tɕ□i□ts□ɛ	立夏l̩ɕia

前字阳平：

2	1	24+44	名额miɔ̃ɛ	独立tɣl̩
			跳高t□iɔkɔ	读书tɣfɣ
			年轻niæ̃tɕ□iɔ̃	磨刀mɔtɔ
2	1	**21+24**	直接tʂɻ̩tɕi□	旋涡ɕyæu
			牙膏iakɔ	黄色xuɔ̃si
			毛巾mɔtɕiɔ̃	铡刀tsatɔ
2	2	**24+24**	农忙luɔ̃mɔ̃	拔牙paia
			同学t□uɔ̃ɕyu	直达tʂɻ̩ta
			服毒fɣtɣ	农民luɔ̃miɔ̃
2	2	**21+24**	狐狸xɣl̩	锄头tʂɣtʰɯ
			城墙tʂ□ɔ̃tɕ□iɔ̃	牛郎niɯlɔ̃

			犁铧lɿxua	核桃xɛtɔ
2	3	**21+24**	长短tʂɔ̃tuæ	门口mɯ̃kɯ
			白纸pitsɿ	石板ʂʅpæ
			骑马tsɿma	防火fɔ̃xu
2	4	**21+214**	杂志tsatsɿ	群众tɕyɔ̃tʂuɔ̃
			奇怪tsɿkuɛ	迟到tsɿtɔ
			棉裤miæk ɣ̩	绸缎tʂɯtuæ
2	4	**44+24**	植树tʂʅfɣ	
2	4	**24+24**	读报typɔ	流汗liɯxæ

前字上声:

3	1	**44+21**	火车xutʂi	粉笔fə̃pɿ
			好药xɔyu	五月ɣyu
			普通pɣt uɔ̃	祖宗tsɿtsuɔ̃
3	1	**44+44**	满足mætsʅ	鬼风kuifə̃
			养鸡iɔ̃tsɿ	打开takɛ
3	2	**44+24**	解毒tɕity	有钱iɯtɕʰiæ
			碾场niætʂɔ̃	响雷çiɔ̃lui
			土墩t ɣtuɔ̃	打拳tatɕyæ
3	2	**44+21**	好人xɔ̃ɔ̃	抢娃tɕiɔ̃ua
			乳牛ɣniɯ	往年uɔ̃niæ
			斧头fɣt ɯ	草驴tsɔlʅ
3	3	**21+24**	水果fiku	小米çiɔmɿ
			小雨çiɔzʮ	冷水lə̃fi
			养狗iɔ̃kɯ	买米mɛmɿ
3	4	**44+24**	改造kɛtsɔ	远近yætɕiɔ̃
			马路malɣ	狗叫kɯtɕiɔ
			写字çitʂɿ	买菜mɛtsɛ

前字去声:

4	1	**24+44**	树根fɣkɔ̃	大雪taçyu
			犯法fæfa	坐车tsutʂi
			送药suɔ̃yu	认真zɔ̃tʂɔ̃
4	1	**21+44**	意思zɿsɿ	地张tsɿtʂɔ̃
			运输yɔ̃fɣ	祸端xutuæ
			夏天çiat iæ	桂花kuixua
4	2	**21+44**	后门xɯmɔ̃	外行uɛxɔ̃

			炸雷tsalui	绣球çiɯtɕ◯iɯ
			磨盘mɔp◯æ̃	刺梅ts◯ɿmi
4	2	24+24	大寒taxæ̃	办学pæ̃ɕyu
			上学ʂɔ̃ɕyu	烂泥læ̃mɿ
			拜年pæniæ̃	退学t◯uiɕyu
4	2	44+44	证明tʂə̃miə̃	
4	3	21+44	妇女fɣmɿ	报纸pɔtsɿ
			大雨tazɣ	浪走lɔ̃tsɯ
			露水lɣfi	架火tɕiaxu
4	4	24+24	大树tafɣ	罪犯tsuifæ̃
			后代xɯtɛ	病重piə̃tʂuə̃
			看戏k◯æ̃sɿ	受气ʂɯtsɿ
4	4	21+44	贩卖fæ̃mɛ	臭蛋tʂ◯ɯtæ̃
			半夜pæi◯	杏树xɔ̃fɣ
			素菜sɣtsɜ◯	面板miæ̃pæ̃
4	4	44+24	卖票mɛp◯iɔ	

注释：浪走：上街去逛。架火：生火。地张：讨论土地面积时用的词语。

"子"尾在两字组中的变调自成规律。前字读[55]，"子"尾读[21]；前字读[44]，"子"尾读[44]；前字读[32]，"子"尾读[22]；前字读[32]，"子"尾读[22]；前字读[52]，"子"尾读[24]，例见下。

[55+21]	果子	胆子	饺子	女子	捻子
[44+44]	箱子	刀子	瞎子	梯子	鸽子
[32+21]	帽子	胖子	凳子	瘦子	肺子
[21+24]	镯子	傻子	排子	勺子	轴子
[21+44]	铺子	穗子	背子	裤子	料子

注释：镯子：手镯。排子：秋收时，捆子排成的排。轴子：轴承。背子：脊背。料子：衣料。

2. 湟源话三字组连读调

湟源话三字组调式基本以两字组为基础，加第三字声调组成。第三字位置或前或后，位于两字组之前的，下文用"A/B+C"表示，位于两字组之后的，用"A+B/C"表示。下文先列举前加字三字组"A/B+C"例证，然后是后加字三字组"A+B/C"例证。

举例时，除在例首注明调式外，各例字皆不注音标调。

（1）阴平/B+C
① 第一字阴平读[24]

[24/44·44]	山中间	铁公鸡	割麦子
	开方子	出家人	一星期
[24/32·24]	发粮票	收油菜	不说话
	吃人命	嗑瓜子儿	鸽娃子

② 第一字阴平读[44]

[44/44·24]	蜂窝煤	窝囊废	沙窝头
[44/44·21]	乒乓球	葱绿色	黑头人
[44/44·44]	差不多	腮腺炎	鸡蛋清

③ 第一字阴平读[32]

[32/24·21]	没注意	脚底下	挖耳朵
	不喜欢	车尾巴	拓手印
[32/32·21]	辣面子	车架子	说梦话
	山后头	八大仙	开夜车
[32/32·24]	秋庄稼	噎食病	刀斧手
	胎里带	额目头	热影子

注释：吃人命：旧时一种解决人命纠纷的方法。鸽娃子：鸽雏。黑头人：湟源藏族自认为他们是黑头人，人去世后不戴白孝。胎里带：从娘胎里带来的。

（2）阳平/B+C
① 第一字阳平读[24]

[24/44·44]	平三十	年轻人	年当中
	白鸡蛋	元宵节	朝天椒
[24/32·24]	油白菜	牛鼻梁	白莲花
	连阴雨	城隍庙	棉捂爪

② 第一字阳平读[32]

[32/24·21]	羊羔子	前几年	长头发
	猪尾巴	十几天	稠米汤
[32/32·44]	牛下水	防坏人	活扣子
	炸豆腐	牙花子	狐狸精
[32/24·24]	白费事	甜面酱	王掌柜
	黄花菜	盐碱地	皮影戏
[32/24·44]	缝纫机	棉花弓	羊羔疯

[32/32・21]　　　　十月一

注释：棉揞爪：棉手套。牙花子：牙锈。羊羔疯：癫痫病的民间叫法。

（3）上声/B+C

① 第一字上声读[44]

[44/44・44]　　　扭秧歌　　　洗脚盆　　　好几百

　　　　　　　　　手指头　　　请先生　　　打官司

[44/32・24]　　　眼眨毛　　　理发店　　　水烟袋

　　　　　　　　　打捷路　　　洗衣粉　　　老花眼

[44/24・44]　　　雨夹雪　　　启明星　　　点名册

　　　　　　　　　耍龙灯　　　买红花　　　鬼附身

② 第一字上声读[32]

[32/24・21]　　　写稿子　　　想主意　　　咬耳朵

　　　　　　　　　打短工　　　砍柳树　　　小女子

[32/24・24]　　　老板娘　　　水果糖

[32/32・44]　　　洗脸水

（4）去声/B+C

① 第一字去声读[24]

[24/44・44]　　　种麦子　　　树栽子　　　晒衣裳

　　　　　　　　　第一名　　　自行车　　　办公桌

[24/32・24]　　　放寒假　　　放年假　　　做牛马

　　　　　　　　　做文章　　　舅表嫂　　　大腰裤

[24/32・44]　　　做道场　　　外地人　　　看大海

　　　　　　　　　酱菜铺　　　放定钱　　　大半夜

② 第一字去声读[32]

[32/44・24]　　　大米饭　　　望远镜　　　放暑假

　　　　　　　　　办酒席　　　睡午觉　　　看海报

[32/44・21]　　　大掌盘　　　做买卖　　　筷笼子

　　　　　　　　　柱顶石　　　后半夜　　　近视眼

二　乐都话的连读调

1. 乐都话两字组连读调

乐都话共有三个单字调，即平声、上声、去声三个声调。由于乐都方言古清平声、古浊平声、古清入声、古浊入声都归平声，清声母和浊声母来源的字连读的时候有些不同，所以将来自古清平、清入和次浊入的字和来自古浊平和全浊入的分开，用代码 1 表示来自古清平和清入的字，用代码 2 表示来自古浊平和全浊入的字、用 3 和 4 分别代表上声字和去声字。

表 3-2　　　　　　　　　　乐都话两字组连读调

前字 ＼ 后字	1 平声 13	2 平声 13	3 上声 53	4 去声 34
1 平声 13	13+13	21+13	21+53	21+34
	21+13	13+13		13+34
	21+55			
2 平声 13	13+13	13+13	21+55	34+34
	21+53	53+13	21+53	53+34
	21+13	21+13		21+34
		55+21		
上声 53	33+13	33+13	55+55	55+34
	33+21	33+21	55+21	55+21
			55+34	
3 去声 34	34+13	34+55	34+55	34+34
	34+53	34+53	34+53	34+53
	34+55	34+13		21+34
	34+34			

如表所示，乐都话 9 组前后字都不变调；15 组前字变调，后字不变调；6 组前字不变调，后字变调；10 组前后字都发生变调。乐都话的两字组共有 17 种连调模式。下面举例说明：

前字平声：

1	1	13+13	钢笔 kõpʅ	脚心 tɕyʁɕiŋ
			结冰 tɕiɐpiŋ	开业 k□ɛniɐ
			脚尖 tɕyʁtɕiã	出力 tʂ□ɣlʮ
			录音 lʮiŋ	
1	1	21+13	家乡 tɕiɑɕiõ	秋天 tɕʰiəutʰiã
			正月 tʂɔŋyʁ	方桌 fõtʂuʁ
1	1	21+55	节日 tɕiɐʐʅ	
1	2	13+13	木材 mɣtʂʮɜ	新闻 ɕiŋvɔŋ
			恶毒 nuʁtɣ	开门 k□ɛmɔŋ
			消毒 ɕiɔtɣ	出门 tʂ□ɣmɔŋ

			入学ɣɕyɤ	山头ʂæt⍰ʊeu		
1	2	21+13	客房k⍰ɹ f õ	今年tɕiŋniã	
			安排nãp⍰ɛ		
1	3	21+53	辛苦ɕiŋkʰɣ	屋顶ɣtiŋ	
			浇水tɕiɔfɹi	收礼ʂəuh	
			喝水xuɤfɹi	吃苦tʂ⍰ɺk⍰ɣ	
1	4	21+34	黑市xɤʂ̩	落后luɤhəu	
			绿化lɣhua	切菜tɕ⍰iɛtʂ⍰ɛ	
			立夏hɕia		
1	4	13+34	一定zɿtiŋ		

前字阳平：

2	1	13+13	名额miŋniɛ	独立tɣh	
			跳高t⍰iɔkɔ	读书tɣfɣ	
			年轻niãtɕ⍰iŋ	磨刀mɔtɔ	
			漩涡ɕyãvɤ	黄色xuõsɤ	
2	1	21+53	直接tʂɿtɕiɛ	牙膏iakɔ	
2	1	21+13	毛巾mɔtɕiŋ		
2	2	13+13	农忙luɔŋmõ	拔牙paia	
			同学tʰuɔŋɕyɤ	直达tʂɿta	
			服毒fɣtɣ	农民luɔŋmiŋ	
2	2	53+13	城墙tʂʰɔŋtɕʰiõ	犁铧hxua	
			核桃xɤt⍰ɤ	牛郎niəulõ	
2	2	21+13	狐狸xɣh		
2	2	55+21	锄头tʂʰɣtʰəu		
2	3	21+53	门口mɔŋk⍰əu	白纸piɛtʂ̩	
			防火fõxuɤ	长短tʂʰõtuã	
2	3	21+55	石板ʂɿpã	骑马ts⍰ɿma	
2	4	21+34	杂志tsatʂ̩	群众tɕʰyɔŋtʂuɔŋ	
			奇怪ts⍰ɿkuɛ	迟到tʂʰɿcɔ	
2	4	53+34	棉裤miãk⍰ɣ	绸缎tʂʰəutuã	
2	4	34+34	跑道p⍰ɔtɔ	植树tʂɿfɣ	
			读报tɣpɔ	流汗liəuxã	

前字上声：

3	1	33+21	粉笔fɔŋpɿ	好药hɔyɤ	
			火车huɤtʂ⍰ɤ	五月ɣyɤ	

			普通pʰɤtʰuɔŋ		祖宗tsʅtsuɔŋ
3	1	33+13	满足mãtsʅ		鬼风kuifɔŋ
			养鸡iõtsʅ		打开takⁿɛ
3	2	33+13	解毒tɕiɛtɤ		有钱iəutɕʰiã
			碾场niãtʂʰõ		土墩tⁿɤtuɔŋ
			打拳tatɕⁿyã		
3	2	33+21	好人hɔʐɔŋ		抢娃tɕʰiõva
			乳牛ɣniəu		往年võniã
			斧头fʅtⁿəu		草驴tsʰɔlʅ
3	3	55+55	水果fɹikuɤ		冷水lɔŋfɹi
			养狗iõkəu		
3	3	53+34	小米ɕiɔmʅ		
3	3	55+21	小雨ɕiɔzʅ		买米mɛmʅ
3	4	33+34	改造kɛtsɔ		马路malɤ
			远近yãtɕiŋ		狗叫kəutɕiɔ
			写字ɕiɛtsʅ		买菜mɛtsⁿɛ

前字去声：

4	1	34+13	大雪taɕyɤ		树根fɤkɔŋ
			犯法fãfa		坐车tsuɤtʂɤ
			送药suɔŋyɤ		认真zɔŋtʂɔŋ
4	1	34+53	意思zʅsʅ		运输yɔŋ fɤ
4	1	34+55	地张tsʅtʂõ		桂花kuixua
4	1	34+34	祸端huɤtuã		夏天ɕiatʰiã
4	2	34+55	后门həumɔŋ		炸雷tʂalui
			磨盘mɔpⁿã		刺梅tsʰɹmɹi
4	2	34+53	外行vɛhõ		大寒tahã
			绣球ɕiəutɕʰiəu		
4	2	34+13	办学pãɕyɤ		上学ʂõɕyɤ
			烂泥lãmʅ		拜年pɛniã
			退学tⁿuiɕyɤ		证明tʂɔŋmiŋ
4	3	34+55	妇女fɤmʅ		报纸pɔtsʅ
			大雨tazʅ		
4	3	34+53	浪走lõtsəu		露水lɤfɹi
			架火tɕiahuɤ		

4	4	34+34	大树tɑfɣ	罪犯tsuifã
			后代həutɛ	病重piŋʂuoŋ
			看戏k▢ã̃sʅ	受气ʂəuts▢ʅ
4	4	34+53	贩卖fãmɛ	臭蛋tʂ▢əutæ̃
			半夜 pãiɛ	杏树xoŋfɣ
			素菜sʅtsʅ▢ɜ	面板miãpã
4	4	21+34	卖票mɛp▢iɔ	

2. 乐都话三字组连读调

乐都话三字组调式基本以两字组为基础，加第三字声调组成。第三字位置或前或后，位于两字组之前的，下文用"A/B+C"表示，位于两字组之后的，用"A+B/C"表示。下文先例举前加字三字组"A/B+C"例证，然后是后加字三字组"A+B/C"例证。

举例时，除在例首注明调式外，各例字皆不注音标调。

平声 1 /B+C

（1）第一字平声 1 读[13]

[13/21・13]	山中间	铁公鸡	割麦子
	开方子	发粮票	收油菜
	不说话	吃人命	一星期
[13/13・13]	黑头人	腮腺炎	
[13/13・53]	葱绿色		

（2）第一字平声 1 读[21]

[21/13・13]	出家人	嗑瓜子	鸽娃子
	蜂窝煤	窝囊废	鸡蛋清
	没注意	拓手印	八大仙
[21/34・53]	沙窝头	差不多	脚底下
	不喜欢	车尾巴	辣面子
	车架子	说梦话	山后头
	开夜车	秋庄稼	噎食病
[21・34/53]	刀斧手	热影子	

（3）第一字平声 1 读[33]

[33/13・13]	乒乓球
[33/13・21]	挖耳朵

（4）第一字平声 1 读[53]

[53・21/13]	胎里带

平声 2/B+c

（1）第一字平声 2 读[13]

[13/21·13]	平三十	年轻人	年当中
	朝天椒	炸豆腐	黄花菜
	皮影戏		
[13/21·21]	白鸡蛋	连阴雨	

（2）第一字平声 2 读[53]

| [53·21/13] | 元宵节 | 城隍庙 | 羊羔子 |
| | 牙花子 | 棉花弓 | 羊羔疯 |

（3）第一字平声 2 读[21]

[21/53·13]	油白菜	牛鼻梁	白莲花
	狐狸精		
[21/13·21]	前几年	长头发	猪尾巴
	十几天	稠米汤	牛下水
	防坏人	活扣子	十月一
[21/13·13]	白费事	甜面酱	王掌柜
	盐碱地	缝纫机	

上声/B+C

（1）第一字上声读[55]

[55/21·13]	请先生	好几百	打官司
	手指头	扭秧歌	打捷路
	洗衣粉	老花眼	启明星
	买红花	鬼附身	想主意
	咬耳朵		
[55·21/13]	眼眨毛	洗脚盆	理发店
	点名册	雨夹雪	
	耍龙灯		
	写稿子		
[55/55·21]	打短工	砍柳树	小女子
	水果糖	洗脸水	

（2）第一字上声读[21]

| [21/55·21] | 老板娘 | | |

去声/B+C

第一字去声读[34]

| [34/34·21] | 种麦子 | 树栽子 | 晒衣裳 |

	舅表嫂	做道场	外地人
	看大海	放定钱	大半夜
	办酒席	大掌盘	近视眼
[34/21・34]	第一名	自行车	办公桌
	放寒假	放年假	做牛马
	做文章	酱菜铺	望远镜
	放暑假	睡午觉	看海报
[34/21・21]	大掌盘	做买卖	筷笼子
	柱顶石	后半夜	
[34・34/34]	大腰裤		
[34/34・34]	大米饭		

第二节　轻声

一　湟源话的轻声

湟源话轻声词数量很多。轻声音节的读音与前字有密切的关系。如果连续出现两个轻声音节，则第二个轻声音节更短更弱，记为21。

轻声字及其连读调的调值，可分为非叠字组和叠字组两种情况。非叠字组轻声，在阴平字和上声字后面是轻短的21，阳平字后面是13，去声字后面是21。

表 3-3　　　　　　　　　　湟源话的非叠字组的轻声

前字　＼　后字	1 阴平 44	2 阳平 24	3 上声 <u>55</u>	4 去声 213
1 阴平 44	44+21	44+21	44+21	44+21
2 阳平 24	32+13	32+13	32+13	32+13
3 上声 <u>55</u>	<u>55</u>+21	<u>55</u>+21	<u>55</u>+21	<u>55</u>+21
4 去声 213	32+21	32+21	32+21	32+21

前字阴平：

1	1	44+21	猪肉tʂɣʑɯ	北方pifɔ̃
			国家kuitɕia	蜂蜜fɔ̃mʅ
1	2	44+21	足球tsɣtɕ◌ɯ	安排næpɛ
			中学tʂuɔ̃ɕyu	复杂fɣtsa

1　3　44+21　　　月饼yupiɔ̃　　　尺码tʂɻma

　　　　　　　　墨水mifi　　　　规矩kuitsʮ

1　4　44+21　　　菠菜pɔtsɛ　　　木器mɤtsɻ

　　　　　　　　鸡蛋tsɻtæ　　　星宿ɕiɔ̃ɕiɯ

前字阳平：

2　1　32+21　　　情分tɕiɔ̃fɔ̃　　　学生ɕyusɔ̃

　　　　　　　　头发tɯfa　　　　仁丹zɔ̃tæ

2　2　32+21　　　人情zɔ̃tɕiɔ̃　　　婆婆pɔpɔ

　　　　　　　　石头ʂɻtɯ　　　　寒毛xæmɔ

2　3　32+21　　　羊奶iɔ̃nɛ　　　行李ɕiɔl

　　　　　　　　绵软miæuæ　　　石板ʂɻpæ

2　4　32+21　　　麻袋matɛ　　　迷信mɻɕiɔ̃

　　　　　　　　阳历iɔl　　　　白菜pitsɛ

前字上声：

3　1　55+21　　　指甲tsɻtɕia

3　2　55+21　　　本来pɔlɛ　　　口齿kɯtʂɻ

3　3　55+21　　　古董kɤtuɔ̃　　　手表ʂɯpiɔ

　　　　　　　　酒鬼tɕiɯkui　　稿纸kɔtsɻ

3　4　55+21　　　五个ɣkɔ

前字去声：

4　1　32+21　　　地方tsɻfɔ̃　　　顺当fɔ̃tɔ̃

　　　　　　　　是非sɻfi　　　　办法pæfa

4　2　32+21　　　算盘suæpæ　　　化学xuaɕyu

　　　　　　　　价钱tɕiatɕiæ　　太阳tɔɛiɔ̃

4　3　32+21　　　户口xɤkɯ　　　对手tuiʂɯ

　　　　　　　　上火ʂɔxu　　　面子miætsɻ

4　4　32+21　　　笑话ɕiɔxua　　　劲道tɕiɔ̃tɔ

　　　　　　　　夏至ɕiatsɻ　　　梦话mɔ̃xua

二　乐都话的轻声

乐都话轻声词数量很多。乐都话平声不分阴阳，清平、浊平、入（包括清入、次浊入和全浊入）这三类字，单字调都读平声[13]，连读中，当位于轻声前面时，存在明显的区别，和连读音变一样，平声 1 和平声 2 后的轻声不完全一样，所以将其分开，分别用代码 1、2、3、4 代表。

表3-4			乐都话非叠字组变调	
前字 \ 后字	1 平声1 13	2 平声2 13	4 上声 53	5 去声 34
1 平声1 13	21+13	53+21	21+13	21+13
2 平声2 13	53+21	53+13	21+33	53+13
4 上声 53	55+21	55+21	21+13	55+21
5 去声 34	34+33	34+33	34+33	34+33

前字平声1：

1	1	21+13	国家 kuɛtɕia	蜂蜜 fɔŋmɿ
1	2	53+21	头发 tɤəufa	学生 ɕyɤʂoŋ
1	3	21+13	墨水 miɛfɿi	规矩 kuitsʮ
1	4	21+13	鸡蛋 tʂɿtã	木器 mɤtsɿ̩

前字平声2：

2	1	53+21	情分 tɕʰiŋfɔŋ	仁丹 zɻ̩tã
2	2	53+13	人情 zɔŋtɕʰiŋ	石头 tʂʮtɤəu
2	3	21+33	羊奶 iõnɛ	行李 ɕiŋlɿ
2	4	53+13	麻袋 matɛ	白菜 piɛtsɿɛ

前字上声：

3	1	55+21	火车 huɤtʂɤ	眼科 iãkʰuɤ
3	2	55+21	好人 hɔzoŋ	本来 poŋlɛ
3	3	21+13	水果 fɿikuɤ	米粉 mɿ̩foŋ
3	4	55+21	五个 ɤkɤ	草帽 tsʰɔmɔ

前字去声：

4	1	34+33	汽车 tsʰɻ̩tʂɤ	电灯 tiãtoŋ
4	2	34+33	化学 huaɕyɤ	价钱 tɕiatɕʰiã
4	3	34+33	信纸 ɕiŋtʂʮ	字典 tsʮtiã
4	4	34+33	笑话 ɕiɔhua	夏至 ɕiatʂʮ

第三节 儿尾

一 湟源话的儿尾

湟源话"儿"字读[ɛ²⁴]，儿尾一般在单说的词语和句子中重点强调的词语中，对前面音节的韵母没有影响；鼻化韵后的儿尾，常引起前面音节鼻化脱落，只是"儿"和前面的音节连接得比单说和重点强调时紧一些，[a][ɔ][ɔ̃]韵的儿化韵，在快读和放在句子中间不被重点强调时（这种情况多出现在对话中），"儿"并不读出来，而只是[a][ɔ][ɔ̃]读音的延长。如果儿尾变调或引起前字的变调，只标变调后的声调。

1. 单说的词语和句子中重点强调的词语，"儿"自成音节，对前面音节的韵母没有影响。字例如：

蛆儿 tsʮ⁴⁴ɛ⁴⁴　　　　　　　歌儿 kɔ⁴⁴ɛ⁴⁴
鱼儿 zʮ²¹ɛ²⁴　　　　　　　梨儿 lʅ²¹ɛ²⁴
糖儿 tɔ̃²¹ɛ²⁴　　　　　　　枣儿 tsɔ⁵⁵ɛ²⁴
雀儿 tɕiɔ⁵⁵ɛ²¹　　　　　　数儿 fʮ²¹ɛ²¹
车车儿 tʂi³²tʂi²¹ɛ²⁴　　　庙庙儿 miɔ³²miɔ²¹ɛ²¹
座座儿 tsu³²tsu²¹ɛ²¹　　　匀匀儿 yɔ̃²⁴yɔ̃²¹ɛ²⁴
核核儿 xɣ²¹xɣ²⁴ɛ²¹　　　　尕药儿 ka²⁴yu⁴⁴ɛ⁴⁴
月牙儿 yu³²ia²¹ɛ²⁴　　　　圆圈儿 yæ̃²⁴tɕʰyæ̃⁴⁴ɛ⁴⁴

2. 大部分鼻化韵，儿尾常引起前面音节鼻化脱落，主要元音变成[ɛ]，后面仍有"儿尾"，只是"儿"和前面的音节连接得比单说和重点强调时紧一些，例如：

镜儿 tɕiɔ̃²¹³ɛ²⁴→tɕi²¹ɛ⁴⁴
杏儿 xɔ̃²¹³ɛ²⁴→xɛ²¹ɛ⁴⁴
虫儿 tʂuɔ̃²⁴ɛ²⁴→tʂuɛ²¹ɛ²⁴
奶干儿 nɛ⁵⁵kæ̃⁴⁴ɛ²⁴→nɛ⁵⁵kɛ²¹ɛ²⁴
窗帘儿 tsuɔ̃⁴⁴liæ̃²⁴ɛ²⁴→tsuɔ̃²⁴liɛ²¹ɛ²⁴
面片儿 miæ̃²⁴pʰiæ̃⁵⁵ɛ²⁴→miæ̃²¹pʰie³²ɛ²¹
铃儿 liɔ̃²⁴ɛ²⁴→liɛ²¹ɛ²⁴
眼眼儿 niæ̃⁵⁵niæ̃⁵⁵ɛ²⁴→niæ̃⁵⁵niɛ²¹ɛ²⁴
点点儿 tiæ̃⁵⁵tiæ̃⁵⁵ɛ²⁴→tiæ̃⁵⁵tiɛ²¹ɛ²⁴
饭馆儿 fæ̃²⁴kuæ̃ ɛ²⁴→fæ̃²¹kuɛ³²ɛ²¹
泉儿 tsuæ̃²⁴ɛ²⁴→tsuɛ²¹ɛ²⁴
脖环儿 pɔ²⁴xuæ̃²⁴ɛ²⁴→pɔ³²xuɛ²¹ɛ⁴⁴
鼻桊儿 pʅ²⁴tɕyæ̃²¹³ɛ²⁴→pʅ³²tɕyɛ²¹ɛ⁴⁴
电影儿 tiæ̃²⁴iɔ̃⁵⁵ɛ²⁴→tiæ̃³²iɛ²¹ɛ²¹
古今儿 kɣ⁵⁵tɕiɔ̃⁴⁴ɛ²⁴→kɣ⁵⁵tɕiɛ²¹ɛ²¹
一层儿 zʅ⁴⁴tsɔ̃²⁴ɛ²⁴→zʅ³²tsɛ²¹ɛ⁴⁴
鞋钉儿 xɛ²⁴tiɔ̃²⁴ɛ²⁴→xɛ²⁴tiɛ²¹ɛ²¹

一根儿zๅ^{44}kʒ̃^{44}ɛ^{24}→zๅ^{32}kɛ^{21}ɛ^{44}

眼仁儿niæ̃^{55}zʒ̃^{24}ɛ^{24}→niæ̃^{55}zɛ^{21}ɛ^{24}

纽门儿niɯ^{55}mʒ̃^{24}ɛ^{24}→niɯ^{55}mɛ^{21}ɛ^{24}

板凳儿pæ̃^{55}tʒ̃^{213}ɛ^{24}→pæ̃^{44}tɛ^{21}ɛ^{24}

门槛儿mʒ̃^{24}kɒæ̃^{24}ɛ^{24}→mʒ̃^{32}kɒɛ^{21}ɛ^{21}

袖筒儿ɕiɯ^{24}tɒuʒ̃^{55}ɛ^{24}→ɕiɯ^{32}tɒuɛ^{21}ɛ^{21}

存兄儿tsɒuʒ̃^{24}ɕyʒ̃^{44}ɛ^{24}→tsɒuʒ̃^{32}ɕyɛ^{21}ɛ^{21}

轮轮儿lyʒ̃^{24}lyʒ̃^{24}ɛ^{24}→lyʒ̃^{24}lyɛ^{21}ɛ^{21}

3. 一部分[æ̃][iæ̃][uæ̃][iʒ̃]韵母，儿尾影响前面音节的鼻化脱落，成为开尾韵。

伴儿pæ̃^{55}ɛ^{24}→ pa^{21}ɛ^{44}

钱儿tɕɒiæ̃^{24}ɛ^{24}→tɕɒia^{21}ɛ^{24}

雁儿iæ̃^{213}ɛ^{24}→ia^{21}ɛ^{44}

撒欢儿sa^{24}xuæ̃^{44}ɛ^{24}→ sa^{24}xua^{44}ɛ^{44}

影儿iʒ̃^{55}ɛ^{24}→iɒ^{55}ɛ^{21}

信儿ɕiʒ̃^{213}ɛ^{24}→ɕiɒ^{21}ɛ^{44}

4. [a][ɔ][ʒ̃]韵的儿化韵，在快读和放在句子中间不被重点强调时（这种情况多出现在对话中），"儿"并不读出来，而只是[a][ɔ][ʒ̃]读音的延长，例如：

仁儿如：几个有俩？仁儿sa:^{44}有俩。

菊花儿如：啥花儿呀？菊花tsʮ^{44}xua^{24}啊

羊羔儿疯iʒ̃^{24}kɔ^{44}ɛ^{24}fʒ̃^{44}→iʒ̃^{24}kɔ:^{24}fʒ̃^{44}

堂堂儿里tɒʒ̃^{24}tɒʒ̃^{24}ɛ^{24}lɪ^{21}→tɒʒ̃^{24}tɒʒ̃:^{24}lɪ^{44}

煨炕儿ui^{44}kɒʒ̃^{24}ɛ^{24}→ui^{44}kɒʒ̃:^{24}

黄瓤儿蛋黄xuʒ̃^{24}zʒ̃^{24}ɛ^{24}→xuʒ̃^{24}zʒ̃:^{24}

娘娘儿菜niʒ̃^{24}niʒ̃^{24}ɛ^{24}tsɒɛ^{24}→niʒ̃^{24}niʒ̃:^{24}tsɒɛ^{24}

大框框儿ta^{24}kɒuʒ̃^{44}kɒuʒ̃^{44}→ta^{24}kɒuʒ̃^{432}kɒuʒ̃:^{24}

5. 有些单音节名词可以加儿尾，可以重叠，还可以重叠后再加儿尾，有的还可以再加尕。例如：

车tʂɒi^{44}	车车tʂɒi^{21}tʂɒi^{44}
车车儿tʂɒi^{32}tʂɒi^{21}ɛ^{24}	尕车车儿ka^{24}tʂɒi^{32}tʂɒi^{21}ɛ^{24}
刀tɔ^{44}	刀刀tɔ^{44}tɔ^{44}
刀刀儿tɔ^{32}tɔ^{21}ɛ^{24}	尕刀刀儿ka^{24}tɔ^{32}tɔ^{21}ɛ^{24}
锁su^{55}	锁锁su^{55}su^{24}
锁锁儿su^{55}su^{24}ɛ^{24}	尕锁锁儿ka^{32}su^{55}su^{21}ɛ^{24}

碗u$\tilde{æ}^{\underline{55}}$　　　　　　　　　　　　碗碗u$\tilde{æ}^{\underline{55}}u\tilde{æ}^{24}$

碗碗儿u$\tilde{æ}^{\underline{55}}$uε^{21}ε^{24}　　　　　尕碗碗儿ka^{24}u$\tilde{æ}^{\underline{55}}$uε^{21}ε^{24}

以上是湟源话儿化音变的主流。此外，还有一些儿尾音变不能归入以上各类。例如：一点点儿z$\textifakesubscript$^{44}ti$\tilde{æ}^{\underline{55}}ti\tilde{æ}^{\underline{55}}$ε^{24}→z$\textipa{1}^{24}$tε^{32}tε^{21}ε^{21}（前面音节的韵母变成 ε，再加上儿尾）灯笼儿t$\tilde{ə}^{44}$lu$\tilde{ə}^{213}$ε^{24}→t$\tilde{ə}^{32}$lɣ^{21}ε^{24}（前面音节的韵母变成其他韵母，再加上儿尾）媳妇儿s$\textipa{1}^{24}$fv^{24}ε^{24}→s$\textipa{1}^{5\text{-}32}$fε^{24}　扑克儿p⊘ɣ^{44}ki$^{5\text{-}32}$ε^{24}→pɣ$^{44\text{-}32}$kε$^{44\text{-}32}$（前面音节的韵母变成 ε，不再加儿尾）。

二　乐都话的儿尾

乐都话"儿"字读[ε^{24}]，儿尾一般自成音节，对前面音节的韵母没有影响，"儿"的变调跟轻声音节的变调规律基本一致。例如：花儿hua^{21}ε^{34}，梨儿l$\textipa{1}^{53}$ε^{13}；但是，当"儿"位于[ʅ ɿ ʮ v ʯ]等韵母后面时，"儿"可以与前面的韵母合为一体。例如：瓜子儿kua^{21}ts$\textipa{1}$ε^{33}，曲儿ts⊘ʮε^{34}，但是，也常常分开读。

儿尾词多为名词。举例如下，声调标实际调值。

ʅ+ε

瓜子儿kua^{21}ts$\textipa{1}^{24}$ε^{33}　　　　　　黑鸡儿hɣ^{21}ts$\textipa{1}^{24}$ε^{21}

鞋底儿hε^{53}ts$\textipa{1}^{44}$ε^{24}　　　　　　磨脐儿mɔ^{24}ts⊘$\textipa{1}^{32}$ε^{21}

ɿ+ε

一只儿z$\textipa{1}^{21}$tʂ$\textipa{1}^{13}$ε^{21}　　　　　　蘸匙儿tʂ$\tilde{a}^{34}$tʂ⊘$\textipa{1}^{33}$ε^{21}

ʮ+ε

尕驴儿ka^{13}lʮ^{53}ε^{33}　　　　　　马驹儿ma^{55}tsʮ^{53}ε^{21}

曲儿ts⊘ʮ^{55}ε^{34}　　　　　　　金鱼儿tɕiŋ^{53}zʮ^{13}ε^{21}

v+ε

布布儿pv^{34}pv^{33}ε^{21}　　　　　　线轴儿ɕi$\tilde{a}^{34}$tʂv^{53}ε^{34}

酒壶儿tɕiəu^{55}hv^{21}ε^{21}

a+ε

麦莛儿miε^{21}tʂ⊘a^{53}ε^{34}　　　　尕娃儿ka^{21}va^{53}ε^{34}

一沓儿z$\textipa{1}^{21}$t⊘a^{53}ε^{34}　　　　　尕茶儿ka^{21}tʂ⊘a^{53}ε^{34}

ia+ε

我俩儿vɣ^{33}lia^{33}ε^{21}　　　　　尕家儿ka^{34}tɕia^{53}ε^{34}

马夹儿ma^{55}tɕia^{55}ε^{21}

ua+ε

鸡爪儿ts$\textipa{1}^{21}$tʂua^{33}ε^{21}　　　　马褂儿ma^{55}kua^{55}ε^{21}

绣花儿ɕiəu^{34}hua^{33}ε^{34}

ɛ+ɛ

小菜儿 ɕiɔ^{55}tsʯ^{21}ɛ^{21}　　　　　鞋带儿 hɛ^{53}tɛ^{34}ɛ^{21}

塑料袋儿 suʯ^{34}liɔ^{34}tɛ^{33}ɛ^{21}　　　尕海儿 kɑ^{21}hɛ^{33}ɛ^{21}

uɛ+ɛ

一块儿 zʅ^{21}kʷuɛ^{33}ɛ^{21}　　　　筷筷儿 kʰuɛ^{34}kʰuɛ^{33}ɛ^{21}

ɿi+ɛ

杯杯儿 pɿi^{21}pɿi^{34}ɛ^{33}　　　　　胚胚儿 pɿi^{21}pɿi^{34}ɛ^{33}

小辈儿 ɕiɔ^{55}pɿi^{21}ɛ^{21}　　　　　一辈儿 zʅ^{21}pɿi^{34}ɛ^{33}

ui+ɛ

围嘴儿 vɿi^{53}tsui^{21}ɛ^{33}　　　　裤腿儿 kʷɣ̍^{34}tʷui^{33}ɛ^{21}

穗穗儿 sui^{34}sui^{33}ɛ^{21}

ɣ+ɛ

八个儿 pɑ^{53}kɣ^{21}ɛ^{34}　　　　　围脖儿 vɿi^{53}pɣ^{21}ɛ^{34}

地膜儿 tsʅ^{34}mɣ^{21}ɛ^{21}　　　　　末末儿 mɣ^{34}mɣ^{21}ɛ^{21}

iɛ+ɛ

竹叶儿 tʂɣ^{34}iɛ^{21}ɛ^{34}　　　　　一碟儿 zʅ^{21}tiɛ^{53}ɛ^{34}

名额儿 miŋ^{21}niɛ^{53}ɛ^{34}　　　　合页儿 huɣ^{53}iɛ^{21}ɛ^{21}

uɣ+ɛ

盒盒儿 huɣ^{53}huɣ^{21}ɛ^{33}　　　　尕桌桌儿 ka^{34}tʂuɣ^{21}tʂuɣ^{33}ɛ^{21}

一颗儿 zʅ^{21}kʷuɣ^{33}ɛ^{21}　　　　笋儿 luɣ^{53}ɛ^{34}

yɣ+ɛ

丑角儿 tʂʷəu^{55}tɕyɣ^{21}ɛ^{21}　　　角角儿 tɕyɣ^{53}tɕyɣ^{21}ɛ^{21}

ɔ+ɛ

尕宝儿 kɑ^{21}pɔ^{33}ɛ^{21}　　　　　浪猫儿 lɑ̃^{34}mɔ^{33}ɛ^{21}

脑脑儿 nɔ^{33}nɔ^{21}ɛ^{21}　　　　　红枣儿 huɑŋ^{21}tsɔ^{33}ɛ^{21}

iɔ+ɛ

面条儿 miã^{34}tʷiɔ^{33}ɛ^{21}　　　　雀儿 tɕʷiɔ^{55}ɛ^{21}

树苗儿 fɣ^{34}miɔ^{21}ɛ^{34}

əu+ɛ

水沟儿 fɿi^{55}kəu^{21}ɛ^{21}　　　　袖口儿 ɕiəu^{34}kʷəu^{33}ɛ^{21}

尕豆儿 kɑ^{21}təu^{33}ɛ^{21}　　　　指头儿 tʂʅ^{53}tʷəu^{21}ɛ^{33}

iəu+ɛ

冰溜儿 piŋ^{21}liəu^{34}ɛ^{21}　　　　短袖儿 tuã^{55}ɕiəu^{21}ɛ^{21}

幼儿班 iəu^{21}ɛ^{33}pã^{53}

ã+ɛ

奶干儿nɛ³³kã²¹ɛ²¹　　　　　　羊粪蛋儿iõ⁵³foŋ²¹tã³³ɛ²¹

花瓣儿huɑ²¹pã³³ɛ²¹

iã+ɛ

边边儿piã²¹piã³⁴ɛ³³　　　　　　门帘儿moŋ⁵³liã²¹ɛ³³

辫辫儿piã³⁴piã²¹ɛ³³

uã+ɛ

瓦罐儿vɑ⁵⁵kuã⁵⁵ɛ²¹　　　　　　尕碗碗儿 ka²¹vã³³ vã²¹ɛ³³

麻团儿mɑ³⁴tʙuã²¹ɛ³⁴

yã+ɛ

眼圈儿ia33tɕʙyã²¹ɛ³³　　　　　双旋儿fõ²¹ɕyã³⁴ɛ³³

手绢儿ʂəu⁵⁵tɕyã⁵⁵ɛ²¹

õ+ɛ

搭帮儿tɑ³⁴põ²¹ɛ³⁴　　　　　　尕胖儿kɑ²¹pʙõ ³⁴ɛ³³

瓢瓢儿ʐõ⁵³ʐõ²¹ɛ³³

iõ+ɛ

娘儿们niõ⁵³ɛ³⁴moŋ³³　　　　　瓜秧儿kuɑ³⁴iõ²¹ɛ³⁴

香香儿ɕiõ²¹ɕiõ³³ɛ²¹

uõ+ɛ

筐筐儿kʙuõ ²¹¹kuõ³⁴ɛ³³　　　　桩桩儿tʂuõ²¹tʂuõ³⁴ɛ²¹

尕床儿kɑ³⁴tʂʙuõ ²¹ɛ³⁴

əŋ+ɛ

本本儿poŋ⁵⁵poŋ⁵³ɛ²¹　　　　　缝缝儿foŋ³⁴foŋ³³ɛ²¹

后门儿həu³⁴moŋ³³ɛ²¹　　　　　杏儿hoŋ³⁴ɛ³³

iŋ+ɛ

油饼儿liəu⁵³piŋ²¹ɛ³³　　　　　奶瓶儿nɛ³³pʙiŋ²¹ɛ³³

鞋钉儿hɛ⁵³tiŋ²¹ɛ³³

uəŋ+ɛ

门洞儿moŋ⁵³tuoŋ²¹ɛ³³　　　　尕桶儿kɑ²¹tʙuoŋ³³ɛ²¹

酒盅儿tɕiəu⁵⁵tʂuoŋ²¹ɛ³³　　　虫儿tʂʙuoŋ⁵³ɛ³⁴

yəŋ+ɛ

轮轮儿lyoŋ⁵³lyoŋ²¹ɛ³³　　　　裙裙儿tɕʙyoŋ⁵³tɕʙyoŋ²¹ɛ³³

尕熊儿kɑ³⁴ɕyoŋ⁵³ɛ³⁴

第四章　湟水流域汉语方言词汇的构成特点

词汇是语言的要素之一，是构词成句的基本材料。方言词汇由于受地域、人文、民俗文化等因素的影响，显现出各地文化的个性和风采，在音、形、义诸方面呈现出极其复杂的情形。湟水流域汉语方言跟普通话一样，有基本词汇和一般词汇，但从词汇的具体构成来看，它却有不少与普通话明显不同的特点。

一　保存了一些古语词

湟水流域汉语方言词汇保留了一些古汉语词。一些在普通话中已经不使用的古汉语词汇，却依旧活跃在湟水流域汉语方言中。例如：吃饭为"唻"（现在这种说法少了，但是人们都能听懂），跳舞为"载"，窥视为"瞷"等。

湟水流域汉语方言从古代保留下来的古语词，双音节词比单音节词更多一些。林有盛先生在《西宁方言寻古》一书里对西宁地区及其附近方言中的300多个词条进行了考证，另外，李树俨先生的《宁夏方言研究论集》也对宁夏方言的古语词进行了考证，有些宁夏方言中的古语词在湟水流域汉语方言中也在使用。以下列举湟水流域汉语方言中使用得比较典型的古语词，所举文献例证均取自《西宁方言寻古》和《宁夏方言研究论集》，如：

营干：指事情。《拍案惊奇》二十五："欲待别寻婉转，争（怎）奈凭上日子有限，一时等不出个机会，没奈何只得相约。到了襄阳，差人再来营干。"在湟水流域汉语方言中，"营干"更多的是充当名词，例如，"我今儿西宁去哈有点营干俩。"（我今天去西宁有点事情）

连手：指情人。《金屋梦》第二十三回："这玉卿和银瓶勾搭了一年，这些粉头也都看破几分。玉卿和师傅有些连手，谁敢说他。"这儿说的连手指男女私情。今湟水流域花儿演唱曲名中就有"尕连手令"。

下茶：或叫"走茶叶儿"，是一种婚俗。在湟水流域，提亲时媒人带着男方去女方家，第一次先放两包茶，叫"下茶"。《牡丹亭·硬拷》："我女已亡故三年，不说到纳采下茶，便是指腹裁襟，一些没有。"

花销：在湟水流域汉语方言中，"花销"有三种含义，① 花费（钱）；② 开支的费用；③ 盘缠。《红楼梦》四十七："眼前十月初一，我已经打点了上坟的花消（销）。"此花销应当作费用讲。

醋炭：除夕之夜，湟水流域的人们将烧红的石头丢进放有醋、柏树叶等的盆子里，再倒入开水，用一股带有柏香和酸味的蒸气熏房屋的各个角落，据说可以祛除疾病与不祥，叫"打醋炭"。《警世通言》第六回："只见酒保告解元，不可入去，这会儿不顺溜，今主人家便打醋炭了。"

主腰：湟水流域人们把棉袄称为主腰。《水浒传》第二十七回："那妇人便起身来迎接，下面系一条鲜红生绢裙，搽一脸胭脂铅粉，敞开胸脯，露出桃红纱主腰，上面一色金钮。"

火盆：旧时每到寒冬腊月，湟水流域人们将火盆放在炕上，一家人围着火盆吃饭，拉家常，其乐融融。《警世通言》第三十二回："周氏叫小二关上大门，去灶上烫了一注子酒，切些肉做一盘，安排火盆，点上灯，就摆在房内床面前桌儿上。"

点扎（读抓）：在古语里有指挥、率领之意。《西游记》第十回："至次日，点扎风伯、雷公、云童、电母，直至长安城九霄云上。"在湟水流域汉语方言中更多的是"欺负"的意思。如："傢今儿我哈点扎到了。"（他今天欺负死我了）

迭办：操办之意。元杂剧《雁门关》第二回："只为俺一时难迭办，不得已在他人眉睫间。"《西厢记》第五十三回："因家下无人，事冗不能迭办，以此来的迟了。"湟水流域汉语方言如："这点哈我迭办死了。"（这一点我是花了大力气操办的）

把式：精于某种技术或手艺的人。元《玉壶春》二［梁州第七］：若是我老把式，展旗幡，立马停骖，着那俊才郎，倒戈甲，抱头缩颈，俏勤儿卸袍盔，纳款投降。湟水流域汉语方言如："这个人是个做庄稼着的老把式。"（这人是个种庄稼的能手）

般配：湟水流域结亲的双方相称，或指人的身份与衣着相称。《红楼梦》第十九回：宝玉……见众人不在房中，乃笑问袭人道："今儿那个穿红的是你什么人？"袭人道："那是我两姨妹子。"宝玉听了赞叹了两声。……袭人道："那也般配不上。"

屄嘴：指嘴巴（詈词）。《红楼梦》第四十六回：鸳鸯听说，立起身来，照他嫂子脸上死劲啐了一口，指着他骂道："你快夹了屄嘴离了这里，好多着呢！……"

平素：平常。《红楼梦》第五十四回：那边宝钗黛玉平素看惯了，不以为然，宝琴等及李婶甚为罕事。湟水流域汉语方言如："平素哈看着的个人那没有。"（平时没有人看望他）

马勺：舀水用的大勺子，一般是木制的。元《秋胡戏妻》二［呆骨朵］：

媳妇儿，你只待敦葫芦撺马勺哩。

放命：绝命。《水浒传》第五十二回：（柴皇城）言罢便放了命，柴进痛哭了一场。湟水流域汉语方言"放命"多有断气的意思。如："疼着放命价。"（疼得正在断气）

顶缸：替换的人。元《陈州粜米》四：你不知道，我是雇将来的顶缸外郎。湟水流域汉语方言如："傢哈打到顶缸了。"（他被人代替了）

谈羡：挑出人或东西的不是，有点过分的意思，是贬义词。《飞刀对箭》二：那个将军不喝彩，那个把我不谈羡。湟水流域汉语方言如："傢哈买给了个衣裳着，谈羡死了啊。"（给他买了件衣服，但是被挑剔得很厉害）

头里：前面或开头的意思。《红楼梦》第六十七回：凤姐儿听到这里，点了点头儿，回头便望丫头们说道："你们都听到了？小王八崽子，头里他还说他不知道呢！"湟水流域汉语方言如："头里价说哈，我就瓦清了着。"（如果从开头说，我就明白了）

填还：帮人很大的忙。元《汉宫秋》一〔油葫芦〕：休怪我不曾来往乍行踏，我特来填还你这泪温湿鲛绡帕，温和你露冷透凌波袜。湟水流域汉语方言"填还"更多的是"好使唤"的意思，如："傢们买下着个牛着填还死俩。"（他们家买的牛非常好使唤）

款款：副词，有慢慢地、轻轻地的意思。《水浒传》第二回：史进轻舒猿臂，款扭狼腰，只一挟，把陈达轻轻摘离了嵌花鞍，款款就住了线搭搏，只一丢，丢落地，那匹马拨风也似去了。湟水流域汉语方言如："款款儿放下。"（轻轻地放下）

后晌：下午四五点钟的时间，也指在这时候吃的饭。《金瓶梅》第四十一回：后晌时分，走到金莲房中。金莲不在家，春梅在旁伏侍茶饭，放桌儿吃酒。湟水流域汉语方言如："走，我们吃点后晌走。"（走，我们去吃点东西）

底跟：从一开始，从来。元《岳阳楼》一〔赚煞〕：师父，你怎生识的小圣来？（师父：）我底跟儿把你来看生见长。湟水流域汉语方言如："傢底跟价烟不吃。"（他从一开始就不抽烟）

该应：活该，按道理，理应如此。《红楼梦》第七十一回：宝玉道："谁都像三妹妹好多心。事事我常劝你，总别听那些俗话，想那俗事，只管安福尊荣才是。比不得我们没这清福，该应浊闹的。湟水流域汉语方言如："该应哈傢嫑去哈对价。"（按理，他不应该去）

灌米汤：说一些好听的、拍马屁的话。《官场现形记》第七回：次日，陶子尧上院谢委，又蒙抚院传上去，着实灌了些米汤，把他兴头的了不得。湟水流域汉语方言如："灌给了点米汤着，你就姓啥的不知道了咿。"（给

你说了些好话，你是不是就不知道自己姓啥了）

滚水：指开水。《红楼梦》第五十四回：姑娘瞧瞧，这个天我怕水冷，巴巴的倒的还是滚水，这还冷了。湟水流域汉语方言这种用法多在老人中使用，如："滚水倒给点。"（给倒点开水）

解手：上厕所。《红楼梦》第二十八回：少刻，宝玉出席解手，蒋玉菡便随了出来。湟水流域汉语方言如："傢解手去了。"（他去上厕所了）

消停：歇，安静。《红楼梦》第三十四回：宝钗忙劝道："妈和哥哥且别叫喊，消停的，就有个青红皂白了。"湟水流域汉语方言如："打给了一早甚的仗，这块儿消停哈了。"（打了一早上的架，这会儿安静了）

找寻：即寻找。《红楼梦》第六十七回：众人道："那时难道你知道了也没有找寻他去？"薛蟠道："城里城外，那里没有找到？……"湟水流域汉语方言如："你哈找寻给了半天。"（找你半天了）

叉嘴：插话。《负曝闲谈》：另外一个人叉嘴道："陆相公，据你如此说法，你是有福气的了。"湟水流域汉语方言如："这么大的娃娃，嘴夒插。"（这么小的孩子，不要插嘴）

倡扬：张扬，到处宣扬。《红楼梦》第六十八回："李纨见凤姐那边已收拾房屋，况在服中，不好倡扬，自是正理，只得收下权住几天。"湟水流域汉语方言如："就这么点事情哈，倡扬哈了个啥儿。"（就这么点事情，到处宣扬得人人皆知）

成天：整天。《红楼梦》第六十六回：成天家疯疯癫癫的，说的话人也不懂，干的事人也不知。湟水流域汉语方言如："成天往外跑价，做啥去着哈？"（整天玩外跑，不知道在干啥）

声唤：痛哭地呻吟。《水浒传》第二回：庄主太公来到客房前过，听的王进母子在房里声唤。太公问道："谁人如此声唤？"王进道："实不相瞒太公说，老母鞍马劳倦，昨夜新疼病发。"湟水流域汉语方言如："黑个儿疼着声唤死了啊。"（昨晚疼得呻吟得很厉害）

耍笑：戏弄。《水浒传》第二十回：我这女儿长的好模样，又会唱曲，省得诸般耍笑。湟水流域汉语方言如："傢们耍笑儿价。"（他们在戏弄人，开玩笑）

日攮："吃"的意思，是粗话。《红楼梦》第四十回：刘姥姥拿起箸来，只觉不听使，又说道："这里的鸡儿也俊，下的这蛋也小巧，我且日攮一个。"湟水流域汉语方言如："赶紧日攮上了哈学里去。"（赶紧吃上了上学去）

日鬼：捣鬼，使坏。《红楼梦》第十六回：凤姐听了笑道："我说呢，姨妈知道你二爷来了，忽喇巴的反打发个房里人来了？原来这蹄子日鬼。"湟水流域汉语方言如："傢们日鬼啥着哈？"（他们在搞什么事情啊）

早起：早晨。《水浒传》第四十三回：时迁问道："店里有酒肉卖么？"小二道："今日早起有些肉，都被邻村人家买了去，只剩的一瓮酒在这里，并无下饭。"湟水流域汉语方言如："今晚甚黑了啊，明早早起了哈。"（今天晚上天晚了，明天早上再说）

钻头觅缝：到处找空子，乱看，乱找。《金瓶梅》：不知怎的，听见于猫儿头差事，钻头觅缝，干的了要去，去的那快。湟水流域汉语方言如："进来哈钻头觅缝的，没顺眼着啊。"（进到家里来，到处乱看，到处乱找，很不顺眼）

菜蔬：蔬菜。《红楼梦》第六十一回：连姑娘带姐儿们四五十人，一日也只管要两只鸡，两只鸭子，十来斤肉，一吊钱的菜蔬。你们算算，够作什么的？湟水流域汉语方言如："亲戚来了啊，买点菜蔬去。"（来亲戚了，去买点蔬菜）

二　具有地域特色的方言词语

湟水流域地处青藏高原，这里无论气候、地方特产、人民生活都有独特之处。当然，用来表示这些事物的词语也同样很有特色。例如：

天气儿_{大通}：指太阳。

天气儿(大通)：指太阳。

杂和面：或叫杂面，指青稞面。

炒面：将青稞炒熟后在水磨、电磨或手推磨中磨出来的比面粉粗一点的面，用来做糌粑等。

酥油：从牛乳的奶皮中提取的黄色的油。

麻麦：炒熟的青稞或小麦。

拌炒面：将青稞炒面、奶茶、酥油、白糖等和在一起用筷子搅拌。

麦素儿：青稞还未完全成熟时，摘下来煮熟，用手推磨碾碎后吃的东西。

拉斯颗儿：炒面的一种，青稞炒熟后，磨成粉，比面粉磨得粗，有时可以看见半个的青稞颗粒，叫拉斯颗儿。

拉条：将面条扯长做成饭。

油花：用青稞面蒸的花卷。

饭块：豆面做熟后切的条状的块。

黏饭：用豆面做的糊状的饭。

八罗_{互助}：面食的泛指。

拌汤：用豆面或青稞面做的稍微稀一点有菜、有肉的糊状的饭。

尕力巴或叫尕漏：指牦牛和黄牛杂交后生的公牛。

毛杂：乳犏牛与公牦牛生的杂交牛。

散尾子：乳尕力巴生的牛。

骚胡：种羊。

丫玛、加拉：山羊。

坡拉：公黄牛。

水食：给牛、羊等牲畜添加的用麻渣、麦麸等和在一起的饲料。

二转子：牦牛和黄牛杂交后生的牛。

克郎、克勒：半大的公猪。

老海_{互助}：母猪。

圈道：圈养牲畜的场所。

火皮袋：用羊皮等做的鼓风机。

锅头连炕：有些人家灶和炕连在一起，做饭时，用柴火既可以做熟饭，同时也可以把炕烧热。

褡裢：用来装东西的袋子，装上东西后可以搭在肩膀上。

放芒加：给寺院的僧人布施。

哈拉：旱獭，一种哺乳动物，全身棕灰色或带黄黑色，前爪发达，善于掘土，成群穴居，有冬眠的习性，皮可制衣帽。

丁丁马勺儿：蝌蚪。

坷垃_{大通}：土块。

手环儿_{乐都}：手镯。

尕拉鸡儿：石鸡。

地溜蛋：云雀。

狗脸：翻脸不认人的人。

吃羊头：指大人外出，小孩被哄着放在家里等。

干蛋：白费劲，不起作用。

滚川：指说好的事情又不成了。

谎圈：事情行不通。

搅沫沫：指人找碴儿闹事。

打浇洗：游泳。

叶子麻（又叫叶子客）：有两种意思，一是胆子大，有决心；二是心狠手辣。

卖马勺：多指小孩子耍脾气。

砝码：不寻常，阵势大。

攒劲、攒码：指人长得漂亮或帅，也指有能力。

阿伯子：丈夫之兄（背称）。

尕妹：弟媳（背称）。

舅舅：妻子的哥哥和弟弟都可以被称为舅舅。

禁据：限度。

粗浪浪：粗糙。

麻达：不顺利。

耳心：记性。

脸脑：脸。

脖板、板颈：脖子。

干腿：指胫骨。

鱼儿肉：指小腿肚子。

凉下了：感冒。

受瘾：舒服。

哄松：对付，粗制滥造。

花番：指人非常热情，八面玲珑。

支当：能顶住事情。

喧板、扯杂、赞尕拉、赞干板：聊天。

点眼药：打小报告，暗中使坏。

不净病：人们认为是与迷信有关的病痛。

背冷、背站：疏远、生分。

转柱儿：连接绳子与绳子接头的东西，可以转动；也指人多变，说话不算数。

累堆：不利落，不整洁。

圈圈：厕所。

转巴浪：说话不算数。

牛牛羊羊：泛指牲畜。

碟碟碗碗：泛指碗盘。

皮皮毡毡：泛指家里的家当、行李等。

三　存在少数民族语言底层

湟水流域的土著民族是少数民族，汉族是后来迁入的，现在湟水流域少数民族有藏族、蒙古族、撒拉族、土族、回族等，汉族和少数民族杂居，所以湟水流域汉语方言中有不少少数民族语言底层。如：

斗玛：藏语，指吃的食物，是将炒面、奶茶等和在一起，做得较稀的用筷子搅着吃的糌粑。

古力毛：藏语，指钱。

阿那码那：藏语，一模一样。

阿拉巴拉：藏语，一点点，懂得不太多。

打过拉：藏语，闲逛、散步。

桑：神香。

下不屈：低三下四的人。

阿来：应答词，相当于"就是"等。

阿蒙：蒙古语，怎么样，怎么了。

麻愣：蒙古语，一般指喝醉酒后神志有点不太清楚的样子。

朵落：头、脑袋。

嘲：蒙古语，吸吮。

一挂：土语，指一下子，一会儿或总共、全部。

汤头：蒙古语，指一些繁文缛节。

卡码：形容词或名词，意为"恰当"或"规范"等。

糌粑：是用青稞炒面和酥油、牛奶等调和而成的一种日常食用的主食。

拉尼：本事。

塔拉：到一定的期限。如："致快塔拉还不来。"（到这会儿了还不来）

此外，湟水流域汉语方言还有很多熟语，这些熟语也是当地词汇中最富有地方特色的成分。如惯用语：

贼胆：比喻胆子很大。

叼郎子：常指做生意的小商贩，以低进高出的哄骗手段牟利。

没耳心：不吸取经验教训，老毛病不改的人。

猫儿尿：指量很少。

死人的肚皮：指温度低。

皮条跌着火里了：形容人丧失了斗志，一下子蔫了。

赚香瘾：占便宜。

羊马脸：一副漠不关心的样子。

日鬼弄棒：不正经。

隔壁邻友：邻居。

由马信缰：任性，不听话。

过营干_{平安}：过节，办喜丧事。

谚语如：

羊过清明牛过夏，人过三伏再不怕。

清明对立夏，牛羊上不去洼。（要是从清明到立夏都不落雨，野草不长，牛羊就会瘦弱不堪）

立冬三场白，猪狗吃个肥。

闲弓不拉，闲马不骑。

浪子回头金不换，拾净路上驴粪蛋。

人狂祸出来，马狂瘟出来。

好人护一方，好狗护一庄。

夏走十里不黑，冬走十里不亮。

牛角上的豆儿滚到哩，酒肉的朋友哄着哩。

乳牛下乳牛，三年五头牛。

死驴不怕狼扯。

反打羊皮正打鼓。

歇后语如：

六月天穿皮袄——有也有哩，怪也怪不得。

一辈子没出过门——窝里老。

赵老爷送灯台——一去不回。

喇嘛爷舔木碗——一圈。

抬着碌碡打月亮——不知道天高地厚。

猫儿钻者碗架里了——又吃又摆搭。

没笼头的马——野惯了。

鸡儿不尿尿——各有各的巧。

牛肋巴三尺——往里弯。

牛皮糊灯笼——里外不明。

炕洞里煨毡毡——冒着了。（毛着了）

雀儿吃大豆——嘴里不来。

瞎熊抓哈拉（旱獭）——碰运气。

马尾巴串豆腐——提不起。

炒面娃娃——熟人儿。

老虎不吃人——名声在世上。

瞎牛啃草坡——啃到哪儿算哪儿。

阿卡拌炒面——一拌一拌地来。

除此之外，一些常见的事物，湟水流域汉语方言也用与普通话差别很大的词语来表达。如起雾叫"拉死雾"，心眼小叫"尕眼睛儿"，巴结人叫"溜沟沟"，有问题叫"麻目"，堆成疙疙瘩瘩的东西叫"饭疙瘩"，等等。

湟水流域汉语方言中的古语词是由汉族移民带来的，在长期使用的过程中慢慢地固定在当地的汉语方言中；具有地域特色的方言词，是与当地的地理环境、生活习惯密切相关的；另外，由于湟水流域是少数民族活动的大舞台，所以，该地区汉语方言中保留很多少数民族语言的底层，就像当地的地名很多都是用藏语、蒙古语命名的一样。

第五章　湟水流域汉语方言词语与生活、生产习俗

第一节　与"吃"有关的词语与饮食习俗

饮食文化是地域文化的一个重要方面。地域不同，饮食结构与饮食习惯便不相同。比如，南方以大米为主食，北方以面食为主，这是南北方饮食结构的主要差别。

湟水流域地处青藏高原，气候高寒，同时，由于受当地少数民族生活习惯的影响，当地人喜食牛、羊肉，而且食用方法也跟内地有别。例如湟源县，据《丹噶尔厅志》记载："合境人皆喜食羊肉，依蒙番俗，六七人共煮肉一大块，重十多斤，手裂而啖，同席皆然，不以为嫌，家常所食，亦用以陪客。惟需用盐、醋、蒜三种，以助滋味。八九月番羊多时，几于比户皆然，谓之手抓羊肉也。"①如今湟水流域羊肉的吃法有很多，例如：

手抓肉：通常是将羊肉，尤其是肋骨，顺肋隙切成条状放到盛有冷水的锅里，放一些青盐（颗粒状的食盐）、花椒、生姜等调料旺火煮，待水开血水未完全煮尽的时候捞出供食，既新鲜又脆嫩，香气四溢。吃手抓肉时，一手拿肉，一手执刀，割、削、挖、剔，吃肉喝汤。

肥肠：将肠子洗净后，内灌以肉丁；或者灌以少许肉丁、油脂拌匀的面粉；或灌以心、肝、肺等内脏，拌以肉丁、油脂灌肠，煮熟后食用。

血肠：将冷却的鲜血，拌以油脂、面粉灌肠，血肠切忌熟透，在沸水中打几个滚，肠壁待熟之机捞出，边吃边用手指夹住另外一头，以免血水外溢。

杂碎：即牛羊的头及蹄、肚、肠等内脏。分牛杂碎和羊杂碎两种。

次码：将猪肠子洗净，内灌猪油、豆面、白面、芝麻、核桃等煮熟食用。

羊肠面：将羊肠洗净，装入用花椒、盐、葱、姜为佐料拌好的豌豆面，然后煮好。吃时，先喝一碗热羊肉汤，再切一碗豆面肠，最后再盛一碗萝卜丁臊子的热汤切面。

湟水流域饮食以麦类为主食，辅以豆类和马铃薯等。所以，反映面食

---

① 中国西北文献丛书编委会编：《中国西北文献丛书·西北稀见方志文献》第五十五卷，中国西北文献丛书编委会，兰州古籍书店1990年版，第853—854页。

类的词语也非常丰富，例如：

锅盔：将和好的发面压薄放入锅中烙制而成。

油馍馍：将和好的发面或死面（没有发酵的面）擀成薄饼放入锅中加少量油烙制。

焜锅：用一种直径约 20 厘米带盖铁锅，中置揉好的发面，将锅埋入事先烧好的火堆中烤熟。

刀把子：把发面切成长方形，蒸出来的蒸馍。

砖包城：外用小麦面，内用青稞面，包在一起做成的烤馍。

穷穷子：先将洋芋切块下锅，放好调料，再把面粉置于洋芋之上，开锅后一起蒸熟捣碎和匀即成。

曲连：发面中加入青油、鸡蛋、红糖等烘成的中空面饼，其形如儿童救生圈，一般作为馈赠产妇的礼品。

狗浇尿：一种烙的薄饼。将面和好擀成薄饼入锅，边烙边用尖嘴壶浇上几圈青油，正反面烙好即成，有人认为浇油之状如狗撒尿，所以有了这个名字。

旗子：又名面大豆。在入锅前的面饼上事先用刀划成边长 1—1.5 厘米的小正方形线，烘熟干燥就沿划好的线，分掰成小立方面块，可长期使用，不必担心霉变，为昔日出门人旅行、打工必备的食品。

油花：原料为青稞面，搽上青油、香豆粉上锅蒸成花卷。

花馍馍：将蚕豆大小的石子洗净，在锅里铺上一层，烧热后把发面放在热石子上，烙成的馍馍，因印有凹进的石纹，故名花馍馍。

破皮袄：将未经发酵的面，经多次擀薄、擦油、叠折后浇油烙制而成的食品。

韭盒儿：韭菜为馅，白面擀成皮，烙煎而成。

菜瓜饼：把菜瓜切成丝剁成馅，做法与韭盒儿相同。

馓子：将发面抻成拉条状入油锅中炸制而成。

花花子：在发面中加入红糖等，做成各种形状入油锅炸食。

翻跟头：擀好的发面，切成约 2 厘米宽、6 厘米长的面条，中间竖切一条缝，将两头从中间翻出后炸之。

果儿：将较硬的发面揉好，抟成小馒头状，再竖切三刀不切透，投入油锅中炸熟后食用。

拉条：将揉好的软面，抻成细条状，以匀、细、长为佳。

面片：将揉好的软面，先切成粗条，叫"面基基"，用湿毛巾覆之片刻，然后将回好的"面基基"捏扁、抻薄、揪成约 1.5 厘米见方的面片，投入沸水锅中煮熟捞出食用。

破布衫：用青稞面擀成片后，不用刀切，而是用手随意撕下投入沸水锅中，其状如将布衫撕破，故名之。

八鲁：用小米面蒸制的食物（不是一次性蒸熟，蒸得半熟后放凉再次蒸直到熟透，其味略甜）。

馓饭：掺洋芋的糊状杂面饭。

搅团：不掺洋芋的较稠的糊状杂面饭。

突突麻食儿：又叫"猫耳朵"或叫"丝线穿玛瑙"，是把软面片搓成小圆筒后下锅。

搓鱼或叫面鱼儿：用大麦面、青稞面、荞麦面调和后用手搓成鱼状面棒（两头小，中间大）。

扁食：也就是饺子。

糖饺儿：用大油或羊油、黑糖、白糖为馅，做成的包子，不过捏法和包子不一样，口像饺子一样是扁的。

老鼠儿：肉菜馅的饺子，捏合处呈花纹状，细长如老鼠，故名之。

焜青稞：将青稞穗煮熟，取籽粒食用。

黑油杂：将亚麻仁（胡麻籽）微炒后捣碎，拌以椒、盐，麦面为皮，包好煮食。

麦索儿：用蒸熟或煮熟的青稞或麦子粒在手推磨上碾成短条，加入佐料后食用。

春饼儿：又名"判官抓笔"，先烙好直径15厘米左右薄饼，再将炒好的粉条、肉丝、韭菜等放在饼中，卷成筒状食用，如判官执笔之状。

熟面：将小麦面粉在锅里慢慢地炒熟后食用。

在湟水流域的湟源等县，吃面叫"喝汤"，互助县无论是吃拉条、面片还是其他形式的面食都叫"喝八鲁"。除了面食以外，茶也是湟水流域人们日常生活中必不可少的饮品，"宁可一日无食，不可一日无茶"，说明茶与人们的生活密切相关。茶的种类也很多。例如：

三炮台：跟其他的茶杯和茶具不一样，三炮台由茶盖、茶碗、碗托三个部分组成。也叫盖碗茶，三炮台比较讲究，喝的时候往茶碗里泡花茶或茯茶、红枣、桂圆、冰糖、核桃仁等，然后冲上沸腾的叫"开花牡丹"的开水，盖上盖子，略微泡一会儿饮用。

清茶：用滚烫的开水沏茶，或者在茶壶里、砂罐里熬饮。所用的茶是湖南等地制造的茯茶。这种茶性热能解腻、消食，为家常饮用。如果家里有客人来，还要端上花卷、馒头或焜锅佐饮，是为常礼，如果有客人来，只让客人饮茶而不给点心，会被认为是失礼的行为。

奶茶：先滚好清茶，然后调入牛奶、青盐等熬成。有时也放红枣，待客时奶茶比清茶更讲究些。这种茶营养丰富，非常可口。

　　枣儿茶：先将红枣煮好备用。有客人来时，在清茶或奶茶中放入煮好的红枣两枚或四枚奉上，同时在茶中放入茶匙儿一个，以备客人食枣之用。这种茶只在春节和办喜事时敬客。

　　酥油茶：在熬好的清茶或奶茶中，调入酥油而成，此茶营养丰富，还有明目润肺之功效。

　　荆芥茶：用茯苓、荆芥、陈皮等熬成，如用姜皮、葱根、大枣、灶心土等熬好，饮时冲以脱水明矾，则叫"姜枣茶"。

　　麦茶：旧时民间在茶叶短缺时，常喝麦茶。做麦茶时将小麦炒焦，用擀面杖在案板上碾碎，在砂罐中熬成，味道颇像咖啡茶。

　　面茶：先将白面和羊油（牛油）放在一起，在锅中炒熟，放入花椒、青盐、杏仁、核桃仁等，加水熬成。冬季饮之，能提供较高的热量。

　　打茶_{湟源}：将酥油、茶水放置于长桶中，用一工具上下打动，待酥油完全融化入茶水后饮用，其味浓郁，旧时这是一种非常名贵的茶饮。

　　沏[tsʅ⁴⁴]茶：有时有客人到家里，没有条件熬茶，在茶杯里放上盐、茯茶或花茶，用开水冲之，叫"沏茶"，是一种应急的招待客人的办法。

　　湟水流域的男性，几乎都能饮酒，女性能饮酒的也不少，嗜酒者也很多。《丹噶尔厅志》记载："嗜酒者每因酒席酒醉以陨生者，亦有终年沉湎不事生业者，有三五日为期相聚轮饮者，亦以见嗜饮者之多也。"① 新中国成立前饮用的酒类主要有三种：一种是烧酒，即白酒，以互助青稞酒为佳；另一种是低度白酒，叫酩馏酒，用青稞酿成，酒精度在30度到40度之间，为了增加酒力，里面浸泡了狼毒根等药物，长期饮用会慢性中毒；再一种就是从四川、宁夏等地运来的黄酒，患有妇科疾病的妇女可以经常饮用。

　　饮酒时有两种特别的酒具，即嗉子和"旦旦"。嗉子，又名酒嗉子，是形如鸡脖子及嗉囊的铜酒壶，壶中心有可放煤火的小火筒，供温酒之用。"旦旦"又名"酩馏旦旦"，是一种黑褐色陶瓷的半斤装的酒壶，抗战时一块银圆可买"酩馏旦旦"30个。酒友们常常互开玩笑：两旦旦（两枚原子弹）把你炸平。

　　在饮酒时，人们先敬长者、贵宾和远方的来客。一般敬四杯，取"四红四喜""四季发财"之意。对年长者敬酒一般敬八杯，取"八福长寿"之意。敬酒时双手举起放有酒杯的酒碟于客人面前，忌讳用单手拿单杯敬酒。在饮酒时有个不成文的规定，父子之间、翁婿之间不兴划拳。晚辈与长辈

---

　　① 中国西北文献丛书编委会编：《中国西北文献丛书·西北稀见方志文献》第五十五卷，兰州古籍书店1990年版，第854页。

亲友划拳之前，先敬酒为礼，然后左手托于右手之下，尽量站着和长辈划拳。出拳时应始终手心朝上，不可手心手背上下乱翻。划拳有大拳和小拳之分。大拳即呼猜胜拳，划拳时两人同时呼叫各自要猜的一个数字，并同时伸出一只手的若干手指，谁喊出的数字正好是两人伸出的手指数之和，谁就赢了，输家喝酒。小拳又名"赶羊""大压小"，即大拇指胜食指，食指胜中指，以此类推。

酒礼中除了直接敬酒让客人饮酒之外，还有挡通官与打擂台等多种方式。

挡通官或叫挡官。先由主人或请一个人与坐在席上的每一位客人轮流划拳。一般是 6 拳、8 拳不等，如有 10 位客人，需划 60 拳或 80 拳，非拳高量大者难以挡之。挡官者和客人需亲自饮输杯酒，叫"不赊不卖不代"，也叫"谁挖窝窝谁刨土"。也有时候如实在不胜酒力，别人可以代他"卖"一杯，卖的这一杯，如不能卖赢，输家将加倍喝酒。

打擂台：流行于海东市。往往在婚宴时摆出"七星擂台"，由男女亲家双方各出几位选手依次迎战，其余人代酒、助威。所谓"七星擂台"是用大海碗一个盛满白酒，居中而放，谓之"月亮"，海碗中约有一斤酒，"月亮"旁边各放一小"宫碗"，约盛半斤白酒，"宫碗"旁边各放一小茶杯，盛二三两酒，茶杯旁边各放一个大酒杯约盛一两酒，七件酒具即七星，共盛二斤六七两酒。双方开展后输家先从酒杯饮起，后茶杯，再后面是宫碗，谁家先饮到"月亮"，谁家就算输了。

除了饮酒，香烟也是湟水流域男性和部分女性喜爱的物品。旧时，中老年男性多吸旱烟或水烟。纸烟传入湟水流域的时间比较晚。年轻人抽烟时，绝不敢在长辈面前吞云吐雾。农村吸旱烟者，常用羊腿的胫骨或牛角做成烟管，配上铜锅、铜嘴或玉嘴，另用一个绣花烟袋装烟叶、一个火镰（用于取火）、一个火绳（艾绒搓成）就可以吸烟。

吸水烟用特制的水烟瓶。水烟瓶由三部分做成：一是底座，烟瓶的主体部分，分烟丝室（在前）和水室（在后，装有清水），底座两侧为放置尖嘴镊子和纸火的小管子；二是活动的燃烟锅，管的下边接触水室的水面；三是鹅项式的曲柄烟管，下端开口于水室的水面之上，上端为烟嘴，供吸烟之用。吸烟前，在水室中注入一些清水，从烟丝室中取出烟丝放到小烟锅上，左手握底座，右手用纸火或柴皮子点燃烟丝，用嘴从烟嘴处吸烟，这时就听见"呼噜噜、呼噜噜"的响声，燃烧过的烟，经过清水的过滤，就吸到了嘴里。

在湟水流域各方言点的汉语方言里，还有一些反映地方特色小吃的方言词语，如：

甜醅：制作原理和方法大体如醪糟，主要原料用青稞或莜麦。酿造时，先将青稞（舂去外皮）洗净后煮至开花（即绽裂），捞出晾温，拌以适当的酒曲，入盆或缸中发酵，保持 20 度左右的温度 2—3 天即成。

干板鱼儿：又叫蒸干鱼。做法是：先将湟鱼（青海裸鲤）从脊背上剖开，剔去内脏、鱼鳃，洗净后在沙石上晒干。吃时涂一层青油，再涂上厚厚一层以食盐、辣椒、花椒、葱花、姜末、蒜末等为作料的面糊，入笼蒸熟即可食用，这种鱼因为特别有嚼劲，越嚼越香，十分好吃。

酿皮儿：将面粉和水揉成团后在一盆清水中反复捏洗，这样淀粉沉淀于盆底，面筋团捏到手中，将淀粉和面筋团分别入笼蒸熟就是酿皮儿，食用时配以油泼辣子、醋、酱油、盐、芥末、蒜泥等。

酸奶：将牛奶烧熟，然后放凉，加入"奶角子"（酸奶酵母），放在温暖处，等酵母菌分解发酵，就成为香甜可口的酸奶。

奶皮儿：将牛奶煮熟，待水分蒸发完后，牛奶上面形成一层乳脂蛋白的凝聚物，就是奶皮儿，既可干吃又可泡在茶水中饮用，很有营养。

有些饮食方面的词语则反映了湟水流域悠久的饮食传统文化：

熬熬：新中国成立前，湟水流域蔬菜品种单调，人们在婚宴、待客时将羊肉、粉条熬在一起，等熬好后，盛在碗里，客人可以吃完一碗，再添一碗，直到吃饱为止。

阿卡包子：一种熟馅包子。捏的方法跟当地的扁食有点相似，只是扁食的封口两面都有花纹，这种包子只一面有花纹。

两扇饭：又叫"罗汉甩头"，待客的筵席。总共有六碗。吃席时，先上两碗菜，等吃完后，再上四碗，叫"后四碗"，这是一种简单的筵席。

十大碗：也是待客的筵席。最前面是一大盘凉菜，叫"全盘"，后面上两碗热菜，等吃完后，再上两碗热菜，最后上四碗，也就是"后四碗"，这是 20 世纪八九十年代常见的筵席。

汤米三碗：旧时丧事中待客的简单筵席。有一碗粉条菜、一碗米饭、一碗肉汤，所以称作"汤米三碗"。

八盘：新时期待客的筵席，如果是婚礼，最前面有一个"全盘"和四小盘干果，先上四盘热菜，中间上一盘包子和一盘糖包（当地叫糖饺），后面再上四盘热菜。如果是丧礼，前面没有"全盘"和干果，直接上菜，中间也没有包子和糖饺。

上述关于饮食的方言词语已充分展示了湟水流域独有的地域特色和悠久的历史传统。在反映湟水流域饮食文化的词语中，还有一些与"吃"组合的词语，特别引人注目。

吃的[tsʅ⁴⁴]：指粮食等主食。有些人家断粮就说是"吃的"没有。

吃腰食：早中饭之间、午晚饭之间及夜间吃饭，均叫吃腰食或"加点腰饭"。

吃食、吃喝：指食品。

吃黑食_{湟中}：受贿。

吃粮：旧时把去当兵的人叫作"吃粮"。

吃羊头：小孩想要和大人去一个地方，大人哄骗小孩，自己去了，而没有带孩子去，叫给小孩"吃羊头"。

吃硬：指喝酒喝醉了。

吃诳饭：指在一起吃饭从来不掏钱饭的人。

吃人命：旧时，民间有一种习俗，如果一个姑娘在婆家死亡，而娘家人怀疑是非正常死亡的情况下，娘家不去和婆家打官司，而是叫上很多男性到婆家，将婆家吃光、拿光、砸光，叫"吃人命"。

第二节　与"穿"有关的词语与服饰民俗

紧跟时代的脉搏，人们的服饰也在发生着变化。新中国成立前，湟水流域男子多穿长袍马褂，头戴瓜皮小帽，脚穿自制的布鞋。年轻人常把裤脚用一根黑色的带子（俗称脚巴骨带带）裹住，走起路来精神饱满；女子一般穿长衫长袍，对襟上衣、裙子等。农村男子为了便于参加生产劳动，穿大襟棉主腰（棉袄，内装羊毛），长腰大裆直筒裤。男子腰里常缠一条"褡包带子"，俗话说："腰缠一条龙，赛过棉绑身（棉长袍）。"旧时人们比较常穿的服饰有：

白板板皮袄：用羊皮缝制的长袍，不挂面子，羊毛朝内，白色皮面朝外。

褐衫：将羊毛捻成细线，织成"褐子"，用"褐子"缝成衣服，叫"褐衫"。

毡袄：用一整块毛毡制成的衣服，上面挖一孔，头可出入。

皮卡衣：用羊皮做成的短大衣，这种衣服的做工比白板板皮袄讲究，一般用黑色的布料做的面子，双排扣，还有绒领。

热拉：一种长袍，是里外都用棉布做的夹棉袄，由于长度过膝，所以有利于腿部保暖，而且携带比皮袄轻便，很多在野外放牛、放羊的人在春秋季节常穿这种衣服。

布衫：单层布料做的小斜襟长衣。

长袖：长衣的外套，夹的对门襟短褂。

套裤：无裤腰，无裆，筒状，内装棉花或羊毛，春秋穿在裤子外面，用带子系在腰间，为老年人防治关节炎之用。如今骑摩托车或开农用车的人常在腿上套上套裤用来防寒。民间戏谑动作麻利而不当者"精沟上穿套裤——麻利下家"，意为光屁股穿套裤，敏捷过头了。

帮身：双层小斜襟长衣。

鸡窝：一种自制的棉鞋。鞋底是千层底，鞋帮内装上羊毛或棉花，鞋面上有一鼻梁，因其轻暖如母鸡窝，故名。

挖泥儿皮鞋：一种为农村男子路上方便，特制的皮鞋。鞋帮、鞋底用一整块"干烟牛皮"（烘干的牛皮）缝制而成。鞋面（俗称舌头儿）用较薄的熟牛皮连同前端鞋帮做成烧麦状，这种鞋形状像船，最主要是用于防水。

络鞨：一种以一块牛皮卷成的简易鞋。

袜溜跟：旧时湟水流域人们穿的自家缝制的布袜子，袜子后跟做成扇形，上面的绣花很讲究，也是当地的妇女们展现绣花技艺的地方。

新时期，人们的穿着越来越时尚，面料的选择不再局限于棉布、的确良、斜布、蓝荫丹等。羽绒服等轻便的防寒效果较好的衣服逐渐取代了羊皮袄，现在湟水流域城乡几乎看不到有人穿白板板皮袄，老年男子喜穿中山装、夹克等衣服，女性的服装随时代变化最快。不过在农村依然可以看到手工缝制的千层底的布鞋。冬天人们多穿手工缝制的主袄、棉裤。一直以来人们都在穿的服饰有：

汗褐：衬衫。

夹夹：背心，有夹的和单的两种。式样有对襟的，也有斜襟的。

主袄：短棉袄，内装羊毛或棉花，有大襟和对门襟之分。

筒袖：有皮筒袖、棉筒袖，一尺多长，冬天天冷时，戴在手上，做防寒护手之用。

老衣：给老人准备的葬衣，也叫"寿衣"。人去世之后，根据不同的条件，有三件、五件、七件、九件之分。

孝衫：老人亡故后，儿孙在丧期穿着用的白布长衫。

穿布：回民给亡人裹尸用的白布。

湟水流域是多民族杂居区，少数民族有藏、蒙古、回、撒拉、土族等，回族在日常生活中使用汉语，汉语是交际语言，藏族、蒙古族、撒拉族、土族都有民族语言，但是，部分藏族、蒙古族等失去了民族语言，他们日常交际使用汉语，有自己不同于游牧的藏族、蒙古族，也不同于当地汉族的服饰，比如"家西番"①，他们是藏族的一支，分布于湟水流域的湟源、湟中、大通、西宁等地，使用汉语，但是生活习惯又不同于牧区藏族和当地汉族，他们的服饰形成当地服饰文化的一大特色。"家西番"的服饰中有一些较有特色的方言词语，如：

筒筒：也就是辫套，用黑布做的装头发的套子，两只为一副。每一只

---

① 芦兰花：《"家西番"族属探析》，《西藏研究》2005年第2期。

前面的上半部分是用丝线绣成，上面缝有3—4块精美的绣品，中间为银圆、珊瑚、玛瑙等装饰品。下端除了若干条花边外，还有用红色丝线做成的下垂穗子。辫套最上端有扣，头发编成辫子，装于其中，垂在身后。

半长：有两片前襟，右襟比左襟大，并且盖住左襟。一般长至臀部，高立领，囫囵袖，无兜，肥大，腰中系上带子后，胸前可以装东西。"半长"是用布料制成的单衣，在色彩的选择上，喜欢用红、绿、蓝、粉红等艳丽的颜色。腰带主要有红、绿、蓝等颜色，在系腰带时，将长至脚跟的辫套提到膝部连同"半长"系到腰间，辫套上半部分自然垂到腰带上。

滚头儿：帽子的一种，呈圆筒形，较高，帽子周围及帽顶绣有花纹，下端有两大两小四个帽檐，寒冷时可放出来，对耳朵、前额有保暖作用，平时折到帽子里面。

四片瓦：也是帽子的一种，呈圆形，比滚头低，帽顶一般没有绣花，下端有四个一样大的帽檐。

狐帽：适应高原气候的冬帽，呈梯形，后开叉，多选用秋末冬初金黄色狐皮缝制而成，多以缎子做面子。平时沿着开叉处边缘上翻，狐毛外露，御寒时，放下翻缘，狐毛保暖，又暖又软。也可以开叉前戴，又角里翻，既保暖，又不影响视线。

湟水流域的土族、撒拉族等，既有民族语言，也基本上能用当地汉语方言交流。土族妇女的服饰以蓝、黑、黄、白、红、紫、绿相间的各色布料拼制而成，像彩虹一样。人们习惯把土族妇女美称为"穿彩虹花袖衫的人"。

撒拉族男子多穿白布汗褡、青夹夹（黑色的马夹），头戴黑色或者白色的圆帽。老年男子多穿长衫，头上缠头巾，女子戴"盖头"（老年人多戴白色，中年人多戴黑色，青年人多戴绿色），青年妇女喜欢穿颜色艳丽的大襟衣服，上面套件黑坎肩，脚穿绣花鞋。

湟水流域民族众多，服饰多样，形形色色的服饰文化是展现当地地域文化的一个重要窗口。

第三节　与"住"有关的词语与居住民俗

湟水流域地处青藏高原，汉族和少数民族杂居，生产方式有务农、半农半牧、游牧等，所以，居住也因生产的需要有帐篷和固定房屋的不同。受自然环境、气候条件、建筑材料和生活习惯等多方面因素的影响，湟水流域的房屋建筑具有鲜明的地方特色，由此产生了反映当地居住民俗的方言词语。

一 与游牧居住民俗有关的方言词语

黑牛毛帐房：是四方形或长方形的用牛毛织的褐子缝合成的帐篷。牛毛纤维粗长、厚实，防潮性能好，织成褐子后纤维交织拧结，雨珠落在上面形成水泡，渗不进，穿不透，既挡雨雪风霜，也挡烈日照晒，容易拆迁，便于驮运。其帐顶有一天窗，侧面有一小门。平时揭开天窗，打起门帘，可以通风，也可以放烟，如果是雨雪天气，把天窗盖上，就可以遮雨防寒。

达嘎玛：平时在牛毛帐房外，各家大多备有一顶小型"人"字形帐房。这种帐篷能住一至二人，特点是小而轻便，外出时临时使用也很方便。

阴帐：以灶台为分割线，走进帐篷的左面为"阴帐"，"阴帐"为妇女的起居室兼生活用品储藏室，妇女做饭、做家务等都在阴帐。

阳帐：以灶台为中心，走进帐房的右手为"阳帐"，阳帐供奉佛像，也是男人的卧室、男性客人的接待室。同时，屠宰的肉、灌好的肠子都放在阳帐。

塔夸：帐房中间做的一种"船形灶"，呈长方形，高约 60 厘米，长约一米，后面有一专供放案板的平台，前面中部有一个灶膛，灶膛前后各有一个储备牛粪的深仓。牛粪仓与灶膛连接处，有一个斜坡状缺口，可以从这里往灶膛里放牛粪。在塔夸的前面有一灰池，专门存放牛粪灰，也可利用牛粪火的余热烤火取暖。每当迁徙到一个新牧场，就地捡些石块，和上泥，一两个小时就可以砌成一个塔夸，转场时原地留下，也有人把当灶壁的石板拆下驮走。

二 与定居的居住民俗有关的方言词语

在湟水流域定居的农户中，庄廓院的选择、房屋的修筑都是非常讲究的，也有很多与之相关的方言词，例如：

庄廓：是湟水流域农民的主要居住地。庄廓占地四分到一亩不等，四周用泥土夯的土墙。墙底宽约一米，高三四米不等。与庄廓内主房相对的一面，一般留有大门。大门多为砖砌。庄廓内，除了人的居室外，还有牲畜棚、仓库、菜园、花园等。多数家庭的住宅，三间合为一堂，中间为堂屋，两边住人，再在两边加盖厨房和仓房以及牲畜棚等。

四合头：就是四合院，多是富裕人家盖的。庄廓内的四周都盖有房子，除了四面的房屋外，还有四个角子，大门占一角，进大门迎面一般有一堵矮墙，俗称"照壁"，"照壁上"多用红漆写一个大大的"福"字，四周绘上"蝙蝠"，象征着吉祥、幸福，也有人家绘有"松鹤延年"的吉祥图案等。

有功名的人家还在墙上挂着"岁进士""父子同科"等匾额。"四合院"里厨房占一角，杂物占一角，厕所占一角。

土担梁：盖房子时用土坯砌好墙后，将横梁直接担在土坯垒成的墙上，没有柱子。这是一种简易的房屋，旧时贫穷人家多盖这种房子。

大房：旧时富裕人家修的住房。这种房子有柱子，大梁和柱子套在一起。在房子前面椽子以下窗户以上的部位装饰有雕花的木板，雕花的凸出部分叫"猫儿头"，房子的隔墙用木板，叫"板壁"，这种房子前后的距离较长。

扬武亭：一种四周没墙的房子，湟水流域民间有俗语："侄儿子别当儿子，扬武亭别当房子。"这种房子不能遮风挡雨，所以，再贫穷的人家也会在房子四周垒上土坯，除非是特别懒惰的人。

主房：按不同地区的地势环境确定主房的位置，北为主的地区北房是主房，西为主的地区西房是主房，主房又称上房。

对房：与主房对称的房屋。

角房：庭院四角的房屋。

过庭：前后两院，由前院进入后院走道两旁的中间一排，两面有窗户的房屋。

角院：四合院内靠主房两侧的小院。

门楼：建在大门顶上的楼房。

照壁：建在大门内或门外的一面照墙。

在湟水流域不光是房屋的修建，房屋的布局，房屋内的陈设，就是与房屋的布局、陈设有关的习俗也是有一定的讲究的，例如：

堂间：主房一般有三间，中间一间叫"堂间"，堂间不住人，门对面靠墙的地方一般摆放两个面柜，柜上供奉佛像、神主等，供祭祀用。在逢年过节时，面柜上摆放馒头、酥油灯、干鲜果子等。堂间后墙正中间，多悬挂释迦牟尼佛像或各种神像。

隔架墙：房屋之间的隔墙。

盘炕：农村一般有土炕。土炕是用土坯、石板、草泥等砌抹而成的。炕面上先抹上一层混有毛发、草屑，经过捶打的泥土，再涂上鼻邋遢（一种草本植物，学名为巴天酸模）茎叶的黏液，抹光后，炕面光滑如镜。平时烧炕用麦草、麦壳、马粪、菜壳子（油菜的秆、茎）等为燃料，从炕洞里烧炕，也从炕洞里除灰，炕洞留在屋外的墙上。炕洞门较大，以便于烧炕和除灰，民间戏谑大张嘴为"炕洞门大张哈着"，也有人家把炕和灶连在一起，做饭时，炕也顺便烧热了，叫"锅头连炕"。

上宝梁：修房者选择黄道吉日上大梁，届时煨桑，放鞭炮，非常隆重。

大梁中间悬一个红色布袋，里面装上五色粮食：小麦、青稞、豌豆、玉米、莜麦及碎银、五色线等，取"五谷丰登""岁岁平安"之意，在梁上还要用红纸写上"上梁大吉""大吉大利"等，当日还要杀猪宰羊，设酒席款待前来庆贺的亲友。

盘锅头：湟水流域农户很重视盘锅头。盘锅头时很多人家邀请技术好的"锅头匠"。这些长年累月给人家盘锅头的"锅头匠"在实践中积累了很多经验，他们盘的锅头，火旺省柴，出烟利索。

下宝瓶：有些人家在院子中央下宝瓶以求平安。宝瓶中一般装有碎金、碎银，五色的粮食，各名山大川的土，圣湖里的水等，埋有宝瓶的地方，妇女不能踩在上面，否则会认为不吉利。

湟水流域年降水量少，而且少有大暴雨，所以房顶较平，一般用泥抹平。遵循就地取材的原则，湟水流域庄廓和房屋修建时多用泥土，院墙用泥土，房屋的间隔用泥土，房顶也用泥土，生活条件好一些的人家用的木料多一些，盖"大房"，用"板壁"墙等。

房屋内的陈设多为用柳木、松木做的家具，如：

炕桌：放置在炕上，吃饭时摆放碗、盘子等。

连桌：四屉两门的柜子。

方桌：四方形的四腿高脚木桌，也叫八仙桌。

单桌：长方形的木桌。

条桌：长条形的高桌。

圆桌：圆形高桌，或在方桌上套一木质圆面的桌。

琴桌：有木雕花纹装饰，八条腿，腿高而放于地上的叫琴桌，矮腿放在炕上的叫炕琴子。

地桌：方形的放在地上的小桌子。

机凳：高腿方凳。

板凳：高腿长条凳。

上述有关居住民俗的方言词语，反映了湟水流域居住的习俗、规矩，这些习俗、规矩中寄托着人们美好的愿望，也正是这样的一个个方言词语，承载着浓郁的地域文化的气息。

第四节　植物、农具类词语与生产习俗

一　植物类方言词语

湟水流域多山，降雨量小，因而当地生长的多是一些耐寒耐旱的乔木、灌木和草。乔木主要有柳树、杨树、松树、柏树、桦树等，柳木主要是用来盖房子的；农具多用桦木，柏树枝当地人主要用来"煨桑"。

有些灌木，当地人当作柴火。在夏秋季节，人们到山里砍柴，主要有黑柳梢、鞭麻、狼麻、香柴、细范柳等。

黑柳梢：主要长在山南，最高的约有一个成人高，柳条皮呈黑色，所以叫"黑柳梢"，是当地的主要柴火。人们将黑柳梢砍下来捆成捆拉回家，晒干以后，在厨房的灶上当柴火烧。

鞭麻：由于具有易燃的特点，鞭麻是当地生火的主要材料。鞭麻有白鞭麻和黑鞭麻之分。白鞭麻开白花，外皮呈白色；黑鞭麻开黄花，外皮呈黑色，鞭麻一般较矮小，有 20—30 厘米高。

狼麻：一种经常夹杂在黑柳梢中的灌木，因为长了很长的刺，所以叫狼麻，在拿柴火时，如果不小心碰到狼麻，就会在手上扎很多刺。

香柴：一种灌木，点着时会散发香味。

细范柳：长在山里的一种灌木，有一成年人高，有些人家在"煨桑"时，把它当成柏树枝来"煨桑"。

有些灌木可以编"花拦"。"花拦"是一种很大的背篼，编时周身留有大孔，用于背麦草、牛粪等。

在湟水流域，可以到处看到一种一簇一簇的长得很高的草，这种草叫"席子"，是当地人做清洁工具的主要材料。人们用它扎栽把、扫帚，编背篼、连贯、篮子等。在"席子"长得不好的年份，人们也用一种叫"标标杆"的草替代"席子"扎扫帚，不过这种草扎的扫帚不太耐用。

栽把：一种用于打扫庭院的大扫把，栽的时候用连根拔起的"席子"，把"席子"晒干捋整齐后，用一个铁环套住根部，再安上木把，就可以用了。

扫帚：湟水流域的农村扫地用的扫帚的材料主要是用镰刀割的"席子"，人们将一撮"席子"在根部用绳子扎住，然后平分为两部分，将绳子转几圈，就是一把扫地用的扫帚。

背篼：先将两根等长的木条拢好后从中间弯曲，弯曲处用铁丝扎牢，末端拢成方形，成为一个"背篼盘盘"，拢好后将"席子"一圈圈从底部编到顶部，就成为一个背篼。"背篼盘盘"的材料很讲究，最好的是用皂角木的，其次用黑刺的，还有用黄刺的。编成后放上背带，可以背东西。

连贯：一种小型的背篼，两个为一组，旧时搭在牲口的背上用于驮运粪土和其他东西。

二　农具类方言词语

湟水流域气候高寒，所以庄稼一年一熟，春种秋收，主要农作物有小麦、青稞、油菜、豌豆等。在不同的耕作阶段，所使用的农具是不一样的。

湟水流域在清明前后播种，当地农谚："清明前，十架田。"当地多是山地，"二牛抬杠"的生产方式到处可见。春种时，主要的农具有：

铧：就是铇，俗称"格[ki⁴⁴]子"，是犁辕、犁头、铧尖的总称。

榔头：粉碎土块、粪土的工具，将长约一尺、直径八九公分的圆木，钻孔安上木把用。

耙：有铁制、木制两种，用于耙地。

斗斗：一种比较大的长方形的木制容器，中间有一横档，主要用于撒种子和化肥，撒时，用胳膊挎着斗斗，边走边撒。

糖子：用柳条编成，长一米多，种子撒入地里后，人踩在糖子上，让牲畜拉着，将地糖平。

秋收后打碾时，主要的农具有：

碾杆：打碾时架在牲畜脖子上用于拉碌碡的木杆。

金杈：扬场用的五股杈，有铁制和木制的两种，但主要是铁制的。

杈扬：碾场时挑草用的两股杈，也有木制和铁制的两种。

掠杆：带枝条的桦树枝，碾场时用来掠草。

躺把：由一块长约一米的木板和一个木把组成，碾场时用于堆放碾好的粮食。

三　养殖类方言词语与谚语

由于湟水流域气候高寒，所以除了农业以外，畜牧业是该地区重要的产业。在湟水流域西部的湟源、湟中等地，多是半农半牧的生产方式，畜牧养殖在当地居于非常重要的位置。当地主要的家畜、家禽有骡子、马、牛、驴、羊、猪、狗、鸡等。

骡子：有驴骡和马骡之分。驴骡是母驴和公马交配的后代；马骡是母马和公驴交配的后代。骡子力气大，可以犁地、拉车、驮东西，是家庭劳动中非常理想的家畜。

马和骡子一样，也是湟水流域重要的家畜。马因性别、年龄、颜色等不同，有不同的称谓：

骒马：指母马。

骟马：指被阉割了的马。

走马：一种善跑的马。

儿马：公马。

搭里干马马："搭里干"为藏语的音译，指很瘦的、羸弱的马。

枣骝马：枣红色的马。

驴也有不同的叫法，如：

叫驴：公驴。

草驴：母驴。

骟驴：被阉割的公驴。

牛在湟水流域也有着重要的作用。母牛生牛犊，牛犊长大了卖钱，卖牛、羊得来的钱是当地重要的经济来源。出售牛奶、酥油等也可以给家里增加一些经济收入。

在湟水流域牛不仅可以增加家庭收入，还是重要的从事生产劳动的家畜。牛可以耕地，也可以拉车。湟水流域的牛主要有牦牛和黄牛两种。此外还有一些牦牛和黄牛杂交的后代。牛也有不同的称呼，如：

毛公_{大通}：公牦牛。

坡拉子：公黄牛。

犏牛：牦牛和黄牛杂交的一代种。母犏牛出奶量比牦牛多，且性子比牦牛温顺，而且母犏牛的奶质也比黄牛的好，所以，湟水流域的人家多养犏牛，也非常垂青犏牛奶。

尕力巴或叫尕漏：指牦牛和黄牛杂交后的公牛。湟水流域人们在说一些人不好时，常说："尕漏牛不是，某某人不是。"

毛杂：乳犏牛与公牦牛的杂交牛。

羊主要有绵羊和山羊两种：

山羊有多种称呼，有的地方叫丫麻，有的叫加拉，有的叫牯庐，有的叫羖羝，有些的地方几种叫法并存，如湟源县丫麻和羖羝的叫法都有。

骚家拉_{大通}：公山羊。

骚胡：公绵羊。

羯羊：阉割的公绵羊。

牛、羊、马、骡子均在野外放养，有些人家养二三百只羊，在夏季还要到专门的夏季牧场去放牧，叫"做场"。分散养殖的牛、羊在春、夏、秋三季，庄稼还未收割的时候，每天早晨将牛、羊集中到一起，由专人负责放牧，这些养殖户给专门放牧的人，也叫"挡牛娃"代放牧的钱。挡牛、羊的人将牛、羊赶到山上，让其边走边吃草，自己只是前挡后跟，保持适当的速度，晚上"挡牛娃"将牛、羊赶到村里，养殖户再将牛、羊认领回家中。马、骡子、驴还有正在哺乳的乳牛，养殖户一般单独放养。他们早晨将马、骡子、牛等牵到野外，有些人用绳子牵着牲口，让其在水草丰美的地方吃一会儿草，叫"挡一会儿"，之后用长一些的绳子縻在野外，在晚上拉回家之前，挪几次地方，让牲口吃饱。有些人在牵回家之前，用绳子牵着牲口，在草好的地方多"挡"一会儿。分散养殖户的家里一般盖有牛棚、羊棚。牛、羊回家后，分别圈在牛、羊棚里。冬天，庄稼收割以后，没有专门放牧，人们早晨将马、牛、骡子、驴等，放到野外，任其找枯草吃，晚上有些牲口自己就回家了，不回家的，人们要去找回来，以防被偷或被狼吃掉。冬天牛、骡子等回家后要拴到槽上，人们喂青稞草、麦草、油菜草等干草，让它们填饱肚子。乳牛为了增加出奶量，还要额外喂，一种麦麸和榨油剩下的麻渣拌和的"水食"。在冬天人们还选定一些有增肥潜力的羊为"栈羊"，这些羊平时圈养在家里，集中喂饲料，以便于在春节期间卖个好价钱。当地农谚："牛喂三九，马喂三伏"，人们重视牛、马在不同时期的饲料，抓紧时机育肥。

由于很多家的牛、羊放在一起放牧，所以识别自家的牛、羊很重要。人们做标记的方法有很多种。最常见的是挂布条，就是在自家牛羊的一个耳朵上挂上红、绿、黄等颜色鲜明的细长布条，其办法是：在牛羊的耳朵上穿眼，将零布条用细绳穿过眼打结。另外，有些人家用染毛色的办法来识别自家的牛羊。其办法是用锅灰和油脂搅拌后涂在牲畜的某个部位。每年夏季剪毛后涂一次。因涂抹方便，容易识别，所以采用的人家比较多。也有人家用红土做标记，但因为褪色较快，每年需涂抹几次。

另外，放牧时为了驱赶和控制牲畜，人们使用各种工具，主要有：

鞭子：由鞭杆和鞭绳组成。鞭杆多用柳树、杨树枝等做成，长约20厘米，鞭绳多用细的牛皮条扭结而成，长约60厘米，主要用在放牧时，给牛羊示威、警示。

抛儿：放牧工具。由两根绳臂和缝在中间的一小块椭圆形皮子（或毡片或毛织物）的抛窝子组成。绳臂有两条，一条较粗，末端有套环，一条稍细，无套环。绳臂的长度按使用者的身高、臂长和力气大小而定，一般长一米多。使用时，一手握两根绳臂的末端，食指套入套环，在抛窝子里放上石子，抡臂甩动两三圈后，松开没有套环的那一端，将石子投向目标。

笼头：由毛绳或熟皮缝制，套在牲畜（马、驴、骡子、牛等）头上，用来管制和役使牲畜。也有人用商店出售的笼头。

辔头：驾驭马、骡子等大牲口的笼头。包括嚼子和缰绳。牲口含在嘴里的部分是用铁做的。

鼻桊：用有柔韧性的刺柏或柳条拱围成圈，穿入牛鼻隔中，以便于管制和役使。

围脖：用皮、布料做面子，内装以草，套在耕畜或拉车的牲畜的脖子上的防护设备。

鞍子：主要有骑马的马鞍和驾车的鞍子两种。骑马的马鞍比较华丽，驾车的鞍子讲究实用，美观的效果差一些。驾车时，人们首先在牲口背上放一块粗毛布或毡片做的衬子，起保护畜背的作用，然后将鞍子放在上面。

鞅：驾车时，通过牲畜的尾部，连接车的两端的宽带子，其作用是下坡时防止车推向牲畜。

纣棍：缚在驴马尾下的横木，两端有绳连在鞍上，其作用为防止鞍子向前滑动。

绊绳：是用熟皮或畜毛缝搓而成的限制牲畜行动的工具。一般分两脚绊和三脚绊两种。前者两头有活扣且带小别棍。使用时，将牲畜的前腿腕或前后腿腕各用一扣套住，别上别棍。三脚绊三头都有活口和别棍，使用时套住牲畜的两条前腿和一条后腿腕部，别上别棍。绊绳的作用在于使牲畜的步子跨度受限，便于役使者随时牵来使用。

波浪：一种使用于马、骡子等的工具。有些马、骡子擅长奔跑，不服管制，人们就用一根绳子拴上一个大的木棒，套在马或骡子的腰部，木棒垂在腿部，牲口在奔跑时，木棒晃动，敲击腿部，没法提高速度奔跑，人们就可以控制住牲畜。

羊也是湟水流域人家的重要家畜。由于羊产羔集中在冬、春季节，所以湟水流域养羊的人家在这时候都要格外留意，第一次产羔的羊，有些不认小羊羔，如果生在夜里，小羊羔就会被冻死；有些羊不喂养羊羔，人们就要帮助羊羔配奶，一般一个人稳住大羊，一个人把羊羔抱到乳房处喂奶。有些已经不是第一次产羔的羊，以及一些母牛也需要配奶。

到7—8月份，绵羊要剪羊毛，剪毛一年一次，剪毛的方法有用手拔和用剪刀剪两种方式，剪羊毛的剪刀比平时用的剪刀大，是专用的，有经验的人可以将一只羊的羊毛剪成一整块，剪下来后拧成长条然后再挽成一个疙瘩。有些在晒一段时间以后出售了，有些洗干净以后做被子、做棉袄等。

牛、羊的年龄主要看长在嘴里的牙。牛羊一岁左右长乳牙，叫"圆口"，以后逐渐换牙，因此计算牛羊的年龄主要看牙齿的多少，换了两颗牙的叫"对牙"，四颗牙的叫"四个牙"，六颗牙的叫"六个牙"，八颗的叫"八个牙"，"八个牙"也叫"满口"，牛羊在八颗牙之前都属于青壮年，到"八个牙"以后就逐渐老去。

第六章　湟水流域汉语方言词语与岁时、人生仪礼、信仰、游艺习俗

第一节　方言词语与岁时、节日习俗

　　岁时源于古代历法，节日源于古代季节气候，岁时节日及其民俗由来已久。历法年月日和节气时令结合构成的岁时，在一年三百六十五天里，由于生产、生活、信仰活动的安排，逐步形成了大大小小的节日、祭日、节气，与平常日子区分开来。岁时、节日的由来与发展是十分复杂的，各地的节日民俗有同又有异。俗话说："十里不同风，百里不同俗。"湟水流域历来就是多民族杂居的地方，各民族的习俗你中有我，我中有你，岁时节日习俗既有与其他地方一致的地方，也有不同之处，这在方言词语中有所反映。以下从湟水流域汉语方言中选择一些反映地方岁时民俗特色的词语加以讨论。

　　过年：也就是过春节。湟水流域的人们很早就开始准备过年。有些人家在腊月初甚至在农历十一月就开始杀猪宰羊，准备过年。整个腊月，人们忙于置办年货，彻底地大扫除，炸油饼、蒸馒头和包子，做着过年的准备工作。

　　祭祖先：年三十这天，湟水流域人们在准备各种过年的东西的同时，也不忘祭祀祖先。腊月二十九或三十下午，人们带上烧纸、油香（一种切成菱形、油炸的食品，和烧纸一起烧给祖先）、鞭炮等给祖先烧纸，告诉祖先要过年了，并且祈求祖先保佑家人平安、吉祥。

　　接神：除夕晚上夜幕降临时，人们在堂屋里献上 15 个"献子"（大馒头），点上灯，放上桑，在院子里放鞭炮，接神。

　　咬鬼_{乐都、平安}：除夕夜吃猪头肉、猪蹄肉，叫"咬鬼"。

　　纳财：大年三十，人们将房间和庭院打扫得干干净净，从初一到初三打扫卫生，扫帚要朝房间里面扫，不能向外扫，垃圾也要一直等到初四才能扫到大门外面去，取钱财、好运不外流之意。

　　祭峨博_{湟源}：除夕晚上，很多村的男子在午夜十二点以前登上附近有峨博的山顶放桑，拜神，祈求在新的一年里好运。

开财门：在湟水流域，正月初一早晨由谁去开财门是一件非常讲究的事情。由于多是半农半牧的生产方式，人们非常希望来年家里的牲畜都产下母羊、母牛等，以增加牲畜的数量，所以初一早晨派家中的女性去开财门，祈望来年产下更多的母畜。

拜年：从除夕夜十二点起，人们开始陆续拜年，首先是孩子们给家里的长辈拜年，然后到党家（本家）的家里拜年。初二开始，年轻的夫妇一般到女方的娘家拜年，随后到其他亲戚朋友家拜年。

烧纸：正月初三早上，各家出动去坟上烧纸，意思是去给祖先拜年。这天的讲究是一定要早，不能迟于中午，否则是对祖先的不敬。各家坟上纸烟弥漫、鞭炮声连连，响彻村落。

邀[tɕʰiɔ²⁴]年茶：正月里，有些人家把亲朋好友邀请到家里招待，叫"邀年茶"。

团拜：这是近几年流行起来的一种习俗，就是在腊月或正月，亲戚朋友在饭馆或家里聚餐，大家在一起吃吃饭，聊聊天。以前拜年时，人们拿着茶叶、罐头、冰糖、桂圆、衣服等礼物挤公共汽车，有时去几个亲戚家，人多车又挤，比较麻烦。后来为了减轻拜年的负担，大家选择聚在一起团拜，不再挨家挨户拜年，这样亲戚们既见了面，也省去了舟车劳顿之辛苦。

春节期间，民间文化活动相当活跃。湟水流域很多村子在正月初八开始打鼓，十二开始演社火。也有些村子唱眉户戏和皮影戏。其中社火中点的"秧歌"最有特色，其中的唱词如：

"哈拉城是棋花儿城，城里扎兵不坐民；
东城营房西城庙，兵睡营房神守城。"

"大炮三声城门开，哈拉庄里迎钦差；
过街楼儿里钦差进啊！两面儿百姓们跪满街。"

"楼儿和上街对的端，两面儿铺子盖下的满；
买卖人今年生意好啊，庄稼人又逢了个丰收年。"[①]

社火唱词的内容除了预祝来年五谷丰登、国泰民安等外，主要为历史故事或传奇故事，也有在大段演唱的间歇加些滑稽的段落，如：

"我唱的秧歌儿不扯谎，牛蹄的窝里盖楼房；
虼蚤跳着地板响，蝎虎子倒把狼吃上。"

正月十五：即元宵节，古称"灯节"或"灯火节"。在湟水流域农村，

---

① 中国人民政治协商会议湟源县委员会文史资料组编：《湟源文史资料》第四辑，1997年，第100页。

除了唱大戏、耍社火、猜灯谜外，还有"放冒火"的习俗。

　　放冒火：元宵节晚上，天色将暗，家家户户的大人和小孩就开始忙活起来，扫巷道，抱干草，在大门前、巷道里堆放很多很多干草堆。有些相邻的草堆排起来有几百步长。人们在草堆上撒些大颗的青盐，老人们再放些"柏香"（柏树枝）。当月亮升起时，点着草堆，火焰直往上蹿，所以称为"放冒火"。冒火点着后，草堆里的青盐遇热炸裂，像放鞭炮一样爆发出阵阵脆响；柏香被点燃以后，散发出浓郁的清香。这时男女老幼按照辈分和长幼排列成行，一个挨一个地从火堆上跳过去，再跳回来，来回跳三四次。人们说，正月十五晚上跳"冒火"，会冲走霉运，烧尽灾难，也会在新的一年里身体健康，平安吉祥。

　　关于"放冒火"的来历，有一个传说。古时候，玉皇大帝听信谗言，说某地的老百姓不安分守己，犯了"天规"，便下旨意叫火德真君去惩治，时间定在正月十五的晚上。火德真君来到人间，挨家挨户探访，发现这里的百姓都善良本分，并没有犯下什么"罪"。于是，他决定拯救这里的百姓。火德真君经过多日的苦思冥想，想出一个既能瞒住玉帝，又能拯救百姓的好办法：正月十五晚上，百姓院里挂上红灯，大门前放"冒火"，让灯火连成一片。这天晚上，玉帝向下界一看，只见一片火海，以为百姓已经得到了惩罚。可是，时间一长，真相还是被玉帝知道了。玉帝大发雷霆，斩了火德真君。后来，为了纪念火德真君，人们每到元宵节晚上，家家挂红灯，户户放"冒火"，来寄托感恩思念之情。这样代代相传，在民间便形成了放"冒火"的习俗。

　　灯会_{乐都}：灯会一般正月十四开始，十六结束。乐都县七里店灯会每隔一年举行一次。由马家台、七里店、水磨湾、李家庄四村按人口每人出灯一盏，挂在木杆上，集中在一大片空地上，用绳子连接起来，排列成一座灯城。灯城设总城、城壕、胡同、内城、仪门等。正月十四举行点灯仪式，整个灯城就像灯的海洋，光照数里。灯阵名叫"九曲黄河灯"，式样据说来自清宫。

　　二月二：农历二月初二是"二月二"。据说一入冬令，龙就潜入渊底，直到次年二月二日抬头升空，开始布云降雨。湟水流域灾情频繁，如遇上自然灾害，一年的辛苦就毁于一旦，所以人们就寄希望于老天，对龙也就有着无限的崇拜，二月二这天，很多地方耍社火，青壮年小伙子高擎着长龙，敲锣打鼓，"咚咚锵锵"地到附近的河滩或山根的泉水边给龙"饮水"，举行"龙抬头"仪式，然后在田间地头和村道上摇头摆尾地"喷吐雨水"，兆示今年雨水旺盛，五谷丰登。正如社火唱词中说的："二月里到了二月二，青龙抬头吐水来；万石金籽土里埋，风调雨顺丰年来。"

二月二很多地方有吃大豆（蚕豆）的习俗。二月二炒大豆，人们也叫"咬虫儿"。俗话说："立春三日草芽青，惊蛰一过虫子生。"二月天气暖和，各种虫子便多起来，而豆子等作物更容易受潮被虫子吃，所以人们把不好的、发霉受潮的、被虫蛀的豆子拣出来，炒熟吃掉，说是"咬死了虫子"，庄稼就不会遭虫害，这种做法寄托了人们的一种美好的愿望。

天社：从立春后的第一个戊日算起，到第五个戊日，便是"天社"日，天社一般在春分前后。湟水流域很多地方，清明节没有扫墓祭祖的习惯，但是天社的祭祀活动却相当隆重，可以算是一年的祭祖活动中最隆重的一次。"天社"的祭祀工作一般准备很长时间，本家比较多的人家，每年一家轮流养"坟猪"，祭祀时宰杀煮熟以后，带到坟上。另外，天社祭祀时，每家都要蒸"献子"，当年有人去世有新坟的人家和娶了新媳妇的人家还要在坟上"滚馒头"，即由族里的一位长者将十二个馒头从坟头滚下，其他人环跪在坟下，馒头滚到谁手里，就预示着谁在这一年内将心想事成，万事如意。

清明节：清明节在阳历四月初五左右，此时大地复苏，草木发芽。民间谚语云："二月清明不见青，三月清明遍地青。"就是说，如果清明节是在阴历的三月，那么此时已经遍地青绿了。清明节时，个别人家拿上香纸、馒头、肉食、油香到坟上扫墓祭祖。

四月八朝山会：农历四月初八日，是释迦牟尼佛的诞生日。佛教寺院有"香汤浴佛"的活动。所以，这天叫"浴佛日"。届时，各地群众会集于当地佛教寺院，有上山进香的，有踏青观赏风景的，也有做买卖赚钱的。湟水流域民众在这天有吃凉面、凉粉的习俗。

端午节：当地多叫"当午"，是民间传统节日。届时家家屋檐、门口插杨柳枝，户户瓶中插沙枣花、芍药花、艾叶等。孩子们穿夏衣，佩戴香包，手腕拴彩色线，叫"锁儿"。食品主要有韭菜盒子、粽子等。化隆县群众喜欢穿着艳丽，出门踏青，尤其喜欢到昂思多乡赶庙会。传说很早以前这里缺医少药，药王桑杰满拉在这一天大显神威，点化漫山遍野的野花、百草和泉水为药，让人们去踏青、摘花、喝药水、洗澡以抵抗瘟疫。同时化隆尖扎嘛呢寺举行一次大规模的庙会活动，从五月初四到初八，来自各地的人们聚集在这里，尽情地玩乐。庙会期间除了宗教活动，还有文艺演出、赛马、射箭、花儿对唱等活动。

六月六：在湟水流域，人们非常重视六月六，据说这天早上外出踩露水或者喝药水，能预防并治疗百病。这一天，乐都等地群众多会集于泉边，接水加糖饮用。据说，这个习俗起源于汉代。汉宣帝神爵元年（公元前61年），后将军赵充国进兵湟水流域，胜羌后驻兵休息，士兵由于不服水土和高原气候，患病者很多。一夜，赵充国秉烛夜读，朦胧中见一老者近前相告："士兵苦于疾病，今得药王至此，将药撒入泉中，请患者饮此水，病即愈"。①赵充国醒后感到奇怪，即刻传令让士兵饮用泉水，不出数日，士兵的病都痊愈了。此后，这一习俗便流传了下来。大通老爷山、湟源县日月乡等在这天还举办"花儿会"。

七月初七：在互助旧称"七夕会"，这天晚上，有些女孩在月光下用彩线穿针，向织女星祈祷，请求提高刺绣技术，称为"乞巧"。

七月十五化隆：俗称"鬼节"。这天化隆家家户户上坟祭祖。同时当地有庙会，有兴致的人赶往雄先沟游玩，有自发的花儿演唱和射箭、赛马等活动。

中秋节：当地叫"八月十五"，是湟水流域比较重要的一个节日。这天有个非常重要的仪式就是"玩月"，这天晚上家家户户在院子里向月亮献上用新麦面蒸的月饼和各种瓜果。有的人家在月下摆上酒席赏月共饮。次日人们互相赠送月饼，叫"拜十五"。

九九重阳节：农历九月初九这天，湟水流域藏族、土族、汉族等有登高放禄马的习俗。禄马是一种印有长翅马和藏文的纸片。在这一天清晨，带上禄马和食品上山放桑、上香、化表后，将禄马迎风撒向空中。

十月一：民间小调"十月里来十月一，麻腐包儿送寒衣"。在十月一这天人们剪上纸衣，上坟祭祖，意为夏秋已过，冬天来临，为祖先送去冬装。十月一以后天气转冷，农事基本结束。

冬至：冬至一般在农历十一月间。谚语说："冬至当日回""过了冬至，长一中指"。是说冬至是一年中白天最短、黑夜最长的一天，过了冬至以后，白天逐渐变长。这天小辈要向长辈行礼，表示到了冬至，人又增了一岁，有些家族过"冬至会"（一种祭祖的活动）。

腊八：农历腊月初八即"腊八"。湟水流域过腊八，人们清晨天未亮前到河里背冰，将冰放在田地里和院子里，祈祷来年丰收。早饭食用腊八粥，并把粥抹在门扇上。这天，各寺院诵经，以腊八粥供佛。

三十晚上：当地人把除夕叫作"三十的晚上"，是一年的最后一晚。这一天人们打扫庭院，贴对联，辞旧迎新。这一天至初一的习俗还有：

献净水：湟中等地，年三十家家墙头献净水，叫"却巴"。

贴钱马：旧时除夕，湟水流域湟中、湟源很多地方在大门上贴三角形黄表纸，称"贴钱马"。

打醋炭：把烧红的石头放在盛有醋、柏树枝的容器里，让醋的蒸气充满房间，以此来祛除邪气。

① 乐都县志编纂委员会：《乐都县志》，陕西人民出版社1992年版，第512页。

穿新衣：旧时，人们生活条件差，只有除夕晚上才可换新衣，不过就是再穷的人家，过年时都要买身新衣服穿上，连内衣、袜子、鞋等都要换上新的，辞旧迎新。

守岁：除夕晚上，家里的男女老少都穿戴一新，小聚小聊，通宵达旦，称作"守岁"。

系五色布条：初一早上，家里的马、牛、羊的脖子上用五色布条尤其是用喇嘛颂过经的羊毛绳或五色鲜艳的布条系上，以示让牲畜佩新过年。

湟水流域少数民族节日有：

湟水流域回、撒拉等族的主要节日有小尔德节、大尔德节和圣纪节。小尔德节又称开斋节，是斋月期满后的三天。大尔德节又称古尔邦节（宰牲节），时间在伊斯兰教历十二月十日，就是开斋节后的第七十天，这一天，宰牛或宰羊，分送亲友和穷苦之人，留少半自家食用。圣纪节在伊斯兰教历三月十二日，是穆罕默德诞生和逝世之日，教徒们举行纪念穆圣活动。

周格拉则_{循化}：又称"周格香浪"，每年农历六月，绿草如茵，山清水秀，在这美好时光，藏族都在庆祝"周格拉则"，六月十日这天，循化县道帷乡上部几庄的男子骑马到达里加山顶，插"拉则"祭神。届时，人们着节日服装，佩戴首饰，携儿带女到风景优美的山涧、草滩。搭起白布帐篷，杀牛宰羊，欢乐度节，举行对歌、赛马活动。此时有男女对歌，有的还以歌舞相伴，赞颂幸福生活和美好的爱情。唱至日落西山，兴尽而归。

雪顿节：农历七月初一为乐都藏族"雪顿节"，届时演藏戏。

圣马钦波：乐都藏族在农历八月上旬择吉日举行"圣马钦波"，它是为纪念宗喀巴大师的护法神"钦差伯拉"而举行的，相传"钦差伯拉"是降服魔鬼的勇士。

圆寂节：藏历十二月二十五日为圆寂节，是宗喀巴大师的得道日，届时乐都等地区很多寺院有宗教活动。

上述与岁时有关的方言词语所反映的民俗，有的是与其他地区一致的，有的则是湟水流域特有的习俗，这些民俗事象反映了人们丰富多彩的文化心理：膜拜祖先神灵，祈求幸福吉祥、五谷丰登，期盼消灾避凶。搜集和整理这类方言词语，对于了解和认识地方民俗与人们的文化心理具有重要的价值。

第二节　方言词语与人生仪礼、信仰习俗

"人生仪礼是指人在一生中几个重要环节上所经过的具有一定仪式的行为过程，主要包括诞生礼、成年礼、婚礼和葬礼。此外，标明进入重要

年龄阶段的祝寿仪式和一年一次的生日庆贺举动，亦可视为人生仪礼的内容。"①湟水流域旧时有"戴天头"的成人礼，现在与婚礼合并在一起。人生仪礼在民俗观念中呈现出一种由生到死的社会生活中的过程和由死到生的信仰生活中的过程，因此，人生仪礼作为一种社会民俗，往往与信仰民俗发生密切的关系，仪式中所包含的社会特征与信仰特征交织在一起，形成复杂、多重的民俗结构。与所有民俗一样，不同地域的人生仪礼民俗既有共同之处，也有各地特殊的地方，从而形成一些特殊的方言词语。以下是湟水流域一些反映当地人生仪礼、信仰习俗的词语。

一　反映诞生礼俗的方言词语

一个新生命的诞生对一个家庭来说是一件值得庆祝的事情，所以人们用一系列活动来迎接小生命。

忌门（化隆）：汉族孕妇临产前，在大门上贴一红纸贴，表示忌门，一般不让外人进门。

踩生：婴儿生下后，第一个到产妇家串门的外人叫"踩生"。当地认为婴儿的脾性会随"踩生者"的脾性，所以经常听到父母经常说孩子的性格跟"踩生者"一样好，或一样坏。

洗三：婴儿生下后第三天，娘家人带着婴儿穿的小衣服、手工做的"钻钻"（小孩穿的马夹，有棉的，也有夹的）、小棉袄、小被子等，另外还带上产妇用的"缠腰"（长的布带，用于恢复产后的体形），还有"曲连"（一种中空的焜馍）、大米等到婆家看产妇和婴儿，并要给婴儿洗浴。洗浴时，在盆子内放柏香、枣、桂圆和一些硬币，先清洗婴儿的口鼻，然后洗脸、头发，最后洗身体，洗完后擦上香粉，穿上新衣，"洗三"的仪式就算结束了。

做满月：孩子出生七天或一个月，亲友送礼祝贺。旧俗所送的礼物多是大米，因为产妇"坐月子"要喝米汤（稀饭），也送"曲连"、鸡蛋，以及给小孩、产妇的衣物等。平安地区做满月仪式中最尊贵的是婴儿的外婆、姨母和舅母。满月时，婴儿由母亲抱出，与亲朋好友见面，并由祖父或外婆起乳名。

送"卓阔"：民和回族土族自治县的土族群众在生下第一胎后，女婿要给丈人家报喜送"卓阔"作为报喜的礼物。"卓阔"是一种食品，是把一定数量的水、清油、面粉放置在锅中，烧干水分后，搅拌均匀，用手抓着吃。

拜寄：如果小孩多病难带，为了让小孩少有灾难，健康成长，举行"拜

---

① 钟敬文主编：《民俗学概论》，高等教育出版社1998年版，第121页。

寄"仪式。届时，选一个吉日，清晨把孩子抱出去，碰到什么就将孩子拜寄给什么，如果碰到狗，就给孩子取名"拴狗"，如果碰到一个人，就把他拜寄给这个人，认这个人为"干爹"或"干妈"，如果一连遇到几个人，就取名"连三保"。

扎耳环：湟水流域有些人家，如果小孩连续夭折，再生下的孩子无论男孩还是女孩，都要在左耳朵上扎一个耳朵眼，有些人家还给小孩穿绿（与当地方言"留"相同）色的左大襟衣服，希望通过这些仪式能留住这个孩子。

讨百家衣：旧时有些体弱多病，多灾多难的孩子，家长多到村里各家讨要布头，讨来后将布头拼凑到一起，给孩子做件"百家衣"，人们认为通过这样的方式，孩子以后就会健康成长。

取毛头：有些藏族人家在孩子三岁时庆生，剃掉孩子三年来从未剃过的头发，叫"取毛头"，剃下来的头发一般都要替孩子保存起来。

过百岁：孩子长到一百天时，有些人家要给孩子"过百岁"，这天一般吃长寿面，取长命百岁之意。另外，很多人还要到照相馆照一张"百岁留念"的照片。

抓周：婴儿周岁时，父母摆上笔墨纸砚、秤尺刀箭、算盘钱币、赶牛鞭等，让婴儿抓取，用来试探婴儿未来的志向和爱好。

剁麻筋：小孩刚蹒跚走路时，请一位老年妇女，手拿菜刀，在小孩的两脚间朝地上剁，如此三四次，即告结束，称为"剁麻筋"。民间认为，人死时用红绳子绊住双脚，所以，"转生"来的小孩子，亦有看不见的"麻筋"束住了双脚，所以孩子行走不便，只有剁了麻筋，小孩子以后走路才能稳健。

保存：旧时，由于婴儿的死亡率很高，所以小孩出生后一岁左右，请神佛保佑。请求保佑的神灵有很多，如菩萨、山神、火神、灶神、关公、二郎神、六郎神等，相应地还要给男孩子起一个神佑的名字，如菩萨保、山神保、灶君保、关祖保、二郎保等。小女孩经神求保之后，也可起名为"某某存"，如菩萨存，山保存、观音存、灶存等。祈求保佑时，由父母带上小孩，拿上香表、馒头、钱币等礼物，到神佛前跪拜祝愿，祈求保佑，以后每年到寺院随喜布施，大约到十二周岁时结束。

赎身：小孩子由神佛保佑之后，虽然在家生活，但从名义上说，已经皈依佛门，实际上和出家人一样了。到虚岁十三岁的第一个本命年时，要请来和尚道士到家中念经、点灯，还愿布施，这样才能"还俗"回家，所以叫"赎身"，即有从寺院中赎买回来之意。也有在十三岁时，到寺院中行礼、布施以"赎身"。

抱羔子：对领养的孩子一种不礼貌的称谓。

带羔子：对再婚前婚姻所生的带到再婚后家庭的孩子不友好的称呼。

寡蛋子：一种对丈夫死后与别的男人未婚所生的孩子不礼貌的称谓。

湟水流域少数民族诞生礼还有：

放火：化隆县藏族家庭小孩出生以后，要在门前放一堆火，以示避邪。

讨吉利：化隆县藏族家庭小孩出生一个月后，由亲属抱着，婴儿怀里抱一个馍馍，到路上行走，凡是遇到的人，都要分一块馍，对方给小孩说一些吉利的话，馍分完后才回家。

二　反映婚嫁习俗的方言词语

婚姻是人生仪礼中一项重要的仪式。作为民俗现象，婚姻的内容包括婚姻形态和婚姻仪式两个方面。由于时代和地区的不同，各地的婚姻形态、婚姻仪式在传承中表现得各不相同。湟水流域的婚嫁习俗既有跟其他地区相一致的地方，也有其地方特色。下面通过对一些方言词语的阐释来考察湟水流域婚嫁习俗。这些习俗有的已经成为过去式（只在方言词语中保留），有的仍在民间流行。

1. 婚姻形态

男女双方通过结婚而组成一个新的家庭，必须得到社会的认可。由于男女双方婚前关系、婚配条件、婚后居住等种种因素影响，便呈现出不同的婚姻形态。

换母亲：在湟水流域，如果男子家庭贫困，到大龄还娶不上媳妇，可以用家中的姐姐或妹妹跟另外一家存在同样问题的家庭换一个媳妇，也就是两个家庭互换姑娘做对方家的媳妇。"换母亲"的两个家庭有的很幸福，有的一家有矛盾，也会牵扯到另一家。

子母婆：有些男子丧妻、妇女丧夫后，重组家庭。由于夫妻双方在以前家庭中所生的孩子年龄相仿，男方的女儿嫁予女方的儿子为妻，称为"子母婆"。

童养婚：这是旧时的一种婚姻形态，就是抱养别人家的幼女为童养媳，等到一定的年龄后，让童养媳与自家儿子成婚。被迫做童养媳的幼女一般家境贫寒，父母无力抚养，到婆家以后，帮婆家干活儿，也等于把她卖到婆家。

娃娃亲：两个门户相当的人家，当主妇同时有孕（如果生的孩子恰好是一男一女）时，或者两个孩子年龄相差不远，由双方父母为他们订婚。

入赘婚：民间习惯上称作"招女婿"。这种婚姻男方入赘到女方家，长期居住,成为女方家的一个家庭成员。有些人家是由于没有儿子而招赘,有些人家是因为儿子还小,父母身体不好,为了生产劳动,招赘女婿。有些女婿进门后不改姓,有些进门后改姓女方的姓。

转房婚:湟水流域有些地方,兄长去世,嫂子转嫁给小叔子。这种叔嫂婚能让后代子女继续留在家里,得到照顾,并且财产和劳力也不会流失。与这种婚姻形式接近的还有姨妹嫁给亡姐之夫的。

表亲婚:也叫"姑舅亲"。分为姑表婚、姨表婚,是指有表亲关系,或者是姑表,或者是姨表亲的兄妹(或姐弟)之间结为夫妻。人们希望亲上套亲,认为这样会更和谐,当地有一句俗语叫"亲套亲,打断骨头连着筋"。因为这种婚姻属于近亲结婚,所以,已被法律所禁止。

抢婚:循化等地有抢婚的习俗。恋人相爱,但是女方长辈不同意,男方就与姑娘约好时间、地点,邀集同伴若干人,趁夜将姑娘抢走。次日拂晓时分,男方派人到女方家,通报抢婚之事,避免女方父母误解。然后备礼托媒说亲,求得姑娘父母等人的同意后,按常规送礼、宴客、举行结婚仪式。若姑娘不情愿而抢来者,可以跑回娘家,男方不再追求。有的女方家不顾女儿心愿,极力反对时,男方择日将姑娘送回,女儿有不敢向父母启齿表态的,则乘机逃往男方家,暗示要答应女儿的要求。

2. 结婚仪礼程式

关于婚姻仪式,古代自周起就有"六礼"之说,也就是纳采、问名、纳吉、纳征、请期、亲迎六礼。但是实际上各地的婚姻习俗并不完全受"六礼"的限制,所以形成各地不同的婚礼特色。湟水流域汉族和少数民族杂居,所以也就形成了汉族婚礼和少数民族婚礼"你中有我,我中有你"的独特习俗。

说亲:媒人在化隆等地称作"冰公""冰翁"或"月老"。受男方家委托,媒人去和女方父母见面,去了解女方父母有没有推辞之意,如果女方家愿意媒人正式带礼品前往女方家说亲。现在多是在自由恋爱以后,媒人才提亲。

互换"庚帖婚书":提亲成功后,男女双方将儿女生辰八字开列于红纸之上,互为交换。

订婚:在乐都等地也叫"提瓶子",用茶包两份,酒两瓶,瓶口塞上红枣,用红布扎口,贴上"××两姓永和好,秦晋世代结良缘"的小对联,送到女方家,女方家如同意联姻,当场开瓶饮酒(叫尝酸酒)。否则,将原物退回。

倒果茶(下聘礼):在化隆等地,允婚后,男方便准备聘礼。择一吉日,邀请至亲及媒人一行四人前往女方家,与女方家商量彩礼。聘礼下定后,择一合适吉日（或在倒果茶的当日）男方向女方提请所要彩礼的数目和内容，由女方姑娘、媳妇提出要求后，再由双方商定。

定礼^{平安}：又名"看房"。男方约定时日，邀请女方主事者和介绍人来家做客，双方请本家人陪同，女方观看房舍，认识男方本家亲戚，双方议定聘礼，由男方操办。

订酒：主要商议彩礼的数量（衣料、钱、首饰等）。

节礼：女方家同意结成姻亲后一段时间，男女双方开始交往和了解，其间如果遇有节日如端午节、中秋节等，男方需备办化妆品及衣料等物，送往女方家，称作送"节礼"。

送礼与讨话：男方经过一个阶段的准备，便择一吉日携彩礼送往女方家，由女方家设宴款待。在席间商定结婚日期及娘家送亲赴宴客位等。

添箱：女子出嫁，亲友前来贺喜，叫"添箱"。女方家以宴席款待，添箱含有帮衬、祝贺之意。

娶亲：多选择在腊月和正月中的黄道吉日。旧时，娶亲时，选一位"全人"（父母与子女都健在的人）为娶亲人，另选一人为"告彩者"和牵马的人以及打灯笼者一行四人在头天下午五时左右，备好娶亲车马携礼前往女方家。

拦门：娶亲队伍到门前时，女方家也已做好准备。湟水流域有些人家大门紧闭，女方家的姑娘、小媳妇抢娶亲者带的包袱，然后索取赎金，嬉闹一阵后女方家才让娶亲者进入房子里。有些人家则敞开大门，等娶亲者一到，先由女方家的一位女性长辈向天空抛一勺掺有牛奶的白水，然后是女方家的姑娘、小媳妇向娶亲者泼水要"掩门钱"。进门以后娶亲者一行由女方家数人相陪，吃过便饭后由娶亲者将男方所送新衣及梳妆用具一一点交。之后，重新置酒菜款待，称"上马席"。

哭嫁：娶亲的人刚到门口，出嫁的新娘及新娘的母亲要痛哭，表达离别之痛。在新娘上马时，还要边哭边唱，乐都地区《哭嫁歌》如：

"今早东方天发亮，白神鸡它知道时辰，
这一次难谋量是实情，姑娘我不料就要出嫁。

白神鸡它叫得真响，可我却是难谋量，
是布谷鸟它送嫁娘，难预料我真心细想。

第一遍金鸡叫得响，父伯们起身换衣裳，好衣服令我姑娘穿。
父伯们莫睡快起床，绸缎衣服世无双，穿衣服的姑娘好心酸。

第二遍金鸡叫得响，母婶们起床要装扮，好松耳石令我姑娘戴，
母婶们莫睡快起床，绿松耳石有眼世无双，戴松耳石的姑娘好心伤。

第三遍金鸡叫得响，兄弟们起床忙穿靴，好靴子令我姑娘穿。
兄弟们莫睡快起床，穿起皮靴世无双，穿靴子的姑娘好心酸。

梳头要用梳头水，不必梳头令梳头，不用上油令上油，梳头更用金梳子。

梳头水在不顾嘴，梳头婶婶措毛留。黄色酥油牦犏牛，金梳值得马百匹。"①

撒筷子：娶亲者到来后的第二天早上，鸡叫三遍后，新娘准备上马（现在多用汽车），走之前，新娘要到堂屋拜别家神，出房门时，还要向屋内撒一把红筷子，表示"姑娘走，财宝不走"。

抢羊皮_{湟源}：旧时，有些藏族人家，女方家的亲友随新娘送亲到婆家，男方家门口又是放鞭炮，又是唱欢迎的藏曲，新娘下马（下车）落脚时地上铺一张羊皮，新娘踩过后，男女双方家的亲友争着抢羊皮，谁抢到羊皮意味着谁家的财路好。

拜花堂：新娘到了婆家，新娘和新郎要举行"拜堂"仪式。乐都等地拜堂时的说词如："天长地久，盘古就有，吉利吉利，吉祥如意。黄酒敬天，清茶奠地。洞房花烛，红鸾添喜。枣儿圆枣儿红，龙凤鸳鸯富贵春。三分钱马九炷香，夫妇双方拜花堂，一拜天、二拜地、三拜四方神灵，四拜列祖列宗、五拜父母大人，夫妻双方同拜祝鸳鸯对舞，白头偕老。"②

抢炕：新郎、新娘入洞房以后，谁先抢着坐到"炕脚头"（炕里）非常重要，谁先抢上，在以后的婚姻生活中，谁就能当家，谁就有发言权，所谓"新人上炕，先到为强"。所以，女方和男方家人簇拥着新娘和新郎，"抢炕"的气氛相当紧张和热闹。

禳床：新人进入洞房，由新郎揭去新娘头上的红帕。此时，由一位老年男性或两青年跳到新人的炕上，手拿两个"油包儿"歌道："我老汉上炕踩四脚，踩着新人们儿女多。我禳的床儿四四方，把新人坐到床中央，左转三转，踏得百病消散，右转三转，踏得牛羊满圈。双脚踏在象牙床，踏得白虎离了床……"

撒帐：撒帐时抛撒枣子、核桃、糖果、铜钱等，长辈或禳床人先给新

① 乐都县志编纂委员会：《乐都县志》，陕西人民出版社 1992 年版，第 530 页。
② 同上书，第 522 页。

人左手握两颗枣子，右手握两枚核桃，边撒边唱："双双核桃双双枣，养下娃娃满炕跑。双核桃单枣儿，养下尕娃是尕宝儿，单核桃双枣儿，养下姑娘叫巧儿……"这时，看热闹的人们纷纷拾取撒到地上的枣子、核桃等，民间认为，得枣者得男（姑娘捡到得女婿），得核桃者得女（男孩子捡到得媳妇），得糖果者幸福，得钱者发财。

迎宾：婚礼当天，新郎家设宴款待娘家人以及亲朋好友，迎宾的说词如："红鸾添喜，燕尔新婚，柴门焕彩，草舍添光。百辆迎于蓬门。亲朋不远千里而来，一路上受尽了风尘之苦，理应十里扎彩门，五里设接亭，才是正理。今日，我小东由于一时疏忽，未能如愿，特到高亲席前告个不是。"①

安席：亲朋好友到来后，新郎家要安排他们的座次，此时的唱词如："请二位冰翁大人赴位，杯儿候位者哩，再请两厢男女外家爷赴位，杯儿候位者哩，再请婆亲牵马坠镫的贵人赴位，杯儿候位者哩，再请特来长见的长辈亲戚、等辈亲戚、晚辈亲戚，杯儿候了位了，序齿而坐，哪里方便哪里坐。"②

摆针线：新娘到了新郎家后，早晨10点多钟，娘家人要来"恭喜"，"恭喜"的人数依据娘家亲朋好友的多寡，有些亲戚多的人家有十余桌，五六十人；有些亲朋好友少的人家也有五六桌，三四十人。这时娘家人带来陪嫁的嫁妆，并将陪嫁的衣物一一摆开，展示新娘做针线的手艺，尤其是纳的鞋底，婆家人品评针线，这也是对新娘女红的一个考验。

冠戴：女方家摆完针线后，给新郎从内到外穿新买的衣服，叫"冠戴"。在乐都等地，"冠戴"时的说词如："喜今日，你是新郎，和往日不一样。你岳父说你今日是大登科。我说大登科者金榜题名，光宗耀祖。今日你是小登科，小登科者洞房花烛，红鸾添喜。今日你是左肩搭红，右肩挂绿，穿袍着褂，整冠登鞋。你是楚国的王雄，三国的子健，貌有貌才，人有人才，谁不说郎才女貌一对儿。俗话说：'会疼了疼女婿哩'，你岳父岳母，本应给你从内衣换到外衣，从头上换到脚上，可是心有余而力不足，只就是一点小意思。"③

抬针线：摆针线、冠戴女婿以后，女方家要向男方的父母、兄弟、姐妹、本家及亲友赠送衣料、枕头、枕巾等礼物，叫"抬针线"。

吃"应卡肉"：旧时，女方家的亲友到男方家"恭喜"，汉族一般是"走席"，就是吃完席当天返回，藏族等一般是"坐席"，送亲的人们在新郎家

---

① 乐都县志编纂委员会：《乐都县志》，陕西人民出版社1992年版，第522页。

② 同上。

③ 同上书，第523页。

留住一晚上，尽情喝酒吃肉，唱藏曲，跳藏舞，直到深夜，男方家亲友们还要端来一只做好的全羊肉，叫作"应卡肉"。

邀卡廉：结婚时男方的本家们邀请送亲的队伍吃饭，有些新郎家住不下的还要住到本家家里，叫"邀卡廉"。

奶母布、财勒羊_{湟源}：送亲的娘家人离开婆家时，男方向新娘的父母送上做长衫的衣料叫"奶母布"，还有母绵羊一只，叫"财勒羊"，表示感谢他们对女儿的养育之恩。

点烟：也就是闹洞房。婚礼当晚，亲友和邻居的男性到洞房里让新娘"点烟"，有些在烟头上蘸上水，让新娘点不着，百般刁难。

瞒[næ⁵⁵]床：西宁等地，就寝前由娘家人送来面食给新人吃，叫吃"铺床面"。这时顽皮的年轻人，常用舌头舔破窗纸，向新房内偷偷窥视，还说些戏谑的话，如"墙上挂了个箩儿，新娘揣了个猫儿"等，更有人在窗根、门外终夜伏听，称作"听床"，次日将听到的内容在同辈中散布，作为戏谑新人的笑柄。

会亲_{互助}：婚礼次日，新郎在伴郎的陪同下到新娘的娘家拜见岳父母，叫"会亲"。

叩毛头、叩茶头_{互助}：婚礼后第三天黎明，新娘盛装下炕，到上屋给祖先神位和长辈叩头，叫"叩毛头"，天亮后，又给来家里的亲朋、客人叩头，叫"叩茶头"。

谢东：男方在招待完所有的宾客以后，答谢邀请来帮忙的"东家"，叫作"谢东"。

谢厨师：在婚宴上，娘家人要向厨师敬酒酬劳。谢礼包括新毛巾、钱物等。谢厨师的说词如："厨长厨长请到炕上，你动了刀杖抹了衣裳，烟熏的鼻子，火燎的胡子，生的做成了熟的。七碟碟八碗碗摆到了桌上，十里路上能闻到厨长的菜香。厨长你天天在厨房，帮忙的都是些懒婆娘，饿了吃不上，渴了喝不上，气的你把猪耳朵当海参上，猪肘子叫他们全吃上，把猪尾巴端席上，厨长你大大方方，人说宰相肚里能行船，我看你的腹里像海洋，把这些懒婆娘照顾不到处，你骕放在心上。今天奉上几元薄礼，请你换个衣裳，你回家后先向掌柜奶奶汇报汇报，不然挨打时可没人来挡。"①

闹公婆：婚礼后的第二、三天男方家招待自家的亲朋好友，西宁等地的习俗，在席间酒酣之时，由三五个好友，采取突然袭击的方式，将公公捉住，给公公头戴一顶破草帽，谓之"闪花草帽扇火扇"，腰缠草绳一根，用锅底黑灰（当地叫锅墨子）调上青油，涂在脸上，称为"打扮火爷"。同

---

① 乐都县志编纂委员会：《乐都县志》，陕西人民出版社1992年版，第523—524页。

时，给婆婆耳朵上挂上红辣椒，称为"歪辣婆婆"，或背上一对牛角，称为"牛角婆婆"。青海乐都、湟源等地，还让公公婆婆倒骑毛驴或黄牛，由嬉闹者簇拥着到村庄内"游行"一番。

谢媒：成就婚姻后，男方家在婚礼当天或事后送一些礼物向媒人表示感谢。乐都等地送礼时的说词有："喜今日升杯者，酬谢冰翁大人之杯。常言道：'天上无云不下雨，地上无媒不成亲。'牛郎织女成亲者，多亏了太白金星的好处；刘皇叔东吴招亲者，多亏了乔国老的好处。二位大人，来来往往，跑前跑后，说得口干舌燥，使他们成双成对，结成了百年良缘，二位大人却有汗马功劳。论起大礼，本应披红戴花，全副鞍马，扯旗放炮，吹吹打打送到你二位府上。只是我小东心有余而力不足，一点小意思不成敬意。男方酒瓶肉方，女方花红枕顶，新郎上门叩头一谢，欢喜笑收。"①

下厨房：婚后第三天或第四天，新娘到厨房做一顿长面饭，湟源等地包饺子，并亲手端给公婆、长辈、新郎等人，人们主要看新娘的厨艺如何。在农村里，还有给新娘怀里抱一个盛白面的面升子，背一小捆柴火，肩挑一担清水，在众人的扶持下，从院中走进厨房意味着以后主持家事。

认门：婚礼结束后，新婚夫妇和女方家商量，择日要到娘家认门，认门时多由婆婆、小姑陪同，人数为双数，携带白酒、茶叶等礼物。当地人有一种说法，他们认为只要认门了才成为亲戚，认门了以后就会经常走动，如果没认门，以后就不再来往。

坐头回娘家：新娘出嫁一段时间后，娘家人邀请新娘到娘家小住一段时间，一般是 7 天或者 11 天，叫"坐头回娘家"。

躲灯：在结婚后的第一个元宵节，新婚夫妇必须在元宵节晚上在女方家居住，不回男方家，叫"躲灯"，如果当晚不出去"躲灯"，人们认为不吉利。

三　反映丧葬习俗的方言词语

死是生命的终结，葬礼是一个人去世后由别人举行的最后一项仪礼，它意味着一个人人生旅途的终结。同时，丧葬仪式也是人们纪念亡者，表达对亡者哀思的重要方式。我国传统的丧葬礼俗大致有以下程序：停尸、吊丧、殡仪、入殓、送葬。湟水流域的丧葬习俗大致都是这样，但也有富有当地特色的丧葬习俗。

遇活面：赶在病人临终前去见的最后一面，称为"遇活面"。

喜丧、泪丧：湟水流域人们把丧事分为喜丧和泪丧两种，操办的方式

---

① 乐都县志编纂委员会：《乐都县志》，陕西人民出版社 1992 年版，第 523 页。

也不完全一样。所谓喜丧，指老人年过六旬，家事已成，有儿有女，无牵无挂而去者。亲友们在吊唁时，哀而不悲，既悼且贺。这时候人们把丧事操办得比较隆重，设宴席待客，可猜拳行令。泪丧则指英年早逝，事业未成，甚至上有父母，下有年幼的孩子，其死亡给家里带来了很大的悲痛和损失。亲友们吊唁时既悲且哀，丧事不事声张，不大操大办，不饮酒吃席。

烧黄昏纸：亡人咽气后，在穿"老衣"（寿衣）前，先给亡人烧些纸，送亡人上路，表示阴阳相隔，叫"烧黄昏纸"。

倒头祭：烧过"黄昏纸"后，在亡人的口中含上珊瑚、珍珠、金银饰物，贫穷的人家，没有金银珠宝，只能放点茶叶等，叫"含宝"。然后请有经验的老年亲属或邻居给亡人穿上寿衣。穿好衣服后，用一根红绸（布）系在亡人腰中，由两人提起，头脚各有人抬起，放在堂屋中间，脸上盖以"蒙目巾"，仰置在临时搭的木板上，谓之"寿终正寝"。这时迅速蒸好"倒头献子"（十二个馒头），并献上"倒头饭"（两碗米饭），在酵面罐上点上水灯，祭桌下放置一个供烧纸接灰用的"纸盆子"，大门贴表示哀悼的白对联算是对亡人的初步祭奠。

出殃：湟水流域人们认为亡人在出殡以后，灵魂还在家里，等过些时日灵魂离开家里，到别处去。出殃这天，去世人的人家，要大开门窗，让灵魂离家的道路通畅。

请亡灵：在平安县等地，祭日第一天黄昏，由吹鼓手（乐人）奏唢呐领队，长子持幡，家属与至亲搭长孝布列队出门烧纸，叫"请亡灵"。

报丧：丧事之家，请来邻居朋友中的若干人为"丧主"，其中一人任"丧主头"，负责丧事的总体安排。第一件事是对外报丧，报丧分"口头"和"下白帖"两种形式。在农村，一般是孝子在丧主的陪同下，用口头形式，给主要亲友，特别是死者的"娘家""外家"，亲自报丧。报丧者不得进入亲戚家里，先由丧主敲门呼叫，孝子朝大门跪在地上，丧主代向被邀请的人略述亡人死亡时间，祭奠日期，并邀请吊唁。孝子叩首不揖而起，告辞而去。书面形式是用白纸书写"白帖子"，其略曰："敬讣哀告者。家严（慈）某公（太君）于某月日不幸逝世，享年若干岁，某等侍奉无状，百身莫赎。兹拟于某月日将安窀穸，先期某日敬设家奠。伏祈莅临，曷胜衔感。孤（哀）子某某泣血稽颡。"亦有的人家，在大门口竖一面白纸黑字的"丧牌"，其略曰："不孝男某某，罪孽深重，不自殒灭，祸延先考（妣）某某，于某年某月某日某时寿终正寝（内寝），享年若干。定于某日起吊唁、家祭。不孝男某某泣血稽颡。"

祭奠：亡人去世后的第三天，亲友们携带烧纸、香火、馒头（十二个为一副）、孝幛、钱物等前来吊唁，叫"祭奠"。中等人家一般要请 2—4 名吹鼓手（演奏唢呐、云锣等乐器），坐于庭院中面对着大门的一角。凡是吊唁者入门，即由吹鼓手奏乐，丧主迎接。吊唁者到停放亡人的房间，在纸盆子里烧纸，向亡人磕头，女性的吊唁者还要哭一番，边哭边诉说亡者的种种好处，跪在灵堂里的孝子们也跟着同哭。

打坟：指定丧主以后，丧主派 2—3 人去给亡人打坟穴。如果是新扎的坟地，还要请阴阳看风水，并下罗盘确定方位。入祖坟者因原来便已按阴阳家所定昭穆入葬，一般以五世为一茔，五世后另立坟地。

破孝：一般老人在病中时，就由家人事先买好白布一二匹，待老人去世的次日凌晨，就将白布撕分成约宽 9 寸、长 18 寸（含有长久之意）的白布巾分给前来祭奠的亲友，不过现在多数人家已经换成了白颜色的毛巾，称为"破孝"。亡人的子女及儿媳、女婿等要穿孝衫、戴搭头，长子要戴麻孝（戴麻冠、穿麻鞋、扎麻带、背麻绳，麻绳是用约三厘米直径的粗绳，结成井字形，井字形绳下是一张粗麻纸，上书"欲报之德、昊天罔极"八个大字，背在背上）。亡人的子女及亲人穿戴孝服称为"成孝"。凡是家人穿孝服，亲戚戴孝巾者称作"满孝"；凡是给前来祭奠的亲友送孝巾的称作"见祭而孝"；凡是泪丧之家，只由子女戴孝，而其他家人、亲友不戴孝，称作"家内孝"或"不出门孝"。

换三：亡人去世后的第三天午夜，一般是半夜十二点，亡人的晚辈的女性亲属，比如女儿、侄女、外甥女、孙女、外孙女等，她们用一副"献子"换掉"倒头献子"，称作"换三"。来"换三"的各位女性亲属一般要抢着第一个来换，认为这样能得到亡人的护佑，一切顺利。

望骨：亡人去世后的第四天，娘家和外家人前来祭奠，他们揭开"蒙目巾"看遗体，并且询问给亡者穿的衣服的件数，看亡人最后一眼，叫"望骨"。

摆威：亡人的娘家人在亡人去世后的第四天向亡者的儿女们摆威，丧主中选出一个能说会道的人替孝子向娘家人和外家人回话，摆威时，娘外家人向孝子询问亡者的死因。如果发现儿女不敬不孝、疗病不力、虐待老人等错误，则严厉斥责，大发雷霆，并提出苛刻办丧条件以为惩处。

裱材：有些老人一上年纪时就给自己准备棺材；有些在老人病中准备棺材；有些在人去世以后才急急忙忙买口棺材。棺木多用柏木、杨木或柳木，有的也用松木，如果家庭条件不好，就用原木或刷上土红色的油漆；家庭条件好的人家在棺材两边彩绘龙凤、锦鸡、巨蟒等，材头上绘上正厅一院或一进二院、一进三院之图案，中间写亡者的生卒年月，棺盖上写"乾（坤）元亨利贞"或者"佑启我后人"的字样。在摆威之后，晚辈女性亲属中的女儿、侄女、外甥女等一起将棺材内侧的四周用红绸缎或红布装裱，装裱的时候讲究九层、七层、五层等，层数越多越好。裱上红绸缎或红布以后又在棺材靠头和脚处裱上莲花、牡丹等，棺材底部贴上红纸，棺材盖的内部用线、棉花等做上北斗七星、云彩、月亮和星星等。

取水：在平安县等地，祭日一般 3—7 天，祭日期间，"孝子"等列队至饮水泉处"取水"，沿途撒纸钱、抛糖果和馒头。

送亡_{平安}：送葬前一天黄昏，行"送亡"仪式，由吹鼓手以笛声伴奏，司祭先生念祭文。祭文多以骈体文言形式（近年也有白话悼文），历数亡者生平业绩以昭示族人。

入殓：互助等地在下葬的前一天"入殓"，湟源等地在下葬的早晨"入殓"，也就是将死者装进棺材，用柏叶包住头脚等部分，用柏木块将尸体挤紧，防止在棺材里晃动。互助等地入殓时还要揭开蒙目巾，让家属最后瞻仰遗容，然后盖棺钉钉，准备出殡。

全三：新坟堆起三天后，现在多为堆起的当天，各亲友携烧纸等祭品前来丧家"全三"（即一起到新坟，将坟堆重新整理一番，把周围的土拢到坟堆跟前，然后烧纸祭奠），"全三"后丧家设宴款待，答谢亲友奔忙操办之劳。

煨火：灵柩到坟上下葬后，在新坟前烧纸祭奠一番，然后用余火弄成一个火堆，从这天起，孝子每天下午穿孝衣，戴孝帽，打着"领魂幡"到坟上煨火一直到"头七"或"三七"，待火堆自然熄灭为止，人们认为这样亡人在底下就不会被冻着。

上百天：亡人去世百日，平安等地亲人前往坟地祭奠，叫"上百天"。

换孝：亡人去世后，有的是"七七"，有的是一百天，有的一年或三年，戴孝的亲属全部除孝服，届时，亲朋好友拿着衣料等前来看望，而且亲朋必须给服孝的每个人都要准备一份礼物，服孝的人家以酒席款待，换孝后，孝子可以到别人家串门，也可以参加娱乐活动。如果亡人在腊月去世，人们一般在年前换孝，不能守孝到"七七"或一百天等，遵从"生孝不过年"的说法。

软垫：婴儿夭亡，以柴草相捆，抛于荒野或山沟；少儿幼女去世后在山中挖坑浅埋，由于是未成年，不举行丧仪，叫"软垫"。

外阙：凡青年男女未婚或婚后无子嗣者亡故后，一般不能葬入祖坟，需另选新茔下葬，称"外阙"，也无人为其戴孝。青年妇女无子嗣者亡后，下葬时头朝下脚朝上，倒斜掩埋。

天葬：湟水流域一些藏族人家在人去世之后，由亲友与家人将亡人遗体送往漠丘，让鹰鹫吞噬，如当天遗体全部被吞噬，皆以为亡人"在世之德"或谓"亡人来世光明之征",于是额手称庆,静思默祷。倘若遗体未被吞噬,则移往他地,改换环境,如仍然不被吞噬,就要请人将尸体刀削零掷,以引鹰鹫吞噬,发生这种情况,皆以为是不祥之兆,即是"天葬"。

火葬:湟水流域化隆县的葬法主要有天葬、土葬和火葬三种。火葬时,首先垒起焚尸土炉,内置三块二尺许的木墩,然后在炉膛四周架上劈柴,筑成方塔形状,宽约四尺,高六尺,顶部呈锥形,底部四面各留通风口。将尸体置于焚尸炉内后封住入口,喇嘛开始做法事,由一老人引火点燃柴火,众人返回家,留一二位亲属加柴加油等,直至将尸体燃尽返家。第二天清晨,众亲友至火葬场,将骨灰拾起,将焚炉打碎推倒,然后携骨灰回家,请僧人念经供奉七期后扬撒于高山河流或埋于地下。活佛、喇嘛亡故后,都要火葬,并建一小土塔,将骨灰置于塔内。

送葬回来后,死者子女一一向亲友邻居磕头表示感谢,并赠以茶、钱、油馍等。从死者去世的当天起,家人开始服孝,男子翻穿衣服,出殡以后复原,女子辫梢系白羊毛线,辫套不用装饰品。直系亲属都要服孝,子女一年内不穿新衣,不过节日,不参加娱乐活动,而且忌讳别人直呼死者名字。

水葬:循化县靠近黄河的宗吾占群地区,过去将死者尸体投入黄河水葬。20世纪80年代后实行火葬。

四　反映信仰和禁忌习俗的方言词语

湟水流域是一个多民族杂居地区。汉族迁居该地区后,民间信仰情况比较复杂。很多家庭既信仰汉传佛教、道教,又信仰藏传佛教。既拜活佛,又敬庙神。除此之外,每家几乎都供家神,这些信仰都在于避灾祸,求福祥,延寿命,解脱苦难,死后超度,向往极乐世界。

湟水流域汉族信奉的庙宇众多,如循化县:县城附近有河源神庙,城内有火祖庙、城隍庙、娘娘庙、关帝庙、文庙、祖师庙;道帏乡起台堡村有五山庙、土主庙、关帝庙、文昌阁、镇武阁;清水乡下滩有五谷八蜡庙;积石镇托坝村阴洼庄有五山庙。以上庙宇有的因种种原因被毁坏,有的依然香火旺盛。再如平安县汉族聚居的村庄有庙宇70余座,历史悠久,规模较大的有平安镇的关帝庙、圣母庙,下红庄的娘娘庙,上店村的龙王庙,三十里铺村的龙王庙,古城村的城隍庙等。道教出家修行的道士称"全真道士",在家的称"印符道士",也叫"老师傅"。"老师傅"医道兼通,并以卜阴阳、诵经为业。过去汉族群众不论打庄廓、盖新房、立大门、选坟地,都要请"老师傅"看风水,选择黄道吉日。汉族男女婚配时占算"生辰八字",人死后请"老师傅"设坛开醮,念经祈祷,超度亡魂。除了佛教、伊斯兰教、道教的宗教信仰以外,湟水流域的民间信仰有:

山神：在湟水流域不管什么地方，不论你走到何处，在山顶上、牙豁口都能看到"峨博"。"峨博"有些地区叫"大镇"，有的地区叫"拉则"。"峨博"一般是一个土筑的高台，正方形，长和宽是2—3米，高约两米，是镇守、护佑一方的神祇，很多山神都有名字，比如有的叫毛兰同布，有的叫曲拉牙尼，有人还被认为是山神的化身。祭山神的日期各地不完全相同，有的在除夕之夜，有的在农历六月十五，有的在农历九月九，主要活动有煨桑和插箭杆。

火神：湟水流域普遍都有火神崇拜。它是为了纪念火祖之功，祈求火神护佑。在湟水流域，人们在祭祀、敬神、礼佛等活动中有点灯、煨桑的仪式，这本身就包含着对火和火神的崇拜。据记载："丹噶尔厅（今湟源县）正月元宵有灯山会，城关市面铺户张灯，通衢辉煌前后三夜。二月中和节前后三夜亦张灯……火作为一种自然现象，较多地与自然联系在一起，形成了火神崇拜。"[①]一些统计资料表明，湟水流域有一些自然神庙，其中包括火神庙，今湟源县有自然神庙十座，其中火神庙就有五座。

水神：湟水流域对水的信仰也很普遍和盛行。人们认为各处的泉水在泉眼处都有神灵。人们不敢踩泉眼，不敢往泉眼里乱扔杂物，不敢在泉眼处洗脚，如果触怒了神灵，就会受到惩罚。一些著名的河流、湖泊也都有神灵，如黄河、青海湖等，都被人们视作神圣的地方，虔诚祭祀。

灶神、门神：灶神，俗称"灶家阿爷""灶家娘娘""灶王""灶君""灶王爷"，即东厨司命定福灶君，主管人间的饮食，同时也能护佑一方百姓。人们喜欢将自家孩子"保"给灶王爷，取名为"灶君保""灶保姐"等，希望得到灶神的护佑。湟水流域很多人家灶头上修一灶龛，里面供着灶神。祭灶多在腊月二十三或二十四日，这一天人们蒸灶卷打发灶爷和灶家娘娘上天，除夕夜再迎回来。另外人们还有祭门神的习俗，门神也是很重要的神祇，年三十，人们把门神贴在大门上，希望门神挡住不吉利的东西。有些人家贴秦叔宝、尉迟敬德两位武将门神，有些人家把关羽和张飞当门神。

家神：在湟水流域，家神是一个家庭中神秘的神灵。有些人家在专门的祖房里供奉，有些人家没有专门的供奉的地方，但一般认为都有家神。有些人家的家神是藏传佛教护法神，如骡子天王、马头明王、金刚手、大威德等，有些也不知道自家的家神是什么，只是认为它在家里，和家人生活在一起。多数家庭在每月初一、十五点灯、煨桑，少数虔诚的人家每天早晚由家中长者给家神煨桑、点灯、磕头。据说家神脾气古怪，主人平时要小心侍候，稍有不慎得罪家神，家中就会有不顺，如果家神欢喜，主人

---

① 朱普选、姬梅：《河湟地区民间信仰的地域特征》，《青海民族大学学报》2010年第4期。

可事事顺心。

猫鬼神、狗头神：猫鬼神和狗头神信仰比较独特，这种神灵可以随时生成，并且是一种由家庭单独供奉的神灵，不能共同祭祀。猫鬼神和狗头神的来源据说主要有两种：一是从祖先那里传下来的，这些神灵就像是这个家庭的特有的保护神；二是利用特殊方法生成。据说是用柏木雕刻成小狗或猫的模样，脖子上拴上红绳子，每天煨桑，磕头敬拜，百日即成。这些神灵生成以后受到供奉者的奉祀和役使，一般来说，供奉者去世以后，这些神灵会自行消失，也有人说，把它们带到大的城市，它们会迷路，找不到家里，不知所终。猫鬼神和狗头神一般只影响供奉者一家的一代人或者仅仅是供奉者一个人，有着浓郁的巫术色彩，湟水流域猫鬼神和狗头神不同地区奉祀有别。

循化县有这样的一种说法，如果家里供有猫鬼神之类的神灵，家里就一个人知道，这个人在家里单独住一间房，据说猫鬼神晚上与他同宿，上供给神灵的食物放在正对着厨房天窗的地方，据说猫鬼神从不从正门进，而多在厨房天窗的地方进食，所以上供的食物要放在正对着厨房天窗的地方，以便猫鬼神一眼就能看见，而且供品必须是所做的饭里的第一份，如果不慎忘记，就会受到惩罚。

乐都的高庙地区也有供奉猫鬼神的习俗，而且供奉要单独设一间屋子，供桌上放一象征性物品，天天上供。

湟源地区有这样的传说，据说有一供奉猫鬼神的人家过年前炸油饼，小孩将刚炸好的油饼拿了一块吃了起来，还不断地称赞味道好，这时候，油锅突然炸开，热油烫伤了锅边的人，这时女主人以一种不同寻常的口吻说道："哼！你们炸好油饼先不给我吃，你们自己先吃。我往锅里吐了一口唾沫，看你们再咋吃……"

供奉者供奉这些神灵的目的，是获得一些实际的利益，达到趋利避害的目的。这些神灵作为受奉祀的对象，被认为具有一些不寻常的能力，能给供奉者一些好处。首先，人们认为猫鬼神能保护供奉者不被别人欺负，如果人们知道有人家养这些神灵，都是尽力躲避，不愿意和他们打交道，以免招来麻烦。其次是能为主人守财、揽财，有人传说供奉者家的财物一般不会被盗，如果有人偷了他的东西，一定会有灾祸接踵而至，并且被盗物品会被猫鬼神重新拿回，也有些人说猫鬼神可以偷取一些东西，如粮食、衣物、工具等，甚至能在三九天拿来这个季节不可能有的绿豌豆。

在湟水流域专门从事巫术活动的神职人员也有一些特殊的称谓，如：

法拉：在湟水流域，巫术信仰到处可见，对该地区的人们的思想观念、生产方式等起到了潜移默化的作用。湟水流域把巫师称为"法拉""顾二典"

"法师""顾麻景""拉瓦"等。在乐都、民和、互助、湟中、湟源、化隆的雄先乡、查甫乡、支扎乡等地法拉较为集中。法拉主要有两项职能：一是帮助人们驱妖除魔，法拉一般都会做法事，用跳大神等方法祛除不净。二是充当医生，治一些小病。有些地方如果有人突然腿疼、胳膊痛，如果认为是带了"土"，要请"法拉"去"稳土"。另外，如果有人家的牲畜走失了，人们会请"法拉"占卜，确定走失的方向，然后去寻找。

从湟水流域一些方言词语中也可以窥见这些信仰民俗的痕迹。

算卦：旧时，遇到婚嫁丧葬、盖房、打庄廓或家人生病，必会带上钱物请僧人和宗教职业者算卦。卜问日期或消病、消灾的办法。

做经事：在家里进行一些佛事活动，叫"做经事"。

发神：请"法拉""顾二典"等做法事，届时，这些神职人员全副武装跳神作法。

占：家里人有病时，尤其是孩子莫名其妙地哭闹等的时候，把烧纸或报纸等点着，有时用干驴粪蛋，边在病人的身上拍打，嘴里边念念有词，如说："冲下的、还是怪下的，一挂（全部）带上去，让病人百病消散"，这个举动叫"占"。

扶禄马：如果有人长期生病，有时会到寺院或者到"法拉"那儿算卦。卦上如果说是"禄马"倒了，就要请法师作法"扶禄马"。如果灵验了，病人的病会慢慢地好起来。

许愿、还愿：旧时湟水流域汉族群众在遇到严重疾病、婚姻大事、生儿育女、出门远行、官司诉讼等一切烦难事时，拿着香表，到所信仰的寺庙道观里许愿。如以祈求母亲病愈为例，许愿者磕头默默祝祷："信士弟子某某，因老母生病，久治无效，请你老佛爷保佑，早日病好，弟子愿给老人家献上缎面袈裟一件。"祝词因事而异，拟献之物视家境自愿而定，所以称为"许愿"。许愿者亦可不到寺庙，即在心中默许亦可。许愿后如事情顺利完毕，则持所献之物到寺庙神佛前供奉，称为还愿。如因种种原因，未能还愿，则许愿者常耿耿于怀，寝食难安，临终也要委托子孙为之还愿。

襄解：如家中有不祥之事，人们多请"法拉"作法襄解。也有些时候自己襄解。比如，民间认为有些属相生在某些月份里是不祥的，如对属蛇的人来说，正月是"犯月"，生在这个月是不祥的，婴儿生下来时，人们将婴儿放在筛子里用铁锹翻一下，就等于襄解了不祥。

看麻衣相：有些宗教神职人员能根据面相等占卜吉凶，预测祸福，称"看麻衣相"。

占卜、择日：旧时，湟水流域的很多地方村民遇建宅、结婚、发丧、取名等重大事情时都要求神灵选择吉日。如建宅时，想求九天圣母保佑，便由主人请四个人（必须各方面都比较好的，比如体貌健全，父母健在，家中没有产妇），到村庙里抬九天圣母。到达村庙后，先在神像前点灯、磕头、净手，然后将神像抬出。主人煨桑、点灯、磕头，供鲜花果品以表示迎接，到了宅基地后，将神像放在事先准备好的香案上。

庙神装窍："装窍"，就是给庙里的塑像装内脏，使其具有灵气和威力。在民和、互助等地，据说以前神像"装窍"一般装蛇、蝙蝠、喜鹊等，现在有所变化，多装金银珠宝、天心地胆（天南星、石莲子）、八宝、七香（沉香、安息香、伙香、木香、檀香、降香、乳香）、补药（黄芪、党参、当归、肉桂、柴胡、甘草、熟地、白芍、百术等）等药物。"装窍"后，法拉或阴阳用辛红点睛。"装窍"后，法拉测试塑像是否灵验，一种办法是：由四个人抬起神像，法拉用麻鞭打神像，如果神像动了，就说明有灵性，反之则不灵；另一种办法是，先在神像身上搭上红绸带，然后解下来，让人把红绸带藏在庙宇附近的洞穴里，这时四个人抬上神像去寻找事先藏好的红绸带，如果顺利找到了，就表明神有灵气，众人高高兴兴地簇拥神像入庙，虔诚地供奉，反之认为不灵。

驱邪与招魂：在湟水流域的许多村落中，各种驱邪仪式较为普遍。平时若谁家有久病不愈的病人，或家里不平安，或"闹鬼"等，请法师进行驱邪。据说乐都县年交头村，有一年外出打工的青壮年男子接二连三意外死亡。年终时，村民们请来法师驱邪。他们在打麦场上支起油锅，油锅上盖上一张白纸，法师手持黑碗、麻鞭到死者家中和村子里驱邪，然后用麻鞭鞭打油锅上的白纸以此来驱邪。招魂仪式也较普遍，如果有人生病且久治不愈，请法师占卜被认为是丢魂后，便举行招魂仪式。招魂有几种形式：一是将三颗大枣放在盛有水的碗中，用系有红线的筷子搅动，边搅动边到门外喊"××回来！××回来！"反复几次，如果三颗大枣聚到一起，就说明魂已经被召回。二是法师端一碗水，一边叫患者姓名，一边往患者的脸上喷水。三是拿上患者的衣服和一个筛子，到村头路口悄悄地招魂，一边往地上滚筛子，一边叫患者的名字，如果筛子扣在地上，就认为魂已经被召回，这时将衣服放在筛子里，回家一进大门就喊"××回来了！"随后关上门，给患者穿上招魂回来的衣服，认为这样就能治好病。

下"镇"：在湟水流域的乐都等地的旷野或路边经常可以看到以一两个圆坛土垒成台，台基分为大、中、小三层，在周边涂上白土的，形体不一的土坛，当地人称为"镇"。有些形状像烽火台，有的像土塔。据说五十年前下"镇"的时候主要用活狗，将一只活公狗绑紧活埋进土里，只露出脖子，这只狗能活八九天，死后用写着符的黑碗扣住，再钉上柏木桩，周围用石块堆起。现在不用活狗，而在下"镇"时放入一些药材，如人参、狼毒、秸梗、白芍、鬼见愁等。有些村子四月初一在村庙举行"插牌"活动，可算作是下"镇"的一种形式。这种活动一般由德高望重的老者负责，一般村民不参加。据说这个活动有防止暴雨、防冰雹、减少自然灾害的作用。活动开始时，先请一位阴阳先生在柏木牌上写"旱魃为雷恶风雹雨"的符文，并画上狗头的形状，另外把一只画了符的碗和砖、羊毛、杂粮、五金、茶叶、各色花等埋到地下，然后在上面堆上土，土堆上插一根草作为标志。

湟水流域汉族和其他少数民族很多地方禁忌是一样的，但是由于宗教信仰等原因，少数民族有一些特殊的禁忌，他们的禁忌如：

忌讳反手给人倒茶水。

忌讳当面吐痰。

忌穿左大襟衣服。

忌讳对老者直呼其名。

下炕时忌讳从长辈前面通过，要从长辈或同辈的后面绕过。

忌讳在锅灶前烤鞋、烤袜子，忌将鞋袜等置于高处。

忌用茶碗从缸里舀水喝。

忌清晨出门遇空桶、空背斗等空物。

给长辈端饭忌用单手，单手端饭碗被认为不礼貌。

和长辈划拳，行酒令时，要用左手托着右胳膊肘，忌直接用右手划拳。

忌戴孝者闯入别人家的家门。

忌在家中和村子里唱花儿。

忌在客人面前打骂孩子和扫地、拖地。

忌在办婚嫁喜事时打破碗碟。

忌讳待客时用有裂缝的碗。

湟源县忌讳厕所设在主房左右。灶台的门朝北或南的方向。

婚嫁、死殁时，生肖不宜的人必须回避。

藏族的禁忌有：

忌食圆蹄类（马、驴、骡）和有爪类（狗、獭、兔和飞禽鱼类等）之肉、蛋、乳等。

循化县的藏族忌讳庄廓的大门朝西面或者面对沟岔；忌讳妇女披着长袍不系腰带；忌讳头发没有梳成辫子，披头散发在长辈们前面走来走去；忌讳在病房、月房中留客；忌讳在畜棚里大小便；忌讳穿戴他人衣帽、反穿藏袍；忌讳打杀鹰鹫。

回族、撒拉族禁忌有：

人去世忌讳说"死"字，称"口唤了"或"无常了""殁了"。

禁忌吃自死之食物、动物的血液、猪肉和形状怪异以及没有念经而宰杀的动物，除吃阿訇或穆斯林宰杀的牛、羊、鸡、兔等肉外，马、驴、骡、狗肉均不能食用。

在宰杀畜禽时，忌讳说"死了"。

吃饭时忌讳用筷子敲打饭碗，不得反手舀水、舀饭。

做礼拜时忌讳别人在前面走动。

非礼拜人员不得随便进入清真寺礼拜大殿。

忌讳在拜主方位和堂屋张贴有眼睛的飞禽走兽和人物画像。

禁酒、禁烟、禁毒、禁止高利贷、禁止贩毒吸毒、禁止偷盗。

忌囫囵咬食。

第三节　方言词语与游艺习俗

游艺民俗指各种传统的文化娱乐活动，包括民间文学、歌舞、游戏活动、竞技活动、杂艺等。本节只结合方言词语反映一些具有地方特色的游戏活动类游艺民俗。

湟水流域男孩和女孩可以共同参与的游戏有捉迷藏、官兵捉贼、老鹰抓小鸡、打毛蛋、踢脚板、羊毛换蛋儿等。

捉迷藏：在湟水流域多叫"藏麻麻乎儿"。由五六个到十几个孩子在一起玩，分工如下：一个孩子担任"老窝主"，将一名担任"搜寻者"的孩子的眼睛蒙住，其他孩子则分别躲藏。藏好后，由搜寻者一一寻找，躲藏起来的孩子在"老窝主"宣布"寻来了"的口令后，找机会往"老窝"跑，以防被"搜寻者"捉住，如被捉住就交给"老窝主"，如果搜寻不到，则由"老窝主"喊"麻麻乎儿投窝来，大的不来小的来，石头窝儿里滚着来，老窝来，老窝来！"这时躲藏的纷纷投奔老窝而来。"搜寻者"捉住的那一位担任下一轮游戏的"搜寻者"，如果这一回"搜寻者"没有捉住，那么下一轮他（她）还是"搜寻者"，直到他（她）捉住一个人替换他（她）为止。

官兵捉贼：至少由四个小孩参加。首先在小木牌上分别写上"官""兵""捉""贼"的字样，除去"捉"和"贼"分别各写一个木牌外，其余的"官""兵"可视孩子的多少而定。然后由一人将木牌抛向空中，孩子们就开始抢。"官"任审判，"兵"任保卫，"捉"任捕快，"贼"是人犯。但是拿到木牌后，除了"捉"以外，都不暴露身份，由持"捉"牌的在众人中找寻贼人。如果误捉"官"为"贼"，那么打"捉"者的手心，"倒捉官，打一千"；误捉"兵"为"贼"，也打"捉"者的手心，"倒捉兵，打一躬"。如果刚好捉到"贼"，那么"捉者"轻轻地打"贼"一捶，说："抓住贼，打一捶。"打完以后，由"贼"将木牌集中在一起，抛向空中，进行下一轮游戏。

老鹰抓小鸡：又名"叼雁儿"。由七八个小孩一起玩。其中一个人当老鹰，一个人当母鸡，其他剩下的都依次拽在"母鸡"的后面当"小鸡"，"老鹰"忽左忽右来捉"母鸡"后面的"小鸡"，"小鸡"尽量躲闪，"母鸡"左拦右挡，如果抓住了"小鸡"，那么由"老鹰"当"母鸡"，"小鸡"当"老鹰"，进行下一轮游戏。

打毛蛋：湟水流域多羊毛，可以将碎毛、废纸、烂布头等充实在内，外面缠上毛线做成球。玩时，分两队传递、抢夺，或以各种拍打动作（如身体旋转、跨腿等）赌胜。毛蛋的内胆也可用猪、羊等的尿脬吹气而成，并用毛线织成球套，这样的毛蛋被认为是高级的皮球了。

踢脚板：这是5—12岁的孩子玩的游戏。人数不等，一排孩子坐在台阶上或者墙根儿，伸直双脚，由一人站起来，边向每个脚板踢一下，边唱道："踢儿踢脚板，山梁满，跳花涧，金子脚，银子脚，尕里马里打着一只二半脚。"最后一字落在谁的脚上，即由他起来担任踢者，原来踢的孩子坐下来受踢。

羊毛换蛋儿：两只手拿三个石子儿，轮番抛向空中，然后用两只手接住，如果有一个子儿掉到地上即为输。

女孩子喜欢玩的游戏有踢毽子、跳绳、修房子、丢手绢、解绷绷、翻油饼、耍活络、耍娘娘、耍沙包、耍八个、抬轿轿儿等。

踢毽子：毽子用鸡毛（或山羊毛）、麻钱和布以及线做成。玩时分两组对抗。玩法有：跳、窝、拨、蹲、空落儿、蹲落儿、落眼窝、肘、扛、盘、踢、校等。以积分多者为胜。输的一方要给赢的一方"抬毛"。"抬毛"时由输的一方一人在五六尺外，将毽子抛向赢者，赢家一脚踢去，输家如能挡住这毽子，或者踢着踢空时即作罢。抬完毛以后，则由输家提出下一轮的玩法，谓之"点"，"点"时当然要以己之所长，制对方之所短。

跳绳：跳绳有一个人跳和集体跳两种。集体跳的叫"甩大绳"，就是两个人甩绳，其他人鱼贯而入，或者几个人一起跳。

修房子：也叫"跳房房"，由三四个小女孩共同玩耍，先在地上画8—10个方格，是为"房子"，然后轮流跳跃，跳跃有一定的规则，即用单脚按顺序拨动一石子，如石子压线则取消本次跳跃的资格，等待下次再跳。如顺利通过，则可由胜者指定一格为他修的房子，"房主"每遇到通过他自己的"房子"时，可以双脚落地休息；而其他人跳时必须跳着越过这间"房子"，最后视所修"房子"的多少来决定胜负。

解绷绷：由两个女孩共同玩，先用一根棉线结成环形。一个女孩用手撑开，两人轮番翻动手指上的细绳，变出各种花样：呈棋形、五角形、船形、田字形等，有助于儿童几何图形的空间想象力和形象思维的开发。

翻油饼：这是五六岁小女孩玩的游戏。由两个人手拉着手，边唱边做翻转动作，唱词如："翻翻翻油饼，麻雀儿扎的红头绳，你搭胭脂我搭粉，天上掉下来个油骨朵儿我俩儿啃，啃里啃里的尼下了，尕碟碟儿里挖下了，尕箱箱里锁下了。"

耍活络：这也是小女孩玩的一种游戏。就是由小孩子自己用瓦片或陶片磨成直径约1.5厘米、高1厘米的扁鼓形玩具。每副活络共四枚，再加一枚圆石子名叫"天弹儿"的组成。玩时由几个女孩儿（六七岁到十三四岁的）围坐在地，轮流按规则玩耍，一边摆动作一边唱，（按唱词中数字顺序每一节抓活络子几枚，抛下几枚不等），唱词如：

第一节："摸个个，摸上着"；

第二节："丫尖尖，挑单单，揽三盘"；

第三节："斜俩儿，顺俩儿，织俩儿，拍下儿"；

第四节："可大楷，一大儿，两小儿，上手儿，打掉儿"；

第五节："取一个，揽三盘"；

第六节："斜俩儿，顺俩儿，花匣儿"；

第七节："尕三点，点一点，点两点，点三点，一脖子搓，一脖子坐，一脖子打"（第六七节重复一遍）；

第八节："一龙友，吃一友，一青草，一多着"；

第九节："取一个，揽三盘，斜俩儿，顺俩儿"；

第十节："尕十点，点一点，取一个，揽三盘，斜俩儿，顺俩儿"（由此从"尕九点"倒数到"尕四点"）；

第十一节："尕三点，点一点，一脖子搓，一脖子坐，一脖子打"；

第十二节："取一个，揽三盘，斜俩儿，顺俩儿，花匣儿"；

第十三节："阿奶种白菜"（说四遍），"阿奶浇水来"（说四遍），"阿奶上粪来"（说四遍），"阿奶铲菜来"（说四遍），"阿奶攒菜来"（说四遍）；

结束语："阿奶揽菜来"。（这时把活络全部抓在手里，谁先完成以上动作，谁就成为赢家，其他人则从"失手"的节数接着继续玩。）

耍娘娘：也就是"过家家"。由三岁以上十二岁以下的孩子玩耍，多是女孩。孩子们分别扮演家庭成员，模仿大人的动作、语言，做家庭里的一切事务，如玩婚嫁、做饭等，大人看了，十分可笑。

耍八个：也叫"闯家闯"，就是抓石子儿。因为总共是八个石子，所以叫"八个儿"。"八个儿"可用光滑的小石头，也有些用猪蹄上的小骨头。"八个儿"的玩法有多种，一种是将子儿撒在地上，手持一子儿向上抛去，迅速抓起地上之子儿，再接好落下之子儿，然后将子儿放掌心，翻掌、复掌，掌中能留下多少颗子儿，留下多的为胜。一种是子儿撒地上，手持一子儿向上抛去，迅速抓起地上之子儿，先抓一个，然后抓其余，如果这一局赢了，下一次先抓两个，然后抓其余的，以此类推，抓得越多，难度越大，而且抓子儿的时候，不能碰着旁边的，否则为输。还有一些比如倒油罐等难度较大的动作。

抬轿轿儿：两个人用手搭成座位，让一个人坐上面，另外两个人抬起来走。抬轿轿儿，也是女孩子喜欢玩的游戏。

男孩子喜欢玩的游戏有撂钢儿、吹钱儿、打梢、打石镖、拔桩、立马桩等。

撂钢儿：一种赌钱的游戏。游戏人先在地上挖一个能扔进去硬币的地窝，然后站在规定的距离外，往窝里投硬币，如果投进去了，即为赢。投不进去，其他人接着投，投进去的越多，赢的钱就越多。

吹钱儿：这是小孩在正月里玩的赌钱游戏。参与的多是男孩，也有女孩。游戏人各出若干枚硬币，放在比较平整的地方轮流着吹，谁将硬币吹翻，钱就归谁所有。

打石镖：小男孩在河畔捡平、薄的石片，躬身向水面击去。快速击水的石片似蜻蜓点水，在刚一接触水面的瞬间，又腾飞起来，画一道弧线再向水面点去，有时能点4—5次，这和石片击水的力量、速度等技巧有关，小男孩在比赛中，以石片"吃"水次数的多少来决胜负。

拔桩：小孩或者大一点的年轻人，双手搊腰而斗力，有内蒙古草原上摔跤的样子。"拔桩"时，看谁能将对方"拔"起，而不是摔倒，以双脚先离地的一方为输家。

立马桩：孩子们喜欢在打麦场上、草地上进行"手倒立"的活动，称为"立马桩"。初学者倚靠墙根，在他人保护下进行，先双手撑地，然后双脚先后向上摆动，搭在墙上，倒立就算成功了，开始时只能坚持十几秒到几十秒，以后逐渐增加到几分钟至十几分钟。等到在墙根倒立的基础打好了，即可做头、双手三点式无依托倒立行走的训练，最后在双手无依托倒立的基础上，进行倒立行走的训练。以上训练纯熟完善，可以进行倒立耐力比赛和倒立行走比赛，看谁倒立的时间长，谁走得快，走得远。比赛时，场面非常活跃，这种运动不仅锻炼臂力和平衡能力，还可治疗胃下垂等疾病，是一种有益于身体健康的、值得提倡和推广的运动。

民间的棋牌活动除下象棋、打扑克等外，还有用土方法下的棋，下棋的人可随时就地画棋盘，以石子、瓦砾为棋子，适宜劳动间隙在田间地头娱乐。下棋的方法有赶羊、下方、炸油锅、杀四门、走褡裢等，虽各有自己的行棋竞赛规矩，但由于简单明了，一看就会，人人可得而下之。

第七章　湟水流域汉语方言熟语及其文化特色

在一种语言的词汇系统中，熟语是一个特殊的组成部分，方言熟语主要包括惯用语、谚语和歇后语。方言熟语是一个地区人们智慧的高度凝练，蕴含着一个地区丰富的文化内涵，它凝聚着人们的生产经验和生活方面的智慧，体现了一个地区的社会风俗和人们的道德观念，有着鲜明的地域特色。湟水流域方言熟语是湟水流域人民在长期的劳动和生活实践中创造、流传下来的，它的内涵丰富而又颇具地方色彩。方言熟语中的每一条，具有什么样的意义和蕴含什么样的内涵，往往跟特定的文化背景密切相关，因而，不可避免地具有地域的痕迹，反映出当地的地方和文化特色。

第一节　湟水流域汉语方言熟语反映的气候特点

人们在社会中生活，对他们影响最直接的，莫过于自然环境。春夏秋冬的更替，四季气候的变化，都影响着湟水流域人们的生活。因而，他们对气候的注意和观察都特别细致，并创作了许多反映湟水流域气候特点和天气变化的熟语。

一　反映季节、日期与气候的关系的熟语

湟水流域气候高寒，一年四季多风，尤其在冬春季节，狂风大作，天地相连；夏天有时候连阴雨，一下雨就是几天；按照当地人的说法，如果雨下在节气上，会出现或旱或涝的情况，因而，湟水流域人们总结出一些反映当地气象现象的熟语。如：

月儿有晕，关窗闭门。

圈儿套月亮，大风漫天扬。

月亮带圈刮风哩，太阳带圈了下雨哩。

春甲子刮倒楼房，夏甲子木里生火，秋甲子平地起船，冬甲子冻死牛羊。

七阴八下九日晴，九日不晴泡塌城。

大山头上戴帽儿，不是今儿就是明早儿。

云往东，一场空；云往南，水上船；云往西，水汲汲；云往北，瓦渣晒成灰。

早韶有雨，晚韶晴。（注：韶，方言，指朝霞和晚霞）

一点一泡儿，今儿下到明早儿。

前毛毛不下，后毛毛不晴（毛毛，指小细雨）。

黑云绾蛋蛋，定遭窟窿天（雹灾）。

拉磨雷，雹一堆。

八月初一滴一点，等到来年五月间。（明年五月之前将要天旱）

一亮一黑，泡成一堆。

早晨起过雨，晚夕来几遍。

惊蛰寒，冷半年。

夏至响雷三伏旱，三伏不旱连根烂（秋涝）。

出门遇上秋甲子，连阴带下（雨）四十天。

立冬三场白，来年猪狗吃个肥。

冬不见白，夏不见绿。

大寒小寒，冻死老汉。

冬不冷，夏不热。

在湟水流域，人们在晚上观察月亮，如果月亮周围有晕，那么预示着第二天一定会刮风；人们如果看到山顶上有云彩，就预示着很快会下雨，而且早晨下毛毛雨，一般下不了多少雨，下午开始下毛毛雨，降雨量会很大。如果在八月初落一滴雨，那么一直到来年都缺雨。

二　反映周围事物与气候的关系

气候与季节、天象有着密切的关系。在湟水流域，人们还将动物以及其他事物与天气变化结合起来，观察天象，总结出一些通过事物的变化推测天象的熟语来。如：

早晨的雾，晒死兔；晚夕的雾，淌断路。

星星挤眼，下雨不远。

鸡娃儿晒翅膀，必定有一场。

蜘蛛拉门网，大雨在路旁。

水缸出汗蛤蟆叫，黑云漫天大雨到。

瓦渣云，晒死人。

扫帚云，泡死人。

天上钩钩云，地上水淋淋。

天旱打不过二十五。若要下，云间划；若要晴，四山明。

南山戴帽，庄稼人睡觉。

冬季飞禽忙搭窝，草原一定下厚雪。

蚂蚁搬家，大雨哗哗。

蚯蚓滚泥，大雨淋漓。

青盐化，雨要下。

乌鸦叫，风就到。

母猪抬草，大雨要到。

久旱西风雨，久雨西风旱。

东虹日头西虹雨，南虹出来发猛雨，北虹出来卖儿女。

上面的这些熟语反映了湟水流域人民的聪明才智和他们观察事物的细致入微。这些熟语反映的经验，在千百年来的实践中，大多被证实是正确的，它是湟水流域人们认识自然的智慧的结晶。

第二节　湟水流域汉语方言熟语与独特的高原农业文化

在湟水流域上，农业生产有着悠久的历史。由于气候寒冷，湟水流域只种适合于高原的农作物，如春小麦、青稞等，而且春种的时间相对内地要晚一些。因而，人们摸索出一些适合于当地农业生产的经验并将它凝练成为熟语，这些熟语流传相当广泛，是老百姓生产实践经验的总结。

一　把握农作物种植时令的熟语

惊蛰春雷一叫，庄稼人吓得跳三跳。

（地）解冻三寸，开始下种。

谷雨的前后，种瓜种豆。

清明到立夏，土旺种胡麻。

"九九"尽，收拾打牛棍；再"一九"，耕牛遍地走。

二月清明麦在后，三月清明麦在头。

清明前，十架田。

立夏种麦子，有牛没有轭子。

清明种麦豆，谷雨种青稞，立夏种洋芋，小满种燕麦，芒种种菜籽。

马莲编磨儿，赶紧种豆儿。

五月五，种萝卜。

谷雨过，种青稞。

要想洋芋大，种到清明至立夏。

寒露过去霜降了，轱子架到梁上了。

从以上熟语可以看出，在湟水流域，人们所种的农作物主要是小麦、洋芋（马铃薯）、油菜、豌豆、胡麻等，高寒地区主要种植耐寒、成熟期短的青稞（又名裸大麦、元麦），农作物品种远远没有内地那样丰富。湟水流域种植的农作物不仅在品种上与内地不同，播种的时间也与内地不完全相同。内地种的多是冬小麦，而湟水流域播种都是在春季。小麦、青稞、洋芋和油菜等农作物的播种时间一般在清明谷雨前，而有些农作物一直到立夏的时候才播种，这在内地是不可想象的，因为在内地这时候当是这些农作物开花结果的时候。湟水流域海拔高，气温低，而且早晚温差大，冬季漫长，直到阳历的三四月份才慢慢有些春天的气息，所以，农作物的播种时间要比内地晚很多。

二　关于农作物种植的技巧的谚语

湟水流域与内地不同的自然地理环境，决定了这里的农民在种庄稼时不能借鉴其他地区的生产经验，必须在生产实践中自己总结经验。多年来，湟水流域的人们把生产中的经验积累下来，凝练成简洁明快的熟语，一代一代传承下来。如：

种子乱放，来年上当。

留种要晒干，藏种要常翻。

种子换一换，多收一两石。

家有十样种，不怕老天哄。

一选二拌三引种，出苗整齐无病虫。

选得好，晒得干，来年庄稼没黄疸。

增产要选种，不怕病和虫。

以上都是传授选种知识的熟语，庄稼好不好，选种是头道重要的工序，在秋收打下粮食以后，人们就要将来年的种子选好并留下来，过一两年，还要将种子和别人家换一换，这样有利于增产，而且开春春耕时，要是将种子用农药拌一拌，不容易生虫，这些熟语都是湟水流域人们对选种经验的总结。

一把压九子，不稀不稠正合适。

稠田图好看，稀田吃饱饭。

针插的胡麻，牛卧的菜籽。

洋芋要大，刀口朝下。

播种时，撒种子的稀稠也是一门技术，如果撒得太稠了，庄稼虽然长得好看，但是结籽不多，反而影响收成；如果种子撒得太稀了，也会影响收成，所以当地人总结出经验，撒种子时一般在手底下压九粒左右的种子，稀稠刚刚合适。但是，不同的农作物也不一定完全相同，比如，种胡麻时要非常密，种菜籽时要稀一些，甚至稀到菜籽与菜籽之间能卧下牛，那样菜籽结籽很多，收成会更好。

暑天翻歇地，瘦地变肥地。

翻了热茬地，强如犁歇地。

秋翻深，春耕浅，旱涝不用管。

犁地不扯畔，冰草往里窜。

种地不种边，三亩种成二亩半。

千计划、万计划，好不过八月翻秋茬。

翻地也是庄稼人农事耕作的重要一环，翻地也有讲究。春耕时，翻得浅，有利于种子发芽出苗，秋天翻得深，有利于保墒和存住土地里的营养；另外还有轮番歇息的土地，这些地也不能不管不顾，在暑天翻歇地，可以增加产量。

种田要紧，锄草要狠。

多拔一遍草，多收一成粮。

除草光除头，二次出来大报仇。

麦子除三遍，皮薄多出面。

麦子不锄一把草，豆儿不锄角角（荚荚）少。

旱地庄稼不用问，除草犁茬就是粪。

草锄头遍如上粪，草锄三遍土变金。

庄稼锄一遍，早熟一两天。

多锄一遍草，一季吃不了。

勤锄地皮松，强似用粪壅。

天旱不忘拔草，雨涝不忘浇水。

光拔不拾草，雨后草又长。

庄稼不除草，只收一把草。

豆子拔三遍，角角长成串；洋芋拔三遍，一窝二升半。

对于农业生产来说，锄草是其中非常重要的一个环节。如果杂草长得太茂盛，那么收成肯定会受到影响。所以，锄几遍杂草，每一遍怎么锄，是有讲究的。湟水流域人们非常重视锄草，而且将锄草的经验凝练成熟语，世代传承下来。

庄稼要好，底粪上饱。

底肥要饱，追肥要早。

若要地壮，打锅头拆炕。

种地不上粪，等于瞎胡混。

地里不上粪，过了三年拉上棍。

灶里没柴难做饭，地里没肥白扛田。

人缺粮，脸皮黄；地缺粪，少打粮。

要想庄稼好，挖灰垫圈少不了。

没有粪土臭，哪来五谷香。

二月里粪鼓堆，八月里麦鼓堆。

积肥如积粮，粮在肥中藏。

麦浇芽，豆浇花，青稞浇水淹老鸹（乌鸦的俗称）。

头水浅，二水满，三水四水洗个脸。

头水要忍，二水要狠。

麦浇芽，豆浇花，大豆浇水两个荚。

要想种好庄稼，上好肥料和适量的浇水都是重要的事情。怎么积肥，积哪些肥；何时浇水，不同的农作物应该怎么浇，都是需要丰富的经验的。

重茬倒重茬，来年没有啥。

三年两头倒，地肥人吃饱。

倒茬不到顺，干费老牛劲。

豆茬种麦子，强如留歇地。

脑山人不识货，麦茬地里种青稞。

麦茬豆，豆茬麦，今年庄稼必定得。

湟水流域春种秋收，农作物只成熟一次，由于气候高寒，农作物的种类较少。主要农作物有小麦、青稞、豌豆、油菜等，每年播种时同一块地里，不同的农作物要倒换着种，谓之"倒茬"，比如，豌豆茬里种麦子，收成会很好；如果小麦茬里种青稞，那么庄稼会大大地减产，当地戏称为"脑山人不识货"，因为脑山跟川水地区相比，气候更冷，只适合种青稞，小麦不能成熟，所以，"脑山人"不知道小麦怎么种，怎么倒茬。

四月八，防霜煞。

龙口里夺食，滚锅里下米。

麦子倒，一把草，青稞倒，吃不了。

麦收时节误一工，风吹雨打一声空。

七防雹，八秋收，龙口夺食不闲收。

捆子上了场，防火要加强。

农业生产不仅要精耕细作，而且要做好各种防灾的准备。湟水流域自然灾害频繁，下种以后要防止霜冻、冰雹等，捆子上场后，要注意放火，这些经验也浓缩于当地的熟语中。

第三节 湟水流域方言熟语与畜牧业、林业生产

在湟水流域，畜牧业是传统的生产方式之一，在该地区，从事畜牧业的主要是少数民族，也有部分汉族群众，还有些地方是半农半牧的生产方式。人们在生产中意识到畜牧业生产的重要性，在放牧、饲养牲畜的过程中，总结了不少经验，他们用熟语来表达自己对其重要性的认识。另外，湟水流域由于地处高寒，树木成活不容易，而且生长缓慢，所以人们特别重视林业生产与保护，也有很多有关于林业生产的经验积累下来。

一 反映畜牧业生产重要性的熟语

靠海的捕鱼，靠山的放牧。

庄稼人爱土地，牧羊人爱草场。

乳牛下乳牛，三年五头牛。

喂猪喂羊，本少利长。

家有一对牛，种田不用愁。

母羊下母羊，三年八只羊。

三年羊倌，不当县官。

马下骡子泥里栽葱，驴下骡子沙里澄金。

二 反映饲养技巧的熟语

牛喂三九，马喂三伏。

好马不卧，好牛不站。

牛要满饱，马要夜草。

羊盼谷雨牛盼夏，人过大暑赞大话。

驼腰牛，弓腰驴，选马要看四个蹄。

牛怕肚底冷（圈太湿），马怕满天星（没圈棚）。

一寸草，铡三刀，不喂料，也长膘。

养马没窍，草料喂饱。

三刷顶一料。

今年膘情好，来年疾病少。

渴不急饮水，饿不急喂料。

牛犊乖，多吃儿天奶。

九月九，乱散牛。

草膘料力水精神。

铁驴铜骡纸糊的马。

若要养奶牛，月月四两油。

不怕使十天，就怕猛三鞭。

圈要干，槽要净，防止牲畜传染病。

圈干槽净，牲口没病。

马圈牛棚向东南，夏遮热来冬抗寒。

东牛西马南羊圈，北面的猪圈不要看。

在青藏高原，到处可以看到牧人边放牧牛羊，边唱着悠扬的山歌，从表面上看，喂养牲畜是一件很轻松的事情，可是实际上却是一项艰辛而又需要技巧的任务，就像谚语所言："经堂有经典，放牧有技艺。"湟水流域的广大牧民吃苦耐劳，在放牧和饲养牲畜的过程中，总结放牧的经验，掌握了许多放牧的技巧。

牛、羊、骡、马等牲畜如果不在夏秋抓好膘，那么就可能在冬春时节因为羸弱而难以存活，所以，牧民们在夏秋的时候把抓膘看得非常重。"夏秋不抓膘，冬季难保活"就是一个经验的总结。这一类的熟语还有"夏饱，秋肥，冬瘦，春死之"等，这些熟语都是在传授牛羊抓膘以及如何、何时抓膘的知识。在农历的五、六、七、八、九月，天气暖和，水草丰美，是牛羊育肥、抓膘的黄金季节，正如熟语所云："清明前后落透雨，夏秋草茂牛羊肥"，只要能在清明节的前后有一场透雨，夏秋时节水草一定茂盛，牛羊也一定会长得膘肥体壮。在饲养牲畜的过程中，草料要给足，且要精心铡碎，"牛羊养马没窍，草料喂饱""一寸草，铡三刀，不见料，也长膘"。饲养要抓住不同的季节，马要在伏天里抓紧养膘，而且晚上还要加夜草；牛要特别注重三九，在三九天加食、加草料，才能保证不塌膘。

除了要给足牲畜草料，饲养牲畜的棚圈也一定要保持干燥、卫生、清洁，"牛怕肚子冷"，是指牛最怕地上潮湿，卧时让肚子受凉；"马怕满天星"，是指马棚无屋顶，马一般不拴在能放眼望得着满天星星的露天的地方，而且修建牲畜的棚圈一定要选在朝阳的地方，随时打扫干净，才能防止牲畜染上疾病。

三　反映林业生产的熟语

湟水流域一年四季多风沙，所以，植树造林对于湟水流域生态环境的改变、对黄河上游水土的保持有至关重要的作用。同样，植树可以给人们带来一定的经济效益。就像熟语说的："家有百棵柳，不往南山走。"有了树，人们不用再到南山砍柴、拾粪，打野生动物卖钱。人们重视栽树，谚语如：

树木成林，风调雨顺。

山上毁林开荒，山下必定遭殃。

柳树栽河畔，防洪保堤岸。

山上没有树，庄稼保不住。

栽树忙一天，得益一百年。

家有百棵柳，不往南山走。

若要富，多栽树。

享近福，攒粪土；享远福，要栽树。

栽树保树，越栽越富。

发家致富，莫忘种树。

家里富不富，先看栽的树。

家有千棵柳，山上不要走。

树栽根，坑要深。

种树没窍，深埋实捣。

深栽实砸，铁树发芽。

雨水前后，种树时候。

秋栽树宜晚，要等叶落完。

现在人养林，日后林养人。

过河要搭桥，栽树先压苗（苗圃）。

桃三杏四梨五年，枣树当年就卖钱。

清明立夏一月天，植树当令莫拖延。

移树要记原方向，向阳肯活又肯长。

高山松柏黑刺沟，河旁平川栽杨柳。

第四节　湟水流域方言熟语反映的
人们的生活经验和社会意识

各地不同的社会文化背景，培养了各地人民与众不同的生活习惯和意识形态。语言是人类进行思维和表达思想的主要工具，在各地群众创造的熟语中，一定会体现出对各种事物的不同看法，从各方面显示了各地人们对生活的看法和思想理念。湟水流域地处西部地区，当地也有一些熟语反映人们的思想意识和价值判断。

一　勤劳为荣，懒惰为耻

中华民族是一个勤劳的民族。湟水流域土地贫瘠，自然灾害频繁，所以，当地人民比别的地方要更勤俭些。在湟水流域人们崇尚勤劳，斥责懒惰。靠双手勤劳致富的人，被人们夸赞；懒惰的、游手好闲的人，被人们嫌弃。因而熟语云：

要想日子甜，家无一人闲。

清早起门三背斗，三九天睡个热炕头。

一年勤，二年勤，三年就能坐条龙。

若要好，起个早；若要穷，睡得太阳满天红。

每天能起早，啥事干得了。

娃娃勤，爱死人；娃娃懒，狼抬脖子没人攥。

勤快的人儿积肥哩，懒干人儿串门哩。

持家不勤，空有牛羊，持家不俭，能罄粮山。

如何爱时光，请去问流水。

勤俭治家道，和平处事本。

若要当富汉，六月里翻二遍。

人们认为勤快的人，每天早起，不睡懒觉，勤于打理家事，平日里也不忘积肥，捡拾烧焙、生火的柴火，在六月里也要翻歇地，保证农作物的收成，这样家里就不会穷，日子会越过越好，越过越红火。

二　崇尚勤俭，贬抑浪费

湟水流域人们在生活中崇尚勤俭节约，反对奢侈浪费的良好心态，在当地熟语中也有反映，如：

宁凑合过一年，不排场过一天。

吃不穷，穿不穷，打算不到一世穷。

一顿省一口，一年三大斗。

有了省一口，断了顶一斗。

薄擀细切，多余待客。

人们在生活的每个细节中注意节俭，吃的每顿饭，生活中的每一天，都在精打细算，细心地过日子。

三　以和为贵，谦虚待人

湟水流域人们不仅勤劳，而且善良，在日常生活中，老人们教导年轻人要与人为善。不要动手打人，不要说过头的、伤人心的话，不要张狂，不要占人便宜。如：

秤砣小，压千斤；胡椒小，辣人心。

水没爪子刨下坑，话没箭头射烂心。

一句好话三冬暖，一句歹话六月寒。

打人者没好手，骂人者没好口。

人抬的人高，水抬的船高。

人狂没好事，狗狂拉稀屎。

萝卜是菜，便宜是害。

说话了防着，吃饭了尝着。

话不要说死，路不要走绝。

远亲不如近邻，近邻不如对门。

独柴难着，独人难活。

四　重视家教，诚实做人

湟水流域人们都很重视家庭教养，谁家的孩子不懂规矩，就会被认为"没家教"，这种评价实际上是在说家长，而不是孩子。家长们很注意教育孩子，以身作则，诚实守信，乐善好施，让孩子踏实做人，端正做事，特别是在待人接物的礼节方面。在家庭教育中，人们认为诚实做人是首要的美德。

前头车脚走的端，后头车脚泥不沾。

当大的不正，当小的不尊。

严是爱，宽是害。

人情要长走，水清要长流。

人心要实，火心要空。

人要学着做，路要寻着走。

听了老人言，一辈子不受难。

帮人帮到底，救人救到头。

劝人终有益，挑唆两家空。

天凭日月，人凭良心。

尊人尊自己，自大没人理。

打人莫打脸，骂人莫揭短。

为人莫做亏心事，半夜敲门心不惊。

好借好还，再借不难。

做贼的不富，待客的不穷。

马要烈，人要正。

树歪枯疤多，人正是非少。

心地要正直，肚肠要干净。

树直用处多，人直朋友多。

一句谎言失了信，千言万语说不清。

五　不互相攀比，热爱生活

湟水流域人们告诫子孙后代，不要互相攀比；学会防患于未然；少生优生；谨慎交友；注意饮食等，并用具有当地特色的熟语表示出来，例如：

人比人活不成，驴比骡子驮不成。

热了甦忘衣裳，饱了甦忘干粮。

洗头洗脚，强如吃药。

吃饭先喝汤，到老不受伤。

少了香，多了伤。

剃头洗脚，赛过吃药。

子多累父，兵多累将。

三家四靠，捣乱锅灶。

天怕秋里旱，人怕老来难。

一把火烧不开水，一只手遮不住天。

庄稼人不离地埂子，买卖人不离铺门子。

不怕慢，只怕站，站一站，二里半。

牛角上的豆儿滚掉哩，酒肉的朋友哄着哩。

靴子虽破，穿着脚暖。

第五节　湟水流域汉语方言四字格

方言中的四字格是方言区人民创造的、在口语中使用的成语，它的特点是结构定型，意义凝练，具有浓郁的生活气息。方言四字格对一个方言区的人来说，使用起来得心应手，表达意义准确到位，也极大地丰富了一个方言区人们口语的表达。

一　湟水流域方言四字格的内部结构

方言四字格跟普通话的成语一样，具有定型化的特点。不能随意变换结构成分和结构关系。根据方言四字格直接成分的虚与实，可以将它分为复合型和派生型两种，各类内部又可再分出小类。

1. 复合型四字格

复合型四字格是指其组成成分都具有实在意义的四字格。复合型四字格可以分为联合型和非联合型两类。联合型四字格，又可分为内部一致型和非内部一致型。

联合型。大部分可以用书面形式来表达。

（1）重叠+重叠

这类词在湟水流域汉语方言中数量较多。有些可以用双音节表达清楚的问题，也通过重复构成四字格。如：洋洋浑浑，指头脑不清楚；带带律律，比喻带来不便；忙忙慌慌，比喻很匆忙；窄窄卡卡，比喻不宽敞；鬼鬼道道，形容干事不光明磊落；水水浆浆，比喻饭食等汤水太多，人的废话太多；乱乱往往，比喻人多，很乱；狂狂扎扎，形容人很张狂；演演播播，指隐隐约约。

（2）定中+定中

这一类所占的数量也很多。如：硬刺拐棒，比喻食物等很硬，嚼起来费劲；肿眉塌眼，形容脸上浮肿的样子；贼头鬼地，鬼鬼祟祟的样子；死驴乱马，比喻乱七八糟的东西和事物；生头熟洼，半生不熟的东西；死皮玩肉，形容小孩子不好教育，说什么都不听；冰头渗洼，食物等冰冷；高棱趄坡，形容极其不平；瞎皮乱蒜，一些乱七八糟的东西。

（3）支配+支配

在湟水流域汉语方言中，支配式和前两类一样，所占的数量也较多。如：吐天哇地，呕吐的样子；由马信缰，比喻不听话，由着自己的性子；上山下洼，漫山遍野地走；拉泥带水，比喻办事不利落，意指拖泥带水；碰头抓脸，比喻努力地办成一件事；点头拉腰，即点头哈腰；有相没干，没有什么关系；有理霸道，没有道理也要强行的样子；跌脚绊坎，形容跌跌撞撞的样子；当头对面，即面对面；里出外蹿，比喻在等人的时候，走进来，走出去，着急的样子；溜尻顺情，指拍人马屁，巴结人；钻头觅缝，形容到处钻营的样子；没精打神，没有精神，萎靡的样子。

（4）状中+状中

这一类在湟水流域汉语方言中所占的数量较少。如：皮打混搅，指没有眉目，一团混乱；细剥老套，比喻干活等非常仔细；疯张冒失，比喻因为着急而慌慌张张的样子；净吃干拿，比喻没有任何额外的开销，全部的收入都能存下；歪扭横拴，指摆得不正。

（5）中补+中补

湟水流域汉语方言中，这种类型的四字格所占的比重也不多。有一些如：吃穷挖干，比喻吃得或拿得精光；干死噎活，形容饭很干，吃得不舒服；急死忙慌，着急的样子。

（6）陈述+陈述

这一类型的数量比较少。例如：膘肥体壮，形容牛羊肥壮；德薄浪乾，形容不济的样子；七老八塌，比喻没有能力干好一件事情；头疼脑热，指生病；脚扎手扬，形容张狂的样子。

（7）ABAC

这一类在湟水流域汉语方言中所占数量不多。如：满山满洼，相当于普通话的漫山遍野；细柳细杆，形容女子身材很苗条；头顺头四，指事情的第一次；粘眉粘眼，形容磨叽，不招人待见；净洗净溜，比喻非常光滑，上面什么都没有；杠天杠地，形容尘土飞扬，到处是灰尘；大门大道：比喻很大方。

（8）A 儿 B 儿

这一类四字格的数量较多。如：细儿详儿，指非常认真仔细地做事；勾儿当儿，尤其指小孩说话和做事很成熟，有点像小大人；点儿半儿，比喻概率或次数很少；刺儿出儿，形容人或动物不安静，乱动；点儿麻儿，跟点儿半儿的意思差不多；腻儿麻儿，形容人不讲卫生，很不干净。

以上是联合型四字格中常见的内部一致型中的几类，此外，还有非内部一致性。常见的如：磕头马爬（述宾+陈述），虚名背说、肥大边胖、黑沙雾罩、眼门时下（定中+陈述），鬼眉连天、肥头耷耳、明昼赶夜（定中+支配），强霸为王（状中+支配），石头瓦块（根缀+定中），桌张板凳（中补+定中）。这一类四字格的内部结构较复杂，数量也不多。由此可见，两个直接成分不对称的结构，它的能产形式是很弱的。

非联合型：这一类四字格在湟水流域汉语方言中所占的数量较少。其内部结构关系也较复杂，大致又可以分为：

（1）陈述式

浪猫擗毡，比喻骂人时，不分对象，一顿乱骂；鼻搅眼泪，鼻涕和着眼泪一起流下，形容痛哭流涕的样子；百病消散，祝福的吉祥话；心病不改，脾气、心性不改变；根底以来，从最初开始就是这样；小吃大儿，指以小欺大；牛羊满圈，牛羊成群，非常富足。

（2）定中式

狼牙八口，形容不整齐的样子；粗棱八棱，比喻非常粗糙；清早八甚，指一大清早；焦火麻夸，东西被烧煳了；尖嘴尕漏，非常挑食的人或动物；干散卓玛，指干净利落、干活麻利的人；迷信罐罐，形容相信迷信到痴迷程度的人；一点半个，指偶尔发生的事情。

（3）联合式

老弱不堪，指年老和年幼的，没有劳动能力的人；锅盐副灶，厨房里盆盆罐罐等东西；隔壁邻友，指邻居；冰古冷淡，形容极其冷清。

2. 派生型四字格

派生型四字格，是由实语素加上虚语素构成的四字格。其基本特点是：其一，虚语素无本字；其二，各类的数量都比较多。根据虚语素的位置，派生型四字格又可分为后缀式、中缀后缀式、中缀式三类。

（1）词根+后缀，如：心慌没烂，形容着急的样子；净肚老海，指穿得很少，甚至光着身子；土眉拉ɕtʂʰua，形容灰头土脸的样子；秕谷乱麻，形容东西很次、质量很差；实话拉加，也就是说实话；干嘴没甚，形容没什么可吃的东西；老眉刻茬，形容人面相比较老；破筛来古，形容破烂、残垣断壁的样子；热死晃汗，形容赶得很急、很热；噎死八活，比喻吃得很急，狼吞虎咽；蜷勾瓦造，比喻卷曲得连拉都拉不展；羊毛老套，形容有很多缠绕的东西；由心晃荡，比喻随心所欲办事，没有规矩；疙瘩雷垂，疙疙瘩瘩，不平的样子；瞌睡那目，形容瞌睡得迷迷瞪瞪的样子；下贱白道，指低姿态地去求别人；揉劲八道，指事物的韧性很好；破烂角索，指破破烂烂的东西。

（2）词根+中缀+后缀，如：酸胖五烂，形容酸得非常不好吃；大不愣腾，比喻年龄和个头过于大，不应该和小的一起掺和；厚不郎当，指很厚，而且厚得不好看、厚得不舒服；扎里海挖，麦芒等钻到衣服里，扎得让人不舒服；花里不哨，衣服等颜色很花，不好看；摸里搭跨，形容凭运气碰上的，不是凭自己的实力得来的；灰不楚楚，颜色不明艳，让人感觉不舒服；细格麻罩，比喻很细，不成材料；势腔量处，比喻势力强的欺负势力弱的，欺人太甚；皮不愣登，指小孩等不听话，规劝多次都不起作用。

（3）词根+中缀+词根，如：搜儿倒腾，形容到处翻腾，寻找东西；狼里豁散，指不齐整的样子；亲加好愿，非常愿意地干事情；仰拉四海，仰面躺着，很不雅观；黑打马虎，指天黑，不适合出行；黑干焦脆，比喻又黑又瘦的样子；乱嘛咕咚，很混乱的样子。

虚语素的词缀尽管没有实在意义，但是因为四字格的结构模式固定，长期沿用，词根和词缀的结合也就慢慢地固定了下来。湟水流域方言中常见的词缀有以下几类：

（1）中缀

"不"：臭不哄哄；大不愣腾；丑不汪汪；瓷不浪疆。

"里"：花里不哨；摸里打夸；烫里烫达；狼里豁散。

（2）后缀

海代：稀的海代；腻的海代。

不拉：半半不拉；结结不拉。

麻达：湿的麻达；尕的麻达。

拉拉：孽障拉拉；尕尕拉拉。

四海：仰拉四海；$_c$p^{h}ia塌四海。

拉$_c$tʂʰua：土眉拉$_c$tʂʰua；干皮拉$_c$tʂʰua。

不唧：水汤不唧；来带不唧。

瓦什：疙瘩瓦什；坑坑瓦什。

以上所举的都是一些各类结构特点非常明显的四字格，除了这些四字格以外，还有一些从构词角度难以分析的四字格，这些四字格基本上是为了求得对偶工整而强制形成的。如：零头麻四、瘦子麻秆等词中，如果没有后缀也完全能表达同样的意思。

二　四字格所体现的修辞特点

四字格通俗易懂，生动形象，适合于口语语体，它们之所以具有很强的表现力，是与其语义构成方式密切相关的。湟水流域汉语方言的四字格主要运用到描摹、引申、比喻、夸张等修辞方式，而这些语义构成方式在日常使用中固定下来，逐渐成为词汇意义基础上的附加文化。

1. 描摹

（1）描摹声音：乒呤乓唧，兵三棒四：形容动静很大，发出了很大的声响；争争嗡嗡：形容人在走路、干活时哼哼唧唧的唱歌；拉$_c$tʂʰua拉$_c$tʂʰua：形容人或动物轻轻的脚步声。莱昂斯曾强调指出："甚至拟声词的词汇形式也存在着某种程度的任意性与约定俗成，它们必须适应于特定语言的语音系统，而不是直接地模仿它们所代表的那些个声音。"[①]实际上，世界上不同语言的各个民族受到自己固有的语音系统的限制或影响，模仿的角度不同，在模仿的过程中带上自己民族的民族色彩或者自己特色的想象。

（2）描摹形状：肿眉塌眼；疙瘩瓦什；肥大边胖。

（3）描摹动作：搜二倒腾：形容到处翻腾，每个角落都不放过的情形；摸踏摸踏：走路极其磨蹭、缓慢的样子；磕头马爬，扑上披下：为办成一件事，努力的样子；钻头觅缝，形容有些人钻营的样子。

2. 比喻

在湟水流域方言四字格中比喻是比较常见的一种修辞格，比喻常见的有两种情况：一种是既有本义，又有喻义；另一种是只有喻义，本义失落。第一种如：死驴乱马、甜不丝丝、红头花腮、钻头觅缝等。

死驴乱马：本指一些自死的或不干净的牲畜，喻义是指一切不干不净的食物；甜不丝丝：本指饭菜寡淡，没有滋味，但更多的是形容人拍马屁，

① 周荐：《汉语词汇结构论》，上海辞书出版社2004年版，第12页。

而被拍的人不喜欢拍马屁人的说话和做事的方式。

在言语中究竟体现的是本义还是比喻义，要根据具体的语境而定。只有比喻义的如：瞎皮乱蒜、硬刺拐棒、干瞪十眼、鬼眉连天等。这一类是用字面的意义直接去比喻对象，而没有本义的。比如"瞎皮乱蒜"用"瞎皮"和"乱蒜"比喻乱七八糟的没用的东西；"硬刺拐棒"用"硬刺"和"拐棒"比喻食物干硬。"干瞪十眼"用"干瞪眼"比喻无奈，在遇到一件棘手的事情时无所适从。

3. 夸张

这类词如：吐天哇地、生头熟洼、扑上掀下、碰头抓脸、哭天冒泪、呛死呛活、喝神断鬼、干死咽活、豁心浪腔等。其中吐天哇地：以天地之间的呕吐形容，夸张呕吐得厉害；哭天冒泪：以哭天来夸张伤心的程度；干死咽活：对饭，尤其是大饼、馒头等的干和硬的一种夸张的说法。

三 湟水流域汉语方言四字格的自身特点

1. 词类特点

湟水流域方言四字格从性质上看，大多数是形容词性的，少数是名词和副词性的。另外，湟水流域汉语方言四字格有很多由数字构成的词语。

名词性四字格如：头蹄下水；死驴乱马；石头瓦块；锅盐副灶；老弱不堪；隔壁邻友；眼门时下；牛牛羊羊；碟碟碗碗；锣锣鼓鼓；肠肠肚肚；皮皮毡毡；山山洼洼；包包蛋蛋；桌张板凳等。

副词性四字格如：一挂麻拉；瞎气麻拉；急死忙慌；大不慌慌；干死咽活；将就麻就；眼泪帕察；尕汤八四。

形容词性四字格占多数，如：贼眉溜眼；肿眉塌眼；张眉瞪瓜；索罗毛罗；结结不拉；毛毛刷刷；秕的麻达；尕不溜九；有详没干；生头熟洼；耍打溜势；贼头鬼地；高三搭四；高高大大；细格瓦罩等。

含有数字的四字格，如：和二搅三；唠二叨三；两头三绪；硬三棒四；一点半个；半半不拉；点儿半儿；三锤两棒；高三搭四；十里五里；瘸三倒四；洋三浑四；五马六罩；愣三浑四；隔三间五；隔二偏三；生八岔四；忙三道四；四仰八叉；连三赶四；洋五洋六；七老八塌；二八搅干；四方四正；醉三麻四；摇三慢五；横三顺四；左五右六；觔三塌四；刻卡二五；三家四靠；兵三棒四等。

2. 其他特点

（1）结构的严谨性

湟水流域汉语方言四字格虽然是民间俗语，但是结构固定，它的构成成分不能任意变换为其他词，同样也不能将词序颠倒。如"死驴乱马"，不能说是"乱马死驴"，也不能说"死驴乱牛"。

（2）表意上的整体性

四字格所表达的意义，一般来说，不能从字面上简单地来判断，它所要表达的真正意义，往往是通过上面提到的几种修辞的方式来表达。比如上文提到的"磕头马爬"并不是真正地指跪在地上磕头、马爬，而是通过比喻来指对一件不容易办成的事情，人们努力地将其干成的样子。

第八章 湟水流域汉语方言语法的地域文化内涵

文化渗透在语言的各个方面，文化对语言的词法与句法也产生了深刻的影响。方言语法与地域文化联系密切，方言语法在其形成与发展过程中留下与当地文化背景息息相关的独具特色的地域文化的痕迹。本章从湟水流域汉语方言的一些特殊语法现象中探讨影响到这些语法现象的文化因素。

第一节 湟水流域汉语方言的词法特点

一 词缀

1. 前缀。常见的有"阿""尕""老"等，例如：

阿：阿卡、阿老、阿爷、阿娘、阿爸、阿妈、阿舅、阿姐。

尕：尕姑舅、尕丫头、尕娃、尕房房儿、尕姑娘儿、尕媳妇儿、尕老汉儿、尕车车儿、尕骡娃儿。

老：老阿爷、老阿奶、老佛爷、老天爷、老狗阿奶（行动很迟缓的人）等。

2. 后缀。常见的有"子""头""匠""娃""巴""胎""神""保"等。例如：

子：奶干子（最小的孩子）、垫窝子（也指最小的孩子，只是说话时开玩笑的成分比"奶干子"大）、鸡娃子（小鸡）、狗阿子（狗）、脸盘子（脸庞）、耳坠子（耳环）、眼仁子、金子、房子、铺子、笛杆子（笛子）等。

头：憨头（泛指小孩等不太懂事的人）、哇头（不讲本地话的外地人）、炒面头（常吃青稞炒面的人）、房头（本家）、榔头、砖头、木头、死头（骂人的话）、散头（手头上的小钱）、吃头、耍头、说头、摊头（想干的事情）、腻头（不讲卫生的人）等。

匠：靴匠、鞋匠、木匠、绳匠、蜜蜂儿匠、锅头匠、泥水匠、面匠（面馆等里专门做面的师傅）、铁匠、猪匠、银匠、铜匠、石匠、口袋匠（以前用牛、羊毛做口袋的人）、散匠（特别能花钱的人）、赞匠（爱讲大话的人）、玻璃匠、皮匠、毡匠、副业匠、釉匠、托笼匠（专门做蒸笼的人）、六九儿匠（爱玩牌的人）等。

娃：贼娃、沙娃（挖金子的人）、学生娃、挡羊娃（放羊的人）、拾粪娃、客[kʰɛ³⁵]娃（从内地来的人）、抢娃（抢东西的人）、没娘娃等。

巴：下巴、肋巴（肋骨）、脚巴（脚踝）、汉巴（当地少数民族称汉族，是一种不太友好的称呼）、转巴（汉族对少数民族，尤其是对藏族的一种不太友好的称呼）、哑巴、嫖巴（嫖客）、摊巴、鄢巴（阉割动物的人）、拉巴（指一个人帮助另一个人）、争巴（争取得到什么东西）、咬巴（脾气不好的人）、团巴（没本事，做事能力差）等。

胎：皮谎胎（撒谎的人）、哭皮胎（爱哭的人）、笑皮胎、尿脬胎（"哭皮胎，笑皮胎嘴上挂个尿脬胎"是句俗语，多指小孩一会儿哭，一会儿笑的）、屁胎（能放屁的人）、避学胎（逃学的人）、虚皮胎（爱撒娇的人）、尿床胎（平时尿床的人）等。

神：猫骨神、狗头神、间察神（喜欢打听私事的人）等。

保：弄匠保（不珍惜事物、浪费的人）、得保（不济）、咒世保（头脑不清楚的人）、赖歹保（经常丢东西、马虎的人）、瞌睡保（瞌睡多的人）、愣怔保（愚蠢、鲁莽、头脑不清楚、笨拙的人）等。

汉：醉汉、酒汉、半脸汉（身有残疾的人）等。

客：藏客（旧社会跑西藏、做生意的人）、麻将客（爱打麻将的人）等。

二　常见的程度补语

1. 动词+程度加深的补充词组，常见的有以下三种：

（1）动作动词+忙（表示受不了了）：弄忙了、骂忙了、要忙了、搅打忙了（指被人常来打扰，不胜其烦）等。如：

① 我的阿妈这两天阿门哈了哈，我们哈骂忙了。（我妈妈这两天不知道怎么了，骂得我们都受不了了）

② 这个娃娃一天个儿要来俩，要忙给了。（这个娃娃天天来要东西，要得我受不了了）

③ 这个们一天个儿喝酒价，喝忙给了。（这些人天天喝酒，喝得人受不了了）

这种形式也可以将"忙"重叠，表示程度进一步加深。如：

我的阿妈这两天阿门哈了哈，我们哈骂着忙忙儿了。

（2）动词+死：做死了、说死了、挣死了、压死了等。如：

① 今年翻修了个房房着，做死了。（今年翻修房子，干活干得快累死了）

② 今儿倒了点煤着，挣死了。（今天倒了些煤砖，挣死了）

③ 傢哈报了个名，不要着老师哈说死了。（给他报了个名，因为不要，所以给老师说了很长时间才报上）

（3）动词+扎：挖扎、搭扎等（表示费了很大的劲）。

① 这个坑坑哈，我们挖扎了。（挖这个坑，我们费了很大的劲）

② 傢这个房子哈盖着，我们帮儿搭扎了。（他在盖这个房子的时候，我们帮了很多的忙）

③ 门哈开给个弗着，傢哈告扎了。（为了让开门，我们求了他半天）

2. 形容词+程度加深的补充词组，有以下五种：

（1）形容词+得[tʂʅ]+很：好得很、瞎得很、美得很。湟水流域汉语方言一般用副词"糊涂"表示程度加深，"很"只放在形容词后，构成补充词组。

（2）形容词+死了：好死（儿）了、香死了、高兴死了。"死了"，表示程度很高。

（3）形容词+坏了：ᵴzɔ坏了（非常高兴和得意）、好坏了、美坏了。"坏了"，也可以放在动词后构成补充词组，如：弹嫌坏了（嫌弃）、骂坏了、气坏了、要坏了。

（4）形容词+下[xa]的[tʂʅ]：表示程度很高，有非常的意思。如：

今儿的大戏唱着好下的。（今天的大戏唱得非常好）

傢我哈当人下的。（他对我非常好、待遇非常高）

那当年我们孽障下的。（那时候我们非常可怜）

这个人的脾气犟下的。（这个的脾气非常倔）

（5）形容词+着说不成：表示程度高的难以言说。如：

今儿的大戏唱着好着说不成。（今天的戏唱得好得难以形容）

那几年我们的日子孽障着说不成。（那几年我们的日子非常可怜）

湟水流域方言的动词、形容词词组与普通话的同类词组相比，有两个显著的特点：（1）动词、形容词多是单音节的，少数可以是双音节或是多音节的。（2）这种表示程度加深的形容词部分可以重叠，比如"忙忙""死死"等，重叠后程度更进一步加深。

3. 比况词组用"……般[pa²¹]的""……像俩""……一样"。"……般的"的语法化程度最高，"像"和"一样"都有动词的用法。

在湟水流域汉语方言中，有些生活中不常见或不常用的东西，固定在比况短语中，被人们广泛使用。如："打惊了的马猴般的"（形容人泄气的样子），死人的肚皮般的（形容温度很低），猫儿尿般的（形容量很少），枪杆般的（形容杆在一个地方，一动不动），麻阿奶的脸般的（形容皱皱巴巴的）等。

湟水流域的"般的"可以分为"般的₁"、"般的₂"和"般的₃"，"般的₁"是比拟助词，表示相似或比喻；如："狗般的"（像狗似的）；"般的₂"是情态动词，表示不确定的主观判断和推测，如："天上云彩黑着下里般的"（天上有很多黑云，感觉要下雨了）；"般的₃"是表示比较的助词，如"你我说着般的说给"（你按着我说的给他说），比况助词有时可以和"像没""活像没个""像没个"连用。

三　湟水流域方言名词重叠式的构词特点

重叠式名词在普通话中主要是指亲属的称谓。比如："奶奶、爷爷、妈妈、爸爸、伯伯、舅舅、叔叔、哥哥、姐姐、弟弟、妹妹"。除此之外，还有少数的重叠如："星星、娃娃、宝宝"等。湟水流域方言亲属称谓的重叠式跟普通话相比，有些一致，有些不一致。以下介绍湟水流域方言重叠式名词与普通话的不同之处，并且重点分析湟水流域汉语方言中 AA 式名词的构词特点。

1. 湟水流域汉语方言与普通话表亲属称谓的 AA 式名词的异同。

跟普通话一样，湟水流域方言表亲属称谓的词有一部分是通过重叠构成的，比如："婆婆、公公、奶奶、妈妈（伯母）、大大（伯伯）、婶婶、爸爸（叔叔）、哥哥"等。不过，普通话与湟水流域方言的重叠式并不完全对应。具体有以下三种情况：

有些亲属称谓在普通话中用重叠形式，而湟水流域方言中不重叠。例如：

普通话	舅舅	妈妈	弟弟	妹妹
湟水流域汉语方言	阿舅	舅妈	兄弟	妹子

有些普通话中不用重叠方式表达的称谓，在湟水流域方言中是重叠的。例如：

普通话	伯父	伯母
湟水流域汉语方言	大大[[ta²¹ ta⁴⁴]]	妈妈[[ma²¹ ma⁴⁴]]

有些普通话和湟水流域汉语方言都重叠，但是叫法不一样。例如：

普通话	叔叔	姑姑
湟水流域汉语方言	爸爸[[pa²¹ pa²⁴]]	娘娘[[ni̯ɜ⁴⁴ ni̯ɜ⁴⁴]]

2. 湟水流域汉语方言 AA 式名词的构词特点。

除了亲属称谓以外，湟水流域方言中有比普通话数量多的重叠式名词，跟普通话的重叠式名词相比，更加丰富复杂。从构成的语素来看，湟水流域方言重叠式名词可以分为以下几类：

（1）基式是名词性语素的 AA 式名词。

锅锅、碟碟、碗碗、盘盘、罐罐、桶桶、盆盆、缸缸、壶壶、勺勺、刀刀、盖盖、杯杯、筷筷、坛坛、筐筐、嘴嘴（器皿的嘴儿）、钉钉、凳凳、柜柜、桌桌、炕炕、板板、棒棒、棍棍、盘盘（背斗的边框）、铲铲、锥锥、篮篮、抽抽（抽屉）、绳绳、瓢瓢、管管（管子）、墙墙、圈圈（指厕所、家畜圈）、房房、顶顶（最顶部）、庙庙、台台、馍馍、汤汤、水水、核核、袖袖、带带、袜袜、裤裤、鞋鞋、帽帽、布布、系系、坑坑、坡坡、沟沟、爪爪、格格、眼眼、鬼鬼（捣鬼的人）、性性（脾气）、根根、皮皮（糠皮、皮子）、车车（儿童玩具车）、票票（钞票）、人人（画的或制作的小人）、铺铺（商店）、马马、牛牛、羊羊、驴驴、骡骡、浆浆（用面做的浆糊）、苗苗、手手、洞洞等。

从语义特征上看，这类 AA 式名词的基式（如碗、墙、桶）多为专指，重叠多为统称或泛指。例如："墙"指某一堵墙，但"墙墙"是泛称。

（2）基式是量词性语素的 AA 式名词。

点点（点子）、口口（袋子等的口）、道道（小巷）、条条（柳条等）、趟趟（指来回在路上，没干成事情）、块块、片片、本本、样样（花样）、颗颗（颗粒）、把把（器物手握的部位或扎成的一把一把的东西）、瓣瓣（一片片的菜叶等）、架架（架子）、寸寸（切作一寸多长的擀面条）、卷卷（花卷）、个个（个头）、斗斗（一种容器）、升升（木制的用来暂时存放面粉的容器）、沓沓（盖房子的木料）等。

从语义特征上看，这类 AA 式名词重叠式多表示统称或泛指。

（3）基式是动词性语素的 AA 式名词。

塞塞（塞子）、盖盖、夹夹、镟镟、剪剪、擦擦、刷刷、垫垫、耍耍（儿童玩具）、摊摊、扣扣、钻钻（儿童穿的马甲）、抽抽（抽屉）、拍拍（[pʰa⁴⁴ pʰa²¹]，苍蝇拍子等）、瘸瘸（瘸腿的人）、挡挡（家具连接在腿上的横档）。

从语义特征上看，这一类 AA 式名词的基式多有相应的子尾（如剪子、刷子），表义上为小称或专指，重叠后为统称或泛指。

（4）基式是形容词性语素的 AA 式名词。

尖尖、甜甜（小儿语，指糖等）、腻腻[mʅ²¹ mʅ⁴⁴]，不太干净和利索的人）、弯弯、空空（空当）、矬矬（矮小的人，贬义词）、糊糊。

从语义特征上看，这类 AA 式名词为小称或专指，例如："甜甜"专指"糖类"，"糊糊"专指"糊状的东西"。

3. 湟水流域汉语方言中重叠式名词的其他构成形式。

湟水流域方言中重叠式名词的构成形式，除了 AA 式外，还有 ABB 式、AAB 式、AABB 式和 ABCC 式等。不过这些构成形式都没有 AA 式数量多。

（1）ABB 式重叠式名词。

酒盅盅、壶嘴嘴、桌腿腿、锅盖盖、锅铲铲、铁铲铲、刀刃刃、刀把把、药面面、木棒棒、菜汤汤、桃核核、醋坛坛、竹帘帘、布条条、鞋带带、鞋刷刷、笔尖尖、葱根根、皮帽帽、木凳凳、铁钉钉、孜那那（喜欢呻吟的人）、铜勺勺、蜜罐罐（一种野草）、树梢梢、泥点点、油点点、陡坡坡、雨蛋蛋（冰雹）、刀鞘鞘、稀稀胎（拉肚子的人或动物）、尿盆盆、鬼钻钻（做事耍心眼的人）、皮娃娃（皮影戏）、女姑姑（尼姑）、麻乏乏（天刚蒙蒙亮）、家拉拉（麻雀）、雪珍珍（天上下的白色不透明的小冰粒）、药罐罐、水坑坑（积水的坑）、鞋底底（鞋底）、眼角角（眼角）、房顶顶、长袖袖（有狐臭的人）、山槽槽（山沟）、死牛牛（特别执拗的人）、屎褯褯（尿布）、泥糊糊。

这类 ABB 式名词的意义是一个整体，含有专指的意思。从重叠式的结构上看，多数 BB 都具有能产性和独立性，可以和另外的 A 组成 ABB 式的重叠式名词，同时 A 对 BB 起修饰和限定的作用。例如："鞋带带""鞋帮帮""鞋底底""鞋口口""鞋面面""鞋掌掌""鞋里里"等；有的 BB 也具有独立性，但与 A 结合后有了新的专指义，例如"雨蛋蛋"指"冰雹"，"长袖袖"指有狐臭的人。

（2）AAB（儿）式重叠式名词。

蛛蛛网、吊吊灰、苦苦菜（一种野菜）、毛毛雨儿（小雨）、架架车(架子车)、拉拉车（胶轮大车，骡马拉的大车）、辣辣根儿（一种野草）、出出溜（人前畏缩不前的人）、打打蛾儿（蝴蝶）、裆裆裤儿、衩衩裤儿、豆豆糖儿、面面土儿（很细的土）、娃娃头儿（孩子王）、光光头儿、丢丢蹿儿（腿不好，走路一瘸一拐的人）。

这一类重叠式名词，其含义多是专指的，其中的 AA 在多数情况下相当于 AA 式名词，是用来修饰或限定 B 的。

（3）AA 儿（子）式。

湟水流域方言的 AA 式名词重叠式中的一部分可加上词缀"儿"或"子"，表示喜爱、细小等附加意义。如：条条儿（条状）、穗穗儿（穗子）、面面儿（粉末）、棍棍儿、桌桌儿、根根儿、水水儿、铲铲儿、勺勺儿、篮篮（篮子）儿、嘴嘴儿、皮皮儿（馍外面的皮，饺子外面的皮）、眼眼儿、腿腿儿、水水子、毛毛子、缸缸子等。

值得注意的是，有些 AA 式名词重叠式加上词缀"儿"或者"子"以后，意义会有不同，例如"条条"指柳条等，而"条条儿"指条形。基本上所有的 AA 式重叠名词都可以加"儿"来表小称，但是有些可以加"子"，有些不能加"子"，例如"裤裤"，就不能说"裤裤子"，这个现象有点复杂。

（4）AABB 式。

在湟水流域汉语方言中 AABB 式重叠的名词数量不多。用得较多的如：皮皮毡毡、牛牛羊羊、肠肠肚肚、汤汤水水、坛坛罐罐（器皿的总称）、碗碗碟碟、包包蛋蛋、桌桌凳凳等。这种重叠方式形成以后，部分词汇的意义就变成统称，比如"牛牛羊羊"泛指家里的牲畜；"坛坛罐罐"泛指家里所用到的器皿。

（5）ABCC 式。

这一类的重叠方式如：指头蛋蛋、指头缝缝、打脸板板（脸皮较厚的人）、野狐梁梁（小腿前面的部分）等，数量很少。

湟水流域方言还可以在 AA 儿式和少数的 AAB 式前加"尕"表达喜爱和细小的意义。例如：

尕盖盖儿（小盖子）、尕钻钻儿（儿童穿的马甲）、尕裤裤儿（小裤子）、尕桌桌儿（小桌子）、尕枚枚儿（小孩）、尕架架车儿（小的架子车）、尕毛毛雨儿（很小很小的雨）等。

4. 湟水流域汉语方言名词重叠后，在语义方面的变化。

从语义的角度看，在重叠以前，很多名词是不能单说的，比如可以说"盘盘"，但单说一个"盘"没有意义，"碟碟"也可以说成是"碟子"，但是"碟"没有意义，"镊镊"也不能单说成"镊"。另外，湟水流域汉语方言名词重叠在有些情况下有着特殊的意义，比如下面的两个方面：

（1）重叠之后，有些词的词义发生了变化。AA 式的重叠式中，"人人"，单音节的"人"指人，重叠之后意为"画的或制作的小人"；"里"在单音节时指里面，重叠后是开玩笑时与"面子"相对的"里子"；"花花儿"指一种油炸食品；"蛋"读单音节时指禽类的卵，重叠后指球状物或小儿语的"水果""鬼鬼"指捣鬼的人。在 AABB 式的重叠形式中，语义的变化更大，如"皮皮毡毡"已没有原来皮子和铺炕用的毡的意思，而是指家里的日常用品，"肠肠肚肚"也不再特指肠子和肚子，而指所有的内脏。还有一个特殊的现象，个别单音节动词重叠后变为名词词性，如刷刷、夹夹、钻钻（儿童穿的小棉背心）、抽抽（抽屉）等。

（2）有些词重叠后有表细小、小巧或轻蔑、不屑等的含义，尤其是与词缀"尕""儿""子"结合之后，这个特点尤为明显。如"尕桌桌儿""尕耍耍儿""毛毛儿"（细小的漂浮物）等，都有表细小、小巧的意思；"铲铲""尕铲铲儿""尕洞洞儿""尕馍馍儿"等，不仅有小巧的意思，还有了可爱的意义；如果形容一个人是"尕蛋蛋儿"，那么就含有这个人个头不高，而且矮胖，有点不服气、轻蔑的意味。如果说一个人说话"水水浆浆"，就有啰唆，废话太多，对这个人不屑的意味。

第二节　湟水流域汉语方言的词类特点

一　趋向动词"到""脱""走""去""来""上""下"

湟水流域汉语方言的这几个动词常附于一般动词后辅助表达一般动词所表动作的结果、趋向或状态等意义。

湟水流域汉语方言"到（有的地方叫掉）、开、走、来、上、下"有时是一般动作动词，如我到了、门开了、傢们走了、我刚来、上街、下棋等本节暂不论述。有些地方是趋向动词，以下分述之。

1．"到"。湟水流域汉语方言"到"（掉）有两种作用。一种是附在谓语动词后表示动作的完成，如：撂到、花到、喝到、砸到，此处的"到"对动词涉及对象或该对象的拥有者有"消失"义，如：茶哈喝到了、牛哈卖到了、缸哈扒到了，这种用法与普通话相同，不再举例。另一种用法和普通话不同，即附在谓词或动补结构后，强调动作或状态的完成，有时带有失去的意义，如：

书哈傢借上走到了。（书被他借走了）

雪落着地上着就化到了。（雪一落地就融化了）

瞎到哈成俩，薆误到给。（事情宁可做不成功，但不能被误了）

一听着人喊，贼娃子就跑到了。（听着人喊，小偷就跑了）

再如：人死到了；门关到了；嗓子喊着哑到了；傢走到了等。

到（掉）多附于动词或动补结构后，但也可附于形容词后，如：

眼泪淌着干到了。（眼泪流干了）

庄稼哈虫儿吃着黄到了。（庄稼被虫子吃得变黄了）

这两天花儿开着红到价。（这两天花开得红红的一片）

买卖做着烂到了。（做买卖做亏了）

可价用到了五千袋水泥。（已经用去了五千袋水泥）

致些事情傢的多半儿时间哈占到了。（这些事情占去了他多半的时间）

2．"脱"。"脱"在湟水流域汉语方言中，附于谓语动词后做补语。有时表示某一动作、行为、变化已经开始，并且正在进行，尚未结束。如：

下脱了。（天开始下了）

庄稼黄脱了。（庄稼开始慢慢成熟了）

狗阿扯脱了。（狗开始叫了）

起来，我就洗脱了。（一起来，我就开始洗了）

才二十七，傢们就贴脱对子了。（才腊月二十七，他们就开始贴对联了）

表喜欢、怨恨等心理活动的动词，也可以出现在"脱"之前，表示主语开始处于某种情绪之中，是心理活动的动态过程。如：

考试还有一个月俩，傢就愁脱了。（还有一个月才考试，他就开始愁了）

这半天，我心里急脱了。（这会儿，我心里开始着急了）

你一说着，我就害怕脱了。（你一说，我就开始害怕了）

有时也表示以瞬间动作的发生为起点静态持续的那个时段，不再是一个动态时段。如：

跪脱了哈，跪着报纸上。（跪的时候，跪到报纸上）

蹲脱了哈小心点。（蹲的时候小心点）

3. "走"。在湟水流域汉语方言中，"走"是一个使用频率很高的词。它有两种不同的读音，语法功能也不尽相同：一种是重读，重读的"走"是动词，基本义是"行、移动"，其意义和用法与普通话大体相同；只是有些句式不太一样，如：

你把你的走。（你走你的）

你把你的先走。（你先走）

另一种主要见于祈使句末，读轻声，在动词后有表趋向的意义，表示邀约、商请或命令的语气。如：

我们那扎耍走。（我们到那儿去玩）

走，今儿街上浪走。（走，今天到街上逛走）

你我哈陪上了哈街上转走。（你陪我到街上去转转）

这种用法也可以在"走"前面加"个"，成为"个走"，只是在语气上比上一种更委婉，更趋向于商请，而不是命令。如：

我们那扎耍个走。（我们到那儿去玩一下）

走，今儿街上浪个走。（走，今天到街上逛走）

你我哈陪上了哈街上转个走。（你陪我到街上去转一下）

4. "来""去"。"来""去"在湟水流域汉语方言中充当动词时，用法与普通话相同。"来"置于动词后做补语有两种意义。一是表示向说话者靠近的动作趋向，有时在"来"前嵌进一个"上"字，如果加"上"字，句末有语气词"了"，语义不变，如例①；如果句末没有语气词"了"，意思变为相反，如例②。二是表示"来做什么"，与"来"置于谓语动词前的语义相当。如例③、例④。

① 傢书哈拿来了。（他把书拿来了）

　傢书哈拿上来了。（他把书拿来了）

② 你娃娃哈抱来。（你来从我这儿抱孩子）

　你娃娃哈抱上来。（你把娃娃抱到我这儿来）

③ 喝汤来，赶紧喝来。（吃饭来，快来吃）

④ 傢们问来了哈，你说给我没有弗着。（他们来问，你就说我不在）

"去"置于动词后做补语有两种意义。一是表示让别人离开说话人所在地去干某事。如：

⑤ 你去娃娃哈抱去。（你去把娃娃抱来）

⑥ 你书包哈取去。（你去把书包取来）

二是表示"去干什么"，与"去"置于谓语动词前的语义相当。如：

⑦ 那一天儿我也听去了。（那天我也去听了）

⑧ 菜傢买去了。（他去买菜了）

⑨ 电影我看去了。（我去看过电影了）

5. "上""下"。在湟水流域汉语方言中，"上""下"有三种用法：一种是方位名词，如：桌子上，地下；一种是动作动词，如上炕，下车；一种是趋向动词，本节只讨论趋向动词的"上""下"。

湟水流域汉语方言趋向动词"上"附于谓语动词之后，强调动作的状态或结果。"上"常出现于连谓式的前一个谓语动词后面，与前一个谓语动词一起表示后一个动词的方式或者引起后一个动作的原因，如：

① 跟上好人学好人，跟上坏人跳家神。（近墨者黑，近朱者赤）

②（菜）摭上了吃。（夹起来吃）

"上"也出现在"把"字句里和普通主谓句里。如：

③ 你把手哈甩上。（你把手甩上）

④ 你把黑饭哈烧上。（你把晚饭做上）

⑤ 傢京调儿咬上着难听死俩。（他拐着说普通话，说得很难听）

⑥ 你傢哈吃上哈邑下俩。（你能把他吃进去再拉出来）

湟水流域汉语方言的趋向动词"下"附于动词后的语法作用多与普通话相同，比如：表示人或者事物从高处移向底处；表示动作完成并使结果固定下来；表示能或者不能容纳一定的数量。如：

① 你扎价溜下去。（你从这儿溜下去）

② 你坐下。

③ 许下了哈就给到。（承诺了就给他）

④ 这么些人价，这个房子里圈不下。（这个房子容不下这么多的人）

⑤ 这点捆子一辆车上刚装下儿啊。（一辆车刚能装下这点麦捆子）

有时"下"与"不下"强调动作状态本身的实现与否以及动作的可能与否，这种表达与普通话有所不同，如：

⑥ 今年的大戏唱着好下的。（今年的大戏唱得特别好）

⑦ 对子是写下的吗买下的？（对联是自己写的还是买的）

⑧ 这个病好弗哈不好啊，死弗哈死不下啊？（这个病好去不好，不好去又死不了）

⑨ 傢今儿来不下说。（他说他今天来不了）

二 "给"

湟水流域汉语方言的"给"可以做动词、介词、助词。动词和介词的用法大致相当于普通话的"给"，但是说话的语序不同。湟水流域汉语方言"给"的主要用法：

1. 动词，使对方得到某些东西或某种遭遇。如：

① 这几张新钱儿哈攒下，过年了哈娃娃们哈给年钱儿。（把这几张新钱攒起来，过年时给孩子们给年钱）

② 傢我哈给了两本书。（他给我给了两本书）

③ 今儿羊头吃给了。（今天被人哄骗了）

例①表示给孩子们给年钱，例②表示他给我两本书，例③表示被人欺骗的遭遇，这三个例子里，"给"都是动词，有实际的意义。

2. 介词：

（1）用在动词后，表示交予。物品和接受者常置于谓语动词前。如：

① 我傢们哈借下的钱儿哈还给。（我把借的钱还给他们）

② 年到得了，娃娃们哈买给个新衣裳。（快过年了，给孩子们买些新衣服）

③ 我家粪哈地里上给了。（我给地里上了家肥）

（2）相当于"叫""让"。表示让对方去做某事。如：

① 赶紧去，饭做好了哈大家哈吃给。（赶紧去，你把饭做好了给大家吃）

② 今儿可能下俩，取上个雨伞了哈娃娃哈拿给。（今天可能下雨，取把雨伞给孩子带上）

③ 凉上点开水，娃娃来了哈就喝给。（凉点开水，孩子们来了就让喝了）

也表示容许别人做某种动作。如：

① 傢的小吃儿哈谁哈啊不吃给。（他不给任何人吃他的零食）

② 你的好歌儿哈傢哈听给个。（你把你的好歌给他听一下）

③ 你的果冻哈傢哈吃给。（把你的果冻给他吃）

（3）助词：附于动词或者趋向动词后，强调让对方去做某事。如：

① 你傢哈钱儿哈给给。（你把钱给他）

② 你傢哈先羊哈挡去给。（你先让他放羊去）

③ 这几个馍馍哈傢哈送去给。（让他去把这几个馍送了）

④ 娃娃们糖儿吃里乏，你买去给。（孩子们要吃糖，你让他们去买）

三　副词"可""一挂"

在湟水流域汉语方言中，"可"最常见的用法是表示频率，相当于普通话的副词"又"。"可"也有"可价"的说法，这时更多的是"怎么就"的意思：如

你可来了吗？（你怎么又来了）

刚来啊，可走了吗？（刚来，怎么又走了）

你把傢哈可惹下了。（你把他又惹了）

人还没上完，车可价开了。（人还没上完，车就开了）

人还没来全，会可价开始了。（人还没来齐，会就开始了）

"一挂"是个范围副词，在湟水流域汉语方言中，"一挂"相当于普通话的"都""全部"；"一挂麻拉"表示总共。如：

人一挂没来。（人全都没来）

外面的哈一挂拿上进来。（把外面的全部拿进来）

一挂麻拉没来几个。（总共也没来几个）

四　"着"的用法

"着"在湟水流域汉语方言中可分为动词、介词、助词和语气词四类。读音有[tʂu²⁴]、[tʂɔ²¹]、[tʂʅ²¹]。"着"的动词用法与普通话基本相同，在此不赘述。助词"着"[tʂɔ]在湟水流域汉语方言中主要有四种用法：

1. 用在带处所的宾语的动词后表示物体通过动作被置放于或抵达于某处，相当于动词后附的"在""到"。如：

① 这些活哈拿着院里做去。（把这些放到院子里去做）

② 头碰着门上了。（头碰到门上了）

③ 碗哈放着桌子上。（把碗放在桌子上）

2. 用在动词性词语后，表示动作、情状等的持续或实现。如：

① 傢们盖房子着俩。（他们正在盖房子）

② 家里阿卡爷念经着俩。（家里喇嘛正在念经）

③ 傢们犁地着俩。（他们正在犁地）

3. 用在形容词性词语后，表示性状的存在。如：

① 西瓜甜着。（西瓜很甜）

② 这点汤香着。（这点饭很好吃）

③ 这个娃娃乖着。（这个娃娃很乖）

4. 用在句末表示请求、嘱咐、建议等祈使语气。如：

① 你我哈等着。（你等我一会儿）

② 我饭哈吃上了着。（你等我吃完饭了）

③ 车装满了着。（等车装满了）

普通话中表示动作行为的方位时，使用的介词有"在""到""从"等。在湟水流域汉语方言中"在""到"的意义都用"着"[tʂɔ]来表示。如：

① 菜哈拉着市场上卖去。（把菜拉到市场上卖了）

② 笔记哈记着书上。（把笔记记在书上）

③ 坐着家里了哈活哈不做去啊。（闲坐在家里不去干活）

在湟水流域汉语方言中有一些表示强烈感叹语气的感叹句末尾，有些时候会有谴责意味的，可以用"着"作为语气词，这是前面如果有"着"，读[tʂʅ]，句末语气词读[tʂɔ]。如：

① 你这么价摆给着做啥着[tʂʅ]着[tʂɔ]？（你怎么这么摆上了）

② 你能着！（你能得很）

③ 扎放着着。（在这儿放着哪）

五 "哈"的用法

湟水流域汉语方言中"哈"一般在名词、代词之后，表示动作、行为的支配关涉的对象提前，有以下几种情况：

1. "哈"后置于提前宾语之后，作为宾语提前的标志。如：

（1）在主谓句中，如：

① 我傢哈打了。（我打了他）

② 你傢哈嫑打。（你不要打他）

（2）"哈"出现在双宾句中，位置在双宾语句的间接宾语后，可以将间接宾语提前到动词前。如：

① 我傢哈给到了些菜。（我给他一些菜）

② 那个老外我的娃娃哈教英语价。（那个老外在给我的孩子教英语）

（3）"哈"使动词支配的对象前置于动词之前，形式上与普通话的"把"字句相当。如：

① 你我的牛哈赶上来。（你把我的牛赶过来）

② 我馍馍哈拿上。（我把馍拿上）

（4）"哈"使动词支配的对象前置于动词之前，相当于普通话中前置介词"对"，置于代词之后。如：

① 你谁哈想心上没来着？（你对谁有意见）

② 啥事情有了哈你傢哈说。（有什么事你对他说）

2. "哈"与"给"共同构成"哈……给"的组合式，表示动作的受事前置，有使动意义，在代词、名词或"的"字短语之后。如：

① 傢哈买去给吗?(让他去买东西吗)

② 尕王儿哈走给。(让小王走)

3. 将表示动作、行为支配对象的"的"字短语提到动词之前，"哈"出现在"的"字短语之后。如：

① 好着的哈说给，不好着的哈嫑说。(把好的说了，不好的就不要说了)

② 你没做过的作业哈做。(你写没写过的作业)

4. 将受事提前，后置于动词、动态助词"了"或者"的"字短语之后，表示动作行为发生的时间、条件。有"如果""要是""的时候""以后"的意思。如：

① 你蓝颜色的想要了哈蓝颜色的哈拿上哟。(如果你想要蓝颜色的，就把蓝颜色的拿上)

② 你去哈傢喝酒者哟。(你去的时候他在喝酒吧)

六　语气词

湟水流域汉语方言的语气词比较丰富。常用的语气词：哟、价、啊、俩、呗、弗、乏、吗、吧等，还有复合语气词，如：哩吗、哩乏、哩哟、弗萨、弗着等。这些语气词不仅可以置于全句末，也常出现于分句末或者单句的某一个成分后，从不同角度强调其所附成分。

1. 哟、价

（1）哟：在湟水流域汉语方言中"哟"是用得很多的语气词。"哟"多用于句末，表示祈使命令，有时也表疑问。如：

① 你人哈嫑骂哟！(你别骂人)

② 多里给点哟！(多给一点)

③ 客人哈让着桌子上哟！(把客人让到桌子上)

④ 你去里哟？（你去吧）

⑤ 你吃着哟？（你正在吃吧）

⑥ 你好着哟？（你好着呢吧）

以上前三句句尾的"哟"表祈使，后三句句尾的"哟"表疑问。

"哟"也可以表示请求、愿望等语气意义。如：

⑦ 傢哈叫上哟，一处儿来的啊！(把他叫上，我们一起来的)

⑧ 走哟，走哟，再不走哈车就跟不上了啊。(快走，快走，再不走就赶不上车了)

"咲"有时也可以表示揣度的语气。如：

⑨ 这两天你好着咲？（这两天你好着吧）

⑩ 我们不去咲?（我们是不是不去）

（2）价："价"也是湟水流域汉语方言中一个使用频率很高的语气词。"价"多用在句末表疑问。湟水流域汉语方言很少有反复问句，一般在句末加"价"表示反复疑问。如：

① 你走价？（你走不走）

② 那个衣裳你穿上哈合适价？（你穿那件衣服合适不合适）

③ 你再吃价？（你再吃不吃了）

"价"也常用于肯定句中表示某事正在进行。如：

④ 傢们正吃价。（他们正在吃饭）

⑤ 好好儿说价，傢不听哪。（正在好好地说，但他不听）

⑥ 我听价，傢我哈不听给啊。（我正在听，他不让我听）

"价"也可以用于一般的疑问句中，询问事情是否正在进行。如：

⑦ 你们做价？（你们正在做吗）

⑧ 你们庄稼种价？（你们这两天是不是正在种庄稼）

⑨ 傢们的房子卖价？（他们的房子往外卖吗）

2. 啊、俩

（1）啊："啊"在句末，用于提醒对方，叮嘱对方，说话时用升调，有时，前面还会出现一个"啊"。如：

① 说下的事情，你记着啊！（说下的事情，你一定要记住）

② 早甚里八点哈考试价，记着啊啊！（早上八点的考试，记住啊）

③ 菜带锅里俩，你吃上啊啊！（菜放在锅里了，你记着吃了）

"啊"也可以用在句尾，陈述一种愿望或想法不能达成的事实或表示对一件事情的感叹，相当于普通话的"的呀"。如：

④ 我听价，傢我哈不听给啊。（我正在听，他不让我的呀）

⑤ 傢忙着乏，这半天不做给啊。（他说他很忙，这半天不给做）

⑥ 傢们的龙头坏着乏，水没接给啊。（他们说他们家的水龙头坏了，没有给接水）

⑦ 那个的病重着啊！（那人的病重的呀）

⑧ 傢们的汤香啊！（他们家的饭香的呀）

⑨ 今年的社火好啊！（今年的社火好的呀）

"啊"在句尾，有时表示在向人责问时的特意强调。如：

⑩ 致个书你念哩吗不念哪啊？（这个书你还念不念了）

⑪ 你好好儿写哩吗不写？（你到底能不能往好里写啊）

⑫ 你到底去哩吗不去啊？（你到底去不去）

（2）俩：在湟水流域汉语方言中"俩"多用于疑问句中，表示向对方询问。如：

① 你去俩？（你去不）

② 傢说俩？（他说不）

③ 这个病好俩？（这个病会不会好）

"俩"也常用于句末或句中，表示对一种事实或现状的确认。如：

④ 傢们一挂好着俩。（他们都挺好的）

⑤ 作业写着俩。（作业正在写）

⑥ 拳划着俩，酒没喝着。（光划拳，没有喝酒）

"俩"还用于"动词/形容词+俩+不着"的句式中，表示给对方一个条件后，对方能不能满足自己条件的一个询问。如：

⑦ 我你哈好哈，你我哈好俩不着？（我对你好，你会不会对我好）

⑧ 我你哈输给哈，你我哈打俩不着？（我输给你，你会不会打我）

⑨ 我你哈说哈，你我哈全部说俩不着？（我要是告诉了你，你会不会全部都告诉我）

3. 呗、弗、乏

（1）呗

普通话里的语助词"呗"，大致有两种用法：一是有"罢了""如此"的意思，二是表示同意、命令等语气，跟"吧"相当。在湟水流域汉语方言中也有语助词"呗"，其用法部分与普通话相同，另外，还有"确实如此""明显如此"的意思，有时还带有不满意的感情色彩。如：甲问："瓜阿门价价。"乙答："瓜老着呗"，意思是"瓜有些老了"。这时是用句尾高而重的调子。在湟水流域汉语方言里，"呗"在已知事实，向对方陈述时用得最多。例如：

① 傢酒喝着呗。（他能喝酒）

② 傢家里看书着呗。（他在家里看书）

③ 烧柴湿着点呗。（柴火有点湿）

（2）弗

在湟水流域汉语方言中经常在句尾使用一个表示疑问或肯定的语气词"弗"，表示对第三方说话的转述，一般含有"据说"或类似"他说"的意思，主语一般是第三人称。例如：

① 傢来哩不弗？（他有没有说他来不来）

② 傢拴牛着弗。（他说他在拴牛）

③ 傢们家里娶媳妇着弗。（他说他们家正在娶媳妇）

（3）乏

"乏"和"弗"的作用差不多，都是转述第三方的说话内容，但是，"乏"和"弗"在具体的用法上有些细小的差别，如在对话中，"傢去里乏？"是在询问第三方去还是不去，但是，"傢去里弗"，意思为"他说他要去"，不是疑问而是肯定。此外，句末用"乏"跟用"弗"相比，有时能表达不满的情绪。如："傢不去乏"，可以包含对他不去的事实的不满意情绪，而"傢不去弗"，只是简单地转述他不去了的事实。

4. 吗、吧

在湟水流域汉语方言中"吗"的很多用法和普通话类似，在此不赘述。与普通话不同的用法主要有：

（1）用在选择问句、反复问句前问项后，构成"X 吗 Y"句式，选择问句不用关联词时一般要用"吗"。如：

① 养下的丫头吗尕娃儿啊？（生的是女儿还是儿子）

② 今儿一号吗二号啊？（今天是一号还是二号）

③ 饭做下的多吗少啊？（饭做得多还是少）

④ 你去哩吗不去啊？（你去还是不去）

⑤ 碗洗了吗没洗啊？（碗洗了还是没洗）

⑥ 你馍馍吃哩吗茶喝俩？（你吃馍还是喝茶）

（2）用在是非问句后表疑问语气。如：

① 方便着吗？（现在很方便吗）

② 丫头哈婆婆家给到了吗？（女儿许给婆家了吗）

③ 你闻个，致个花儿香吗？（你闻一下，这个花儿很香吧）

"吧"多用于陈述式后构成疑问，表示测度语气，是独立性疑问语气词。有时后面"噶"，构成复合语气词"吧噶"，表示猜测时怀疑的成分更多一些。

④ 门开着吧？

⑤ 阿爷致两天好着吧？（爷爷这两天好着吧）

⑥ 十点了啊，门这开里吧噶？（十点了，门应该开了吧）

5. 复合语气词

哩吗、哩乏、哩哨、哩吧、弗哨、弗着等复合语气词，多附于句尾，有时也出现于句中，表达各种语气。

"哩吗""哩哨"多表示对已知情况的核实、确定。如：

① 你家里去哩吗？（你要回家去啊）

② 你致两天好着哩吗？（你这两天挺好的是吧）

③ 傢致们价说着哩吗？（他这样说啊）

④ 你去哩哟？（你确定你要去）

⑤ 你们的奶子倒给哩哟？（你确定能给我倒些你家的牛奶）

⑥ 你的书我哈借给哩哟？（你确定会把你的书借给我）

"哩乏""弗哟"多表示对第三方情况的转述。如：

① 傢去哩乏？（他说他去不去）

② 傢们买卖做着好着哩乏？（他们说他们生意做得怎么样，好不好啊）

③ 傢们的娃娃书念着歹着哩乏。（他们说他们的孩子学习挺好的）

④ 傢们好着弗哟？（他们说他们挺好的）

⑤ 傢今儿不来弗哟。（他说他今天不来了）

⑥ 傢们的丫头哈再不念给弗哟。（他们说不再让他们的女儿上学了）

"弗着"多用来陈述事实，相当于"因为……"。如：

① 致个哈傢们见不上啊，揣摩了弗着。（他们瞧不起这个人，因为太慢了）

② 傢的媳妇再不来乏，打了弗着。（他的媳妇再不来了，因为她被人打了）

③ 傢再学里不去乏，学费贵了弗着。（他辍学了，因为学费太贵了）

第三节　湟水流域汉语方言的句式特点

一　"把"字句

湟水流域汉语方言"把"字句与普通话有同有异。其相同的如下：

① 你把这一本书哈傢们哈还给去。（你把这本书还给他们）

② 那一帮人把李三哈打下了。（那帮人把李三打了）

相异之处有以下三点：

（1）否定词在"把"字句中的位置不同，普通话里的否定词多在"把"字前，而湟水流域汉语方言多在"把"字结构之后紧贴动词。如：

① 你把傢哈往家里没让啊。（你没把人家往家里请）

② 傢把新衣裳哈没穿。（他没把新衣服穿上）

③ 你把你的土话哈没说啊。（你没说你的家乡话）

（2）"把"字句中的动词，普通话要求有处置的意味，而湟水流域汉语方言有些时候可以没有处置的意味。如：

① 你把你的坐下。（你坐你的）

② 你把我没看起个人。（你看不起我）

③ 把他价的了着。（一种遗憾的感叹）

（3）普通话"把"字所介引的是动词的受事，而湟水流域汉语方言有时不是动作的受事。

① 把你这个不胎海。（你这个不争气的人）

② 把傢懒着油瓶瓶倒下哈也不扶。（懒得油瓶倒了都不扶）

③ 傢把你哈展脸没给吗？（他们没给你好脸色吗）

二 "宾—动"句式

"宾—动"式是湟水流域汉语方言的一种基本句法格式，它不像普通话，作为"变例"出现，所谓基本句法格式，是说这种格式应用的范围极广，概括的句子极多。

陈述句如：牛你 3 个拉上我 4 个拉上。（牛你拉上 3 头，我拉上 4 头）

　　　　　这几晚夕夜熬死了。（这几天熬夜熬坏了）

疑问句如：劳动模范阿个就是啊？（哪个是劳动模范）

　　　　　汽车阿们开价？（怎么开汽车呀）

感叹句如：撂到的丫头寻得了！（找到了丢了的姑娘）

　　　　　阿妈哈寻着啊！（找妈妈找坏了）

祈使句如：今晚上汤喝来！（你今晚到我家来吃饭）

　　　　　那个地里化肥哈撒上！（那块地里撒上化肥）

在否定句中，"宾动"结构尤其常见，如：

① 你我哈管的不要。（你不要管我）

② 干坏事的人好下场没有。（干坏事的人没有好下场）

三 "哈"字句式

在湟水流域汉语方言中，"哈"字加在宾语后面可以造成"宾—动"式。处在宾语后面的"哈"字，实质上是一个后置的介词。它的作用相当于"把""对""向"等；它的词义却比"把""对""向"更加空灵。

1. 在湟水流域方言中，最常见的一种格式是"体词性词语+哈"表示宾语。"哈"是宾语的标记，名词后面带"哈"，同时又出现在动词前面的一定是宾语。例如：

① 茶哈炉子上搭上。（在炉子上把茶烧上。）

② 你工作哈嫑思谋。（你不要思考有关工作的事情）

③ 我傢哈说了啊。（我给他叮嘱过）

假如句子中有双宾语，有时每个宾语后面都要加"哈"。例如：

④ 傢你哈钱儿哈给了。（他已经给你给钱了）

⑤ 你包包哈我哈给给。（你把包给我）

⑥ 羊哈你草哈添给。（你给羊添些草）

2. 受普通话的影响，湟水流域汉语方言出现了一种"把+宾语+哈"的句式，例如：

① 我把我的衣裳哈扯到了。（我把我的衣服扯了）

② 你把你的作业哈写。（你写你的作业）

③ 你把我的书哈扯到着？（你怎么把我的书扯了）

四　疑问句

从结构上分，普通话的疑问句可分为是非问、特指问、选择问和反复问，湟水流域汉语方言的疑问句跟普通话差不多，也有以上的几种类型，但是有些句型较为常见，有些用得较少。

1. 是非疑问句的主要构成要素是语气词和语调。常用的语气词有：吗、俩、价、着哟。"吗"出现在否定形式的动词句形容词句里。多数是非问句是上升语调，少数用下降语调，语气词必须出现。如：

① 钱儿没有吗？（没钱吗）

② 油饼炸下的没有吗？（没有炸好的油饼吗）

③ 阿舅快点走不动吗？（舅舅走不快吗）

"俩""价"出现在肯定形式的动词句形容词句里。"俩""价"在有些句子里不能通用，如"票有俩？"（有没有票）"那个房子高价？"（那座房子高不高）。在第一个句子里不能用"价"，第二个句子句末不能用"俩"。在有些句子里能通用，如"这个瓜你吃价？"（你吃不吃这个瓜）也可以说"这个瓜你吃俩？"用"价"和"俩"在意义上有一点区别。"这个瓜你吃俩？"一般在吃之前问；而"这个瓜你吃价？"可以在吃之前问，也可以在吃的中间因为其他原因放下不吃的时候问。

2. 特指问的构成要素有疑问代词和语气词。湟水流域汉语方言问人问事物的疑问代词是"阿个""阿一个""啥"；问处所的是"阿扎""阿里个"；问时间是"阿做快""啥时候""多早"；问数目是"几""几个"；问性质状态方式的是"阿门"。常用的语气词有：啊、俩、哪。问人、事物和数目的句子常用"啊""哪"。如：

① 你的达达是做啥着的啊？（你父亲是干什么的）

② 这么些人，前庄里的 3 个，后庄里的 6 个，中庄里的几个啊？

③ 那个庄子里几户人哪？（那个村庄总共有几户人家）

"俩"出现在问所处、时间、性质状态方式的句子末尾。如：

④ 你们的家带啊扎俩？（你家在哪儿）

⑤ 你多早走俩？（你什么时候走啊）

⑥ 我们走西宁哈，阿门走俩？（我们怎么样去西宁）

选择问是在多种对象中探求被问者的取舍。湟水流域汉语方言表选择问不用"……是……还是……"的格式，而是有两种格式，一种是"……哩吗……俩"的格式。如：

① 你写字哩吗看书俩？（你是写字呢还是看书呢）

② 你学校里去哩吗家里去俩？（你是去学校还是回家）

③ 大人去哩吗娃娃们去俩？（是大人去还是小孩去）

如果是对过去事情的询问，就用"……了吗……了"的格式。如：

④ 傢割肉去了吗买酒去了？（他去割肉了还是去买酒了）

⑤ 你夜来去了吗前一天去了？（你是昨天去的还是前天去的）

⑥ 那点钱儿俩盖了房子了吗买了牛了？（用那点钱盖房子了还是买牛了）

另一种是前项末尾出现语气词"吗"，构成"……吗……？"的格式。如：

⑦ 松树高吗柳树高？（是松树高还是柳树高）

⑧ 那个地里种着的麦子吗青稞？（那块地里种的是麦子还是青稞）

⑨ 今晚夕演着的社火吗眉户儿？（今天晚上演的是社火还是眉户戏）

3. 湟水流域汉语方言很少用反复问句，如：普通话的"你去不去？"湟水流域汉语方言的表达方式为"你去俩？"在强调的情况下，也用反复问句，不过反复问句重复谓语，而且在两个谓语之间加"哩吗"或"着吗"，其形式是"谓语—哩（着）吗—谓语"，如：

① 你吃哩吗不吃？（你吃不吃饭）

② 傢电影看哩吗不看？（他看不看电影）

③ 水烫着吗没烫着啊？（水热不热）

④ 糖甜着吗没甜着啊？（糖甜不甜）

第四节 湟水流域方言中的比较句

每一种方言都有表示比较的句子。比较句是用于比较的句子。湟水流域汉语方言表示比较的句子有平比句、差比句、渐进比句和极比句四种。每一种都有不同的格式，下面分别进行讨论。为了研究和叙述的方便，本书中用"甲"代表比较对象，用"乙"代表被比较对象。

一 平比句

平比句用于比较两个比较对象在性状、程度等方面是否相等。湟水流域汉语方言常见的平比句有三种：

1. 甲+带+乙+俩+一样+W

这种格式是平比句中常见的一种格式。这里的 W 表示比较值，一般由 VP 充当，有时也可以省略。例如：

① 这个地/（带）那个地俩/一样儿大。（这块地和那块地一样大）

② 这个娃娃/尕子块俩一样儿知事。（这个小孩和小时候一样懂事）

③ 这个人/那个人俩一样好。（这个人和那个人一样好）

④ 我/（带）你俩一样高。（我和你一样高）

⑤ 傢的字儿/（带）你的字儿俩一样（好看）。（他的字和你的字一样好看）

⑥ 尕宝儿的脾气/（带）傢的阿爸俩一样儿犟。（尕宝儿的脾气和他爸一样犟）

这种格式的否定形式有两种，一种表示完全不同，一种表示部分不同。第一种否定形式为：甲+（带）+乙+没一样+着。例如：

⑦ 我们班的作业（带）傢们班的作业俩没一样着。（我们班的作业和他们班的作业不一样）

⑧ 家里坐着的（带）外面打工着的俩想着的没一样着。（待在家里的和外面打工的想法不一样）

第二种否定形式为：甲+（带）+乙+不一样+点。例如：

① 我们班的作业（带）傢们班的作业俩不一样点。（我们班的作业和他们班的作业有点不一样）

② 今年种给的（带）年时种给的俩不一样点。（今年种的和去年种的有点不一样）

这种格式常常用于疑问句。例如：

③ 我的娃娃（带）你的娃娃俩一样儿大啊没？（我的孩子和你的孩子一样大吗）

——一样。

——不一样啊（没一样着）。我的娃娃大点。

④ 你们的麦子（带）我们的俩一样着俩？（你们家麦子和我们家的麦子品种一样还是不一样）

——一样。

——不一样啊（没一样着）。你们的一号，我们的二号。

2. Z+比较项+一挂+一样+W

这种平比句常用于比较可以定量的人或事物，Z 表示数量值，W 一般情况下不能省略。例如：

　　① 俩儿本子一样儿大。（两个本子一样大）

　　② 仨儿丫头一样儿心疼。（三个姑娘一样漂亮）

　　③ 五个学校一挂一样儿新。（五个学校都一样新）

　　④ 几个娃娃一挂一样儿聪明。（几个孩子都一样聪明）

　　这类句子里"一挂"（全部）常用来表示大于二的数量。如例①一般不说"俩儿本子一挂一样儿大"。Z 可以指确定的数量，如例①—③；也可以是不确定的大概的数量，如例④。

　　这种平比句的否定形式常见的是：Z+比较项+一挂+没一样着。例如：

　　⑤ 两样货价格没一样着。（两样货价格不一样）

　　⑥ 五个人穿着的一挂没一样着。（五个人穿得都不相同）

　　以上格式也可以说成：Z+比较项+一挂+不一样。例如：

　　⑦ 两张牛皮薄厚里不一样。（两张牛皮厚度不一样）

　　⑧ 五个娃娃穿着的衣裳一挂不一样。（五个娃娃穿的衣服都不一样）

　　只是"Z+比较项+一挂+没一样着"比"Z+比较项+一挂+不一样"更常用一些。

　　这种句子中的"一样"如果换成"一个样样儿"，语气就不一样了，而且含有明显的潜台词。如"这个地那个地俩一个样样儿"，其潜台词是两块地无论哪一方面都相同，没必要再挑三拣四，拿不定主意；如"今年的菜价年时俩一个样样儿"。在对方知道去年菜价过高或过低的前提下，其潜台词里还表达了对过高或过低的不满。

　　表示否定时没有"没一个样样"或"不一个样样"的说法。

　　例句中的"一样"也可用"阿那马那""差不多"替换，"阿那马那"是藏语，表示差不多一样。但替换时要补充比较值的内容，并把比较值从句尾提到句中。如例①这个地那个地俩大小差不多；例④可以说成"几个庄子穷富里差不多。"

　　3. 甲+乙+W+的个+有俩

　　这种格式以乙为基准来进行比较，表明甲达到了乙的标准。例如：

　　① 傢的女婿我的兄弟高的个有俩。（她的女婿和我的弟弟一般高）

　　② 村长当兵的那一年你大的个有俩。（村长当兵的那年和你现在一样大）

　　③ 你尕的块念书哈他逮（学习好）的个有俩。（你小时候念书和他念得一样好）

　　④ 南方冬天下雪的块我们这里冷的个有俩。（南方冬天下雪的时候跟我们这里一样冷）

　　这种句式在表达疑问语气的时候，是在询问甲是否达到了乙的标准。例如：

⑤ 你们的洋芋我们的大的（个）有俩？（你们家的马铃薯有我们家的大吗）

⑥ 尼龙府绸牢的（个）有俩？（尼龙有府绸结实吗）

⑦ 西宁扎这儿冷的（个）有俩？（西宁有这儿冷吗）

⑧ 我们家里的面街上卖着的面好的（个）有俩？（我们家的面粉有街上卖的面粉好吗）

在回答这一类问句的时候，如果答复是肯定的，用"有俩"或"差不多的个"等来作答。如果答案是否定的，多用"没有"或者"没有点"等来作答。

二　差比句

差比句比较前后两个比较项在形状、程度、高低、大小等方面的差别。从意义上看，可分为胜过式和不及式两种。

1. 胜过式

胜过式表示前一个比较项优于、胜于或超过后一个比较项，有以下三种表达方式：

（1）甲+比+乙+W

这一句法形式在普通话里常用的，同时也是湟水流域汉语方言中的基本句式之一。"比"前后的两项，可以是谓词性的，也可以是体词性的。W多由VP充当。例如：

① 傢们家里比你们家里富。（他们家比你们家富有）

② 今年的庄稼比年时的庄稼好。（今年的庄稼比去年的好）

③ 傢写着的字儿比你写着的哈还好看。（他写的字比你写的字还好看）

这种格式的 W 前面常常出现程度副词"还"，如例③，比较词"比"的前面常常出现表示估计、加强语气的"保证、保险、肯定"等副词。

（2）甲+比+乙+哈+W+（Z）

这是湟水流域汉语方言最有特色的差比句，它的语序是"甲+比+乙+哈+W+Z"。"哈"是典型的后置词，如果语音上需要停顿，停顿是在"哈"之后。这种格式比较"比"前后两个比较项的数量或程度，甲以乙为基准，"比"也可以省略。"比"前后两个比较项，可以是体词性的，也可以是谓词性的。差比量化值可以是确定的数，也可以是大概的约数，也可以省略。例如：

① 这一腰裤子（比）那一腰裤子哈长着一寸。（这条裤子比那条裤子长一寸）

②娟娟（比）傢的妹子哈大着三岁。（娟娟比她的妹妹大三岁）

③我你哈高着点。（我比你高一点）

④我们家（比）你们家哈远着八十公里。（我们家比你们家远八十公里）

如果强调 W 的程度很高，而又没有一个定量值，可以在 W 后面+哈着些儿。如例①可以说成"这个裤子那一个裤子哈长哈着些儿"。表示这条裤子比那条裤子长很多，这时不加"比"来进行对比。

（3）甲+哈+看哈+乙+W

这种结构也是湟水流域汉语方言较有特色的差比句结构，它使用动词性较强的"看"来介引基准。例如：

①这个哈看哈还是那个的质量好点。（跟这个比较还是那个的质量好一些）

②哥哥哈看哈兄弟歹。（跟哥哥相比弟弟更能干）

（4）甲+（带）+乙+（比）哈+甲+W

这一结构与普通话"和……相比……"差不多，"比哈"为比较标记，"带"是连接成分，有时可以被后置词"俩"替换；基准可以在前，也可以在后。

①这个地带那个地比哈这个地好。（和那块地比，这块地好）

②床俩比哈炕大。（和床比，炕大）

③青稞带麦子俩比哈麦子好点。（和青稞比麦子好一些）

④衣裳带裤子俩哈衣裳贵点。（和裤子比上衣贵一些）

2. 不及式

不及式表示前一个比较项比不上后一比较项。湟水流域汉语方言这种格式有六种表达形式：

（1）甲+乙+W+没有

这一结构和普通话的"甲+没有+比较项+W 相当，但是"没有"置于句末。如：

①阿妈的岁数娘娘大的个没有。（妈妈没有姑姑岁数大）

②我俩比了一下，傢我的头发长的个没有。（我俩比了一下，她的头发没有我的头发长）

③嫂子孖妹心疼的个没有。（嫂子没有弟媳妇漂亮）

（2）甲+乙+哈+跟不上

跟普通话的"A 不如 B"接近，主要的差别是语序，"跟不上"的意思是"赶不上、不如、不及"，放在句末。如：

①阿姐做下的鞋底妹子的哈跟不上。（姐姐做的鞋底不如妹妹做的）

② 新村里的房子老家里的哈跟不上。（新村的房子不如老家里盖的）

③ 我这一次挖下的虫草上一次的哈跟不上。（我这次挖的虫草不如上次的好）

（3）甲+乙+哈+不到

① 今年的菜籽价钱年时的价钱上不到。（今年的菜籽价钱不如去年的）

② 今年挣下的年时上不到点。（今年挣的不如去年多）

③ 这个料子那个上不到点。（这块布料不如那一块儿）

（4）甲+塔拉+不+W+乙+着

① 吃肉塔拉不喝汤着。（吃肉不如喝汤）

② 看书塔拉不睡觉着。（看书不如睡觉）

③ 馒头塔拉卷卷儿不蒸上着。（蒸馒头不如蒸花卷儿）

（5）甲+乙+W+不过

这种格式一般要在句首或句中点明比较点。其构成的句子带有较强的较量意味。例如：

① 耍嘴皮子哈，你傢哈耍不过。（论耍嘴皮子，你不如他）

② 傢腿子长，你傢哈跑不过。（他腿长，你跑不过他）

③ 巴结人着的，你傢哈巴结不过。（巴结人的事，你不如他）

这一类句子往往有言外之意。如例①的言外之意是"如果是除了耍嘴皮子之外的其他方面，你不见得比他差"；例③的言外之意是"除了巴结人、拍马屁的那一套，别的你都不比他差，而且对他擅长拉关系有鄙视意味。

（6）甲+连+比较项+没有

① 你连傢的一角角儿啊没有。（你和他相比，差很远）

② 今年再挣啥俩，连年时的个啊没有。（今年没挣多少，不如去年）

③ 再补啥俩，连年时的个啊没考啥。（虽然补习了，今年考得不如去年）

三　渐进比句

渐进比句比较的往往不是两种事物，而是多种事物，渐进比句对多种事物进行逐次的比较，表示程度逐渐加深或者减弱。渐进比句两个前后的比较项都是数"一"＋量词，两个比较项的量词应为同一个量词。渐进比句有胜过式和不及式：

1. 胜过式

胜过式表示程度逐渐加深。例如：

① 傢们的娃娃一个比一个逮。（他们家的孩子一个比一个能干）

② 中学生一年比一年多。

③ 老哈着说事一年比一年多。（人老了一年比一年爱唠叨）

2. 不及式

不及式表示程度逐渐减弱。例如：

① 老哈着，一年不像一年了。（人老了，一年跟一年不一样了，意思是身体状况一年比一年差了）

② 地里的庄稼一年把一年哈跟不上。（地里的庄稼一年不如一年）

③ 傢们家里的丫头，一个把一个哈跟不上。（他们家的姑娘一个不如一个）

湟水流域汉语方言不及式更多的是 NP+一+量词+比+量词+W，W 用贬义词来表示。如"傢们家里的丫头，一个比一个丑。"意思也是"长得一个比不上一个"。

四　极比句

在同类的事物中进行比较，比出胜出和不及的句子是极比句。极比句所比较的是一种事物与同类事物的差别，比较的对象较为宽泛。由于比较出胜出和不及，所以极比句分胜过式和不及式两种：

1. 胜过式

在湟水流域汉语方言中胜过式的表达形式有以下三种：

（1）乙+就+甲+最+W

这种格式的乙指定的是比较的范围，不是指特定的比较对象。例如：

① 这个庄子里就这个丫头最逮。（这个姑娘在这个村里最能干）

② 羊伙里就这个羊最害。（羊群里这只羊最不被驯服）

③ 青稞里就这个产量最高。（青稞当中这种产量最高）

④ 这个庄子里就你们条件最好。（这个村里就你们条件最好）

（2）甲+比+乙+W

这种格式甲是任指的，前面常常出现"随便儿"等词。例如：

① 外面随便儿做点啥哈比种庄稼着的舒坦。（到外边干什么都比在家里种庄稼舒坦）

② 城里头的死啥比庄稼人家的贵。（城里头的随便啥都比庄稼人家的贵）

③ 阿一个学校比这个学校考着好。（随便那一个学校比这个学校考得好）

④ 阿门做哈比炒着的香。（随便怎么做都比炒的香）

（3）甲+比+乙+W

这种格式乙是任指的。例如：

① 这个丫头比阿个哈听话。（这个姑娘比哪一个都听话）

② 扎的青稞比阿扎的哈成数高。（这儿的青稞比那儿的产量都高）

③ 扎比阿扎阿学校俩近。（这儿比那儿都离学校近）

④ 这个人做坏哈比谁啊逮。（这个人干坏事比谁都厉害）

2. 不及式

不及式的表达形式有四种：

（1）甲+乙+哈+跟不上

这种格式里甲是任指的。例如：

① 阿个媳妇阿这个哈跟不上。（哪一个媳妇都没有这个好）

② 念书哈谁阿傢哈跟不上。（没有一个人比他念书念得好）

③ 阿一回考试阿这一会哈跟不上。（哪一回考试都没有这一回考得好）

④ 阿门做哈你做下的哈跟不上。（无论怎么做都比不上你做的）

（2）甲+乙+W+没有

这一结构在 W 之后必须要有"的个"，否则讲不通。如：

① 阿个衣裳啊这个好的个没有。（哪件衣服都不如这件衣服好）

② 走着阿扎哈个家的家里好的个没有。（无论走到哪儿都没有自己的家里好）

③ 阿一个老师啊刘老师讲着好的个没有。（没有哪个老师比刘老师讲得好）

④ 阿扎的老师啊扎的老师的个没有。（哪儿的人都没有这儿的人老实）

（3）乙+甲+最+不好

① 这点里这个最不好。（这些里这个最不好）

② 这一帮牛伙里这个最不逮。（这个牛群里这只牛最不好）

③ 这个庄子里他们的条件最不好。（这个村里他们的条件最不好）

④ 青稞里这一种青稞成数最不好。（青稞品种当中这种青稞产量最不好）

（4）甲+乙+最+名词+没有

① 你挑上的是几个里最拉尼没有的一个。（你挑的是这几个里最没有本事的一个）

② 傢今年种给的是最成数没有的一种。（他今年种的是产量最不好的一种）

③ 这个人是这点伙了最酒量没有的一个。（这个人是这帮人中最没有酒量的一个）

第五节　富有地方特色的"打～"类词语

"打"在汉语中是一个非常活跃的动词或动词性语素，它的使用频率高，搭配范围广，意义纷繁复杂。就义项而言，《现代汉语词典》（修订本）收入以"打"为头组成的词语共 193 条。"打"在湟水流域汉语方言中的使用频率也很高。以"打"起头构成的词语来说，《西宁方言词典》共收了 53 条，但实际上不止这些。下面对湟水流域汉语方言中以"打"起头的词语的语义、语法和语用功能试作分析。

一　"打～"类词语的语法分析

湟水流域汉语方言以"打"开头构成的词语除极少数为名词（如"打络络"指大人和小孩玩的一种游戏）外，一般为动词或动宾固定结构。"打"为动词性成分，其后的成分大多是名词性的，部分为动词性的。

1. 打+NP（名词性成分）

这一类词语和"打"之间是动宾关系。"打"的意义有的可以分解说明；有的模糊，不能分解，"打"与"N"结合紧密，整体表义。如：

打指甲：剪指甲。

打点：送人钱财、礼物等，请求照顾。

打尖：半途休息，或干活中间休息吃点东西。

打毛蛋：打篮球。

打豁先：打哈欠。

打背锤：瞒着合伙中的某人或某些人吃喝、私吞等。

打场：平整用来打碾的打谷场。

打脸：丢人、丢脸。

打私交：打交道。

打脚丝动：睡觉时，两个人的头放在床的两头。

打搅儿：青海地方曲艺的一种，篇幅短小，诙谐幽默。

打春：立春。

打捷路：抄近道。

打倒风：生火时，烟不从烟囱里往外冒，而是从灶里往房子里冒，叫"打倒风"。

2. 打+VP（动词性成分）

打散：将财物等白白分散给他人。

打砸抢：社会上不务正业的人，专门干一些抢劫、偷盗等勾当。

打问：打听。

打恍惚：犹豫。

打碾：收成。

打过拉：到外面去转。

打划：打算，计划。

打灭：扑灭。

二　"打～"类词语的语义分析

在普通话中，"打～"词语中"打"的语义有三种情况：第一，"打"的意义可以分解说明的；第二，"打"的意义模糊、不能分解的，如"打交道""打眼"（惹人注意）；第三，"打"的意义虚化，如"打扫""打赌""打捞"。下面重点分析湟水流域汉语方言"打～"的第一种情况。

"打"的意义可以分解说明，如"打烧纸"。"打"意为"撞击"；"打胎"意为"除去"。"打"的这些意义，普通话有的，湟水流域汉语方言大多都有，只是由"打"构成的具体词语的词义有的不一样，如"打铁"在湟水流域汉语方言中指"头脑有些不合适的人"，而普通话中的"打铁"没有这一含义。"打"在湟水流域汉语方言中由于搭配对象不同而产生了一些独特的意义，不同于普通话，下面着重分析这些意义。

① 打牛：放到野外。

② 打铺子（从别人手里转让或把店铺转让给他人）：转让。

③ 打指甲：剪断。

④ 打遮：收拾干净。

⑤ 打泡（手脚等处因为摩擦而起泡）：磨、挤脚。

⑥ 打仰尘（糊上或放上房子里面的顶棚）：糊上或放上。

⑦ 打坟：挖。

⑧ 打麻烦：找。

⑨ 打秋（荡秋千）：荡。

⑩ 蛀虫打到了：虫蛀。

⑪ 打布：买布。

三　"打～"类词语的语用分析

"打～"类词语，是经高度概括而成的民间口语词语，有些是对某种事象的生动概括，大多相沿习用已定型成短小精练的惯用语。因此，湟水流域汉语方言中的"打～"类词语形象生动、凝练概括，蕴含着丰富的地域文化信息，是一种极富表现力的词语。

1. 凝练概括、形象生动类词语举例。

打野娃娃：将孩子放任自流，不去看管。

打浇洗：脱光衣服在河里游泳。

打兴头：失去兴趣。

打埋眼：一会儿精力不集中。

打懒展：伸懒腰。

打浆浆：蛮不讲理。

打赌背：赌气。

打垃圾：捡破烂。

打蛋：比喻人等很多，很拥挤。

打当日：一天一个来回。

打脸板板：不知羞耻的人。

2. 蕴含丰富的地域文化信息类词语举例。

打发：或者叫"打发丫头""打发姑娘"，是指女子出嫁。

打醋炭：民间在年三十晚上举行的活动。把烧红的石头放在盛有醋、柏树枝的容器里，让蒸气充满房间，以此来祛除邪气。

打伙生：也叫"打平伙"，指是一种聚餐习俗。众人各自均摊费用或食物，合在一起聚餐，既是一种改善伙食的方式，也是一种交际方式。

打冬肉：宰杀牛、羊肉等储备起来，为过冬天做准备。

打冰：腊八那天，人们到河里取一些冰回家，有些冰放在家里，有些冰放在田地里，据说从冰结晶的样子里可以预测来年哪一种粮食能够丰收，因为要从坚硬的冰层上往下敲，所以叫"打冰"。

打锣锣：一种大人拉着小孩的两只手做的游戏，做时，大人和小孩的胳膊一伸一缩，嘴里同时说："打锣锣，喂面面，阿舅来了散黏饭……"

打牛：将牛放到野外，近乎一种无人看管的放牧方式。

打腰腰：收割时，用庄稼做一个用来捆绑捆子的带子。

打狗饼：丧葬习俗中，为了帮助亡人打通阴间路上的拦路狗的面饼。人们认为，人死后，在阴司路上会遇到拦路的狗，如用面饼喂食，便可顺利通过，进入天堂。

这些词语既是语言单位，也是文化符号，是人们认识地域文化现象的文化因子。

第九章 湟水流域汉语方言与"花儿"

　　"花儿"亦称"少年",是青海、甘肃、宁夏等地最流行的一种民歌,被誉为"西北之魂",2009 年进入世界非物质文化遗产名录。"花儿"形式短小,多是三句或者四句,内容丰富多样,曲调婉转悠扬,是湟水流域的汉族、藏族、土族、蒙古族、撒拉族等民族喜闻乐见的一种民间艺术。它流传广泛,在湟水流域,凡是有人烟的地方都有"花儿"传唱。"花儿"由于民众的喜爱,表现出旺盛的生命力,它传播着各种传统文化和地方性知识。

　　"花儿"是用当地的汉语方言传唱的,无论是汉族,还是其他少数民族,唱花儿均用汉语方言,语言朴素生动。"花儿"歌词里的方言,很难用对应的普通话词汇表达,也就是说,普通话的词汇无法准确地表达方言词汇的含义,"花儿"中的方言词语积淀丰富而生动的民间民俗文化和人们对事物的认知。随着社会的发展,"花儿"中所用的方言词语,已经大为弱化。记录、保存和研究这些方言词语,对湟水流域汉语方言和文化的研究,有非常重要的意义。"花儿"歌词里保存了大量的方言,它是一种双重身份,它不仅是记录"花儿"本身,同时也是古老的文化载体。方言的运用可以说是"花儿"最有特色的地方之一。比如:

　　　　高高山上的鹿羔儿,它蹲在山尖上哩;
　　　　刚刚断奶的憨娃娃,满口的"花儿"漫哩!

　　在这首花儿里,"鹿羔儿""憨娃娃""漫花儿"都是方言,"鹿羔儿"即小鹿,"憨娃娃"指不太懂事的人,犹指小孩子,"漫花儿"指唱花儿。

　　"花儿"分为"河州花儿"和"洮岷花儿"两大流派。湟水流域的"花儿"属于"河州花儿"。湟水流域的"河州花儿"注重从汉语方言中选择富有当地地域文化特色的物名、地名、人名以及具有审美意义的方言词语,描绘了一幅幅具有地域文化色彩的民俗风情画。

第一节 物名所展示的地域风貌

　　湟水流域的"花儿"有大量反映当地特色的风物和风俗词语,这些词语反映了当地的地域特色,与当地的地理环境、人民生活密切相关。

湟水流域"花儿"一般只有四句，前两句多用比兴的手法歌唱，湟水流域常见的花卉便成为"花儿"中比兴的意象，"花儿"中常见的花卉有馒头花、杏花、白莲花、梅花、水红花、海娜、水晶晶、探春、藏金莲、紫桂花、菊花、山丹花、牡丹花、胡麻花、轮柏、刺玫花、马莲花、灯盏花、石榴花、马兰花、紫葵等。如：

　　大川里开给的馒头花，野刺玫开开为王哩；
　　尕妹是天上的白云彩，尕阿哥歇阴凉者哩。

在这首花儿里，"馒头花"即狼毒花，在湟水流域夏天开得漫山遍野都是。"刺玫花"有家里栽种的和长在野外的两种，但无论是家中的"刺玫"还是野生的"野刺玫"都是"花儿"比兴的重要意向。如：

　　香子吃草着山岭上转，牛吃了路边的马莲；
　　多人的伙里把你看，活像是才开的牡丹。

马莲花的生命力也很强，在湟水流域几乎随处可见。"花儿"中也常用它比兴。如：

　　阳山里开下的水晶晶，阴山里开下的探春。
　　生下的好来长下的俊，赛过了皇上的正宫。

"水晶晶"，在湟源等地也叫"水久久"，开在水边或者沼泽地，粉红色的碎花，夏天开成片，远远看去，好似一片朦胧的粉红色云雾铺泻，甚是好看。

　　庄前庄后的野轮柏，刺玫花为王者哩；
　　尕妹子绕手我明白，这两天活忙着哩。

"轮柏"是当地方言，指丁香花。"野轮柏"指野丁香。野丁香和丁香花也经常出现在"花儿"里，而丁香花现为西宁市的市花。如：

　　瞿昙寺上的隆国殿，丁香花开下的鲜艳。
　　把我的花儿见一面，心上的寒冰儿消完。

湟水流域所称的"石榴花"与能结石榴果的石榴不同，学名为"荷包牡丹"，它只开花不结果，而且花开颇似荷包形，当地五月端午有佩戴荷包的习俗，当地妇女多喜欢把荷包做成此花的形状。

湟水流域的农作物、动物也经常成为"花儿"中的意象。湟水流域气候高寒，青稞、燕麦、蚕豆（当地称作大豆）、油菜籽、小麦等是湟水流域主要的农作物，所以，这些农作物也往往出现在"花儿"歌词里：

　　大襟里撩的是新青稞，青稞里有麦芒哩；
　　唱一个少年了叫哥哥，少年里有亏枉了。

　　青稞出穗着豆开花，油菜花，燕麦的穗儿吊下；

一对的大眼睛你瞅下，偷看下，眼睛里说的是实话。
青燕麦出穗索罗罗吊，歇地里种芝麻哩；
一对儿大眼睛水活活笑，笑眼里说实话哩。

大豆地里的麻黄草，我当了一对儿贯仲；
身材不大模样儿好，全看了一对眼睛。

上地里种的是白麦子，下地里种的是菜籽；
你心里嫑打回回子，我俩儿比不得再的。

湟水流域常见的动物如犏牛、羊、麻雀（当地叫作"家拉拉"或"家达拉"）、雪鸡、野狐、布谷鸟（当地称"长高虫儿"）、鸽子、鹞子（当地叫"鸦虎子""雀儿的鹞子"）、羚羊等，这些动物也成为"花儿"起兴的意象。如：

白嘴巴儿的好犏牛，它出着南山的背后；
好身子没遇上好对头，可怜人，活到了人的后头。

大通县称太阳为"天气儿"
天气儿上来羊赶上，羊吃了路边的草了；
越看花儿越远了，尕草帽抹下着撵了。

家拉拉落下了一树梢，我当了黄了的杏儿；
把花儿惹下了一巷道，我当了照人的镜儿。

雪山根里的雪倒坝，雪鸡儿叫鸣着哩；
唱一个少年嫑笑话，尕兄弟才学着哩。

老虎山上老虎洞，野狐子爬上着上了；
留下少年的孙悟空，杨大郎领兵着唱了。

长高虫儿上来了，四月八立了下了；
不是的然后不来了，担下的名声儿大了。

妹妹是虚空的白鸽子，尾巴上拴了个哨子；
阿哥是云彩的鸦虎子，半天里打了个转子。

上山里的羚羊儿下山里来，河沿上喝一口水来；

五湖的朋友们网上来，宽心的花儿哈对来。

第二节 "花儿"词汇的文学魅力

"花儿"中的方言词语生动形象，具有丰富的文化内涵，在语言学方面也很有研究价值。"花儿"在对形容词、名词、动词、儿尾等的运用上很有特色。

一 形容词

"花儿"在表情达意时常用形容词，而且多用形容词重叠，重叠有 AA式、ABB 式、AABB 式。

1. AA 式

湟水流域"花儿"中 AA 式形容词常用的如"牢牢""清清""香香""高高"等。"花儿"词例：

栽下的葡萄搭下的架，葡萄哈高杆上挂下；
唱下的少年说下的话，尕心里牢牢地记下。

清清河里牛吃水，岗子沟对着的碾伯；
一把手抓住问了个你，一把手擦了个眼泪。

尕树儿结了个尕果子，尕牙儿啃了个印实；
远路上维了个尕伙计，香香儿打了个喷嚏。

高高山上梅花雪，平川里淌了水了；
手儿里干的是庄稼活，心儿里尽牵掉你了。

2. ABB 式

湟水流域"花儿"中，ABB 式形容词常用的如"憨敦敦""清溜溜""热吐吐""窄卡卡""红艳艳""清粼粼""蓝莹莹""嫩闪闪""黑乌乌"等，"花儿"词例：

三月的清明刚立夏，四月八，刺玫花把我的手扎；
多人的伙里难搭话，憨敦敦，大身材起来了站下。

清溜溜儿的长流水，当啷啷儿地淌了；
热吐吐儿的离了你，泪涟涟儿地想了。

旧西宁的街道像羊肠，窄卡卡，雨天泥晴天灰尘飞扬；

大厦高楼地没见过，那有个城市的模样？
扑簌簌儿的倒枝柳，嫩闪闪儿地吊了；
毛眈眈儿的大眼睛，水湛湛儿地笑了。

清粼粼水来蓝莹莹天，湟水岸，垂柳罩的是绿烟；
彩桥儿弯在个清水面，模样儿俊，七彩虹落在人间。

高墙院里的绿韭菜，墙里看，嫩闪闪长着；
跟前儿站着耍走开，你走开，泪涟涟儿的想着。

上山的老虎把山下，天黑了竹林里卧下；
黑乌乌眼睛杏核儿大，邀上个丹青匠画下。

3. AABB 式

湟水流域汉语方言中有 AABB 式重叠形容词，但是"花儿"中出现的有些 AABB 式形容词，在当地方言口语中很少说，比如："实实落落""聪聪明明""清清凉凉""曲曲弯弯"等。"花儿"词例：

双双对对的牡丹花，层层叠叠的菊花；
亲亲热热说下的话，实实落落地记下。

北山的雀儿往南飞，爪爪儿蹬红着哩；
聪聪明明的尕妹妹，站下着等谁着哩？

清清凉凉的一杯酒，这就是杜康爷造的；
阿哥们出门把你留，这就是尕光阴逼的。

曲曲弯弯的盘盘路，野白杨排成个队了；
没心肠说话有心肠哭，想你着太忧累了。

二　名词

湟水流域名词多重叠，如"叶叶""杆杆""芽芽""湾湾""碗碗""膀膀"等，这些名词的重叠形式在"花儿"中也多出现。"花儿"词例：

大墙根里的白牡丹，叶叶儿好像个马莲；
白天想你着心疼烂，夜夜的晚夕里梦见。

白杨木杆杆白帐房，扎在个花儿的会上；

想起阿哥哭一场，清眼泪拌了个拌汤。

才发芽芽的青青草，羊羔儿能吃掉多少？
只要尕妹的心肠好，我不怕有多少熬操。

庄廓打在湾湾里，麦场盘着个岭上；
花儿维着庄子上，大门出来了领上。

八月十五一节暇（节日），黑了熬了个菜瓜；
想起尕妹着没吃下，舀着碗碗里凉下。

一对儿鸽子半天里飞，膀膀儿扇风着哩；
千里的路上看一会你，给妹妹宽心着哩。

三　量词

湟水流域"花儿"有些量词重叠与普通话一致，如"双双""对对"，但是有一些重叠的量词在普通话中很少用，如"层层""朵朵""寸寸""回回""卷卷""畦畦"等。"花儿"词例：

天上的云彩起层层，层层里有金龙哩；
箭杆身子大眼睛，维你时有精神哩。

黄芽白菜朵朵儿大，青韭菜，嫩闪闪儿的长了；
跟前到了着没搭话，临走开，泪涟涟地想了。

一寸光阴一寸金，寸寸金，光阴儿贵比个黄金；
不为光阴事不成，为光阴，把花儿没顾得照应。

上地里种的白麦子，下地里种的菜籽；
你心里耍打回回子，我俩比不得再的。

大豆开花芯芯儿黑，小豆儿开花是对对；
人家的尕妹不眼热，青草尖尖的露水。

大骡子驮的是卷卷布，尕骡子驮的是枣子；
尕妹妹好比梅花树，风刮着落不下雀儿。

四　象声词

湟水流域"花儿"中有很多象声词，有些是日常生活中常用的，如形容流水声为"当啷啷"，也有一些是生活中不常用的如"噔嘎噔嘎""嘿哈嘿哈""吡丢丢""嘟噜噜""嘎啦啦""噔噔"等，"花儿"词如：

> 青土坡里的白蚂蚱，噔嘎噔嘎的跳哩；
> 维下的花儿不说话，嘿哈嘿哈的笑哩。

> 麻鹁儿喊了吡丢丢，红雀儿喊了嘘丢；
> 大门的台子上绕了个手，阿哥俩桥头上遇走。

> 立轮磨儿嘟噜噜转，转过了看，磨槽里水浑着那；
> 心肝花拔在碟儿里献，献下了看，啊一个实心着哩。

> 青石头磨儿嘎啦啦转，红青稞搭不到斗里；
> 见我的花儿啪啦啦颤，人多着托不到手里。

> 清溜溜儿的长流水，当啷啷儿地淌了；
> 热吐吐儿地离了你，泪涟涟儿地想了。

> 石崖头上的墩墩草，叶叶儿朝南着哩；
> 拔草的尕妹噔噔跑，大眼睛望谁着哩。

> 手拿上金弹打凤凰，弹弓响，打在了梧桐的树上；
> 把尕妹好比个金铃铛，呛啷啷响，阿哥的腔子上连上。

五　湟水流域"花儿"中富有特色的句式

湟水流域"花儿"有一部分用设问和反问的修辞方式，答案蕴含在问题中，问题的提出往往引起了人们的注意和思考，具有强烈的感情色彩。设问句如：

> 刘金定下山到南唐，他走到个迷魂阵上；
> 说你骂你的也难肠，
> 我好吗不？
> 你个家慢慢儿思想。

花儿的海洋在哪里？波浪翻，三江源卷的是狂澜；

花儿的品牌在哪里？花色艳，好品牌飘在个浪尖。

第一首"花儿"通过"我好吗不？"提出问题，再进行回答，这里本来没有任何问题，主要的意思在于这个答案上，第二首"花儿"前问后答，"花儿的海洋在哪里"和"花儿的品牌在哪里"紧接着在后面就进行了回答。

另外，"花儿"里也多用反问句进行提问，反问句不用回答，答案就蕴含在问句之中。如：

尕日子活像是一首歌，歌儿长，自小儿唱到个衰老；

唱歌里有苦也有乐，唱不尽，人生的苦乐（嘛）谁说？

土家的木楼盖下的好，雕梁的栋，孔雀把牡丹戏了；

尕妹的模样儿长下的好，水汪汪眼，老天爷啊们（价）世了。

第三节 "花儿"中反映湟水流域
风土人情的方言词语

湟水流域"花儿"词汇反映了当地的民情风俗，是当地民众生活的写照，"花儿"里有人们的日常生活，有饮食习惯，也有当地的农业生产等，"花儿"集中反映了湟水流域人们的生活、人们的思想感情。

一 "花儿"反映湟水流域饮食习俗的词语

清茶滚成牛血了，我瞅成隔年的醋了；

烂木头搭桥桥拆了，我当成人走的桥了。

湟水流域气候寒冷，从老人到孩子都喜欢喝熬制的茯茶，清茶在茶壶里熬，时间越长越酽，颜色也越来越深。

此外，湟水流域农作物多是一些适合高寒地区生长的作物，如小麦、青稞等，特别寒冷的地区如湟源只能种青稞，所以，当地饮食以面食为主，主要品种有：馍馍（包括馒头、花卷、饼子等），小麦面和青稞面混合在一起做的油花，用青稞面（也叫杂合面）做的破布衫面饭，用青稞面或小麦面烙的干粮，有臊子面、搅团、糌粑等，这些食物在"花儿"中均有体现。

砖包城油花儿三转儿，两转儿泡到个碗里；

哥哥穿的是褐褂儿，尕妹妹挂不到眼里。

砖包城油花儿：用一层小麦面、一层青稞面卷成的花卷馍馍，形似黑白相间的围城。

鹞子沟开下的农家乐，野蘑菇香，破布衫面饭的味长；
松树儿底下对脸儿坐，我把你望，心存了多少念想。

生铁锅里烙干粮，烧热了锅底里掌上；
眼泪淌在锅盖上，揭开了看，干粮烙成了拌汤。

出去个大门着沙河滩，羊羔儿没处挡了；
尕妹们吃的是杂合面，羞人着没法儿让了。

案板的头上切肉哩，长面里调给的臊子；
端起饭碗着想起你，手抖着拿不上筷子。

油泼辣子油泼蒜，辣辣地吃一顿搅团；
好心肠坐在个我跟前，喝一碗凉水时喜欢。

七寸的碟子里拾馍馍，菊花的碗里茶倒；
馍馍不吃茶不喝，你把你心里的话说。

拉斯科炒面你拌上，奶茶我给你倒上；
你把我耍撂在半路上，肉身子把你靠上。

"拉斯科炒面"是青稞炒面里磨得较粗的一种。湟水流域人们多吃面食，也将青稞炒面与奶茶混合做成糌粑。

二 "花儿"反映湟水流域农业生产习俗的词语

湟水流域不少地方多旱地，犁地多半是二牛抬杠的方式。农历四月左右，农民们开始锄草，一般锄第一遍草时，庄稼比较小，所以等庄稼长大后，还要锄一遍，叫"撕大草"。锄草的工具有"锄"和"铲子"。用"锄"时站着锄草；用"铲子"时站着锄草。锄草时先用铲子将泥土铲松以后，再将草拔上来。到秋天以后，人们进行秋收，当地称为"拔田"，收好的庄稼先捆成"捆子"，在地里放一段时间，等水分蒸发以后，再将"捆子"拉到麦场上，用碌碡打碾。这是从播种到收获的生产过程，是当地人在长期的生产实践过程中总结出来的。这一过程在"花儿"中也有反映，如：

黄牛犁地来回转，一连犁给了九天；
尕妹的门上天天站，把阿哥站成个老汉。

八十三万下江南，火烧了曹操的战船；
拔草的尕妹站一站，你拔的头遍吗二遍？

手拿的铲铲把草铲，你铲的头遍吗二遍？
麦子拔了草留下，雀娃儿抱个蛋哩。

八棱滚子满场转，尕牛儿拉出个汗来。
个家的心思个家劝，维人的光景哈见了。

湟水流域除了农业以外，畜牧业也是当地重要的经济来源和支柱产业。"花儿"中也有部分内容涉及牧业生产。如：

阴山阳山挡羊娃，手里拿的是海娜；
你说是少年的大行家，少年的头头的什么？

上山的牛羊下山赶，脚踏的板，手摘了一朵牡丹；
眼看着热头落西山，望穿了眼，实实儿想下的可怜。

羊毛长了剪子俩铰，长羊毛哈发兰州哩；
娃娃尕了胆子小，才学着维连手哩。

湟水流域除了主要从事农业和牧业生产以外，还有一些副业，比如狩猎、赶脚还有筏运。狩猎是当地的一项传统副业，人们以前拿着火枪打黄羊、麝香、旱獭（俗名：哈拉）、野鸡、嘎拉鸡（一种鸽子大小的野鸡）等。我们从"花儿"中也能体验狩猎的场景。"花儿"词例：

尕马儿骑上枪背上，西口外打一趟黄羊。
尕妹的情意记心上，相会在明年的会上。

香子吃草转青山，枪手们看，大麝把麝娃儿领了；
长走的大路我俩人盼，仇人们看，相好的心更加稳了。

镰刀弯弯一张弓，弓一张，射了个空中的雁儿；
人家们维人多实心，我维你，棒槌上滚了个蛋儿。

端午的早起里撵野鸡，飞上着北纳里过了；
丢下的香包儿没取去，丢下的菜馍馍坏了。

这几幅图景显示了湟水流域狩猎的主要对象，它们是黄羊、梅花鹿、野狐、香獐和嘎拉鸡等，其目的或者是用来食用，或者是谋其毛皮，或者是作为药材。捕捉的方法是多种多样的，有的是抓捕，有的用小型陷阱，大多数情况下使用猎枪。

湟水流域的传统副业还有赶脚和筏运。赶脚和筏运的具体内容有所不同，但都是从运输中获取利益，有一定的商业性。传统上运输的货物主要有药材、茶叶、布匹、羊毛、皮货、水烟等。足迹遍及湟水流域以及邻近的其他省份，这在"花儿"中有具体的反映。如：

> 青铜烟瓶里抽黄烟，脚户哥下了个四川；
> 不走大路着走楞坎，专听个尕妹的少年。

> 放筏的阿哥们走包头，尕妹吓扯的个盖头；
> 有心把阿哥过去看，思想者没有个给头（给的东西）。

> 黄河上度过了一辈子，浪尖上耍花子哩；
> 双手摇起个桨杆子，好像是虚空的鹞子。

这就是湟水流域的脚户与筏客，他们共同推动了湟水流域经济和地域文化的发展。

三 "花儿"反映了湟水流域"茶马互市"和藏客"走藏"

湟水流域在历史上曾是著名的青藏牧区和内地农区进行"茶马互市"的地方。实行茶马互市是以经济为手段来实行其既定的政治目的。西北地区的"茶马互市"，始自隋唐，至宋代而大盛。唐中宗时，回纥入朝，驱马市茶，开西北"茶马贸易"的先河。到了北宋时期，"茶马互市"活动在西北地区大规模地开展起来。这是因为饮茶之风自唐代传入少数民族地区后，很快就普及开来，到了元代，西北各少数民族特别是藏族，从贵族到普通牧民，无不嗜茶如命，经常驱赶马匹到边市上来，向汉族换取茶叶，或向朝廷贡马，渴望回赐茶叶。

明洪武三十年（公元 1397 年），设在秦州（今天水）的茶马司西迁至西宁，改为西宁茶马司。茶马互市密切了农业区和牧业区的人们之间的交流，促进了农业和牧业经济的共同发展，推动了汉族和少数民族之间的交往，增强了中华民族的凝聚力和向心力。湟源县就是因茶马贸易而兴起的县城。

20 世纪三四十年代，有藏客来湟水流域经商，也有人到西藏去经商。藏客进藏时，采办的商品有骡马、湟源陈醋、威远烧酒及挂面、红枣、柿饼、龙碗等；从西藏运回的商品主要是氆氇、斜布、水獭皮、藏红花、藏香、金线，英印物资有各类毛吡哒、斜布（俗称藏斜）、颜料、药品、手表、皮鞋等。茶马互市和藏客走藏在"花儿"中都有反映，"花儿"词如：

青藏的皮毛云南的茶，茶叶啦换了个骏马。
河州的商人走天下，大市场开出了鲜花。

一对儿骡子进西藏，驮了个北京的碗了；
一心儿扑在你身上，千里路不说个远了。

可以说"花儿"是湟水流域这块介于游牧文明和农耕文明之间的土地，造就和熔铸的一种特定的具有相当深度的民间文化。

四 "花儿"反映湟水流域信仰习俗的词语

湟水流域地处西北内陆，交通阻塞，开发较晚，人们对生老病死、自然灾害缺乏有力抗拒，对命运也难以掌握，于是从宗教世界中寻找解脱、慰藉，并且希望能得到神灵的佑助。人们常到寺庙里点灯上香、许愿，以此达到与神灵的交流，得到保佑，心想事成。"花儿"词如：

手拿长香进庙院，禅堂里把灯儿点哩；
姊妹是魂来阿哥是伴，陪魂着到阴间哩。

青石头铺了廊檐了，调细泥，离不了麦衣子了；
不见的人儿又见了，为见你，隍庙里抽签去了。

黑鸡儿下了白蛋了，白蛋（俩）换成线了；
把我的花儿不见了，香山寺许了愿了。

《玉匣记》是占卜用书，其内容包罗万象。湟水流域有些人家有《玉匣记》，当地人们有小病小灾时，有些会到有《玉匣记》的人家看看是什么原因造成了不吉利，有时会按《玉匣记》的说法，用烧纸、祝祷等方式消病消灾。"花儿"词如：

怀儿里抱的玉匣记，历书上没日子了；
三魂儿七魄的你拦着去，四梢里没力气了。

大豆开花对西瓜，佛爷的供桌上献下；
我的不然你说下，好情好意的罢下。

桃园结义的三弟兄，手拈香，祷祝了空中的神灵；
你我二人年纪轻，心想长，阳世上留一个贤名。

"神汉""顾儿典""法师"是一些神职人员的称谓。这些人在家务农，有人请时，到人家家里做法事，也占卜。

杨三郎马踏入泥了，浑身拿血（俩）染了；

想你（者）白日里入迷了，邀上个神汉着占（驱邪）了。

湟水流域的人们在旧时遇到矛盾和纠纷时，选择打官司的比较少。有些实在解决不了的矛盾纠纷，人们有时采用赌咒的方式，当地称"吃咒"，来表明自己是对的。有些人甚至去庙里，拿上黄表点上香，在神佛面前赌咒，让神灵来评判，据说这种方式很灵验。花儿词如：

你拿上锣锅我拿上枪，上高山，要吃个黄羊的肉哩；

你拿上黄表我拿上香，对苍天，要吃个长久的咒哩。

第四节　"花儿"修辞的审美功能

修辞是运用语言的艺术，文学作品中的修辞手法所产生的艺术美感是不言而喻的。方言修辞总是和特定地域的自然环境、文化背景、语言词汇、人们的审美心理联系在一起，因而更多了一种审美功能，即地域文化表现功能。湟水流域"花儿"中方言修辞的运用形式多样，独到奇特，其艺术美感与地域文化色彩兼而有之。

一　比喻

比喻是湟水流域"花儿"常用的一种修辞格。其喻体多用人们最熟悉的和最常见的事物，"花儿"词如：

十冬腊月里的牡丹花，过时节就没人看了；

老花儿好比是腊梅花，到时节越开越俊了。

路边的马莲三寸宽，天旱着叶叶儿卷了；

白天黑夜地把你盼，心急着像烈火点了。

前一首"花儿"中把"老花儿"比作"腊梅花"，跟寒冬腊月的"牡丹花"相比，更加衬托出腊梅花的可贵，后一首把等待人的心急的状态比作"烈火"，通过这种渲染，把思念之情表达得淋漓尽致。

牡丹花开在院墙上，花孔雀落在树上；

尕妹是樱桃儿含嘴上，打一个呵欠了咽上。

嘉峪关口子的左公柳，树大着遮荫凉哩；

把阿哥好比清泉的水，清凉的能解渴哩。

以上两首"花儿"的第三句和第四句都用了比喻手法，前一首把"心上人"比作是樱桃，当作物来写，放在嘴里，打一个哈欠就咽上，毫不掩饰地表达了对心上人无比喜爱、疼爱的感情。第二首把阿哥比作清泉里的泉水，像口渴的人遇到清澈的泉水一样。以上"花儿"中喻体和本体之间有神似之处。

二　夸张

夸张也是湟水流域"花儿"中最常见的修辞手法。夸张男女互相的思念之情，人们在旧社会的苦难生活等，"花儿"词如：

瓢泼雨下了整三天，竹子雨下给了两天；
淌下的眼泪拿桶担，尕驴儿驮给了两天。

连走三年的西口外，没到个同仁的保安；
连背了三年的空皮袋，没吃过一撮儿炒面。

这两首"花儿"都采用了夸张中夸大的手法，第一首通过"淌下的眼泪拿桶担，尕驴儿驮给了两天"，这样夸张的说法，强调痛苦伤心的程度。第二首用"连背了三年的空皮袋，没吃过一撮儿炒面"这种夸张来强调"饥饿"的状态，映衬了走西口的艰难。

三　对偶、排比、顶真

对偶、排比、顶真也是湟水流域"花儿"中常用的修辞手法。"花儿"词如：

画龙画虎难画骨，请画匠要画个云里的雾哩；
知人知面不知心，扒胸腔要看个心上的话哩。

帐房搭在高山上，我当成白塔了；
尕妹坐在地边上，我当成银花儿了。

这两首"花儿"都采用了两两相对的方式，便于歌唱，易于记忆，富有音乐美，表意凝练，抒情酣畅。

长枪扛上了胛子疼，短枪挂上了腰疼；
刀剜我腔子都不疼，不见尕妹心里疼。

高山上点灯着灯红了，平川里花儿俊了；
花园里栽葱着根深了，我俩着缘法儿重了。

这两首"花儿"运用排比的修辞方式，使语气一贯，气韵流畅，体现了章法格局的回环往复，体现了"化儿"语言之美。

上去高山着折青柏，青柏的枝上水汪哩，
我唱了花儿你明白，你明白了装着哩。

山上的鹿羔儿下山来，下山来哑一趟水来；
论坛的朋友们跟前来，一说吧三笑的唱来。

墙头上蹲着个石猴儿，石猴儿拜佛着哩；
心里孤独了网站上来，给个家（自己）宽心着哩。

这三首"花儿"中第一首用"青柏"、第二首用"下山来"、第三首用"石猴儿"顶真，句子结构匀称，衔接自然，表意清晰，突出了事物互相之间的联系。

有些"花儿"所用的修辞手法不止一种，而是修辞手法的综合运用。例如：

脸如银盆手如雪，黑头发赛丝线哩；
嘴似樱桃一点红，大眼睛赛灯盏哩。

在这首"花儿"里连用和套用了比喻、夸张、通感三种修辞方式。"脸"被喻为"银盆"，"手"被喻为"雪"，"头发"被夸张为"丝线"，"大眼睛"被夸张为"灯盏"，同时用"银""雪""黑""红"等表示色彩的词语，生动形象地描写了男子所爱慕的女子的形象，对她的脸、手、头发、嘴、眼睛都有细致的描述。

总之，湟水流域"花儿"与人民群众的生活息息相关，它反映了群众的生活以及他们的所思所想。湟水流域"花儿"内容虽然与时俱进。但是，体现在湟水流域"花儿"中的语言魅力却始终没有减弱。

第五节　湟水流域的"花儿"会

花儿会是湟水流域各族人民的狂欢节。辛勤耕作了一年的人们都喜欢在一个固定的日子里欢聚一起，放开歌喉，不拘小节地以歌传情，以歌会友。花儿会上，往往民间歌手一人演唱，万人相和，一人提问，万人回答。一连几天，漫山遍野，人山人海，歌声如潮，震撼山川，昼夜不息，歌声、笑声、掌声、欢呼声、喝彩声，汇成欢乐的海洋。

花儿会是"花儿"自然传承场和思维传承场。作为自然传承场，花儿会具有地理的空间、有唱"花儿"的一个群体，有固定的举办花儿会的时间。唱"花儿"的地方一般是空旷的地方，有些地方有山岭、树木或者花卉等遮挡，不愿意让别人看清自己面貌的女性，可以躲在遮挡物的后面唱"花儿"，来唱"花儿"的人，他们的年龄、性别、来历、学历等不限，可以唱，也可以不唱，可以对唱，也可以不对唱。作为一个思维传承场，歌手们相互切磋歌艺，比试歌喉，前来游玩的观众们也随着歌手的思路，唱上一两首"花儿"，在这种场合里，歌手和观众们灵感迸发，对唱创制歌词，以求技胜一筹。"花儿"会歌手们的对歌过程，可以看作是检验歌手们歌唱水平的试金石，歌手们的心理素质、应变能力、歌喉在这里都得到了一一的检验，许多经典的"花儿"和优秀的歌手就在一唱一和的对歌中产生了。在这一传承"花儿"的思维场中，歌手们的思维随着对歌不断转换，在对歌中完成了思想的交流；听众的心情也随着"花儿"或喜或乐，情感得到了释放。

"花儿"会除了是自然的传承场和思维的传承场外，还是一种文化现象，是对基本定型和成熟的花儿的再现、再构思、再润色，是对花儿文化的传播，也是当地的风土人情、人们的所思所想的一种体现。

湟水流域的花儿会大多在农历六月上旬、中旬举行，规模较大的花儿会有：西宁凤凰山花儿会，每年农历四月八日举行；乐都瞿昙寺花儿会，农历六月十四开始，十五日为正会期，十六日结束；大通老爷山花儿会、郭莽寺花儿会、民和七里寺花儿会，在农历六月初六举行；互助丹麻花儿会、五峰寺花儿会，一般在农历六月十五至十七日举行。以乐都瞿昙寺花儿、大通老爷山花儿、互助丹麻花儿、民和七里寺花儿为代表的湟水流域花儿以其独特的历史、文化、科学价值，成功入选第一批国家级非物质文化遗产代表作名录。

瞿昙寺，位于青海省乐都县境内。瞿昙寺的花儿会参加者以乐都南山的藏、汉两个民族的群众为主。农历六月十五日清晨，人们从四面八方涌来。从新城街到瞿昙寺大殿，被熙熙攘攘的歌手和观众们围得水泄不通，歌手们各自找到有利的地方，开始唱"花儿"。首先开唱的往往是女歌手，她们歌声嘹亮，即兴抒情，向应战的歌手发出动听的歌声："雄鹰在半天里转三转，翅膀在云彩里翘了；少年的把式往前站，比武的时刻到了。"花儿会的会场设在新城街外，会场上到处都是帐篷、小摊、观众。人来人往，大有"车水马龙人如潮"之势。这里唱"花儿"，一般都是会访亲友，熟人之中找"连手"（朋友或情人）。嘹亮、委婉的歌声和着唢呐、笛子的旋律飘荡于会场之上。一经交锋便不在泛泛地唱了，而是很系统，从开始到最后，都是有问有答，有板有眼。等到深夜时，歌手们邀集朋友，拉开漫漫的长夜赛。

关于瞿昙寺的花儿会，有一个美丽的传说，据说在清朝初年瞿昙寺香火旺盛，因为"花儿"是山歌野曲，所以当时寺里也禁唱"花儿"。有一年，瞿昙寺被一股土匪包围，一连围困数日，想让寺内的僧众弹尽粮绝后不攻自破。突然，有一位老人带头领着大家唱起了"花儿"，歌声在黑夜里越传越远。附近的庄稼人、香客等都被惊动了，他们都用"花儿"来唱和，并从四方涌来，土匪们听了以后很紧张，在四面楚歌中，仓皇地逃走了。因为第二天是农历六月十五的庙会，寺院的主持因为这次唱"花儿"击退了土匪，所以，特许以后可以唱"花儿"，从那以后，瞿昙寺每年六月都举办"花儿会"

以示纪念。

老爷山花儿会，是在大通回族土族自治县的老爷山举行的大型的"花儿"演唱活动，起始于明代，经过了数百年的发展，逐步发展成今天规模宏大的老爷山花儿会。

关于老爷山花儿会的来历，也有一段传说。据说，有一天西王母和众位仙人聚会，玉皇大帝看到了非常高兴，认为自己至高无上，无限荣耀。这时，西王母突然对玉帝说："您坐宝座已经很久了，民间的皇帝也换了很多了，要不然也换给我坐坐？"众位仙人听了暗中点头。玉皇大帝事先没有心理准备，被问得不知如何回答，突然他心生一计，说道："好吧，我给你一件宝物，你到西方去，在那里有两座大山，你若能用这个宝物将那两座山挑到这儿，我就给你让位。"西王母接过宝物，化作一位凡间的女子便日夜兼程地去挑山，不料走到大通土族自治县境内时，碰到了一位老人，老人见一个小姑娘用很细的铁丝挑着两座大山，便问道："小姑娘啊，你怎么用这么细的铁丝担着两座山啊，不会断了吗？"话音未落，铁丝就断了，掉下来以后，一座就变成了当今的老爷山，一座变成了牦牛山。后来当地人们因有"朝山会"的民间信仰仪式，多民族参与，在"朝山会"山，山歌野曲被竞相传唱。

大通老爷山花儿会，在每年的农历六月初三到初八举行，是湟水流域最具规模、最有影响的大型花儿会之一。"花儿"演唱形式有两种：一种是自发地演唱。在老爷山的山峦、树丛后，人们少则几十人，多则几百人，你问我答，嬉笑对唱。一种是1949年以后兴起的自觉的、有组织的演唱。这种演唱有固定的场所和舞台，歌手也是经过层层选拔，或者就是当地有名的"花儿"歌手。他们的演唱更多是表演给当地的老百姓看的。老爷山花儿会主要演唱河湟"花儿"。演唱的歌手有汉族、藏族、土族、蒙古族、回族等，所有的民族均用汉语演唱。老爷山花儿会在"花儿"演唱上，曲调有近100种，其中有一部分是当地独有的曲令，有"老爷山令""东峡令""长寿令""梦令"等。内容以歌颂爱情为主，同时也涉及历史故事、生产劳动、民俗、宗教、新人新事等。

土族是青海的特有民族。丹麻在互助土族自治县丹麻镇政府所在地，是土族聚居的山区。每年的农历六月十三日在这里举办花儿会，历时五天，是互助土族自治县规模宏大、影响也很大的花儿会。关于丹麻场花儿会的来历，也有一种说法。很久以前，丹麻之地本是一片森林。后来有一个土司占据了这里，并将这里弄得民不聊生。当时恰逢天下大旱，连续三年不下雨，庄稼都旱死了。后来，有对青年男女在这里唱"花儿"，他们唱着唱着，天上就下起了雨。但是他们两个人也变成了两棵大树。人们为了纪念这对青年男女，每年在固定的时间里到这儿唱"花儿"，逐渐地就形成了今天的花儿会。

　　丹麻场花儿会的主要参与者是土族，周边农村的汉族、藏族、回族等也穿上艳丽的服装赶来参加。河坝还有周边的小树林，是人们唱"花儿"的首选地。丹麻花儿会上演唱的花儿曲令大多是土族独有的，有"绿绿儿山""杨柳姐儿""梁梁上浪来"等。旋律也有明显区别，其音调婉转，动听优美，具有浓郁的民族韵味。唱"花儿"的高手有时以《三国演义》《水浒传》等故事人物和历史事件进行对唱，更多的时候即兴编词，一问一答。"花儿"曲调有《好花儿》《杨柳姐》《红花姐》《二六连》等。青年男女赴会，以"花儿"传情，倾吐爱慕之心。

　　在民和，较大的花儿会有七里寺花儿会、西沟花儿会还有峡门花儿会。小型的花儿会中，斜拉村花儿会比较有特色。

　　七里寺，原名叫"慈利寺"，是位于民和回族土族自治县古鄯镇境内的一座庙宇。七里寺峡里有一处非常有名的药水泉，人们常从药泉里取水，医治百病。七里寺花儿会的起源与这药水泉有着重要的关系。"相传在很早的时候，有个药王爷，腾云驾雾路过这里。到这地方时，发现这地方相当美，于是他看着看着就入迷了。一不小心，身上的葫芦掉下来了，葫芦一直滚到山沟。在半坡上，塞子开了，药水洒了一地，再后来，葫芦钻到石缝里了。山坡上的草都变成了中药材，如黄芪、枸杞、柴葫芦等。滚到山沟的水则从石缝里冒出来了，形成泉水。当地一个牧童，他的一头牛，天天下山时总单独行动，渐渐地它越长越肥，越长劲越大，与别的牛不一样，健壮得很。后来，牧童跟着牛，发现牛专门喝这些泉水。于是他也喝，那水与别的泉水味道不一样，后来他才发现泉水还能治病。以后这药水出名了，四面八方的人都到这里喝水，周围的民众为了感谢药王爷，就在七里寺附近建了一个药王庙，供大家烧香、磕头。过去，除了喝药水，还有人到药王庙求神药。药王庙建后，慢慢地，来的人越来越多，男女老少都有。年轻人除了喝水、逛庙会外，渐渐地唱起了'花儿'，越唱越多，于是形成了花儿会。七里寺的花儿会因此就跟药水泉，药王庙有了密切的关系。"①

　　七里寺花儿会是群众自发组织的，六月初五下午，人们开始搭上帐篷，一些"花儿"爱好者们已经按捺不住唱了起来，整个会场像节日一样热闹。演唱有独唱、对唱、合唱等不同的形式，没有乐器伴奏。七里寺花儿会著名的曲令有"二梅花令""马营令""古鄯令""东乡令"等，具有浓郁的地方特色。七里寺的花儿会再加上七里寺峡里有名的药水泉，在湟水流域负有盛名。

---

① 吉狄马加、赵宗福：《青海花儿大典》，青海人民出版社 2010 年版，第 391 页。

第十章　从语言接触看湟水流域的汉语方言

王福堂先生把方言的语音变化分成两种："一种是原发性音变，音变的原因来自内部，一种是由语言接触引发的音变，音变原因来自外部。前一种音变是纵向的，即音类早期形式向近期形式的演变，后一种音变是横向的，即这一方言的语音形式向另一方言语音形式的转变。"[①]第四章主要探讨了由移民带来的湟水流域的汉语方言和其他汉语方言一样在声韵调方面发生的原发性音变。本章将从语言接触的角度探讨随汉族移民带来的汉语方言在湟水流域原有的藏语、蒙古语、土语、撒拉语等少数民族语言影响下引发的音变。

第一节　有关湟水流域的语言接触

汉族在湟水流域成为主体民族是在明代以后。在此之前，该流域主体民族是羌族、藏族、蒙古族、土族、撒拉族等少数民族。至今，青海省除了东部地区，也就是本书所述的湟水流域，主要居住着汉族以外，其他均为少数民族地区，如海南藏族自治州、海北藏族自治州、海西蒙古族藏族自治州等。这些藏族自治州与湟水流域紧紧相连。由于湟水流域周边都是少数民族地区，流域内汉族与藏族、蒙古族、回族、土族、撒拉族杂居，所以，汉族和少数民族之间的相互影响很早就受到了学者们的关注，汉语和少数民族语言接触方面的学术成果较多。

贾晞儒先生曾指出，青海汉话"从整体来看，在语音上同现代汉语普通话基本一致，但是，在语法结构方面同现代汉语普通话有着相当大的差异"[②]。在语言接触的研究中，由于湟水流域汉语方言语法的特点比较突出，所以，语法方面论述较为集中，而词汇和语音方面的材料则凤毛麟角。

一　语法方面的接触影响

在语法方面，湟水流域汉语方言主要的语法特征有：①"宾—动"式。

---

① 王福堂：《汉语方言语音的演变与层次》，语文出版社 2005 年版，第 27 页。
② 贾晞儒：《青海汉语与少数民族语言》，《民族语文》1991 年第 5 期。

这种句式是湟水流域汉语方言句法的一种基本格式，所谓基本格式，就是说这种格式应用的范围极广，概括的句子极多。②"哈"字句。在湟水流域汉语方言中，"哈"字加在宾语后面可以造成"宾—动"式。处在宾语后面的"哈"字，实质上是一个后置的介词。③"把"字句。湟水流域汉语方言有大量的"把"字句，"把"字一定要置于宾语的前面。"把"同"哈"在意义上一样，其区别仅仅是"把"字前置，"哈"字后置。④"给"字句。"给"字在湟水流域汉语方言中有两义，其一与普通话词义相当，其二出现在动词后面，词义由第一义来，但不如第一义实在，并且逐渐虚化，有向附加成分发展的趋势，偏重于起语法作用。⑤"给个"句。"给个"是完全虚化了的"给"，是表示祈使的形态单位。⑥ 否定副词、程度副词的位置。在湟水流域汉语方言中，否定副词紧接动词或形容词，程度副词或其他状语远离中心词语。普通话否定句如果不止一个副词，否定副词不一定紧接动词，湟水流域汉语方言的否定句则否定副词紧挨动词。⑦"脱"字句。湟水流域汉语方言的动词后面的"脱"字，是表示始动意义的形态单位。⑧"傢"字句。湟水流域汉语方言的"家"字除了相当于普通话"家"字的全部含义外，它还可以充当发语词，还可以是第三人称"人家"的省略语，代表后两个含义的"家"在句子中的位置有时相同，因而有时不易区别。⑨"呵"字句。湟水流域汉语方言中起句中停顿的"呵"字，有时表假设，有时表时间。⑩"说"字句。湟水流域汉语方言有一类句子以"说"字结尾，很像是句末语气词。特别是在疑问句里，"说"类似"呢""吗"，有些已经成了语气词。①

　　对于以上语法方面的特征，学者们认为，由于湟水流域是一个多民族聚居地区，境内使用的语言较为复杂。属阿尔泰语系的蒙古语、土语、撒拉语；属汉藏语系的藏语等多种民族语言和汉语长期接触、相互影响，从而在方言语法方面呈现出许多特点，可以说，湟水流域汉语方言在语法方面既保留了汉语的诸多特征，同时又在不同类型民族语言特别是藏语的影响下出现了很多变异。②其中最主要的是对语序的影响，也就是语法结构的干扰，这和当地民族的双语现象以及汉语对少数民族语言的换用是密不可分的。

二　词汇方面的接触影响

　　湟水流域汉语方言中有不少少数民族词汇，主要表现在地名、宗教、日用品以及特殊生活风俗等方面：

　　地名，如：

　　"鲁沙尔"（湟中县城，藏语）、"牲畜的圈窝子""新村落""新牧场"之

---

① 程祥徽：《青海口语语法散论》，《中国语文》1980 年第 2 期。
② 王双成：《西宁方言专题研究》，硕士学位论文，上海师范大学，2008 年。

意；"多巴"（位于湟中县，藏语），意为"岔路口"；"扎麻隆"：藏语，意为猫儿刺沟。"丹噶尔"（今湟源县城的旧称，藏语），意为"河流交汇处"；"纳隆"（位于湟源县，藏语），意为"石羊沟"；"察汗乌苏"（今写成"茶汉素"，位于湟源县，蒙古语），意为"白水"；孟达（位于循化县，撒拉语），意为"天池"；大茶石浪、小茶石浪（位于湟源县，藏语），意为"大黄草湾""小黄草湾"；昂思多（位于化隆县，藏语），意为"河谷上游"。

宗教方面，如：

阿卡（藏语，小喇嘛），玛尼达却（藏语，经幡），桑（藏语，神香），俄博（蒙古语，界石），家卡（藏语，活佛给取的保佑平安的布条等），乃玛孜（[波斯语]namaz）礼拜，班达（[波斯语]bāmdad）晨礼，低格目（[波斯语]deegar）晡礼，沙目（[波斯语]shām）昏礼，火卜旦（[波斯语]namazkhoftan）宵礼，撒师尼（[波斯语]peesheene)晌礼，穆斯林（[阿拉伯语]muslim）伊斯兰教信徒，阿訇（[波斯语]ākhūm）是对伊斯兰教教师的尊称，也称伊斯兰教宗教职业者，古尔邦节（[阿拉伯语]gurbām）也叫"宰牲节"，是伊斯兰教的重要节日。

特殊生活风俗，如：

曲拉：奶渣，即用牛奶提取酥油后剩下的白色颗粒状奶食品，拉斯颗（磨得较粗的青稞炒面），斗玛（用青稞炒面做的一种饭），擦里（皮袄），滚头（一种藏式的帽子），热拉（一种长的棉袍）。牲畜：牦杂（犏牛和牦牛杂交的第三代的牦牛），噶日巴（犏牛和牦牛杂交的第三代的犏牛），转朵落（母黄牛和公牦牛所生的第三代）。

日常生活用语：恶索（蒙古语，垃圾），朵落（蒙古语，头），寻无常（穆斯林宗教词语：寻死），牙壑（藏语，"尼哈"的谐音，山口），阿蒙（怎么/怎么样）；麻棱（神志不清的样子），淌（藏语，大桶），卡码（合适、标准），干散（精干，来自土语），拉尼（藏语：本事）。

有些藏语词汇，湟水流域几乎人人能懂，或在个别场合使用，如：加（茶）、古里毛（钱）、木化（女婿）、阿拉巴拉（凑凑合合）、曼巴（医生）、硬打门打（一定要干什么）、胡嘟（程度副词，非常）、一挂（意为全部）。

青海省藏族主要分布在玉树、果洛、海南、黄南、海北五个藏族自治州和海西蒙古族藏族自治州，此外其他地区也有藏族分布，特别是分布在西宁市的大通县、湟中县、湟源县以及海东地区的部分藏族群众，还有一个特殊的称谓——"家西番"。被称为"家西番"的这部分藏族群众历史上较早和汉族接触，后来又和汉族杂居，所以和其他地方的藏族之间的最大不同就是已经基本不使用本民族语言而换用汉语，生活习俗等方面也融入了很多汉族文化因素，比如使用汉族姓名等，成为介于汉藏之间的一个特殊族群。起初，"家西番"仅指青海省湟源县境内的藏族，后来逐渐将其他地区风俗习惯等类似的藏族都称为"家西番"。这部分被称为"家西番"的藏族的分布地区刚好是在和汉族接触和杂居的地区，生活习俗和语言方面受汉族和少数民族的影响很大。

被称为"家西番"的这部分群众，以湟源"家西番"为例，他们的亲属称谓多为藏语，如：奶奶（阿丫或阿也）、爷爷（阿媒）、父亲（阿爸）、叔叔（阿库）、婶婶（阿奶）、哥哥（阿我），他们大部分起藏名，生活中用的藏语词汇比当地汉族用得多一些。当地也有不少汉族取藏名，如多杰才让、尼玛、扎西等。

三　语音方面的接触影响

在语音方面，湟水流域汉语方言音系简化较为突出：声母一般是 23—24 个，韵母一般是 30—32 个，韵母单元音化的程度很高，声调一般有 3—4 个。有 4 个声调的西宁等地方言阳平和去声有合并的趋势。同样是多民族杂居区的甘肃天祝汉语方言的音系也已经简化得很厉害了：23 个声母，32个韵母，韵母单元音化的程度很高。与湟水流域汉语方言非常相似。罗美珍指出："强势语言在替代弱势语言之后受到弱势语言干扰而形成强势语言的变体。比如，在语音方面，多按原有语言的语音系统来接受或判断另一种语言的音系。两种语言相同的音可以全部接受，但另一种语言有的而原有语言无的音，只按原有语言中相近似的音接受原有语言有的，而另一种语言没有的则完全放弃不用，因此过渡语的语音系统总会比两种语言都简单。"

湟水流域汉语方言声母普遍有浊擦音[z]。相邻近的安多藏语（主要分布在青海、甘肃、四川等地区）南部方言目前还保留了古藏语的浊擦音za。

朱晓农先生指出："在某种程度上，浊擦音若要维持强擦，如浊咝音[z、ẓ]，则很容易清化，能够维持浊声的一般是弱擦呼音如[v、ɣ]，浊咝音若要维持浊声，就必须减弱摩擦，最后的结果是很快变为近音。"[①]

属于中原官话的湟水流域汉语方言没有浊塞音，保留了浊擦音[z]，不过出现的音节较少，如湟水流域汉语方言出现在zɔ、zʅ、zʮ、zã四个音节中，乐都出现在zɔ、zʅ、zʮ三个音节中，目前还不能断定湟水流域的[z]是受藏语影响的结果，但至少可以说这是湟水流域汉语方言和安多藏语农区话共有的语音现象。

湟水流域汉语方言前高元音[i]已不同程度地舌尖化。乐都、湟源p组、t组、ts组都已经舌尖化，其他地区t组、ts组已经舌尖化，p组、tɕ组处于摩

---

① 朱晓农：《从群母论浊声和摩擦——实验音韵学在汉语音韵学中的实验》，《语言研究》2003 年第 2 期。

擦化阶段。

安多藏语农区（循化、化隆、尖扎、贵南）的[i]也有高化现象，[i]音变为舌尖音[ɿ]或[ʅ]。下面将安多藏语农区[i]高化情况举例（引自王双成①）：

藏文	循化	化隆	尖扎	贵南	同仁	汉义
dustsʰod	tsɿ tsʰo	tsɿ tsʰo	tsɿ tsʰo	tsɿ tsʰo	ti tsʰol	时间
tʰel	tsʰɿ	tsʰɿ	tsʰɿ	tsʰɿ	tʰi	印章
tsʰil	sɿ	sɿ	sɿ	sɿ	si	脂肪
sil	ndʐ	ndʐ	ndʐ	ndʐ	ndʐ	果子
rtsis	ʂtsɿ	ʂtsɿ	ʂtsɿ	ʂtsɿ	ʂtsi	算
zilpa	sɿ wa	sɿ wa	sɿ wa	sɿ wa	si wa	露水
drel	tʂʅ	tʂʅ	tʂʅ	tʂʅ	tʂi	骡子
ɸibri	ndzʐʅ	ndzʐʅ	ndzʐʅ	ndzʐʅ	ndzʐə	写
ri	zʐʅ	zʐʅ	zʐʅ	zʐʅ	zʐə	山
gru	tʂʅ	tʂʅ	tʂʅ	tʂʅ	tʂə	船
ɸidri	ndzʐʅ	ndzʐʅ	ndzʐʅ	ndzʐʅ	ndzʐə	问
rilma	zʅ ma	zʅ ma	zʅ ma	zʅ ma	zʅ ma	羊粪

由上可知，安多藏语农区话ts（ts、tsʰ、s、z）组、t（t、tʰ）组、tʂ（tʂ、tʂʰ、dʐ、ʐ）组和r后的[i]已经舌尖化了，变为了舌尖音[ɿ]或[ʅ]。[i]高化为舌尖音[ɿ]与湟水流域汉语方言相同。

湟水流域汉语方言的韵母[u]有明显的摩擦化倾向。后高元音[u]几乎都变为了唇齿擦音[ʋ]，如湟水流域汉语方言"哭kʰʋ⁴⁴、福fʋ²⁴、古kʋ⁵、主tʂʋ⁵"等，有的自成音节，如"五ʋ⁵、吴ʋ²⁴"等。这些音节在发音过程中有一个明显的特点是不管有没有声母、声母是什么，发音之前已经是上齿咬住下唇，和p组（p、pʰ、m）声母相拼时只有上唇在动，和tʂ、tʂʰ、f相拼时从头到尾发音器官几乎没有任何变化。安多藏语的后高元音[u]摩擦化的一个特点就是音变为摩擦很重的唇齿音[ʋ]，同时还带动O的类似音变。[u]的这一音变现象也主要表现在农区话和部分半农半牧区话中。下面的例子引自王

---

① 王双成：《安多藏语［i］的舌尖化及其类型学意义》，《语言研究》2010 年第 2 期。

双成：[①]

藏文	循化	化隆	尖扎	贵南	同仁	汉义
dŋul	ɦŋʋ	ɦŋʋ	ɦŋʋ	ɦŋʋ	ɦŋʋ	银子
rdul	ɦdʋ	ɦdʋ	ɦdʋ	ɦdʋ	ɦdʋ	尘土
rŋul	ɦŋʋ	ɦŋʋ	ɦŋʋ	ɦŋʋ	ɦŋʋ	汗
hdul	ndʋ	ndʋ	ndʋ	ndʋ	ndʋ	制服
sbrul	rʋ	rʋ	rʋ	rʋ	rʋ	蛇
bkol	kʋ	kʋ	kʋ	kʋ	kʋ	使用
skol	kʋ̥	kʋ	kʋ	kʋ	ʂkʋ	煮
kʰol ma	kʰʋ ma	kʰʋ ma	kʰʋ ma	kʰʋ ma	kʰʋ ma	热的
sgrol	ɦdz̪ʋ̥	ɦdz̪ʋ̥	ɦdz̪ʋ̥	ɦdz̪ʋ̥	ɦdz̪ʋ̥	散
bofiu	ʋ	ʋ	ʋ	ʋ	ʋ	枪

　　元音[i]和[u]摩擦化，演变为[ʅ]和[ʋ]，是湟水流域汉语方言和安多农区和半农半牧区藏语中出现的共同的音变现象。湟水流域汉语方言和安多藏语的这种音变现象，可能是湟水流域汉语方言和安多藏语本身的一种自演化行为，但是我们也不能忽视一点，之所以出现这种共同演变趋势，共存这种音变现象，更有可能是不同语言接触和影响的结果。

　　湟水流域汉语方言声调普遍较少。循化、民和、乐都、大通只有三个声调，西宁、平安、互助、化隆、湟中、湟源有四个声调，但是西宁、湟源、湟中等地的阳平和去声正在合并中。桥本万太郎先生指出，汉语方言从南到北音节数逐渐减少，声调数也逐渐减少。这种声调数目的减少是由于"当初操阿尔泰语言的民族侵入中原地区改用汉语作为自己的语言、并把他们所讲的那种汉语加以发展的时候，只能保留有限数量（二三种）的音节语调"[②]。湟水流域汉语方言声调数目很少，甚至像与湟水流域邻近的河州用轻重音来区别词义，这应该是受少数民族语言影响的结果。

　　从局部来看，湟水流域还有发生在小范围的语言接触现象。循化回族与民和官厅土族把声母[tsʰ]读作[s]，如村读[₋suŋ]、草读[₋sɔ]、慈读[₋sʅ]等。

　　① 王双成：《安多藏语 [i] 的舌尖化及其类型学意义》，《语言研究》2010 年第 2 期。

　　② [日] 桥本万太郎著，王希哲译：《汉语声调系统的阿尔泰化》，《晋中师范高等专科学校学报》1986年第 2 期，第 112—115 页。

另外，民和官厅土族及附近甘沟乡汉族将[f]声母多读作[h]，如法[ʮuɑ]、风[ʮuŋ]、饭[ʮuã]，马营乡汉族"伐"读[ʮuɑ]，都是循化撒拉族及民和官厅土族在学习说汉语时"说不真"而影响的结果。

第二节　湟水流域汉语方言接触音变
——语言替换

罗美珍先生指出，不同群体（所谓的"群体"是指具有同一语言或方言的人群或社会生活共同体）之间的语言接触会出现三种后果：

1. 在接触中某个群体的语言使用功能逐渐萎缩，最后为另一个群体的语言所替换。

2. 相接触的不同群体，其语言在结构上互相渗透、扩散，在相互影响下各自丰富、发展。

3. 相接触的不同语言在结构上发生混合或融合，最后由于渗透的深入而产生一种质变的语言。

"青海古西羌之地。殷周而还，皆属西羌。"①春秋战国时代，秦霸西戎，由于秦忙于统一六国，无暇西顾，诸羌社会较为稳定，人口发展迅速。公元4世纪初，吐谷浑人迁入甘青地区，后向青海境内发展，并建立了吐谷浑国。其盛时，势力范围东南至四川松潘，北到青海祁连，东到甘肃洮河，西达新疆南部，东西长约1500公里，南北宽约500公里。吐谷浑人自进入青海至唐龙朔三年（公元663年）亡于吐蕃止。东晋十六国时，前凉、前秦、后凉、南凉、西秦、西夏、北凉相继统治过青海河湟地区。

公元7世纪，松赞干布统一西藏高原，建立了吐蕃王朝。唐"安史之乱"后，吐蕃进一步东进，控制了青海全境，统治近200年。五代十国时期青海吐蕃部落分散，不复统一。唐末"唃末"一度控制河湟地区。宋时，唃厮啰势力渐强，以青唐城（今西宁）为中心，在河、湟、洮地区建立了以吐蕃为主体的宗喀地方政权，臣属于宋。北宋亡后，金和西夏占有河湟地区约一个世纪。公元13世纪，南宋理宗宝庆三年（公元1227年），成吉思汗进军洮、河、西宁州，青海东部地区纳入蒙古汗国版图。忽必烈即位初，在河州设吐蕃等处宣慰使司都元帅府，管辖青、甘一带吐蕃部落。

湟水流域汉族移民主要的有以下几次：

秦汉时期：汉骠骑将军霍去病击败匈奴，汉军相继进入青海，并在西宁

---

① 张翁、燕娟：《青海省志资料》，国防研究院，1961年，第1页。

设防筑城，建西平亭。据《西宁府新志·地理志》卷七记载："公元前 61 年（汉宣帝神爵元年），汉后将军赵充国率吏卒万人，自临羌（今西宁市以西）到浩门（今民和享堂），沿湟水地带，垦殖羌人故田、公田二千余顷。"公元元年（汉平帝元始元年）……王莽于今海晏县三角城设西海郡管辖之，且将内地以千万数计的囚徒迁徙至此。东汉继续在青海东部屯田，迁徙而来的汉人越来越多。这一次移民应该是汉语方言最早进入青海的时期。

唐宋时期：公元 677 年（唐高宗仪凤二年）唐于鄯州西一百二十里都城置河源军派兵屯田驻守。北宋时，第二任知州赵隆曾由河州等地招募三万多人到西宁地区佃种官田。这时有更多的汉族人口进入青海，为湟水流域汉语方言的形成打下了基础。

明清时期：公元 1368 年（明太祖洪武元年），明军进入甘肃地区。三年，徐达于定西大破元廓帖木儿，邓愈攻下河湟一带，此后明太祖下令将南京及其附近地区的色目人子孙及一部分汉民迁徙至青海东部屯田。信仰伊斯兰教的回民西迁的很多。清朝时，青海汉族的人口出现过两次明显的增加：一次是在明末清初，附近省区的民众迫于战争困苦，逃难到青海。一次是清朝同治年间，近十二年的撒拉族、回族战乱，波及陕西、甘肃和青海等地，老百姓为躲避战祸，族群迁移，陕甘地区"汉回人民空亡大半"，其中许多汉族迁到了湟水流域。

湟水流域在明以前的主要居民是少数民族，通行的应该主要是少数民族语言。明清以来，湟水流域汉族移民数量越来越多，从湟水流域汉语方言内部较高的一致性的特点看，明清时期的汉族移民应该是该地区方言形成的关键时期。由于该地区明以后语言状况的相关材料很少，所以只能对此后发生的情况进行一些推测。

罗美珍指出："语言替换是一种渐变的过程，不可能一种语言马上就丧失，直接使用另一种语言。功能大的强势语言是逐渐地把弱势语言挤出它的使用领域的，即使用原有语言的地域，范围，场合越来越小，掌握原有语言的人数越来越少。语言替换必须经过语言兼用的双语阶段，它是通过双语人数的逐渐增多来实现的。双语是语言替换的必然过渡。我国少数民族换用汉语的，都经历过从民族语到民、汉双语，再到单一汉语的过程在语言替换的过程中，弱势语言会对强势语言的结构产生干扰，在替换的语言中留下原有语言的某些痕迹即底层，从而形成强势语言的一种变体。"①

湟水流域明以前主要居民是少数民族，所以明以前该地区的优势语言

---

① 罗美珍：《论族群互动中的语言接触》，《语言研究》2000 年第 3 期。

是少数民族语言。明清以后，随着汉族移民的定居分布，该地区的民族分布格局发生了划时代的变化，该地区已从原来比较单纯的少数民族聚居区，逐渐演变为少数民族和汉族共居和杂居的地区。这时候由原来单纯地使用少数民族语言进行交际，变为少数民族语言和汉语共存。刚开始汉族主要居住在城市、交通要道及适合于农耕的地方，周边居住着少数民族。汉族内部交流用汉语，少数民族内部交流用少数民族语言，但是汉族和少数民族互相交流就出现了双语，少数民族学习汉语时，由于湟水流域主要是操阿尔泰语言的少数民族，如蒙古族、土族、撒拉族和操藏语的藏族，所以，其语言结构对汉语的结构形成了干扰，就像"中国学生学习外语过程中说不好外语而戏称的'中式英语'、'中式日语'"[1]一样，湟水流域今普遍的"宾—动"式结构，可能就是这种结构干扰的结果。后来，在清后期至新中国成立，大批汉族移民迁移到了湟水流域。随着汉族移民数量的增多，双语制经过几代人或更长的时间，汉语占据了语言交流的绝对优势，所以湟水流域的交际语言过渡到了新的单语制。过渡时原来操双语的少数民族多放弃第一语言，转用汉语，但是这时候少数民族语言的某些特征积淀到汉语中，成为语言的底层。在少数民族语言中，白语是当地土著彝族和秦汉以后陆续进入云南的中土汉人长期接触的结果。在接触过程中，明代以前白族人口占绝对优势，从内地进入白族地区的汉族成员融合到白族中。这时的语言特征以彝语为主，汉语为次。从明代起，中央王朝派大量汉军到白族地区屯田，再加上许多工匠、商人相继进入，汉族人口大量增长，一部分白族融入汉族中。这时语言中汉语特征增多，彝语特征减少，直至失去一些主要特征。这样形成的混合结构在较早的历史阶段就已固定下来。新中国成立以后，尤其是改革开放以来，汉语对白语的渗透力不断加强，白语中保留下的彝语成分越来越少。[2]湟水流域以早期的少数民族为主到明以后以汉族为主体民族，语言由少数民族语言到今天的汉语方言，可能曾有过白语一样的经历，发生过和白语一样的变化，如今该地区已发展成为一种带有阿尔泰语和藏语底层的地区性汉语方言。

---

① 意西微萨·阿错：《倒话研究》，民族出版社 2004 年版，第 109 页。

② 罗美珍：《论族群互动中的语言接触》，《语言研究》2000 年第 3 期。

附录一　湟源方言同音字汇

　　本字汇收录湟源方言的单字音。字汇根据湟源方言韵母、声母、声调的次序排列。写不出本字的音节用方框"□"表示，后面用小字作注释或举例。举例中用"～"代替所释字。字下加"—"表示白读音，加"="表示文读音。又读、自由变读等在字的右下角用数码表示，"1"表示最常用或最口语化的读音，"2"次之，依此类推。

1

p　[44]币蓖~陛~下碑卑彼俾臂鄙篦笔弻逼碧璧壁[5]比~较譬~喻秕~子庇滗挡住渣滓或泡着的东西，把液体倒出来[213]蔽敝弊毙闭算~子被婢备鼻毕必篦~子：细齿的梳子

p'　[44]批披 2~头散发丕辔~头劈屃女阴[24]皮疲脾琵~琶枇~杷[5]避匹——布|一~马僻辟[213]屁癖

m　[44]祕泌密蜜[24]迷谜泥糜弥篾眉楣媚寐小睡一会儿尼篾竹~匿逆[5]女米觅倪[213]靡腻縻把牛、马等用绳子拴到野外嘧~~子：用叶子做的可以吹的玩具

ts　[44]低底递济剂鸡妓枝肢寄资姿咨旨饥肌兹滋梓辎滓之芝基纪~律几~乎机讥饥~荒既季辑编~级即鲫极屐木~积迹脊的目~嫡绩寂击激[24]支稽只 2~有急疾吉笛技籍藉狼~敌缉~拿[5]抵挤紫纸姊~妹脂指几茶~|~个止子 2~弹虮~子口人或动物被牛、羊等抵伤[213]戒 1~烟~酒祭际弟帝第计继髻地自冀字痔志誌痣已记忌集及[0]子 1词缀

ts'　[44]呲牙~哈着梯妻砌赐欺缉~鞋口七漆踢戚沏~茶：名词，指沏的茶[24]堤题提蹄啼替涕鼻~齐脐雌疵吹毛求~奇骑岐瓷~器坌密度大：~实迟祁鳍弃慈磁~石辞词祠饲其棋期时~旗杞祈泣膝讫乞剔[5]体屉抽~启此企次起趾用手或脚抹掉：脚印哈~到□使劲摩擦[213]去 1来~剃栖契~约刺翅豉豆~器伺岂气汽

s　[44]西犀溪奚系斯撕玺徙匙汤~钥~牺私师狮视司丝思士仕诗嬉熙希稀吸悉息熄惜昔夕锡析奚[24]携畦菜~时席螅习袭媳[5]洗施死矢屎使史驶喜[213]细是氏戏四肆示嗜似祀祭~寺嗣柿俟事始市恃试

z　[44]伊医揖作~衣依一[24]移夷姨疑饴高粱~沂~河逸[5]倚椅已以尾乙[213]艺刈缢宜仪蚁谊义议易 1难~肄意异毅遗忆亿抑翼益亦译液腋疫役

ɿ

tʂ　[44]知蜘~蛛智栀~子花执汁织职[24]侄质直值殖只₁炙[5]滞停~雉~鸡稚幼~趾址秩植掷[213]制致至置治

tʂʻ　[44]痴尺吃[24]持池[5]耻嗤~笑赤斥驰齿侈

ʂ　[44]湿失[24]十什~物拾~起来实食蚀识石[5]誓逝室式饰适释[213]势世口~哈子：生来如此

ʐ　[44]日

iᶻ

p　[44]鳖憋口倒霉：今儿~死了[24]别₁~针离~[0]别₂区~

pʻ　[44]撇~捺[5]口骂人的话，表示对人不屑

t　[44]帖碑~|请~贴铁特[213]口腆肚子

tʰ　[44]捏镊~子业孽[24]拟聂姓蹑[5]你

tɕ　[44]皆阶界届接揭节结[24]杰捷截洁劫[5]姐介解~放军[213]借械戒₂猪八~

tɕʰ　[44]切~开怯[24]茄~子姜[5]且借₂口筲斜苴趄倾斜：房子~哈了

ɕ　[44]些歇蝎楔血[24]邪斜谐携泄~露穴[5]写屑不~[213]泻卸懈蟹协谢

ø　[44]叶页噎[24]耶爷[5]有也~是野[213]夜

ɣ

p　[44]捕[5]补卜堡₂镇海~：地名[213]不部簿布怖埠商~步

pʻ　[44]铺₁~设脯胸~赴扑仆潽液体沸腾溢出：锅~了[24]蒲菩~萨[5]谱普甫脯杏~朴浦仆曝瀑[213]铺₂店~步

m　[44]木目[24]模~子~范摹~仿暮慕墓募蓦幕穆牧睦漠沙~口看不清[5]某亩牡母₁拇[213]谋

f　[44]梳~头疏~远蔬书舒夫肤跗~面：脚面敷俘～虏麸枢输殊竖戍负~担阜福叔淑[24]扶芙~蓉孵~小鸡抚辅赴浮缚幅蝠编~複服伏熟[5]暑鼠黍署专~薯白~符府腑俯斧付釜腐赋附数动词否复₁~兴术述腹覆反~蜀属粉₂凉~儿[213]庶恕负背~复₂~父数名词树妇富副漱赎束

t　[44]笃督[24]独牍犊牛~子毒[5]都~城|~是堵赌肚₁~子[213]杜肚₂腹~妒度渡踱读

tʻ　[44]秃凸[24]徒屠途涂图[5]土吐~痰|呕突[213]兔

n　[24]奴努怒

l　　[44]鹿禄録绿2草~色[24]卢炉芦鸬庐茅~|~山楼陆[5]鲁橹虏卤赂[213]路露鹭~鸶

tʂ　　[44]猪诛蛛株朱硃珠竹觸[24]逐轴祝[5]煮主[213]著显~箸油~儿:捞油饼的长筷子拄~拐杖柱驻註住注蛀铸烛嘱诸助筑

tʂʻ　　[44]初出畜2~牲口~~:兜[24]除锄厨雏褚[5]储~蓄楚础杵处~所[0]帚扫~

k　　[44]姑孤箍骨筋~|~头谷锢[5]古估~计股鼓故固[213]雇顾

kʻ　　[44]窟哭[5]枯苦酷[213]库裤

x　　[44]呼乎[24]胡湖狐壶瓠~芦鬍核1果子~和2~牌口打鲜声:拉~[5]虎浒水~滬互忽[213]户护糊稠

ø　　[44]乌污坞巫诬舞侮鹉鹦~戊物勿屋辱褥[24]吴蜈~蚣吾梧~桐如无入口~爪:手套[5]武五伍午口用于支撑母2~牛[213]误悟恶恨:可~汝务雾儒乳擩~进去焐

ʮᶻ

ts　　[44]租组阻居车~马炮拘驹矩规~卒兵~橘菊掬—~|一捧足[24]族聚[5]祖举[213]做1巨拒距据局锯~子|~木头句具俱惧剧戏~

tsʻ　　[44]粗蛆生~趋驱猝屈曲促[24]渠区~域趣瞿[5]取娶祛去2~世[213]醋

s　　[44]苏酥絮墟虚嘘须鬚需戍恤肃苏口~撒娇[24]速畜1~牧蓄储~宿1~舍粟俗[5]徐许[213]素诉塑~像嗉鸟~子续序叙绪朔[0]婿女~

z　　[44]淤吁[24]鱼渔于~此余馀愚虞娱迂于盂榆逾愉禹愈喻裕郁[5]语雨宇域羽[213]御与誉预豫遇寓芋育玉狱欲浴易2容~

l̩

ø　　[44]璃玻~荔~枝吏立笠粒力[24]犁黎离~别|~开半寸篱梨鏊狸[5]礼李里理鲤栗[213]丽隶利痢历例励厉口~故~儿:故意

l̩ʷ

ø　　[44]虑滤勒1束的过紧[24]驴[5]吕旅缕丝~屡履律率速~

u

t　　[44]多[24]夺铎惰掇拾~[5]朵躲[213]剁驮2~子:牲口~的货物

tʻ　　[44]拖脱托手承物[24]驼驮1拿,~起来舵[5]妥椭~圆庹两臂伸直从左手到右手间的距离称为一~[213]唾~沫

n　　[44]恶善~[24]鹅挪诺[213]糯

l　　[44]络落烙骆洛乐~都：地名[24]骡螺~蛳胴手指纹啰罗锣箩[5]裸[213]摞~起来

ts　　[44]□将衣物破烂处等潦草地缝到一起□理别人：~阿没~[24]作~业凿昨做 2[5]左佐撮~~米[213]坐座

tsʻ　　[44]搓锉[24]矬矮[213]措~置错~误

s　　[44]唆啰~缩嗍吮吸[5]蓑梭织布~锁琐~碎索绳~涩□忽然，极快：~地不见了

tʂ　　[44]酌桌琢啄捉[24]着 2~衣卓浊镯~子

tʂʻ　　[44]绰宽~戳[24]着 1睡~[5]□大人吓唬要打小孩

k　　[44]锅鸽割郭[24]过[5]果裹馃椁

kʻ　　[44]科窠磕括包~廓扩~充壳阔[5]棵颗□从别人身上讹点钱[213]课骒

x　　[44]喝~酒豁~嘴劙用刀~开[24]河荷禾合盒~烟[5]活[5]火伙夥[213]何贺祸货和 1~面霍藿

ø　　[44]倭窝蜗弱握[24]饿踱~了胴卧沃若□拟声词：摩托~~地来了

yu

n　　[44]虐疟

l　　[44]略掠

tɕ　　[44]脚蕨角[24]绝愿脾气~掘橛~子决诀觉 1醒倔~强爵嚼[5]□指人做事不留余地[213]□凸出的部分：麻袋没放齐，~出来了

tɕʻ　　[44]缺[5]却确[213]瘸~腿□米、面等糊到衣服上干了

ɕ　　[44]靴薛雪削[24]学[213]□指人故意为难别人，做事绝情

ø　　[44]悦阅月越曰粤约药 1钥跃 1岳乐 2音~

i

p　　[44]杯北百柏伯背贝掰用手~开[24]白[5]悲[213]辈背~诵焙~干檗

pʻ　　[44]胚~胎坯拍披 1[24]培陪赔裴倍[5]迫魄呸[213]沛丕配佩剖 2解~

m　　[44]灭墨麦脉[24]梅霉枚媒煤默[5]每美[213]妹昧□~哈：封锁消息，不让对方知道

f　　[44]飞妃匪[24]谁肥[5]水非翡[213]税废肺吠睡痱瑞董存~费

t　　[44]爹跌得德滴 2~水□退颜色：这衣服颜色~到了[24]叠碟蝶谍[44]□小孩不懂事：这个娃娃~嘛

l　　[44]猎列烈裂劣肋 1

ts　　[44]窄侧 1~楞子：~着[24]贼泽择~菜宅摘则责

tsʻ　　[44]厕~所拆策册侧 2~重测

s　　[44]塞虱色啬

tʂ　　[44]遮折褶浙[24]蔗蛰哲辙[5]者₂老~折弄断口说话口音与当地不合

tʂʻ　[44]车马~彻撤[5]扯

ʂ　　[44]奢赊[24]蛇佘舌折弄~了[5]捨射赦舍涉设[213]社麝摄

ʐ̩　　[44]热[5]惹

k　　[44]胳~胸格₁隔疙~瘩袼~裲轭架在牛、马脖子上的曲木:~子[24]阁革圪~垯给

kʻ　[44]咳刻用刀~克客

x　　[44]黑嘿赫

<h2 style="text-align:center">ui</h2>

t　　[44]堆[213]对队兑

tʻ　[44]推[5]腿[213]退蜕蛇~皮褪~色

n　　[213]内

l　　[24]雷[5]儡傫~类累₁~计垒[213]累₂连~儽极困泪口大~~:比喻很大的官

ts　　[5]嘴[213]罪最醉

tsʻ　[44]催崔姓[213]脆翠粹纯~

s　　[44]虽[24]随绥[5]髓啐~唾沫[213]碎岁遂隧~道穗

tʂ　　[44]追槌锥[213]缀赘坠拽

tʂʻ　[44]吹[24]炊垂锤

k　　[44]圭闺规龟轨归国虢[5]剑诡鬼[213]鳜桂跪柜贵

kʻ　[44]盔亏窥[24]魁奎逵葵傀~儡愧规

x　　[44]恢灰麾辉徽[24]回茴挥[5]悔晦毁或惑获口用嘴拱:猪~墙[213]桅船~杆桧贿汇溃~脓会开~绘秽惠慧讳

ø　　[44]危微威苇声~纬伟[24]为~什么维惟唯违围[5]煨伪萎委未畏慰蕊[213]卫喂位味魏胃谓猬

<h2 style="text-align:center">a</h2>

p　　[44]巴芭疤八扒[24]拔把₁介词[5]把₂握爸口动词:~屎[213]霸欛~柄壩堤坝平川耙犁~|~地罢[0]吧语气词

pʻ　[44]帕即"杷":编织物经纬之间不紧密拍~~:球拍、苍蝇拍等口酥脆:馓子炸得很~[24]爬琶杷枇~趴[5]帕手~:哈达[213]怕

m　　[44]抹~布蚂[24]麻瘃蟆虾~[5]马码~子[213]骂

f　　[44]法方~刷发[24]伐筏罚乏[5]要口极快地,迅速地:脸~地放下了

t　　[44]答搭瘩疙~[24]达[5]打[213]大

tʻ　[44]塔榻塌溻汗~湿了拓[5]他₂妻对丈夫的背称,她丈夫对妻子的背称[213]踏搨沓~~纸[0]獭水~

n　[44]捺~撒那[24]拿纳

l　[44]拉腊蜡辣捋比桶小的盛液体的容器:~~[24]口割开:把腔子~开[5]喇~嘛

ts　[44]渣劄用针~眨~眼札扎碴玻璃~咂~奶[24]闸栅~栏乍夛把手等举起来给人看:手~哈[5]铡挓用手量时,拇指和食指之间的距离称为一~[213]诈榨~油炸~弹杂砸

ts'　[44]搽差~别|~不多擦[24]茶查茬察凵认生[5]叉杈枝~岔三~路

s　[44]沙纱杀[24]口农活的一种:~粮食[5]洒厦大~撒~种萨口收拾垃圾的畚箕:~~

ş　[5]口到外面玩的一种戏谑的说法[213]傻

k　[44]尬尴~[24]尕小

k'　[5]卡1咯~血

x　[44]瞎口指人坏[213]下1底~吓1~一跳[0]哈助词,语气词

ø　[44]阿1~哥[24]阿2~扎:哪儿哪~一个:哪个[5]阿3姓

ia

p　[44]口~死:事情没办成

t'　[44]滴1少量的水从水龙头等地方往下流口摔:~了一跤口馒头在蒸笼里没发起来[5]口象声词:家里~地响了一下

m　[24]咩羊叫声

n　[44]压1~住:忍耐[24]压2~面

l　[213]俩[0]口语气词

tɕ　[44]家加痂嘉夹甲胛肩~[24]他1第三人称戛拟声词:如喜鹊的叫声[5]假贾姓佳[213]架驾嫁稼价[0]价语气词:好~

tɕ'　[44]掐[5]恰卡2~子|关~[213]口从东西上面越过去

ɕ　[44]虾鱼~[24]霞瑕遐暇狭峡洽匣辖管~[213]厦~门下2~降夏春~

ø　[44]鸦丫~头桠~杈鸭押[24]牙芽衙涯口~~:挠痒痒[5]雅哑亚口~~儿:悄悄地,暗地里[213]雁~儿:大雁

ua

tʂ　[44]鬏~髻抓乱~[5]爪~子

tʂ'　[24]口一~拉:一串[5]辍~学口~皮子:剥皮子口给人脸色:脸~下着口拟声词:走路的脚步声

k　[44]剐刮瓜[5]寡口形容人极瘦口形容人胃里缺油水[213]挂卦

k'　[44]誇[5]胯垮[213]跨挎

x　[44]花华1中~[24]铧划~船化华2~山桦~树画话滑猾狡~搲~拳口白~:食物发霉

ø　[44]挖1袜[24]蛙洼凹口~到了:指小孩天折口用鞣料使皮张变柔软[5]瓦挖2~清:搞清楚

εɜ

p　[24]拜₁~年[5]摆拜₂姓[213]败[0]呗语气词

p'　[5]□责骂小孩在外游玩不回家[24]排牌派

m　[44]买卖[24]埋[5]买动词卖动词[213]迈

f　[44]衰摔[24]率蟀帅[5]甩

t　[44]獃呆[5]□表鼓励、赞叹的词，如"~呀"即很厉害□拟声词：吆喝牲口往前走[213]待怠殆戴贷代袋₁塑料~带大~夫胎₁车的轮~

t'　[44]胎₂苔舌~态[24]台臺抬[5]太[213]袋₂皮~|口~泰

n　[44]乃礙哀埃尘~矮额隘[24]挨崖石~捱~打[5]奶[213]耐爱奈艾蔼和~

l　[44]肋₂乡下语：~巴勒₂裤带[24]来[5]口：不好意思[213]赖癞

ts　[44]灾栽载斋则口咬：狗~了一嘴[5]宰[213]在债再寨泽宅

ts'　[44]钗差出~[24]才材财裁纔豺柴[5]猜彩采睬採[213]菜蔡

s　[44]腮鳃[5]筛~子[213]赛晒

tʂ　[213]者₁学~

k　[44]该街[5]改解~开[213]概溉盖芥丐乞~戒₃~指

k'　[44]开揩[5]凯楷慨慷~

x　[24]孩鞋[5]海[213]亥害骇惊~核₂审~

ø　[24]儿而[5]耳饵哎唤起某人，使人注意口~什：注意[213]尔二贰~心

uεɜ

tʂ　[24]拙

tʂ'　[5]揣~度

k　[44]乖[5]拐[213]怪

k'　[5]块会~计[213]快筷

x　[24]怀槐淮[213]坏

ø　[44]歪[213]外

ɔ

p　[44]波菠~菜玻~璃保褒~奖堡₁碉~包胞钵拨剥雹帛口~24盖：膝盖[24]勃饽博薄泊驳夔不要的合音[5]簸~——~宝饱[213]簸~箕薄~荷抱报暴菢~小鸡鲍~鱼豹爆钹[0]膊胳~

p'　[44]颇坡抛泼泊梁山~□~烦：烦恼[24]袍刨~地麑剖₁~腹产婆[5]跑[213]破泡炮

m　[44]魔摩寞陌~末沬口瞎蒙的：~上的[24]磨馍毛茅猫没~有莫膜[5]抹摸

[213]冒帽卯貌茂贸矛 1~盾

f　[44]说~话[24]勹~子芍~药[5]所[213]彿仿~佛

t　[44]刀叨唠~[5]祷岛稻盗导[213]道到倒~水

t'　[44]滔掏~出来涛[24]桃逃淘~米陶萄[5]讨[213]套

n　[44]我脑熬 1一种烩菜:~~[24]俄熬 2 动词挠袄皮~[213]娥恼傲奥懊~悔闹□~~儿:池塘

l　[24]劳捞牢唠~叨酪萝~卜[5]老[213]涝早~

ts　[44]遭糟[5]早枣蚤澡皂爪~牙笊[213]造建~躁灶糙粗~罩□孵小鸡的母鸡

ts'　[44]操抄~写钞[24]曹槽马~巢[5]草骚炒吵剿~面[213]□性急

s　[44]骚臊~气梢树~捎~带稍□装东西或装水的一种很大的容器[5]扫嫂[213]□干扰别人

z　[24]□得意,美滋滋

tʂ　[44]朝 1今~兆召昭招沼池~诏[5]□指现在的时间□叹词:表示事情做坏以后的无奈[213]赵照[0]着助词:表示动作正在进行

tʂ'　[44]超[24]朝 2~代潮□饭很腻

ʂ　[44]烧[24]韶~关绍少 2~年邵□早霞或晚霞[5]少 1多~

ʐ　[5]饶绕~线扰[213]耀 1表示阳光刺眼

k　[44]歌戈高膏 1名词篙羔糕葛格 2~尔木:地名[24]哥各个~人|一~告 1~状膏~油[5]稿搞告 2用语言或行动求别人:你~一~下,他就把东西给你了

k'　[5]可考烤[213]靠犒拷

x　[44]蒿毫鹤[24]荷~花豪壕耗[5]好 1~坏郝[213]浩好 2喜欢:他就~这个号

iɔ

p　[44]膘标彪[5]表錶婊裱

p'　[44]飘漂~亮鳔[24]瓢嫖票

m　[24]苗描渺矛 2刀刀~~[5]藐秒[213]庙妙

t　[44]刁貂雕 1~刻凋扚抢夺:~郎子[213]钓吊掉调 1音~|~动

t'　[44]挑 1~水蘛灰~菜雕 2~花儿[24]条调 2~和[5]挑 2用木棍等东西支起[213]耀跳

n　[44]□~巴:脾气不好的人[5]咬鸟□痒:身上~着[213]尿□对人不理睬:~阿不~

l　[24]聊辽寥嘹[5]燎火~眉毛了 1~结[213]疗撩~起来料尥马~蹶子□扔了,丢了

tɕ　[44]交郊胶焦教蕉芭~|~香椒骄娇矫~诈浇缴上~[5]绞铰搅饺剿[213]狡校~对较酵窖觉 2睡~~轿叫

tɕ'　[44]敲锹悄静~~劁[24]乔侨桥荞樵窍邀[5]巧雀麻~鹊喜~

ɕ　[44]消宵霄硝销栎嚣萧箫□尤指女孩子轻浮[5]小晓[213]孝效校学~|上~笑鞘刀~

ø　[44]妖腰要~求吆[24]肴淆靿靴~摇谣窑姚鹞~鹰尧么~一二三杳~无音信

跃₂[5]舀口表示非常为难[213]要想~|重~耀₂药₂勺~

ɯ

t　　[44]兜[5]陡筑脊~[213]斗豆逗

t'　　[44]偷[24]头投[5]抖敨展开[213]透口用棍子等把堵着的东西插开：~炉炉

n　　[44]忸[5]藕偶配~欧瓯殴[213]呕~吐沤久浸水中

l　　[5]搂[213]漏陋

ts　　[24]邹奏皱绉骤揍[5]走

ts'　　[44]搊~起来口用力往高处推[24]愁[5]瞅[213]凑辏

s　　[44]叟搜飕馊[5]口虫子把木材蛀了[213]瑟嗽咳~廋

tʂ　　[44]昼周舟州洲粥[5]肘[213]纣骤~宙咒

tʂ'　　[44]抽[24]绸稠筹仇₂酬[5]丑丑[213]臭香~

ʂ　　[44]收[24]仇₁~人|报~[5]手首守[213]受兽寿授售

ʐ　　[24]柔[5]揉[213]肉

k　　[44]勾钩沟构购[5]狗苟[213]够₁足~|口头~：指牲畜

k'　　[44]抠[5]口[213]叩扣~住寇

x　　[44]吓₂恐~|喝~彩|吆~齁由气管发炎引起的哮喘口生气、发火[24]侯喉猴瘊候[5]吼[213]後厚后

ø　　[5]讪[24]蛾鄂扼

iɯ

t　　[44]丢

n　　[24]牛[5]纽扭谬

l　　[44]六陆绿₁~草[24]流硫~磺琉~璃馏[5]柳溜讨好别人口偷：钱被人~了[213]刘留榴石~

tɕ　　[44]揪一把~住鸠阄拈~纠~正[5]酒九久臼咎韭灸针~[213]就舅救究旧枢口拟声词：叫鸡的声音

tɕ'　　[44]秋~天|~千鞦牛~囚泅游水丘[24]求球仇姓毬男阴

ɕ　　[44]修羞宿₂星~|休[5]锈铁~朽嗅用鼻闻[213]秀绣袖

ø　　[44]忧优悠尤邮游幽幼[24]由油犹[5]友[213]酉莠诱又右祐柚釉

æ̃

p　　[44]班斑颁扳般搬[24]半₁绊扮瓣办伴拌口~讲：吵架[5]板版

p'　　[44]攀潘[24]盘[213]盼襻纽~判叛

m　　[24]蛮瞒馒~头|馒~~：木碗蔓₁~菁口指人软弱容易吃亏[5]满[213]慢漫幔口扔：把东

西~到

f　　[44]帆闩拴藩翻番儿~[24]凡烦矾繁[5]反[213]范犯泛涮~洗贩饭

t　　[44]耽担丹单~独[5]掸鸡毛~~胆诞[213]淡旦但弹~弓蛋1鸡~

tʻ　　[44]贪坍~下来滩摊[24]潭谭谈檀壇弹~琴蛋2羊粪~儿[5]坦毯口对事情不热心[213]探试~|侦~炭叹痰

n　　[44]庵安鞍[24]南男难暖2形容天气较热[5]口从外面向里面或者从里面向外面看[213]暗岸按案口两个或多个东西放在一起比一下

l　　[24]蓝篮~球览兰拦栏口在锅里放油炒[5]篮~子揽缆懒[213]滥烂

ts　　[44]簪~子[5]暂錾斩渐攒[213]站蘸~酱油赞溅盏栈

tsʻ　　[44]簪鞋~~：鞋扣参1~加蚕掺餐灿[24]惨惭谗馋残[5]铲产全2~是[213]绽1~毛衣口一~：一遍

s　　[44]三杉珊山删疝~气衫[5]伞馓口大手地花钱[213]散分~

tʂ　　[44]沾粘~贴毡[24]瞻占战颤[5]展绽2破~一种讲迷信的方式

tʂʻ　　[24]蟾~酥缠蝉禅~宗[5]口做事的一种诙谐的说法[213]口在湿软的东西上放上干粉以吸收水分或防止粘连：~面

ʂ　　[44]羶搧[5]陕闪[213]善扇膳单姓禅~让苫~布

ʐ　　[24]然[5]染冉燃

k　　[44]甘柑泔~水橄~榄尴~尬干1肝竿竹~乾~湿[5]感敢杆擀~面[213]干2动词

kʻ　　[44]堪龛刊[24]看~守|见[5]坎勘~误

x　　[44]憨酣[24]含函撼咸寒韩额1~水还1~有[5]憾喊[213]罕旱汉汗銲~铁壶

iæ̃

p　　[44]鞭编边便1方~[5]贬匾[213]辨辩变汴辫遍一~

pʻ　　[44]篇偏[24]便2~宜[5]蝙扁片[213]骗

m　　[24]绵棉[5]免勉娩分~眠[213]缅渑~池面

t　　[44]掂~撮颠口一个人对另一个人的欺负，尤指语言上的侮辱[5]点[213]店典电殿奠佃垫填~坑

tʻ　　[44]添天[24]甜田填~空[5]舔以舌取物腆~着肚子

n　　[24]鲇念年撚以指~碎[5]脸眼碾辇撵

l　　[24]廉镰簾连联怜莲[5]敛练链[213]殓

tɕ　　[44]监~督尖奸~灭兼搛~菜间空~|中奸煎犍~牛：公牛健笺肩坚[5]减碱检俭剑简裥束拣间~断谏涧锏车~剪茧[213]鉴舰践箭贱饯~件键建腱荐见

tɕʻ　　[44]鸽鸟啄物签谦歉迁乾虔遣千牵铅[24]潜钳钱前[5]浅[213]欠

ç　[44]仙鲜 2~艳 掀先[24]咸~阳 衔闲贤弦三~涎垂~三尺[5]陷羡显[213]嫌限线宪献现县

ø　[44]严淹阉俨腌蔫食物不新鲜，花萎心不在~烟[24]炎芫~荽盐阎 1檐颜延筵谚言沿[5]演魇研掩[213]验堰厌艳焰酽晏砚咽燕宴兖

uæ̃

t　[44]端[24]断~绝锻~炼段缎椴[5]短

t'　[24]团抟[5]口指说好话等让对方同意

n　[5]暖 1~和

l　[44]口指人邋遢[5]卵[213]乱栾

ts　[44]钻 1[5]口对别人记恨在心[213]纂编~钻 2木工用具

ts'　[44]佘揎~搋[24]全 1~部泉[213]窜篡蹿慢慢移动:急得里~外~

s　[44]酸[213]算蒜

tʂ　[44]专砖[5]转 1将东西从一地运到另一地[213]赚撰转 2~眼|~圆圈篆传 1~记

tʂ'　[44]川穿串[24]传 2~说椽船口嘴里乱说[5]喘

k　[44]官棺观参~冠 1衣~鳏~寡关[5]管馆冠 2~军[213]贯灌罐观寺~惯

k'　[44]宽[5]款口轻轻地:~~儿地放下

x　[44]欢[24]桓还 2~原环[5]唤焕缓口肥胖[213]换幻患宦

ø　[44]剜~豆剜弯湾腕[24]顽~皮|~固玩古~|~游完丸肉~|~弹[5]宛[213]皖碗软晚挽[213]万

yæ̃

tç　[44]捐绢[5]捲~起眷卷倦券锩刀剑的刃子被外力弄弯曲:刀刃~到了[213]圈 1猪~桊牛鼻~口今晚的合音

tç'　[44]圈 2圆~犬[24]拳权颧~骨蜷[213]劝

ç　[44]轩喧鲜 1新~[24]旋~吃~做镟馅楦鞋~玄悬眩[5]癣宣选

ø　[44]冤渊[24]恋圆员缘元原源阮袁辕园援~救[5]远[213]院愿怨

ɔ̃

p　[44]帮邦浜[5]榜绑口亲嘴:~一下[213]谤傍 1靠近棒蚌半 2东西的一半:给我瓣~个儿

p'　[24]滂~沱胖庞房 2~奶[5]口象声词:外面~地响了一下[213]旁螃傍 2~晚

m　[44]盲芒 2~果蟒[24]忙茫氓[5]莽

f　[44]霜孀方芳双[24]肪脂妨~害房 1防[5]爽仿~效纺仿~似彷~彿访[213]放

t　[44]裆当[24]挡阻~荡放~宕延~[5]党当典~档

t' [44]汤口在水里涮洗，除毛等：~猪[24]堂棠螳~螂唐糖塘烫趟~~口~土：尘土口烧熟：~大豆[5]倘~使躺

n [24]囊~谦：地名昂齉鼻~孔堵塞，鼻子~口指人笨口大，乡下语：房里进来一个~苍蝇[5]肮~脏攮乡下语

l [24]郎廊狼螂[213]朗浪

ts [44]赃髒[24]口糟蹋，挥霍：~东西口指被人或事情打扰：这个猪这两天~着[213]脏内~葬藏 1 西~

ts' [44]仓苍[24]藏 3 隐~

s [44]桑 1 丧 婚~|~失[24]桑 2 放~：藏族的烟祭[5]嗓搡

tʂ [44]张章樟瘴~气[5]长 1 生~涨掌障保~口撑开：~口袋[213]丈仗杖帐账胀

tʂ' [44]昌菖~蒲[24]长 2 ~短肠常偿场 1 广~[5]厂场 2 ~子畅[213]唱倡提~[0]杖搋~

ʂ [44]商伤墒[24]尝[5]裳赏晌~午[213]上尚绱~鞋

ʐ [5]嚷攘[213]酿 1 ~皮瓤 瓜穰禾茎壤让

k [44]冈岗刚 2 纲钢 1 缸[5]口用铁镢等挖起来：把粪~全[213]钢 2 钝刀了，~~杠港虹天上的~

k' [44]康糠慷~慨腔 1 胸~[24]抗扛[213]渴炕

x [44]夯打~吭拟声词：~什口挤：庄稼被草~了[24]行~列|银~航杭项巷绗大针缝：~毡毡

ø [24]口叹词，表示理解和明白对方的意思：~，我挖清了

iɔ̃

p [24]口说大话，空话：这人是个~~，信不得

t [24]口谎话连篇的人：皮~~

n [44]娘 1 ~~：姑姑[24]娘 2 酿 2 ~蜜

l [44]两~个|几~|几钱[24]良凉~快粮梁粱[213]量~长短|数~亮谅辆凉 2 使热的东西冷却：~~冰

tɕ [44]将 1 ~来彊僵薑缰~绳姜江豇[5]蒋奖讲[213]刚 1 ~才桨酱将 2 大~匠降下~

tɕ' [44]枪腔 2 南~北调[24]墙强藏 2 ~东西[5]抢羌

ɕ [44]箱厢湘襄镶香乡[24]相详祥降~投[5]想饷享响[213]象像向橡~树项~目

ø [44]央秧殃[24]羊洋烊融化杨阳扬疡阎 2 ~王爷[5]仰养痒[213]样漾液体溢出

uɔ̃

tʂ [44]庄装妆[5]口粗[213]壮状

tʂ' [44]疮窗[24]床[5]闯创[213]撞 1 ~点点：碰运气

k　　[44]光[5]广[213]桄逛

k'　　[44]匡筐眶~眼[24]框[24]狂[213]旷况矿

k　　[44]荒慌[24]黄簧皇蝗湟隍晃~眼[5]谎~大

ø　　[44]汪—~水[24]亡王[5]芒 1麦~网辋车~枉往[213]忘妄望旺兴~|火~

ɔ̃

p　　[44]迸[24]奔锛崩笨[5]本嘣拟声词：鼓打得~~地响

p'　　[44]喷烹[24]盆朋彭棚篷蓬口合一下数：~个数儿[5]捧[213]膨

m　　[44]蒙 1动词，指瞎猜口笨：这孩子~得很[24]门虻萌盟[5]猛蒙 2古[213]闷孟懵~懂梦[0]们我~

f　　[44]分~开芬纷风枫疯封峰蜂锋[24]焚坟愤岔丰冯逢缝~衣服[5]粉 1讽[213]顺舜粪奋份凤奉俸

t　　[44]登灯[5]等戥[213]凳镫鞍~邓澄水浑，~一~瞪~眼扽用力拉展

t'　　[44]吞烔把包子~~[24]腾膛藤疼痛

n　　[44]恩[24]能

l　　[24]楞塄田地边上的坡[5]冷窿窟~眼眼[213]口指鼻子挺

ts　　[44]曾 1姓增争筝古~[213]憎赠锃

ts'　　[44]参 2~差筝风~口在竞争中赛过对方[24]岑曾 2~经层衬蹭磨~[5]硶

s　　[44]森僧生牲笙甥[5]省 1青海~|~着花[213]渗~透瘆使人害怕[0]参人~

tʂ　　[44]针斟珍榛臻真诊疹征~求蒸证贞侦糁谷物磨成的碎粒：~~[5]枕拯整[213]镇阵振震症郑正政

tʂ'　　[44]称 1~呼撑伸 2腿~哈[24]沉陈尘辰晨臣澄橙承丞呈程成城诚盛~满了[5]称 2对~惩乘逞~能[213]称 3~心如意趁秤一杆~

ʂ　　[44]深 1葚桑~身申伸娠升声[24]神绳胜~任[5]沈审婶盛 1姓[213]甚肾慎剩圣盛 2兴~

z̩　　[24]壬任 1姓~责纫缝~人仁[5]忍仍扔任 2~命[213]认韧刃~~：刀~

k　　[44]跟根粳庚羹耕[213]更~换~加埂田~耿够 2尽力探取东西：太高了，我~不着

k'　　[44]坑[5]恳垦肯[213]口象声词：呻吟声

x　　[44]亨哼[24]痕恒衡横[5]很~能干[213]恨否

iɔ̃

p　　[44]彬宾槟~榔殡鬓冰兵[5]禀丙秉柄饼[213]并並病

p'　　[44]姘乒~兵球[24]贫频~繁平坪评瓶屏~围~萍并[5]品凭拼~命[213]聘

m　　[24]闽~越民明名铭[5]抿鸣皿[213]悯敏命

t　　[44]丁钉名词：铁~靪疔[5]顶鼎[213]锭钉动词：订~约定

t' [44]听厅汀亭廷庭蜓[24]停口_{均等地分配：～～儿分上}[5]艇挺

n [24]凝硬佞宁_{～可}[0]宁_{安～｜～西～}

l [24]林淋_{～漓｜～湿}临赁_租邻鳞燐陵凌菱灵零铃伶翎吝令龄另[5]领岭

tɕ [44]今金襟津晋巾斤筋茎京荆惊鲸警精晶经径羁_{～羊｜公羊}[5]锦紧谨境景井[213]禁_{～不住｜～止}妗舅母尽进仅近劲敬竞镜竞静靖净劲_{～敌}[0]睛_眼～颈口 tæ⁵_{～：脖子}

tɕ' [44]钦亲_{～戚}卿清轻_{～重}青蜻磬_{钟～}[24]琴禽擒秦勤芹擎情[5]侵寝请倾顷[213]庆浸_{使凝结：血～住了｜吓得～住了}

ɕ [44]心辛新薪欣星腥馨[24]寻兴_{高采烈}行_{～为｜品～}形型刑荥[5]省_{2反～}醒[213]信衅幸性姓凶_{～命口口比喻很实，不通｜肿者～住了}

ø [44]音荫窨_{地～子}因姻殷应_{～当}鹰莺鹦_鹉樱_桃英婴缨[24]淫银应_{～对}迎盈赢[5]引隐尹影映嫱_{粗糙缝：～被儿}[213]吟饮_{～酒}～马洇寅印营茔颖萤胤_{孳生，扩散：瘊子～了一手}[0]蝇_{苍～}

uə̃

t [44]敦_{～厚}墩东冬口_{～哈：把东西放到某处}[24]饨_{馄～}顿蹲[5]沌盾_{矛～}钝遁董懂栋[213]动冻洞

t' [44]通[24]屯豚臀囤同铜桐童瞳[5]筒桶捅_{～破了}统嗵_{拟声词：如爆炸声}

n [24]嫩

l [24]聋农脓浓龙纶_{～尼～}隆_{使火兴起：～火}[5]笼拢陇垄[213]弄

ts [44]棕鬃_{马～｜猪～}宗踪[24]尊遵[5]总[213]俊粽纵_{放～}

ts' [44]聪葱囱_{烟～}皴_{脸～}[24]丛从_{～容｜跟～}村存[213]忖寸

s [44]孙松嵩[5]损笋[213]送宋怂_{恿诵颂讼㞞骂人语：瞎～｜坏～}

tʂ [44]中_{当～}忠仲终冢钟盅[5]准中_{射～}种_{2～子}肿[213]众重_{1轻～}种_{1～树}

tʂ' [44]椿春充冲春_{～米}[24]唇纯醇_{酒味～}虫崇重_{2～复}[5]蠢宠[213]纯撞₂

k [44]公蚣_{蜈～}工功攻_{～击}弓躬宫供_{～给｜～养}[24]恭拱_{～手}[5]滚[213]棍贡汞共

k' [44]坤空_{1～虚}[5]昆崑捆孔_{1姓}控恐啃_{～骨头}巩_{～固}[213]困孔_{2毛～}空_{2～缺}

x [44]昏婚荤轰[24]魂馄_{～饨}浑_{～浊}弘宏烘_{～干}红洪鸿[5]哄_骗[213]混_{｜～～沌}

ø [44]温瘟翁瓮口_{～那没～：指对别人的事不放在心上}[24]文纹蚊闻吻刎戎绒茸口_{眼睛合到一起，留条缝}[5]稳[213]润闰问

yə̃

l [24]论_{～语｜议～}仑伦沦轮[213]口_{～到了：因生气不理睬别人}

tɕ [44]均钧菌君军迥_{～然不同}[213]窘郡

tɕ'   [24]群裙琼穷[5]□_{在锅里倒少量水煮食物}

ɕ   [44]熏勋薰兄胸凶_{吉~丨~恶}[24]荀旬熊雄[5]迅逊[213]讯循巡殉训

ø   [44]雍痈庸拥壅_{~肥}荣_{光~}[24]匀允云永泳融_{~化}容_{~易}蓉_芙~镕甬勇涌

榕_{~树}嵘_{峥~}[213]熨韵运晕孕用

附录二 湟源方言分类词表

说 明

（1）本词表以《现代汉语方言大词典》调查表即《方言词汇条目表》（《方言》2003年第1期）为蓝本，作了适当地调整。

（2）词语按意义分为31类，各类内部再分小类。各大类列举如下：天文；地理；时令时间；农业；植物；动物；房舍；器具用品；称谓；亲属；身体；疾病医疗；衣服穿戴；饮食；红白大事；日常生活；讼事；交际；商业交通；文化教育；文体活动；动作；位置；代词；形容词；副词；介词；量词；附加成分；数字；干支属相等。

（3）同一条词语有多种说法的，大致按照方言中使用频率高低排列，最常用的词在前，以此类推。

（4）具有特殊色彩或使用环境比较特殊的词语，用小字注明。

（5）有音无字或本字不明的音节用"□"代替。

（6）用国际音标注音，其中声调只标实际调值，轻声的调值一律用0标注。少数词语读音特殊，在括号内加以说明。其他需要说明的问题，也放在括号中。

（7）例句中，用"～"代替该词语；个别难懂的方言词，用小字在音标后注释。

一 天 文

（1）日、月、星

热头儿 $z_i^{44}t^hш^{24}\varepsilon^{21}$

太阳 $t^h\varepsilon^{24}i\tilde{\sigma}^{44}$

热头底下 $z_i^{44}t^hш^{24}ts_1^{44}xa^{21}$

太阳底下 $t^h\varepsilon^{24}i\tilde{\sigma}^{44}ts_1^{44}xa^{21}$

热影子 $z_i^{44}i\tilde{\sigma}^{32}ts_1^{21}$

妖婆天 $i\sigma^{21}p^h\sigma^{24}t^hi\tilde{æ}^{21}$ 一会儿下雨，一会儿又天晴的天气

哑巴天 $ia^5pa^{24}t^hi\tilde{æ}^{21}$ 光看见太阳影子，但是没有温度，很寒冷的天气

阳洼 $i\tilde{\sigma}^{24}ua^{24}$

阴洼 $i\tilde{\sigma}^{21}ua^{24}$

背影子 pi²⁴iɤ̃⁵tsʅ²¹

日蚀 z̩i⁵ʂʅ⁴⁴

月亮 yu⁵liɤ̃⁴⁴

月亮底下 yu⁵liɤ̃⁴⁴tsʅ⁴⁴xa²¹

月蚀 yu⁵ʂʅ⁴⁴

月亮盘场 yu⁵liɤ̃⁴⁴pʰæ̃²⁴tʂʰɤ̃²⁴

星宿 ɕiɤ̃⁴⁴ɕiɯ⁴⁴

星星 ɕiɤ̃⁴⁴ɕiɤ̃⁴⁴

七星 tsʰʅ⁴⁴ɕiɤ̃⁴⁴

亮明星 liɤ̃²⁴miɤ̃⁵ɕiɤ̃²¹

天河 tʰiæ̃⁴⁴xu⁴⁴

贼星 tsʅ⁵⁵ɕiɤ̃²¹

扫帚星 sɔ³²tʂʰɣ̩⁵ɕiɤ̃²¹

（2）风、云、雷、电

风 fɤ̃⁴⁴

黄风 xuɤ̃²⁴fɤ̃²¹

大黄风 ta²⁴xuɤ̃²⁴fɤ̃²¹

台风 tɛ²¹fɤ̃⁴⁴

海风 xɛ⁴⁴fɤ̃²¹ 青海湖出来的风

哨儿风 sɔ²⁴ɛ⁴⁴fɤ̃²¹

抢脸风 tɕʰiɤ̃²⁴niæ̃²⁴fɤ̃²¹

旋风儿 ɕyæ̃³²fɛ⁴⁴ɛ²¹

吹罢了 tʂʰui⁴⁴pa²⁴liɔ²¹

云彩 yɤ̃³²tsʰɛ²¹

黑云 xi⁴⁴yɤ̃²¹

瓦渣云 ua⁵tsa²⁴yɤ̃²¹

疙瘩云 ki⁴⁴ta⁴⁴yɤ̃²¹

扫帚云 sɔ²⁴tʂʰɣ̩⁵yɤ̃²¹

韶 ʂɔ²⁴ 霞

早韶 tsɔ⁴⁴ʂɔ²⁴

晚韶 uæ̃⁵⁵ʂɔ²⁴

雷 lui²⁴

雷响价 lui²⁴ɕiɤ̃²⁴ɕia²¹

连雷 liæ̃²¹lui²⁴

炸雷 tsa²¹lui⁴⁴

雷劈到了 lui²⁴pʰʅ²¹tɔ²¹liɔ²⁴

闪电 ʂæ̃⁵⁵tiæ̃²⁴

雨 zʮ⁵⁵

下雨 ɕia²¹zʮ⁵⁵

雨星儿来了 zʮ⁵ɕiɛ³²ɛ²⁴lɛ²⁴liɔ²¹

雨点子滴价 zʮ³²tiæ̃²⁴tsʅ²¹ti⁴⁴tɕia²¹

毛毛雨儿 mɔ³²mɔ²¹zʮ⁴⁴ɛ²¹

大雨 ta²¹zʮ⁴⁴

猛雨 mɤ̃³²zʮ²⁴

大猛雨 ta²⁴mɤ̃³²zʮ²¹

过雨 ku²¹zʮ⁴⁴

大过雨 ta²⁴ku³²zʮ⁴⁴

雨住哈了 zʮ⁵tʂɣ̩²⁴xa⁴⁴liɔ²¹

虹 kɤ̃²⁴

雨泡哈了 zʮ⁵pʰɔ²⁴xa⁴⁴liɔ²¹

（3）冰、雪、霜、露

冰 piɤ̃⁴⁴

冰溜儿 piɤ̃³²liɯ²⁴ɛ²¹

冰棒儿 piɤ̃³²pɤ̃²⁴ɛ²¹ 挂在屋檐下的

麻浮 ma³²fɣ²¹

冰冻哈了 piɤ̃³²tuɤ̃²⁴xa⁴⁴liɔ²¹

雨蛋蛋 zʮ⁵⁵tæ̃³²tæ̃²¹

雪 ɕyu⁴⁴

下雪 ɕia²⁴ɕyu⁴⁴

大雪片 ta²⁴ɕyu²⁴pʰiæ̃²⁴

雪糁糁 ɕyu²⁴tʂɤ̃⁴⁴tʂɤ̃²¹

雨夹雪 zʮ⁵⁵tɕia²⁴ɕyu²¹

羊粪夹雪 iɤ̃³²fɤ̃²⁴tɕia²⁴ɕyu⁴⁴

消雪 ɕiɔ²⁴ɕyu⁴⁴

露水 lɣ³²fi²¹

霜 fɤ̃⁴⁴

黑霜 xi²⁴fɤ̃⁴⁴

霜下来了 fɤ̃⁴⁴xa²⁴lɛ²⁴liɔ²¹

霜打到了fɔ̃³²ta²⁴tɔ²¹liɔ²¹

雾ɣ̩²⁴

拉死雾la³²sʅ²⁴ɣ̩²⁴

下土ɕia²¹tʰɣ̩⁴⁴ _{浮尘天气}

（4）气候

天气tʰiæ̃⁴⁴tsʅ²¹

天爷tʰiæ̃⁴⁴ĩ²¹

晴天tɕʰiɔ̃³²tʰiæ̃²¹

外面儿晴价uɛ²⁴miɛ²¹ɛ³²tɕʰiɔ̃²⁴tɕia²¹

阴天iɔ̃⁴⁴tʰiæ̃²¹

天爷阴哈了tʰiæ̃⁴⁴ĩ²¹iɔ̃²¹xa²¹liɔ²⁴

热ʐ̩i⁴⁴

渗sɔ̃²⁴

冻tuɔ̃²⁴

冷lɔ̃⁵⁵

伏天fɣ̩⁵⁵tʰiæ̃²¹

入伏ɣ̩³²fɣ̩²¹

初伏tʂʰɣ̩⁵⁵fɣ̩²¹

三伏sæ̃³²fɣ̩²¹

旱到了xæ̃³²tɔ²¹liɔ²¹

下到了ɕia³²tɔ²¹liɔ²¹

二 地 理

（1）地

山地sæ̃³²tsʅ²⁴

水地fi⁵⁵tsʅ²⁴

荒地xuɔ̃⁴⁴tsʅ²¹

生地sɔ̃⁴⁴tsʅ⁴⁴

熟地fɣ̩⁵⁵tsʅ²⁴

苒地tsʰa²¹tsʅ²⁴

歇地ɕi⁴⁴tsʅ⁴⁴

沙窝sa⁴⁴u⁴⁴

坡地pʰɔ²¹tsʅ²⁴

碱滩滩tɕiæ̃⁴⁴tʰæ̃³²tʰæ̃²⁴

（2）山

山sæ̃⁴⁴

半山里pæ̃²⁴sæ̃⁴⁴l̩⁴⁴

山根根里sæ̃²⁴kɔ̃³²kɔ̃³²l̩⁴⁴

涧沟ɕiæ̃⁵kɯ²¹

槽槽tsʰɔ²⁴tsʰɔ²¹

山坡坡sæ̃³²pʰɔ³²pʰɔ²⁴

山顶顶sæ̃³²tiɔ̃³²tiɔ̃²⁴

牛吃水儿niɯ²⁴tʂʅ³²fi²¹ɛ²¹ _{比较陡的斜坡}

石崖ʂʅ²¹nɛ²⁴

（3）江、河、湖、海、水

河xu²⁴

河里xu²¹l̩²⁴

大水沟ta²¹fi⁵⁵kɯ²¹

水沟fi⁵⁵kɯ²¹

湖xɣ̩²⁴

涝坝lɔ²¹pa⁴⁴

淖淖儿nɔ²⁴nɔ²¹ɛ²¹

浪儿lɔ̃⁵⁵ɛ⁴⁴ _{小水坑}

海xɛ⁵⁵

河沟xu²¹kɯ²⁴

河边xu²¹piæ̃²⁴

河沿xu²¹iæ̃²⁴

坝pa²⁴ _{河中挡水的建筑物}

河滩xu²¹tæ̃²⁴

水fi⁵⁵

清水tɕʰiɔ̃²¹fi²⁴

稠水tʂʰɯ²¹fi²⁴

雨水zɣ̩⁵⁵fi²⁴

荒水xuɔ̃⁴⁴fi⁴⁴

淌荒水tʰɔ̃⁴⁴xuɔ̃⁴⁴fi⁴⁴

水头儿fi⁵⁵tʰɯ²⁴ɛ²¹ _{洪峰}

冰水piɔ̃²¹fi²⁴

泉儿水tsʰuɛ³²ɛ²¹fi⁴⁴

泉儿眼tsʰuɛ³²ɛ²⁴niæ̃⁴⁴

烫水tʰɔ̃²¹fi⁴⁴

温突儿水uɔ̃³²tʰɣ⁴⁴ɛ²¹fi⁵⁵

开水kʰɛ⁴⁴fi²¹

　滚水kuɔ̃⁵⁵fi²⁴

开水滚了kʰɛ⁴⁴fi²¹kuɔ̃⁴⁴liɔ²¹

开水开了kʰɛ⁴⁴fi²¹kʰɛ⁴⁴liɔ²¹

（4）石沙、土块、矿物

石头ʂʅ³²tʰɯ²¹

大石头ta²⁴ʂʅ³²tʰɯ²⁴

尕石头儿ka²⁴ʂʅ³²tʰɯ²¹ɛ⁴⁴

圆蛋石yæ̃³²tæ̃²¹ʂʅ⁴⁴

麻拉石ma³²la²¹ʂʅ⁴⁴

字儿石tsʅ²¹ɛ⁴⁴ʂʅ²¹

牙牙石ia³²ia²⁴ʂʅ²¹ 上面刻着字的石头，尤其是嘛呢石等

石板ʂʅ²¹pæ̃²⁴

沙子sa⁴⁴tsʅ²¹

沙石sa⁴⁴ʂʅ²¹

沙滩sa⁴⁴tʰæ̃²¹

胡墼xɣ³²tsʅ²⁴

砖tʂuæ̃⁴⁴

囵囵砖xɣ²¹lɔ̃²⁴tʂuæ̃²⁴

烂砖læ̃³²tʂuæ̃²¹

瓦ua⁵⁵

烂瓦læ̃³²ua⁵⁵

琉璃瓦liɯ²¹l̩²⁴ua⁴⁴

塘土tʰɔ̃³²tʰɣ²¹

吊吊灰tiɔ²¹tiɔ⁴⁴xui²¹

淄泥zʅ⁴⁴mʅ⁴⁴

泥糊糊mʅ³²xɣ³²xɣ²¹

干土kæ̃³²tʰɣ²¹

地张tsʅ²¹tʂɔ̃⁴⁴ 也叫地口，指一块地面积较大

金tɕiɔ̃⁴⁴

银iɔ̃²⁴

铜tʰuɔ̃²⁴

铁tʰi⁴⁴

锡sʅ⁴⁴

煤mi²⁴

煤渣mi²¹tsa²⁴

炭tʰæ̃²⁴

　大煤ta²¹mi⁴⁴

煤砖mi²⁴tʂuæ̃⁴⁴

粪块子fɔ̃³²kʰuæ̃²¹tsʅ²¹

粪片子fɔ̃³²pʰiæ̃²¹tsʅ²¹

粪末末fɔ̃³²mɔ⁴⁴mɔ²⁴

羊茬iɔ̃²¹tsʰa²⁴ 羊圈地上羊粪和土和在一起的烧火的东西

煤油mi²⁴iɯ²⁴

汽油tsʰi²⁴iɯ²⁴

石灰ʂʅ²¹xui²⁴

洋灰iɔ̃²⁴xui²⁴

　水泥fi⁵⁵mʅ²⁴

吸铁sʅ⁵⁵tʰi⁴⁴

玉石zʮ³²ʂʅ²¹

倒下的煤tɔ²¹xa²¹tsʅ²¹mi²⁴

蜂窝煤fɔ̃²⁴u⁴⁴mi²⁴

（5）城乡处所

地方tsʅ²¹fɔ̃⁴⁴

城市tʂʰɔ̃²¹sʅ²⁴

城墙tʂʰɔ̃³²tɕʰiɔ̃²¹

城壕tʂʰɔ̃³²xɔ²¹

城门洞tʂʰɔ̃³²mɔ̃²⁴tuɔ̃²⁴

碉楼tiɔ⁴⁴lɣ⁴⁴

县上ɕiæ̃²⁴ʂɔ̃²¹

城里tʂʰɔ̃³²l̩²¹

农村luɔ̃²¹tsʰuɔ̃²⁴

庄子里tʂʰuɔ̃³²tsʅ²¹l̩²¹

脑山里nɔ⁴⁴sæ̃³²l̩²¹

山脑脑里sæ̃³²nɔ²⁴nɔ³²l̩²¹

巷巷xɔ̃³²xɔ̃²⁴
老家lɔ⁵⁵tɕia²¹
街道kɛ⁴⁴tɔ⁴⁴
路lʮ²⁴
大路ta²⁴lʮ²⁴
蚰蜒路路儿iɯ²¹iæ²⁴lʮ³²lʮ²¹ɛ²¹
打捷路ta⁵⁵tɕiʐ³²lʮ²⁴

三　时令、时间

（1）季节
春天tʂʰuɔ̃⁴⁴tʰiæ⁴⁴
一夏里zʅ³²ɕia²¹lʅ²¹
秋天tɕʰiɯ⁴⁴tʰiæ²¹
冬上tuɔ̃⁴⁴ʂɔ̃⁴⁴
立春lʅ²⁴tʂʰuɔ̃⁴⁴
雨水zʮ⁵⁵fi²¹
惊蛰tɕiɔ̃²⁴tʂi²⁴
春分tʂʰuɔ̃⁴⁴fɔ̃⁴⁴
清明tɕʰiɔ̃⁴⁴miɔ̃⁴⁴
谷雨kʮ⁵⁵zʮ²¹
立夏lʅ²¹ɕia²⁴
小满ɕiɔ²¹mæ²⁴
芒种mɔ̃²¹tʂuɔ̃²⁴
夏至ɕia²¹tsʅ⁴⁴
小暑ɕiɔ²¹fʮ²⁴
大暑ta²¹fʮ⁴⁴
立秋lʅ²⁴tɕʰiɯ⁴⁴
处暑tʂʰʮ²¹fʮ²⁴
白露pi²¹lʮ²⁴
秋分tɕʰiɯ⁴⁴fɔ̃⁴⁴
寒露xæ²¹lʮ²⁴
霜降fɔ̃²¹tɕiɔ̃²⁴
立冬lʅ²⁴tuɔ̃⁴⁴
小雪ɕiɔ⁵⁵ɕyu²¹

大雪ta²⁴ɕyu⁴⁴
冬至tuɔ̃²¹tsʅ²⁴
小寒ɕiɔ⁵⁵xæ²⁴
大寒ta²⁴xæ²⁴
献书ɕiæ²¹fʮ⁴⁴ 历书
农历luɔ̃²¹lʅ²⁴
阳历iɔ̃²¹lʅ²⁴

（2）节日
三十晚甚sæ⁴⁴ʂʅ⁴⁴uæ⁵⁵ʂɔ̃²¹
大年初一ta²¹niæ⁴⁴tʂʰʮ⁴⁴zʅ⁴⁴
拜年pɛ²⁴niæ²⁴
正月十五tʂɔ̃⁴⁴yu⁴⁴ʂʅ²¹ʮ²⁴
二月二ɛ²¹yu⁴⁴ɛ²⁴
天社儿tʰiæ²¹ʂi²¹ɛ²⁴
三月三sæ²¹yu²¹sæ⁴⁴
四月八si²¹yu⁵⁵pa²¹
当午tɔ̃⁴⁴ʮ⁴⁴
六月六liɯ²¹yu²¹liɯ⁴⁴
八月十五pa²¹yu²⁴ʂʅ³²ʮ²¹
月饼yu⁴⁴piɔ̃⁴⁴
玩月uæ²⁴yu⁴⁴
九月九tɕiɯ⁴⁴yu²¹tɕiɯ⁴⁴
十月一ʂʅ²¹yu²⁴zʅ²¹
冬至tuɔ̃²¹tsʅ²⁴
腊八la⁴⁴pa⁴⁴
腊八饭la²¹pa²¹fæ²⁴
打发灶家娘娘ta⁵⁵fa³²tsɔ²¹t ɕia⁴⁴niɔ̃²¹niɔ̃²⁴
（3）年
今年tɕiɔ̃⁴⁴niæ⁴⁴
年时niæ²¹sʅ²⁴
　　年时个儿niæ²¹sʅ²⁴kɔ²⁴ɛ²¹
过年儿ku²¹niæ⁴⁴ɛ²¹ 明年
前年tɕʰiæ²¹niæ²⁴
前前年tɕʰiæ²⁴tɕʰiæ²¹niæ²⁴ 大前年

往照年儿uõ⁴⁴tʂɔ²¹niæ²⁴ɛ²¹

前几年tɕʰiæ²¹tsɿ²⁴niæ²¹

后年儿xɯ²¹niɛ²¹ɛ²¹

大后年儿ta⁴⁴xɯ²⁴niɛ²¹ɛ²¹

想当年ɕiõ⁴⁴tõ²¹niæ²⁴ _{当年} 当年

年年个儿niæ²¹niæ²⁴kɔ²⁴ɛ²¹

年初niæ²⁴tʂʰɣ⁴⁴

年中niæ²⁴tʂuõ⁴⁴

年底niæ²¹tsɿ²⁴

前半年tɕʰiæ²¹pæ²¹niæ⁴⁴

后半年xɯ²⁴pæ⁴⁴niæ²¹

一年到头儿zɿ²⁴niæ²⁴tɔ²⁴tʰɯ³²ɛ²¹

一年往一年zɿ²⁴niæ²⁴uõ⁴⁴zɿ²⁴niæ²⁴

（4）月

正月tʂõ⁴⁴yu⁴⁴

腊月la⁴⁴yu⁴⁴

闰月uõ²¹yu⁴⁴

月头上yu²⁴tʰɯ²⁴ʂõ²⁴

月底里yu³²tsɿ²⁴lɿ²¹

这一个月tʂɿ²⁴zɿ²¹kɔ²¹yu⁴⁴

上一个月ʂõ²⁴zɿ²¹kɔ²⁴yu⁴⁴

下一个月ɕia²⁴zɿ²¹kɔ²⁴yu⁴⁴

前半月tɕʰiæ²⁴pæ³²yu⁴⁴

　上半个月ʂõ²⁴pæ⁴⁴kɔ²⁴yu⁴⁴

后半月xɯ²⁴pæ³²yu²¹

　下半个月ɕia²⁴pæ⁴⁴kɔ²⁴yu⁴⁴

每个月mi²⁴kɔ²¹yu²⁴

前十天tɕʰiæ²⁴ʂɿ³²tʰiæ²¹

后十天xɯ²⁴ʂɿ³²tʰiæ²¹

空荒四月kuõ²⁴xuõ⁴⁴sɿ²⁴yu⁴⁴

五黄六月ɣ⁴⁴xuõ³²liɯ⁴⁴yu⁴⁴

十冬腊月ʂɿ²⁴tuõ⁴⁴la⁴⁴yu⁴⁴

大尽ta²¹tɕiõ⁴⁴ _{农历三十天的月份}

小尽ɕiɔ⁴⁴tɕiõ²¹ _{农历二十九天的月份}

（5）日、时

今儿tɕi⁴⁴ɛ⁴⁴

明早儿miõ³²tsɔ²¹ɛ⁴⁴

后日xɯ³²z̩²¹

外后日uɛ³²xɯ⁴⁴z̩²¹ _{大后天}

大外后日ta²⁴uɛ⁴⁴xɯ³²z̩²¹ _{大后天的次日}

夜来iᵃ³²lɛ⁴⁴

　夜来个iᵃ³²lɛ⁴⁴kɔ²¹

第二天tsɿ²⁴ɛ²¹tʰiæ⁴⁴

前日tɕʰiæ³²z̩²¹

前前日tɕʰiæ²⁴tɕʰiæ³²z̩²¹

前几天tɕʰiæ³²tsɿ²⁴tʰiæ²¹

星期天ɕiõ³²tsʰɿ²⁴tʰiæ²¹

一星期zɿ²⁴ɕiõ⁴⁴tsʰɿ⁴⁴

一天zɿ²⁴tʰiæ⁴⁴

　一天到头zɿ²⁴tʰiæ⁴⁴tɔ²⁴tʰɯ²¹

见天tɕiæ²¹tʰiæ⁴⁴ _{天天}

　见天个儿tɕiæ²⁴tʰiæ⁴⁴kɔ²⁴ɛ²¹

　天每日tʰiæ³²mi²⁴z̩²¹

十天半个月ʂɿ³²tʰiæ²⁴pæ²⁴kɔ²⁴yu²⁴

上午ʂõ³²ɣ²¹

饭罢里fæ²⁴pa³²lɿ²¹ _{下午}

后晌xɯ²⁴ʂõ⁴⁴

半天儿pæ²⁴tʰiæ²¹ɛ²¹

多半天tu³²pæ²¹tʰiæ²⁴

早甚里tsɔ³²ʂõ²⁴lɿ²¹

将麻亮儿tɕiõ²⁴ma²⁴liõ²¹ɛ²¹

老毛干早lɔ⁴⁴mɔ³²kæ³²tsɔ²¹ _{大清早}

晌午ʂõ³²ɣ²⁴

半晌午pæ²⁴ʂõ³²ɣ²⁴

一天价zɿ²⁴tʰiæ⁴⁴tɕia⁴⁴

　大天白日ta³²tʰiæ⁴⁴pi³²z̩²¹

擦黑儿tsʰa²⁴xi⁴⁴ɛ²¹

　羊来的块iɔ²⁴lɛ²⁴tsɿ²⁴kʰuɛ²¹ _{天快黑的时候}

后晌黑xɯ²⁴ʂɤ⁵⁵xi⁴⁴

黑麻尽xi²⁴ma²¹tɕiɤ²⁴

　黑尽xi²¹tɕiɤ²⁴

夜来晚甚iᶻ²⁴lε⁴⁴uæ³²ʂɤ²⁴

一晚夕zʅ²⁴uæ³²sʅ²⁴

　通更tʰuɤ⁴⁴kɤ⁴⁴

半夜pæ²¹iᶻ⁴⁴

前半夜tɕʰiæ³²pæ²¹iᶻ⁴⁴

后半夜xɯ²⁴pæ⁴⁴iᶻ⁴⁴

夜交过iᶻ²⁴tɕiɔ²¹ku²⁴ 半夜十二点以后

一晚夕个儿zʅ³²uæ²⁴sʅ⁴⁴kɔ²⁴ε²¹ 每天晚上

（6）其他时间概念

年niæ²⁴

年头节暇niæ²¹tʰɯ³²tɕiᶻ⁴⁴ɕia²¹

月份yu⁴⁴fɤ⁴⁴

日子zʅ⁴⁴tsʅ²¹

多早tu³²tsu²⁴ 啥时候

　阿早块a²⁴ts'u⁴⁴kʰuε⁰

前头tɕʰiæ³²tʰɯ²¹

后头xɯ³²tʰɯ⁴⁴

　赶后儿kæ⁵⁵xɯ³²ε⁴⁴

　赶沟蛋儿kæ⁵⁵kɯ³²tε³²ε⁴⁴

致早块tʂʅ³²tsʰu⁴⁴kʰuε²¹

　着tʂɔ⁴⁴

　着就就tʂɔ⁴⁴tɕiɯ²⁴tɕiɯ²¹

　就就tɕiɯ²⁴tɕiɯ²¹

头头儿tʰɯ²⁴tʰɯ²¹ε²⁴ 一开始

一期儿zʅ²¹tsʰʅ²⁴ε⁴⁴ 一段时间

四　农业（包括农林牧渔）

（1）农事

种地tʂuɤ²⁴tsʅ²⁴

一夏里zʅ²⁴ɕia³²l̩²¹

秋天tɕʰiɯ⁴⁴tʰiæ⁴⁴

翻地fæ²¹tsʅ²⁴

下种ɕia²¹tʂuɤ⁴⁴

拔草pa²¹tsʰɔ²⁴

穗头儿sui²⁴tʰɯ²¹ε²⁴

　穗穗儿sui⁵⁵sui⁴⁴ε²⁴

割麦子ku²⁴mi⁴⁴tsʅ²¹

割青稞ku²⁴tɕʰiɤ⁴⁴kʰu⁴⁴

拔菜籽pa²¹tsʰε³²tsʅ²¹

打场ta⁵⁵tʂʰɤ²⁴

碾场niæ⁵⁵tʂʰɤ²⁴

场里tʂʰɤ²¹l̩²⁴

落场lu⁴⁴tʂʰɤ⁴⁴

塌场tʰa⁴⁴tʂʰɤ⁴⁴

打胡墼ta⁵⁵xɣ³²tsʅ⁴⁴

上肥料ʂɤ²⁴fi³²liɔ⁴⁴

撒家粪sa²⁴tɕia⁴⁴fɤ⁴⁴

家粪tɕia⁴⁴fɤ²¹

　具体分为：

　圈圈里的tɕyæ³²tɕyæ⁴⁴l̩³²tsʅ²¹

　头牯脚底下的tʰɯ³²kɯ²⁴tɕyu³²tsʅ²¹
xa³²tsʅ²¹

　人粪尿zʅ³²fɤ²⁴niɔ²⁴

化肥xua²⁴fi²⁴

打药ta⁵⁵yu⁴⁴

追肥料tʂui²⁴fi³²liɔ²⁴

浇水tɕiɔ³²fi²⁴

冬灌tuɤ³²kuæ²⁴

担水tæ³²fi²⁴

驮水tʰu³²fi²⁴

井tɕiɤ⁴⁴ 水井的统称

（2）农具

桶tʰuɤ⁴⁴ 统称

驮桶tʰu³²tʰuɤ⁴⁴

打淹板板ta⁵⁵iæ²⁴pæ⁴⁴pæ²⁴ 放在驮桶里，防止
水外撒的板子

拉拉la²¹la⁴⁴小桶

奶子拉拉nɛ⁴⁴tsʅ²¹la²¹la⁴⁴小桶

铁桶tʰiᶻ³²tʰuɤ²⁴

木桶mɣ³²tʰuɤ²⁴

潲sɔ⁴⁴一种宰猪等时候用的盛水的大桶

车tʂʰi⁴⁴

　大车ta³²tʂʰi⁴⁴

　架架车tɕia³²tɕia⁴⁴tʂʰi²¹

　牛车niɯ³²tʂʰi²⁴

　马车ma⁴⁴tʂʰi⁴⁴

　驴车l̩ʷ²¹tʂʰi⁴⁴

　拉拉车la⁴⁴la⁴⁴tʂʰi²¹

　扛骚车kɤ⁴⁴sɔ²⁴tʂʰi²¹

自行车tsʅ²⁴ɕiɤ⁴⁴tʂʰi⁴⁴

套车tʰɔ²¹tʂʰi⁴⁴

装车tʂuɤ²⁴tʂʰi⁴⁴

卸车ɕiᶻ²⁴tʂʰi⁴⁴

车厢tʂʰi⁴⁴ɕiɤ²⁴

辕条iæ³²tʰiɔ²¹

轱辘kɣ⁴⁴lɣ²¹

　车轱辘tʂʰi²⁴kɣ⁴⁴lɣ²⁴

辐条fɣ⁴⁴tʰiɔ⁴⁴

轴tʂɣ²⁴

车篷tʂʰi⁴⁴pʰɤ⁴⁴

车头tʂʰi²⁴tʰɯ²⁴

车尾巴tʂʰi³²zʅ²⁴pa²¹

车划子tʂʰi²⁴xua²⁴tsʅ²¹

围脖ui⁴⁴pɔ²¹

辔头pʰʅ²¹tʰɯ²⁴

缰绳tɕiɤ⁴⁴ʂɤ⁴⁴

梢绳sɔ⁴⁴ʂɤ⁴⁴

鞍鞍næ⁴⁴næ²¹

笼头luɤ³²tʰɯ²⁴

辔头pʰʅ³²tʰɯ²⁴

搭盖ta⁴⁴kɛ⁴⁴

马掌ma³²tʂɤ²⁴

纣棍tʂʰɯ³²kuɤ⁴⁴

鞦tɕʰiɯ⁴⁴

波浪pɔ⁴⁴lɤ⁴⁴

轭子ki⁴⁴tsʅ⁴⁴

鼻萦pʅ³²tɕyæ²⁴

铧xua²⁴

铧尖子xua²⁴tɕiæ⁴⁴tsʅ²¹

铧把把xua²¹pa³²pa⁴⁴

糖子mɔ²⁴sʅ⁴⁴

仓仓tsʰɤ⁴⁴tsʰɤ²¹

碌碡lɣ⁴⁴tʂɣ²¹

夹包tɕia⁴⁴pɔ⁴⁴碌碡上可套于轴上的耳形木架

碌碡脐儿lɣ⁴⁴tʂɣ⁴⁴tsʰʅ³²ɛ²⁴

叉扬tsʰa⁴⁴iɤ²⁴

金叉tɕiɤ⁴⁴tsʰa⁴⁴

躺把tʰɤ⁴⁴pa³²

栽把tsɛ⁴⁴pa⁴⁴

划绞杆xua³²kæ⁴⁴

花拦xua⁴⁴læ⁴⁴手扶拖拉机车厢上为装更多的东西而加高的部分

花篮xua⁴⁴læ⁴⁴一种较大的用柳条编的背篓

掠杆lyu⁴⁴kæ⁴⁴

储储tʂʰɣ⁴⁴tʂɣ⁴⁴袋子的泛称

口袋kʰɯ⁵⁵tʰɛ²¹

皮袋pʰʅ²¹tʰɛ²⁴

麻包ma³²pɔ²¹

脱谷机tʰu²⁴kɣ⁴⁴tsʅ⁴⁴

杵子tʂɣ⁵⁵tsʅ²¹

杵蛋石tʂʰɣ⁵⁵tæ³²ʂʅ²¹

磨mɔ²⁴泛称

水磨fi⁵⁵mɔ²⁴

钢磨kɤ²¹mɔ²⁴

磨磨儿mɔ³²mɔ⁴⁴ɛ²¹

油坊磨iɯ³²fɤ²⁴mɔ²⁴磨油菜籽的磨

磨扇mɔ²⁴ʂæ̃⁴⁴
磨脐儿mɔ²⁴tsʰʅ²⁴ɛ²⁴
筛筛sɛ⁴⁴sɛ²⁴
篮篮læ̃⁴⁴læ̃²⁴
笼笼luɔ̃⁴⁴luɔ̃²⁴
茶窝子tsʰa³²u²¹tsʅ²¹
茶窝石头tsʰa³²u²⁴ʂʅ³²tʰɯ²⁴
连枷liæ̃²¹tɕia²⁴
刨掘pʰɔ²¹tɕyu²⁴
锄tʂʰɣ²⁴
　锄勾tʂʰɣ²¹kɯ²⁴
铲子tsʰæ̃⁵⁵tsʅ²¹
　铲铲tsʰæ̃⁵⁵tsʰæ̃²⁴
铡刀tsa²¹tɔ²⁴
镰刀liæ̃²¹tɔ²⁴
　柴镰tsʰɛ²¹liæ̃²⁴
磨石mɔ²⁴ʂʅ²¹
木锨mɣ⁴⁴ɕiæ̃⁴⁴
铁锨tʰi⁴⁴ɕiæ̃⁴⁴
簸箕pɔ²⁴tsʅ²¹盛粮食用
撒撒sa⁴⁴sa²⁴撮垃圾用
恶囊u²¹nɔ̃²⁴垃圾
　恶索u⁴⁴su⁴⁴
筐筐kʰuɔ̃⁴⁴kʰuɔ̃⁴⁴
箩儿lu²¹ɛ²⁴
　细箩儿sʅ²⁴lu²¹ɛ²⁴
　粗箩儿tsʰɣ²⁴lu²¹ɛ²⁴
担担tæ̃²¹tæ̃⁴⁴
担勾子tæ̃²¹kɯ⁴⁴tsʅ²¹
担担担tæ̃³²tæ̃³²tæ̃⁴⁴挑担子
扫帚sɔ³²tʂʰɣ²¹
　席子扫帚sʅ³²tsʅ²⁴sɔ³²tʂʰɣ²¹
　标标杆扫帚piɔ³²piɔ³²kæ̃⁴⁴sɔ³²tʂʰɣ²¹
笤帚tʰiɔ³²tʂʰɣ²⁴
毛掸掸mɔ³²tæ̃²¹tæ̃²⁴

毛骨都mɔ³²kɣ²⁴tɣ²¹用于案板上扫面，一般是牛尾巴做的
扫炕刷刷sɔ⁴⁴kʰɔ̃²⁴fa⁴⁴fa²¹用来扫炕的扫帚

五　植　物

（1）农作物
庄稼tʂuɔ̃⁴⁴tɕia⁴⁴
粮食liɔ̃³²ʂʅ²¹
五谷ɣ⁵kɣ²¹
麦子mi⁴⁴tsʅ²¹
　小红麦ɕiɔ⁴⁴xuɔ̃²¹mi²⁴
　大白麦ta²⁴pi²¹mi²⁴
　麦饱mi⁴⁴pɔ⁴⁴
　六月黄liɯ⁴⁴yu⁴⁴xuɔ̃²⁴
　尕麦麦儿ka²¹mi⁴⁴mi²¹ɛ²⁴
麦芒mi⁴⁴uɔ̃⁴⁴
麦秆子mi⁴⁴kæ̃³²tsʅ²⁴
麦莛mi⁴⁴tsʰa⁴⁴
青稞tɕʰiɔ̃⁴⁴kʰu⁴⁴
　肚里黄tɣ²¹lʅ⁴⁴xuɔ̃²⁴
　白青pi³²tɕʰiɔ̃²¹
　蓝青稞læ²⁴tɕʰiɔ̃⁴⁴kʰu²¹
　黑青稞xi³²tɕʰiɔ̃³²kʰu²¹
青稞莛tɕʰiɔ̃⁴⁴kʰu⁴⁴tsʰa⁴⁴
油菜籽iɯ²¹tsʰɛ²⁴tsʅ²¹
　黑菜籽xi³²tsʰɛ³²tsʅ²¹
　门油一号mɔ̃²⁴iɯ²⁴zʅ²¹xɔ²⁴
　门油三号mɔ̃²⁴iɯ²⁴sæ̃³²xɔ²⁴
　大菜籽ta²¹tsʰɛ³²tsʅ²⁴
菜莛tsʰɛ³²tsʰa²⁴
燕麦iæ̃³²mi⁴⁴
大燕麦ta²⁴iæ̃³²mi²⁴
秕粮食pʅ⁴⁴liɔ̃³²ʂʅ²⁴
　秕麦麦pʅ⁴⁴mi³²mi²⁴
　秕青稞pʅ⁴⁴tɕʰiɔ̃⁴⁴kʰu⁴⁴
　秕菜籽pʅ⁴⁴tsʰɛ³²tsʅ²⁴

行脖脖$xɔ̃^{24}pɔ^{21}pɔ^{24}$
二样子$ɛ^{32}iɔ̃^{44}tsʅ^{21}$
荞花$tɕʰiɔ^{32}xua^{24}$ <small>将油菜的秆碾碎用来喂猪的东西</small>
包谷$pɔ^{44}kɤ^{44}$ <small>本地不出产</small>
向日葵$çiɔ̃^{24}zʅ^{32}kʰui^{21}$
瓜子儿$kua^{32}tsʅ^{32}ɛ^{24}$
洋芋$iɔ̃^{32}zʮ^{24}$
（2）豆类、菜蔬
大豆$ta^{32}tɯ^{44}$ <small>蚕豆</small>
豆儿$tɯ^{5}ɛ^{21}$ <small>豌豆</small>
瓣背儿$pæ̃^{32}pi^{44}ɛ^{21}$
　　打瓣背$ta^{55}pæ̃^{32}pi^{24}$ <small>还没有成熟但是可以吃的豌豆豆角</small>
生肚郎$sɔ̃^{32}tɤ^{32}lɔ̃^{24}$ <small>接近成熟的豌豆豆角</small>
煮豆儿$tʂɤ^{32}tɯ^{32}ɛ^{24}$ <small>煮着吃的豌豆豆角</small>
刀豆$tɔ^{44}tɯ^{21}$
茄子$tɕʰi^{32}tsʅ^{21}$
黄瓜$xuɔ̃^{21}kua^{24}$
菜瓜$tsʰɛ^{32}kua^{21}$
葱$tsʰuɔ̃^{44}$
洋葱$iɔ̃^{24}tsʰuɔ̃^{44}$
葱叶叶$tsʰuɔ̃^{24}iᶻ^{44}iᶻ^{21}$
葱根根$tsʰuɔ̃^{24}kɔ̃^{44}kɔ̃^{21}$
蒜$suæ̃^{24}$
蒜骨都儿$suæ̃^{24}kɤ^{32}tɤ^{32}ɛ^{24}$
蒜瓣儿$suæ̃^{24}pɛ^{24}ɛ^{21}$
蒜苗儿$suæ̃^{24}miɔ^{32}ɛ^{24}$
蒜辬辬$suæ̃^{24}piæ̃^{32}piæ̃^{21}$
韭菜$tɕiɯ^{44}tsʰɛ^{21}$
韭黄儿$tɕiɯ^{44}xuɔ̃^{32}ɛ^{24}$
韭芽儿$tɕiɯ^{44}ia^{32}ɛ^{24}$
　　头刀韭菜$tʰɯ^{32}tɔ^{24}tɕiɯ^{44}tsʰɛ^{21}$
　　二刀韭菜$ɛ^{24}tɔ^{44}tɕiɯ^{44}tsʰɛ^{21}$
洋芋$iɔ^{32}zʮ^{24}$
西红柿$sʅ^{44}xuɔ̃^{44}sʅ^{24}$
姜皮儿$tɕiɔ̃^{24}pʰʅ^{32}ɛ^{24}$

姜片儿$tɕiɔ̃^{32}pʰiɛ^{32}ɛ^{21}$
辣椒子$la^{32}tɕyu^{32}tsʅ^{21}$
　辣椒儿$la^{32}tɕyu^{32}ɛ^{24}$
辣面儿$la^{32}miɛ^{32}ɛ^{21}$
芥末儿$kɛ^{32}mɔ^{44}ɛ^{21}$
胡椒$xɤ^{32}tɕiɔ^{24}$
菠菜$pɔ^{44}tsʰɛ^{44}$
白菜$pi^{32}tsʰɛ^{24}$
甘蓝$kæ̃^{24}læ̃^{24}$
大头菜$ta^{32}tʰɯ^{44}tsʰɛ^{24}$
莴笋$u^{32}suɔ̃^{24}$
笋子叶叶$suɔ̃^{44}tsʅ^{21}iᶻ^{44}iᶻ^{44}$
生菜$sɔ̃^{44}tsʰɛ^{44}$
芹菜$tɕʰiɔ̃^{32}tsʰɛ^{24}$
芫荽$iæ̃^{32}sui^{24}$
萝卜$lɔ^{32}pɤ^{24}$
萝卜粗心了$lɔ^{32}pɤ^{24}tsʰʮ^{32}çiɔ̃^{32}liɔ^{21}$ <small>萝卜糠了</small>
萝卜缨子$lɔ^{32}pɤ^{21}iɔ̃^{44}tsʅ^{21}$
干萝卜儿$kæ̃^{21}lɔ^{32}pɤ^{32}ɛ^{44}$
黄萝卜儿$xuɔ̃^{32}lɔ^{24}pɤ^{32}ɛ^{44}$ <small>胡萝卜</small>
天萝蛋儿$tʰiæ̃^{32}lu^{32}tɛ^{32}ɛ^{44}$ <small>水萝卜</small>
蔓菁$mæ̃^{32}tɕiɔ̃^{24}$
油菜$iɯ^{32}tsʰɛ^{24}$
箭秆$tɕiæ̃^{32}kæ̃^{44}$ <small>蔬菜抽出花茎</small>
菜籽$tsʰɛ^{21}tsʅ^{44}$ <small>榨油用</small>
（3）树木
树$fɤ^{24}$
林林$liɔ̃^{32}liɔ̃^{24}$
苗苗儿$miɔ^{32}miɔ^{24}ɛ^{21}$
树栽子$fɤ^{24}tsɛ^{44}tsʅ^{44}$
树梢$fɤ^{21}sɔ^{44}$
树根根$fɤ^{24}kɔ̃^{21}kɔ̃^{44}$
树叶儿$fɤ^{32}iᶻ^{44}ɛ^{21}$
树皮$fɤ^{32}pʰʅ^{44}$
树杈杈$fɤ^{32}tsʰa^{44}tsʰa^{24}$

木头mɣ^{44}tʰɯ^{21}

种树tʂuɔ̃^{24}fɣ^{24}

放树fɔ̃^{24}fɣ^{24}

芟树ʂæ̃^{24}fɣ^{24} 砍去分散的小树枝

松树suɔ̃^{44}fɣ^{44}

松塔拉suɔ̃^{32}tʰa^{32}la^{24}

桑树sɔ̃^{44}fɣ^{44} 本地没有

杨树iɔ̃^{32}fɣ^{24}

柳树liɯ^{32}fɣ^{44}

　河坝柳xu^{32}pa^{32}liɯ^{21}

　沙柳sa^{44}liɯ^{44}

　倒枝柳tɔ^{24}tsɿ^{32}liɯ^{21} 垂柳

毛娃娃mɔ^{32}ua^{24}ua^{21} 柳絮

柳条liɯ^{44}tʰiɔ^{21}

柏树pi^{44}fɣ^{44}

柏木pi^{44}mɣ^{44}

椿树tʂʰuɔ̃^{44}fɣ^{44}

臭椿tʂʰɯ^{32}tʂʰuɔ̃^{21}

香椿ɕiɔ̃^{44}tʂʰuɔ̃^{21}

榆树zʅ^{32}fɣ^{24}

枣儿树tsɔ^{44}ɛ^{32}fɣ^{24}

果树ku^{44}fɣ^{24}

　花青树xua^{21}tɕʰiɔ̃^{44}fɣ^{24}

杨树iɔ̃^{32}fɣ^{24}

白杨pi^{24}iɔ̃^{24}

皂角树tsɔ^{32}tɕyu^{44}fɣ^{24}

皂角tsɔ^{32}tɕyu^{44}

桃儿树tʰɔ^{32}ɛ^{24}fɣ^{24}

杏儿树tsɔ^{32}ɛ^{24}fɣ^{24}

李子树lʅ^{55}tsɿ^{32}fɣ^{24}

梨儿树lʅ^{32}ɛ^{24}fɣ^{24}

樱桃儿树iɔ̃^{32}tʰɔ^{32}ɛ^{24}fɣ^{24}

核桃树xɛ^{32}tʰɔ^{24}fɣ^{24}

竹子tʂɣ̩^{44}tsɿ̩^{44}

竹笋tʂɣ̩^{32}suɔ̃^{21}

竹竿tʂɣ^{44}kæ̃^{44}

竹子叶叶tʂɣ^{44}tsɿ^{44}iᶻ^{44}iᶻ^{21}

（4）瓜果

水果fi^{21}ku^{24}

干果kæ̃^{44}ku^{44}

桃儿tʰɔ^{21}ɛ^{24}

　水桃儿fi^{55}tʰɔ^{32}ɛ^{24}

　毛桃儿mɔ^{32}tʰɔ^{32}ɛ^{21}

杏儿xɛ^{32}ɛ^{44}

　大接杏ta^{24}tɕiᶻ^{44}xɔ̃^{44}

　蜜蛋儿mɿ^{32}tɛ^{32}ɛ^{44} 杏中特别甜的一种

　杏核儿xɔ̃^{24}xɣ̩^{32}ɛ^{24}

梨儿lʅ^{55}ɛ^{24}

　长把把梨儿tʂɔ̃^{32}pa^{32}pa^{44}lʅ^{55}ɛ^{24}

　搅团梨儿tɕiɔ^{55}tʰuæ̃^{21}lʅ^{55}ɛ^{24}

　软儿uɛ^{32}ɛ^{21}

李子lʅ^{55}tsɿ^{21}

苹果pʰiɔ̃^{32}ku^{21}

沙果儿sa^{32}ku^{44}ɛ^{24}

花青xua^{44}tɕʰiɔ̃^{44}

野花青iᶻ^{44}xua^{24}tɕʰiɔ̃^{44}

枣儿tsɔ^{55}ɛ^{21}

柿子sɿ^{32}tsɿ^{44}

石榴儿ʂʅ^{32}liɯ^{32}ɛ^{24}

柚子iɯ^{32}tsɿ^{44}

橘子zʅ^{44}tsɿ^{44}

芦柑儿ly^{24}kɛ^{44}ɛ^{44}

杬果mɔ̃^{32}ku^{44}

菠萝pɔ^{44}lu^{44}

核桃xɛ^{32}tʰɔ^{24}

西瓜sɿ^{44}kua^{44}

瓜子儿kua^{32}tsɿ^{32}ɛ^{21}

甘蔗kæ̃^{24}tʂi^{24}

花生xua^{44}sɔ̃^{44}

花生皮皮xua^{44}sɔ̃^{44}pʰʅ^{32}pʰʅ^{21}

瓢儿pʰiɔ³²ɛ²⁴ 野草莓

梅子mi⁵⁵tsʅ²¹ 一种野果子

（5）花草、菌类

菊花儿zʮ³²xua³²ɛ²⁴

梅花儿mi³²xua²⁴ɛ²¹

海娜xɛ⁴⁴na²¹ 凤仙花

莲花儿liæ̃³²xua²⁴ɛ²¹

荷花儿xɔ³²xua²⁴ɛ²¹

荷叶儿xɔ³²iˀ²⁴ɛ²¹

水仙花儿fi⁵⁵ɕiæ̃³²xua⁴⁴ɛ⁴⁴

茉莉花儿mɔ³²l̩⁴⁴xua⁴⁴ɛ⁴⁴

牵牛花儿tɕʰiæ̃²⁴niɯ²⁴xua⁴⁴ɛ⁴⁴

万年青uæ̃³²niæ̃⁴⁴tɕʰiɔ̃⁴⁴

冬青tuɔ̃³²tɕʰiɔ̃²¹

仙人掌ɕiæ̃⁴⁴zɔ̃⁴⁴tʂɔ̃³³

仙人球ɕiæ̃⁴⁴zɔ̃⁴⁴tɕʰiɯ⁴⁴

花骨朵儿xua²⁴kɤ³²tɤ³²ɛ²⁴

花儿瓣瓣xua⁴⁴ɛ⁴⁴pæ̃⁴⁴pæ̃²¹

干柴kæ̃⁴⁴tsʰɛ⁴⁴ 牡丹

牡丹花儿mɔ⁵⁵tæ̃³²xua⁴⁴ɛ⁴⁴

红牡丹xuɔ̃³²mɔ³²tæ̃²¹

白牡丹pi³²mɔ³²tæ̃²¹

黄牡丹xuɔ̃³²mɔ³²tæ̃²¹

石榴儿ʂʅ³²liɯ³²ɛ⁴⁴ 花冠囊状如荷包，罂粟科

芍药fɔ³²iɔ²¹

刺玫tsʰʅ³²mi⁴⁴ 蔷薇科

红刺玫xuɔ̃³²tsʰʅ³²mi⁴⁴

黄刺玫xuɔ̃³²tsʰʅ³²mi⁴⁴

探春tʰæ̃³²tʂʰuɔ̃²¹

轮柏lyɔ̃³²pi²⁴ 丁香科

梅花儿mi³²xua²⁴ɛ²¹

腊梅儿la³²mi³²ɛ²⁴

川草tʂʰuæ̃⁴⁴tsʰɔ⁴⁴ 兰草

大理花ta²⁴l̩ʷ³²xua²⁴

洋绣球iɔ̃³²ɕiɯ³²tɕʰiɯ²¹

马莲ma⁴⁴niæ̃²¹

山马莲sæ̃³²ma³²niæ̃⁴⁴

山马莲花儿sæ̃³²ma³²niæ̃⁴⁴xua⁴⁴ɛ²¹

辣辣芥儿la³²la³²kɛ²⁴ɛ²¹ 荠菜，十字花科

宣麻ɕyæ̃³²ma²⁴ 荨麻

花花菜儿xua³²xua³²tsʰɛ²⁴ɛ²¹ 蒲公英

猪耳朵tʂʅ³²ɛ³²tu²⁴ 车前子

苜蓿mɤ⁴⁴sʮ²¹

蘑菇mɔ³²kɤ²¹

黄蘑菇儿xuɔ̃³²mɔ²⁴kɤ³²ɛ²⁴

狗尿苔kɯ⁴⁴niɔ³²tʰɛ⁴⁴

香菇ɕiɔ̃⁴⁴kɤ⁴⁴

馒头花儿mæ̃³²tʰɯ²⁴xua⁴⁴ɛ⁴⁴ 狼毒花

喜鹊儿烟sʅ⁴⁴tɕʰiɔ³²ɛ²⁴iæ̃⁴⁴ 葫芦藓

蕨菜tɕyu⁴⁴tsʰɛ⁴⁴ 羊齿

六 动 物

（1）牲畜

头牯tʰɯ³²kɯ²⁴

牲口sɔ̃⁴⁴kʰɯ⁴⁴

儿马ɛ²¹ma²⁴ 公马

骒马kʰu²¹ma⁴⁴ 母马

骟马ʂæ̃²¹ma⁴⁴

马驹儿ma⁴⁴tsʅ³²ɛ²⁴

牛牛niɯ³²niɯ²¹

对牙tui²¹ia⁴⁴

四个牙sʅ³²kɔ⁴⁴ia²¹

六个牙liɯ³²kɔ²¹ia⁴⁴

八个牙pa³²kɔ²¹ia⁴⁴

大满口ta²⁴mæ̃³²kʰɯ²⁴

犍牛tɕiæ̃⁴⁴niɯ⁴⁴

乳牛ɣ⁴⁴niɯ²¹

黄牛xuɔ̃³²niɯ⁴⁴

牦牛mɔ³²niɯ²⁴

犏牛pʰiæ̃⁴⁴niɯ⁴⁴

毛杂mɔ³²tsa²⁴

尕漏ka³²luɯ²⁴

牛犊儿niɯ³²tɤ²⁴ɛ²¹

驴l̩ʷ²⁴

　尕驴儿ka²⁴l̩ʷ³²ɛ²⁴

叫驴tɕiɔ³²l̩ʷ²⁴

草驴tsʰɔ⁴⁴l̩ʷ²¹

驴驹儿l̩ʷ³²tsɥ²⁴ɛ²¹

骡子lu³²tsʐ̩²⁴

驴骡l̩ʷ³²lu²⁴

马骡ma⁴⁴lu⁴⁴

儿骡ɛ²¹lu²⁴公骡

骒骡kʰu²¹lu²⁴母骡

骡娃儿lu³²ua²⁴ɛ²¹

　尕骡娃儿ka²⁴lu³²ua²⁴ɛ²¹

骆驼lu⁴⁴tʰu⁴⁴

羊iɔ̃²⁴统称

　羊羊iɔ̃²¹iɔ̃²⁴

丫码ia²¹ma²⁴

羯羊tɕiɔ̃⁴⁴iɔ̃⁴⁴

母羊mɤ̩⁴⁴iɔ̃⁴⁴

骚胡sɔ²¹xɤ²⁴种羊

羊羔儿iɔ̃³²kɔ⁴⁴ɛ²¹

狗kɯ⁴⁴

　狗阿的kɯ⁴⁴a²¹tsʐ̩²¹

公狗kuɔ̃⁴⁴kɯ⁴⁴

牙狗ia³²kɯ²¹母狗

　哈巴儿xa⁴⁴pa³²ɛ²⁴

　藏狗tsɔ̃²¹kɯ⁴⁴

　浪狗子lɔ̃³²kɯ⁴⁴tsʐ̩²¹流浪狗

尕狗阿ka³²kɯ²⁴a²⁴小狗

猫儿mɔ²¹ɛ²⁴

公猫儿kuɔ̃³²mɔ³²ɛ²⁴

母猫儿mɤ̩⁵⁵mɔ³²ɛ²⁴

浪猫儿lɔ̃²⁴mɔ³²ɛ²⁴野猫、流浪猫，有时也指外地来的人

猪阿tʂɤ⁴⁴a⁴⁴

牙猪ia³²tʂɤ²¹

母猪mɤ̩⁵⁵tʂɤ²¹

老母猪lɔ³²mɤ̩⁵⁵tʂɤ²¹专门生猪崽的母猪

尕猪阿ka⁴⁴tʂɤ⁴⁴a²¹

劁猪阿tɕʰiɔ²⁴tʂɤ⁴⁴a²¹阉割

大克朗ta²⁴kʰi⁴⁴lɔ̃⁴⁴半大的猪

猪鬃钢tʂɤ²⁴tsuɔ̃⁴⁴kɔ̃⁴⁴

猪尾巴儿tʂɤ³²zʐ̩²⁴pa²¹ɛ²¹

兔儿tʰɤ³²ɛ⁴⁴

尕兔娃儿ka³²tʰɤ²⁴ua³²ɛ⁴⁴

野兔儿iᶻ⁴⁴tʰɤ³²ɛ²¹

灰兔儿xui³²tʰɤ³²ɛ²¹

白兔儿pi³²tʰɤ³²ɛ²¹

鸡儿tsʐ̩⁴⁴ɛ⁴⁴

　雪鸡儿ɕyu³²tsʐ̩³²ɛ²¹一种生长于雪线附近的鸡

　半鸡儿pæ̃³²tsʐ̩⁴⁴ɛ²¹

　马鸡ma⁴⁴tsʐ̩²¹羽毛灰蓝色

　老公鸡lɔ⁴⁴kuɔ̃³²tsʐ̩²¹

　母鸡儿mɤ̩⁴⁴tsʐ̩³²ɛ²⁴

　罩鸡儿tsɔ²⁴tsʐ̩³²ɛ²⁴正在孵蛋的母鸡

鸡娃儿tsʐ̩³²ua²¹ɛ²⁴

鸡蛋tsʐ̩⁴⁴tæ̃²¹

下蛋ɕia²⁴tæ̃²⁴

抱鸡娃儿pɔ²⁴tsʐ̩³²ua³²ɛ²⁴

鸡冠子tsʐ̩²⁴kuæ̃⁴⁴tsʐ̩⁴⁴

鸡爪爪tsʐ̩³²tʂua²⁴tʂua²⁴

鸡胗子tsʐ̩³²tʂɔ̃⁴⁴tsʐ̩²¹

鸭子ia⁴⁴tsʐ̩²¹本地不养

鸭蛋ia⁴⁴tæ̃⁴⁴

鹅nu²⁴本地不养

　大鹅ta²⁴nu²⁴

（2）鸟、兽

野牲iᶻ⁴⁴sɔ̃²¹野兽

狮子sʐ̩⁴⁴tsʐ̩²¹

老虎lɔ²¹xɣ²⁴

母老虎mɣ⁴⁴lɔ³²xɣ²⁴

猴儿xɯ²¹ɛ²⁴

熊ɕyɤ̃²⁴

　狗熊kɯ⁴⁴ɕyɤ̃²⁴

　瞎熊xa²¹ɕyɤ̃²⁴

豹子pɔ³²tʂʅ²¹

　雪豹ɕyu³²pɔ²⁴

　草豹子tsʰɔ⁴⁴pɔ³²tʂʅ²¹

野狐儿iᶻ⁴⁴xɣ³²ɛ²⁴

香子ɕiɔ̃⁴⁴tsʅ²¹ 麝

鹿羔儿lɣ³²kɔ²¹ɛ²⁴

麕鹿pʰɔ³²lɣ²⁴

野驴iᶻ⁴⁴l̩ʷ²⁴

山黄羊sæ²⁴xuɤ̃²¹iɤ̃²⁴ 藏原羚

石羊ʂʅ²¹iɤ̃²⁴

黄鼠狼儿xuɤ̃²¹fɣ²⁴lɔ̃³²ɛ²⁴

老鼠儿lɔ²¹fɣ²⁴ɛ²¹

　磨老鼠mɔ³²lɔ⁴⁴fɣ²¹ 生长在磨坊，个头比较大

　瞎老鼠xa³²lɔ³²fɣ²⁴ 浅山害兽之一，学名原鼢鼠

　哈拉xa⁴⁴la²¹ 旱獭，学名喜马拉雅旱獭

　仓老鼠tsʰɔ³²lɔ³²fɣ⁴⁴

蛇ʂi²⁴

蛇娃子ʂi²¹ua²⁴tsʅ²¹

蟒mɤ̃⁴⁴

蜥胡子ɕiᶻ³²xɣ³²tsʅ²⁴ 蜥蜴

雀儿tɕʰiɔ⁴⁴ɛ²¹ 鸟的统称

　钟钟吃tʂuɤ̃⁴⁴tʂuɤ̃⁴⁴tʂʰʅ²¹

　火焰焰xu⁴⁴iæ²¹iæ²⁴

老鸹lɔ⁴⁴ua²¹ 乌鸦

　黑老鸹xi³²lɔ⁴⁴ua²¹

鸦鹊ia⁴⁴tɕʰiɔ⁴⁴ 喜鹊

家打拉tɕia³²ta³²la²¹ 麻雀

　家打拉雀儿tɕia³²ta³²la⁴⁴tɕʰiɔ⁴⁴ɛ²¹

沙燕儿sa³²iæ²¹ɛ⁴⁴

雁儿ia²¹ɛ⁴⁴ 大雁

鸽子ku⁴⁴tsʅ⁴⁴

长个虫儿tʂɤ̃⁴⁴kɯ²⁴tʂʰuɛ³²ɛ²⁴ 布谷鸟

啄木鸟tʂu²⁴mɣ³²niɔ²⁴

恨吼xɤ̃²¹xɯ²⁴ 猫头鹰

八个儿pa³²kɔ³²ɛ²⁴ 鹦鹉

鹤儿xɔ⁴⁴ɛ²¹

　仙鹤ɕiæ⁴⁴xɔ⁴⁴

老鹰lɔ⁴⁴iɤ̃²⁴

兔鹰tʰɣ²⁴iɤ̃⁴⁴ 猎兔子的鹰

毛浪鹰mɔ³²lɔ̃⁴⁴iɤ̃²⁴ 学名玉带海雕

啼叫子tsʰʅ³²tɕiɔ³²tsʅ²⁴ 一种叫声让人觉得不吉利的鸟儿

野鸡儿iᶻ⁴⁴tsʅ³²ɛ²⁴

尕拉鸡儿ka³²la²⁴tsʅ³²ɛ²⁴ 石鸡

夜蝙蝠iᶻ³²pi⁴⁴fɤ̃²⁴ 蝙蝠

翅膀tsʰʅ²¹pɤ̃⁴⁴

嘴tsui⁵⁵

雀儿窝tɕʰiɔ⁴⁴ɛ²¹u⁴⁴

（3）虫类

蚕儿tʰɛ⁴⁴ɛ⁴⁴ 本地没有

蛛蛛tʂʅ²¹tʂʅ²⁴

　喜蛛儿sʅ⁴⁴tʂʅ²¹ɛ²⁴

　长腿蛛蛛tsʰɤ̃³²tʰui²⁴tʂʅ³²tʂʅ²¹

　天狗tʰiæ⁴⁴kɯ²¹ 一种蜘蛛，个很大，有时背上背很多小蜘蛛

蚂蚁虫儿ma³²zʅ²⁴tʂʰuɛ³²ɛ²⁴

　红蚂蚁xuɤ̃²⁴ma³²zʅ²⁴

　黑蚂蚁xi³²ma³²zʅ²⁴

泥曲鳝mʅ³²tsʰʅ³²ɕyæ⁴⁴

拔牛儿pa³²niɯ³²ɛ²¹ 蜗牛

屎巴牛sʅ⁴⁴pa³²niɯ²⁴ 蜣螂

蜈蚣ɣ²⁴kuɤ̃⁴⁴

蚰蜒iɯ²¹iæ²⁴

蝎子ɕi²⁴tsʅ⁴⁴

毛虫mɔ³²tʂʰuɤ̃²⁴

腻虫mɿ³²tʂʰuɤ²¹ 蚜虫

　隔面虫儿ki³²miæ²⁴tʂʰuɛ³²ɛ²⁴

　　案板虫儿næ³²pæ⁴⁴tʂʰuɛ³²ɛ²¹

苍蝇tsʰɤ⁴⁴iɤ²¹

　绿头苍蝇liɯ⁴⁴tʰɯ⁴⁴tsʰɤ⁴⁴iɤ⁴⁴

　叮牛儿tiɤ²⁴niɯ³²ɛ²¹

蚊子uɤ³²tsɿ²⁴

　灰蚊xui⁴⁴uɤ⁴⁴

虱sɿ⁴⁴

虮子tsɿ³²tsɿ²¹

臭虫tʂʰɯ³²tʂʰuɤ⁴⁴

屹蚤ki³²tsɔ²⁴

牛笨虫niɯ³²pɤ³²tʂʰuɤ²¹ 牛虻

蚂蚱ma⁴⁴tsa⁴⁴

秋蝉儿tɕʰiɯ³²ʂɛ³²ɛ²¹

蜜蜂儿mɿ³²fɛ³²ɛ²¹

马蜜蜂儿ma⁴⁴mɿ³²fɛ³²ɛ²¹

水蝗蛋儿fi⁵xuɤ³²tɛ³²ɛ⁰ 不蜇人的蜂儿

蜜蜂儿窝mɿ³²fɛ³²ɛ⁴⁴u⁴⁴

蜂蜜fɤ⁴⁴mɿ⁴⁴

新新妇儿ɕiɤ³²ɕiɤ²¹fɛ³²ɛ⁴⁴ 瓢虫

油郎子iɯ³²lɤ²⁴tsɿ²¹ 蛾子

打打蛾儿ta⁵⁵ta³²nɔ²⁴ɛ²¹

蜻蜓tɕʰiɤ⁴⁴tʰiɤ⁴⁴

（4）鱼虾类

鱼儿zʮ³²ɛ²⁴ 鱼的统称

湟鱼xuɤ²⁴zʮ²⁴ 产于青海湖，学名裸鲤

冰鱼儿piɤ³²zʮ³²ɛ²⁴ 冰冻湟鱼

干板鱼儿kæ³²pæ²⁴zʮ³²ɛ²¹ 晒干了的湟鱼

蛇板头ʂi³²pæ³²tʰɯ²¹ 泥鳅

金鱼儿tɕiɤ³²zʮ³²ɛ²⁴

鲤鱼lɿ⁵⁵zʮ²¹

草鱼tsʰɔ⁵⁵zʮ²¹

带鱼tɛ³²zʮ²⁴

鲇鱼niæ²⁴zʮ²⁴

鱼鳞zʮ²⁴liɤ²⁴

鱼儿刺zʮ³²ɛ²⁴tsʰɿ²⁴

鱼鳔儿zʮ²⁴pʰiɔ³²ɛ²⁴

　鱼尿脬zʮ³²niɔ³²pʰɔ⁴⁴

鱼苗苗儿zʮ²⁴miɔ³²miɔ⁴⁴ɛ²⁴

钓鱼儿tiɔ²⁴zʮ³²ɛ²¹

钓鱼竿儿tiɔ²⁴zʮ²⁴kɛ⁴⁴ɛ²¹

钓鱼钩儿tiɔ²⁴zʮ²⁴kɯ⁴⁴ɛ²¹

渔网zʮ²⁴uɤ²¹

打鱼儿ta⁵⁵zʮ³²ɛ²¹

炸鱼儿tsa²⁴zʮ³²ɛ²¹ 将水里的鱼儿用炸药炸死

虾米ɕia⁴⁴mɿ⁴⁴

乌龟ɣ⁴⁴kui⁴⁴

鳖piᵘ⁴⁴

螃蟹pʰɤ³²ɕiᵘ²⁴

麻赖瓜ma³²lɤ³²kua⁴⁴ 青蛙

丁丁马勺儿tiɤ³²tiɤ²⁴ma⁴⁴fɔ³²ɛ²⁴ 蝌蚪

七 房 舍

（1）房子

庄廊tʂuɤ⁴⁴kʰu⁴⁴

　茅廊草舍mɔ³²lɤ²⁴tsʰɔ⁴⁴ʂi²⁴ 表示院子、房子，不好的谦词

房房fɤ²¹fɤ²⁴

院院yæ²¹yæ²¹

　里院l̩²¹yæ²⁴

　外院uɛ²¹yæ²⁴

　饲养院tsʰɿ³²iɤ²⁴yæ²⁴

墙墙tɕʰiɤ³²tɕʰiɤ²¹

淹墙iæ⁵⁵tɕʰiɤ²¹ 高出房子的墙

水洞眼fi⁵⁵tuɤ³²niæ⁴⁴ 墙根下开的排水的洞

照壁tʂɔ²¹pi⁴⁴

外间uɛ²¹tɕiæ⁴⁴

里间l̩⁵⁵tɕiæ²¹

堂间tʰɤ²¹tɕiæ²⁴

套间 $t^h\mathrm{o}^{21}t\mathrm{ci}\tilde{æ}^{44}$

　东房 $tu\tilde{ɔ}^{44}f\tilde{ɔ}^{44}$

　西房 $s\mathfrak{l}^{44}f\tilde{ɔ}^{44}$

　北房 $pi^{44}f\tilde{ɔ}^{44}$

　南房 $n\tilde{æ}^{21}f\tilde{ɔ}^{24}$

　角子 $t\mathrm{cyu}^{44}ts\mathfrak{l}^{44}$

　门道 $m\tilde{ɔ}^{32}t\mathrm{o}^{24}$

花园 $xua^{44}y\tilde{æ}^{44}$ _{家里专门种菜的地方}

园园 $y\tilde{æ}^{32}y\tilde{æ}^{21}$ _{家里专门种菜的地方}

圈圈 $t\mathrm{cy}\tilde{æ}^{21}t\mathrm{cy}\tilde{æ}^{44}$

　厕所 $ts^hi^{44}f\mathrm{o}^{44}$

楼上 $l\mathrm{y}^{32}\mathrm{s}\tilde{ɔ}^{21}$

楼下 $l\mathrm{y}^{32}xa^{21}$

门牌号儿 $m\tilde{ɔ}^{32}p^h\varepsilon^{24}x\mathrm{o}^{32}\varepsilon^{21}$

楼梯儿 $l\mathrm{y}^{32}ts^h\mathfrak{l}^{24}\varepsilon^{21}$

梯子 $ts^h\mathfrak{l}^{44}ts\mathfrak{l}^{21}$

阳台 $i\tilde{ɔ}^{24}t^h\varepsilon^{24}$

扬武厅 $i\tilde{ɔ}^{32}\gamma^{24}t^hi\tilde{ɔ}^{21}$ _{四面没有围墙的房子}

大房 $ta^{32}f\tilde{ɔ}^{44}$ _{由很多木材造成的雕花的房子}

土担梁 $t^h\mathrm{y}^{44}t\tilde{æ}^{24}li\tilde{ɔ}^{24}$ _{将横梁直接担在土墙上的房}

_{子，比较简易}

猴儿担山 $x\mathrm{w}^{32}\varepsilon^{24}t\tilde{æ}^{24}s\tilde{æ}^{44}$ _{一种两头凸出，中间}

_{凹进去的房子}

（2）房屋结构

房上 $f\tilde{ɔ}^{21}\mathrm{s}\tilde{ɔ}^{24}$ _{站在房上}

廊檐子 $l\tilde{ɔ}^{32}i\tilde{æ}^{32}ts\mathfrak{l}^{21}$

大梁 $ta^{32}li\tilde{ɔ}^{44}$

檐条 $i\tilde{æ}^{32}t^hi\mathrm{o}^{24}$

椽椽 $ts^hu\tilde{æ}^{32}ts^hu\tilde{æ}^{24}$

　沓子 $t^ha^{32}ts\mathfrak{l}^{24}$ _{四五十厘米长的薄木片或者柴火}

柱子 $ts\mathrm{y}^{32}ts\mathfrak{l}^{44}$

柱顶石 $ts\mathrm{y}^{32}ti\tilde{ɔ}^{44}\mathrm{s}\mathfrak{l}^{21}$

台子 $t^h\varepsilon^{32}ts\mathfrak{l}^{24}$

　台沿子 $t^h\varepsilon^{32}i\tilde{æ}^{32}ts\mathfrak{l}^{21}$

顶棚 $ti\tilde{ɔ}^{44}p^h\tilde{ɔ}^{21}$

　天花板 $t^hi\tilde{æ}^{32}xua^{32}p\tilde{æ}^{44}$

大门 $ta^{32}m\tilde{ɔ}^{21}$

后门儿 $x\mathrm{w}^{32}m\varepsilon^{32}\varepsilon^{21}$

旁旁里的门 $p\tilde{ɔ}^{32}p\tilde{ɔ}^{32}\mathfrak{l}^{21}ts\mathfrak{l}^{44}m\tilde{ɔ}^{24}$

门槛 $m\tilde{ɔ}^{21}k^h\tilde{æ}^{24}$

门担 $m\tilde{ɔ}^{21}t\tilde{æ}^{24}$ _{门臼}

门扇 $m\tilde{ɔ}^{21}\mathrm{s}\tilde{æ}^{24}$

锁子 $su^{55}ts\mathfrak{l}^{21}$

钥匙 $yu^{44}s\mathfrak{l}^{21}$

窗子 $ts\mathrm{hu}\tilde{ɔ}^{44}ts\mathfrak{l}^{21}$

　窗窗 $ts\mathrm{hu}\tilde{ɔ}^{44}ts\mathrm{hu}\tilde{ɔ}^{21}$

　玻璃窗窗 $p\mathrm{o}^{44}\mathfrak{l}^{55}ts\mathrm{hu}\tilde{ɔ}^{44}ts\mathrm{hu}\tilde{ɔ}^{21}$

　纸窗窗 $ts\mathfrak{l}^{44}ts\mathrm{hu}\tilde{ɔ}^{44}ts\mathrm{hu}\tilde{ɔ}^{21}$

　窗板 $ts\mathrm{hu}\tilde{ɔ}^{44}p\tilde{æ}^{44}$ _{窗子外面的护板}

窗台 $ts\mathrm{hu}\tilde{ɔ}^{44}t^h\varepsilon^{44}$

走廊 $ts\mathrm{w}^{44}l\tilde{ɔ}^{21}$

楼道 $l\mathrm{y}^{21}t\mathrm{o}^{24}$

楼板 $l\mathrm{y}^{21}p\tilde{æ}^{24}$

隔墙 $ki^{44}t\mathrm{c}^hi\tilde{ɔ}^{21}$

　板壁 $p\tilde{æ}^{32}p\mathfrak{l}^{21}$ _{房子里屋子之间的隔墙用木板，是较好}

_{的房子才有的}

空眼 $k^hu\tilde{ɔ}^{32}ni\tilde{æ}^{44}$ _{当地人盖房子时堂屋比其他房子的}

_{间架浅，前面留出来一块空地叫空眼}

空眼台子 $k^hu\tilde{ɔ}^{32}ni\tilde{æ}^{44}t^h\varepsilon^{32}ts\mathfrak{l}^{21}$ _{房子两头凸}

_{出，中间凹进去，可以晒东西等，叫空眼台子}

封闭 $f\tilde{ɔ}^{32}p\mathfrak{l}^{24}$ _{当地很多人家把空眼台子用玻璃封闭起来叫}

_{封闭}

　封闭道道 $f\tilde{ɔ}^{32}p\mathfrak{l}^{24}t\mathrm{o}^{32}t\mathrm{o}^{21}$

（3）其他设施

厨房 $ts\mathrm{h}\mathrm{y}^{32}f\tilde{ɔ}^{21}$

灶火 $ts\mathrm{o}^{21}xu^{44}$

锅头 $ku^{44}t^h\mathrm{w}^{21}$

磨 $m\mathrm{o}^{24}$ _{统称}

水磨fi^{55}mɔ^{24}

钢磨kɔ̃^{21}mɔ^{24}

马圈ma^{44}tɕyæ^{24}

槽tsʰɔ^{24}

牛圈niɯ^{21}tɕyæ^{24}

羊圈iɔ̃^{21}tɕyæ^{24}

猪圈tʂʅ^{21}tɕyæ^{24}

猪食槽tʂʅ^{24}ʂʅ^{32}tsʰɔ^{24}

猪老盆tʂʅ^{24}lɔ^{32}pʰɔ̃^{24}

鸡窝tsʅ^{44}u^{44}

鸡架tsʅ^{21}tɕia^{24}

狗洞洞kɯ^{44}tuɔ̃^{32}tuɔ̃^{21}

草窝tsʰɔ^{44}u^{21}

八 器具、用品

（1）一般家具

家私tɕia^{44}sʅ^{44}

柜柜kui^{32}kui^{21}柜子的统称

立柜l̩^{55}kui^{44}

高低柜kɔ̃^{24}tsʅ^{32}kui^{24}

碗架柜uæ̃^{55}tɕia^{32}kui^{24}

炕柜kʰɔ̃^{21}kui^{44}

书架儿fʅ^{32}tɕia^{44}ɛ^{21}

门箱mɔ̃^{21}ɕiɔ̃^{24}一种正面有双扇门的放衣物等的箱子

桌子tʂu^{44}tsʅ^{44}

圆桌yæ̃^{21}tʂu^{24}

方桌fɔ̃^{44}tʂu^{44}

条桌tʰiɔ^{21}tʂu^{24}

地桌儿tsʅ^{32}tʂu^{44}ɛ^{21}

炕桌kʰɔ̃^{21}tʂu^{44}放在炕上的小桌子

办公桌pæ̃^{24}kuɔ̃^{44}tʂu^{44}

写字台ɕiᶻ^{44}tsʅ^{24}tʰɛ^{24}

桌布tʂu^{44}pɣ^{44}

桌裙tʂu^{44}tɕʰyɔ̃^{44}围在方桌腿的正面，上面常常绣花

抽屉tʂʰɯ^{44}sʰʅ^{44}

抽匣tʂʰɯ^{44}ɕia^{44}

椅子zʅ^{32}tsʅ^{21}

靠背凳凳kʰɔ^{21}pi^{44}tɔ̃^{32}tɔ̃^{24}

躺椅tʰɔ̃^{21}zʅ^{24}

靠背kʰɔ^{21}pi^{44}椅子背儿

椅子挡挡zʅ^{44}tsʅ^{21}tɔ̃^{32}tɔ̃^{44}椅子撑儿

板凳pæ̃^{44}tæ̃^{21}

机凳儿ɣ^{32}tɛ^{32}ɛ^{21}略高一点的方凳

月牙凳儿yu^{24}ia^{24}tɛ^{32}ɛ^{21}凳面似月牙

尕板凳儿ka^{32}pæ̃^{24}tɛ^{32}ɛ^{21}小凳子

（2）卧室用具

床tʂʰuɔ̃^{24}

床板tʂʰuɔ̃^{21}pæ̃^{24}

垫垫tiæ̃^{21}tiæ̃^{44}

炕kʰɔ̃^{24}

板炕pæ̃^{44}kʰɔ̃^{21}木板为炕面

打泥炕ta^{55}mʅ^{21}kʰɔ̃^{24}石板为炕面

锅头连炕ku^{44}tʰɯ^{44}liæ̃^{21}kʰɔ̃^{24}

炕洞kʰɔ̃^{21}tuɔ̃^{44}

炕洞门kʰɔ̃^{21}tuɔ̃^{44}mɔ̃^{24}

煨炕板板ui^{44}kʰɔ̃^{24}pæ̃^{44}pæ̃^{21}烧炕时用的刮板

炕围子kʰɔ̃^{24}ui^{44}tsʅ^{24}

炕沿kʰɔ̃^{21}iæ̃^{44}

炕脚头kʰɔ̃^{24}tɕyu^{21}tʰɯ^{24}

毡tʂæ̃^{44}

毯子tʰæ̃^{55}tsʅ^{21}

被儿pʅ^{21}ɛ^{44}

被被pʅ^{32}pʅ^{21}

被窝pʅ^{32}u^{21}

被里子pʅ^{32}l̩^{55}tsʅ^{21}

被面子pʅ^{24}miæ̃^{21}tsʅ^{21}

挡头tɔ̃^{32}tʰɯ^{21}盖被子时，挨着头的上端或是为了怕弄脏，缝在上端的护布

棉絮miæ̃^{24}sʅ^{44}常用羊毛做成

网套uɔ̃^{44}tʰɔ^{24}套在棉絮或羊毛做的被芯子外面的套子

褥子ɣ̩⁴⁴tsʅ²¹

　皮褥子pʰʅ²⁴ɣ̩⁴⁴tsʅ²¹

　狗皮褥子kɯ⁵⁵pʰʅ²⁴ɣ̩⁴⁴tsʅ⁴⁴

　裁毛褥子tsɛ⁴⁴mɔ⁴⁴ɣ̩⁴⁴tsʅ⁴⁴

　羊毛褥子iɔ̃⁵⁵mɔ⁴⁴ɣ̩⁴⁴tsʅ⁴⁴

　驼毛褥子tʰu²¹mɔ⁴⁴ɣ̩⁴⁴tsʅ⁴⁴

草垫子tsʰɔ⁴⁴tiæ³²tsʅ²¹

席子sʅ³²tsʅ²¹竹篾编的

枕头tʂɔ̃⁴⁴tʰɯ²¹

　菜瓜枕头tsʰɛ³²kua⁴⁴tʂɔ̃⁴⁴tʰɯ²¹旧式的，两头绣花的，四个棱的枕头

枕巾tʂɔ̃⁴⁴tɕiɔ̃²¹

枕头套套tʂɔ̃⁴⁴tʰɯ²¹tʰɔ³²tʰɔ²¹

枕头心心tʂɔ̃⁴⁴tʰɯ²¹ɕiɔ̃⁴⁴ɕiɔ̃²¹

梳妆台fɣ⁴⁴tʂuɔ̃⁴⁴tʰɛ²⁴

镜儿ɕiᵊ³²ɛ²¹

手提箱ʂɯ⁵⁵tsʰʅ³²ɕiɔ̃²⁴

提包tsʰʅ³²pɔ²¹

大提包ta²⁴tsʰʅ³²pɔ²¹

皮箱pʰʅ³²ɕiɔ̃²¹

衣裳架架zʅ²⁴ʂɔ̃³²tɕia³²tɕia²¹

晾衣架儿liɔ̃²⁴zʅ³²tɕia³²ɛ²¹

廊绳lɔ̃³²ʂɔ̃²¹专门用来晾衣服的绳子

马桶ma³²tʰuɔ̃²¹

夜壶iᵊ⁴⁴xɣ⁴⁴

　夜葫芦iᵊ³²xɣ⁴⁴lɣ²¹

火炉儿xu⁴⁴lɣ³²ɛ²⁴

手炉儿ʂɯ⁴⁴lɣ³²ɛ²⁴手提的小铜火炉

火盆xu⁵⁵pʰɔ̃²¹

热水袋zi⁴⁴fi⁵⁵tɛ²⁴

电壶tiæ³²xɣ²¹

茶壶tsʰa³²xɣ²¹

水葫芦fi⁵⁵xɣ³²lɣ²⁴

（3）炊事用具

风匣fɔ̃⁴⁴ɕia²¹

火皮袋xu⁵⁵pʰʅ³²tʰɛ²⁴

火棍xu⁵⁵kuɔ̃²¹

火钳xu²¹tɕʰiæ²⁴

火铲xu²¹tsʰæ̃²⁴铲炉灰用的铲子

烧柴ʂɔ⁴⁴tsʰɛ⁴⁴

　边麻piæ⁴⁴ma⁴⁴

　狼麻lɔ̃⁴⁴ma⁴⁴

　棒棒pɔ̃³²pɔ̃²¹

　树梢fɣ³²sɔ⁴⁴

菜草tsʰɛ²¹tsʰɔ⁴⁴油菜籽碾下来的草

青稞草tɕʰiɔ̃³²kʰu³²tsʰɔ²⁴

麦草mi⁴⁴tsʰɔ⁴⁴

滩杂儿tʰæ̃³²tsa³²ɛ²¹从河坝里扫来的用来烧炕的柴火

扎衣tsa⁴⁴zʅ²¹青稞、麦子的麦穗上碾下来的草

菜颗子tsʰɛ²¹kʰu⁴⁴tsʅ²¹

豆草tɯ²¹tsʰɔ⁴⁴

刨花儿pɔ³²xua⁴⁴ɛ²¹

锯末儿zʅ³²mɔ⁴⁴ɛ²¹

洋火iɔ̃³²xu²⁴

　火柴xu²¹tsʰɛ⁴⁴新

锅煤子ku³²mi²¹tsʅ²⁴

烟洞iæ⁴⁴tuɔ̃²¹

锅ku⁴⁴

铝锅l̩ʷ⁵⁵ku²¹

砂锅sa⁴⁴ku⁴⁴

大锅ta²¹ku⁴⁴

尕锅儿ka³²ku²⁴ɛ²¹

后锅儿xɯ²⁴ku³²ɛ²¹

锅锅子ku³²ku³²tsʅ²¹

凉帽锅锅liɔ̃³²mɔ²⁴ku⁴⁴ku⁴⁴炒锅

钢筋锅kɔ̃⁴⁴tɕiæ̃⁴⁴ku⁴⁴

铁锅tʰi⁴⁴ku⁴⁴

锅盖ku²¹kɛ²⁴

洗锅刷刷sʅ²¹ku²⁴fa⁴⁴fa⁴⁴

刮锅铲铲kua²¹ku²⁴tsʰæ̃⁴⁴tsʰæ̃²⁴

茶壶tsʰa³²xɣ²¹
  大茶壶ta²⁴tsʰa³²xɣ²¹
  尕茶壶儿ka²⁴tsʰa³²xɣ³²ɛ²¹
碗uæ⁵⁵
  木碗mɣ⁴⁴uæ²¹
  铁碗tʰi⁴⁴uæ²¹
  茶碗tsʰa³²uæ²¹
  饭碗fæ³²uæ²¹
  大碗ta³²uæ²¹
  小碗ɕiɔ³²uæ²¹
  龙碗luɤ̃³²uæ²¹ 面上有龙的碗
  茶缸tʰa³²kɤ̃²⁴
  盖碗儿kɛ³²uæ̃³²ɛ²¹
  黑大碗xi³²ta²¹uæ̃⁴⁴ 粗瓷大碗
  茶盅tsʰa²⁴tʂuɤ̃⁴⁴
舀水缸缸iɔ³²fi⁵⁵kɤ̃⁴⁴kɤ̃²¹
  马勺ma⁵⁵fɔ²¹
  舀水罐罐iɔ³²fi²⁴kuæ̃³²kuæ̃²¹
茶杯儿tsʰa³²pi⁴⁴ɛ²¹
碟碟ti²¹ti²⁴
  馍馍碟碟mɔ³²mɔ²⁴ti³²ti²⁴
  茶盘tsʰa²¹pʰæ̃⁴⁴
  瓷盘tsʰɿ⁴⁴pʰæ̃⁴⁴
  掌盘tʂɤ̃⁴⁴pʰæ̃²¹
铁勺tʰi⁴⁴fɔ⁴⁴ 盛饭用的
调羹儿tʰiɔ³²kɛ⁴⁴ɛ²¹
筷子kʰuɛ³²tsɿ²¹
油箸儿iɯ³²tʂɣ³²ɛ⁴⁴
筷笼子kʰuɛ³²luɤ̃⁴⁴tsɿ²¹
  箸笼子tʂɣ³²luɤ̃⁴⁴tsɿ²¹
酒盅盅tɕiɯ⁴⁴tʂuɤ̃⁴⁴tʂuɤ̃²¹
酒壶壶tɕiɯ⁴⁴xɣ³²xɣ²¹
酒坛坛tɕiɯ⁴⁴tʰæ̃³²tʰæ̃²¹
酒缸tɕiɯ⁴⁴kɤ̃⁴⁴

漏笊lɯ³²tsɔ⁴⁴
瓶瓶pʰiɤ̃³²pʰiɤ̃²⁴
瓶瓶盖盖pʰiɤ̃³²pʰiɤ̃²⁴kɛ³²kɛ²¹
礤子tsʰa⁴⁴tsɿ²¹
  礤礤tsʰa⁴⁴tsʰa²¹
切刀tɕʰiᵃ⁴⁴tɔ⁴⁴
切板tɕʰiᵃ⁴⁴pæ̃⁴⁴
案板næ̃²¹pæ̃⁴⁴
轧肉墩墩tsa⁴⁴z̩ɯ²⁴tuɤ̃⁴⁴tuɤ̃²¹ 剁肉用的木墩
擀杖kæ̃⁴⁴tʂʰɤ̃²¹
水桶fi²¹tʰuɤ̃²⁴
淯sɔ⁴⁴ 很大的桶，一般在宰猪时用，也可以在平时存放水
托笼tʰu⁴⁴luɤ̃⁴⁴
  蒸笼tʂɤ̃⁴⁴luɤ̃⁴⁴
蒸箅儿tsɤ̃³²pɿ⁴⁴ɛ²¹
笼盖luɤ̃²¹kɛ²⁴
水缸fi⁵⁵kɤ̃⁴⁴
酸菜缸suæ̃⁴⁴tsʰɛ⁴⁴kɤ̃⁴⁴
大缸ta²⁴kɤ̃⁴⁴
尕缸儿ka⁵⁵kɤ̃⁴⁴ɛ²¹
恶水u⁴⁴fi⁴⁴
恶水桶u⁴⁴fi⁴⁴tʰuɤ̃²¹
抹布ma⁴⁴pɣ²¹
拖把tʰu⁴⁴pa²¹
（4）工匠用具
推刨tʰui⁴⁴pɔ²¹
斧头fɣ⁴⁴tʰɯ²¹
锯子tsɣ³²tsɿ²¹
凿子tsɔ³²tsɿ²¹
尺子tʂʰɿ⁴⁴tsɿ²¹
曲尺tsʰɿ⁴⁴tʂʰɿ⁴⁴
卷尺tɕyæ³²tʂʰɿ²¹
折尺tʂi²¹tʂʰɿ²⁴
墨线mi⁴⁴ɕiæ²¹

钉钉tiɔ̃⁴⁴tiɔ̃⁴⁴

钳钳tɕʰiæ̃²¹tɕiæ̃²⁴

老虎钳子lɔ³²xɣ²⁴tɕʰiæ̃³²tsʅ²¹

锤锤tʂʰui³²tʂʰui²¹

镊镊niᶻ⁴⁴niᶻ²¹

绳绳ʂɔ̃³²ʂɔ̃²¹

  皮绳pʰʅ²¹ʂɔ̃²⁴

  麻绳ma²¹ʂɔ̃²⁴

  塑料绳suʅ²¹liɔ²⁴ʂɔ̃²⁴

  线绳儿ɕiæ̃⁴⁴ʂɔ̃³²ɛ²⁴

  縻绳mʅ²¹ʂɔ̃⁴⁴

  车绳tʂʅ⁴⁴ʂɔ̃⁴⁴

合页儿xu³²iᶻ²⁴ɛ²¹

瓦刀ua⁵⁵tɔ²¹

泥壁mʅ²¹pʅ⁴⁴

泥板mʅ³²pæ̃²¹瓦工用来盛抹墙物的木板

灰斗xui⁴⁴tɯ⁴⁴

錾子tsæ̃⁴⁴tsʅ²¹

剃头刀刀tsʅ²⁴tsʰɯ²⁴tɔ⁴⁴tɔ⁴⁴

推子tʰui⁴⁴tsʅ²¹

削刀儿ɕyu³²tɔ²¹ɛ²⁴一种专门把头发剪薄的工具

木梳mɣ⁴⁴fɣ⁴⁴

理发椅子l̩⁵⁵fa³²zʅ⁴⁴tsʅ²¹

缝纫机fɔ̃³²zɔ̃²⁴tsʅ²¹

剪剪tɕiæ̃⁴⁴tɕiæ̃²¹

熨斗yɔ̃²¹tɯ⁴⁴

火熨斗xu⁵⁵yɔ̃³²tɯ²⁴

弹花弓tʰæ̃²⁴xua⁴⁴kuɔ̃⁴⁴

弹花槌tʰæ̃²⁴xua⁴⁴tʂʰui²⁴

弹棉花tʰæ̃²⁴miæ̃²¹xua²⁴

烙铁lu⁴⁴tʰiᶻ⁴⁴

（5）其他生活用品

东西tuɔ̃⁴⁴sʅ²¹

洗脸水sʅ³²niæ̃³²fi²¹

洗脸盆sʅ³²niæ̃³²pʰuɔ̃²⁴

洗脸盆架架sʅ³²niæ̃³²pʰuɔ̃²⁴tɕia³²tɕia²¹

澡盆tsɔ⁵⁵pʰɔ̃²¹

香皂ɕiɔ̃²¹tsɔ²⁴

胰子zʅ³²tsʅ²¹

洗衣粉sʅ⁴⁴zʅ²¹fɔ̃²⁴

手巾ʂɯ⁴⁴tɕiɔ̃²¹

擦脸手巾tsʰa³²niæ̃²⁴ʂɯ⁴⁴tɕiɔ̃²¹

尕手巾儿ka³²ʂɯ⁴⁴tɕiɛ³²ɛ²¹

脚盆tɕyu⁴⁴pɔ̃⁴⁴

脚布tɕyu⁴⁴pɣ⁴⁴

蜡la⁴⁴

洋蜡iɔ²⁴la⁴⁴

灯盏tɔ̃⁴⁴tsæ̃⁴⁴

  清油灯盏tɕʰiɔ̃⁴⁴iɯ⁴⁴tɔ̃⁴⁴tsæ̃⁴⁴

  煤油灯盏mi²⁴iɯ²⁴tɔ̃⁴⁴tsæ̃⁴⁴

  酥油灯盏suʅ⁴⁴iɯ⁴⁴tɔ̃⁴⁴tsæ̃⁴⁴

  气死猫儿灯盏tsʰʅ³²sʅ⁴⁴mɔ³²ɛ²⁴tɔ̃⁴⁴tsæ̃⁴⁴

  铜灯盏tʰuɔ̃⁴⁴tɔ̃⁵⁵tsæ̃⁴⁴

马灯ma⁵⁵tɔ̃³²

气灯tsʅ³²tɔ̃²¹

灯罩罩tɔ̃²¹tsɔ³²tsɔ²¹

捻子niæ̃⁵⁵tsʅ²¹

灯油tɔ̃⁴⁴iɯ²¹

灯花儿tɔ̃²⁴xua⁴⁴ɛ⁴⁴

拨灯棍儿pɔ²⁴tɔ̃⁴⁴kuɛ³²ɛ²¹

凑灯盏tsʰɯ²⁴tɔ̃⁴⁴tsæ̃⁴⁴点燃灯盏

煤油mi²⁴iɯ²⁴

灯笼儿tɔ̃³²lɣ̃³²ɛ²¹

提包tsʰʅ²¹pɔ²⁴

钱包儿pʰiæ̃²¹pɔ⁴⁴ɛ²¹

章子tʂɔ̃⁴⁴tsʅ²¹

浆浆tɕiɔ̃³²tɕiɔ̃²¹

擦浆浆tsʰa³²tɕiɔ̃³²tɕiɔ̃²¹

顶针儿tiɔ̃⁴⁴tʂɔ̃³²ɛ²¹

线杆子 ɕiæ̃³²kɛ³²ɛ²¹

线坨子 ɕiæ̃³²tʰu³²tsʅ²¹

线蛋蛋 ɕiæ̃⁴⁴tæ³²tæ²¹

针眼眼 tʂʅ̃³²niæ̃³²niæ̃²¹

针尖尖 tʂʅ̃²⁴tɕiæ̃³²tɕiæ̃²¹

针脚 tʂʅ̃⁴⁴tɕyu⁴⁴

穿针 tʂʰuæ̃²⁴tʂʅ̃⁴⁴

锥锥 tʂui⁴⁴tʂui²¹

针锥儿 tʂʅ̃³²tʂui⁴⁴ɛ²¹

挖耳子 ua³²ɛ³²tsʅ²¹

搓板 tsʰu⁴⁴pæ̃⁴⁴

毛掸掸 mɔ³²tæ̃²⁴tæ̃²¹

鸡毛掸掸 tsʅ⁴⁴mɔ⁴⁴tæ̃³²tæ̃²¹

扇子 ʂæ̃³²tsʅ²¹

　扇扇儿 ʂæ̃³²ʂæ̃³²ɛ²¹

拐棍 kuɛ⁴⁴kuɔ̃²¹

卫生纸 ui⁴⁴sɔ̃⁴⁴tsʅ²¹

（6）抽象事物

思谋 sʅ⁴⁴mɔ̃²¹ 想、思考

卡码 kʰa³²ma²¹ 准数

规程 kʰui⁴⁴tʂʰɔ̃²¹ 应有的礼数

扯心 tʂʰi⁴⁴ɕiɔ̃²¹ 想、思念

楞楞儿 lɔ̃³²lɔ̃²⁴ɛ²¹ 道理

对路 tui²⁴lȵ²⁴ 适合

爽快 fɔ⁴⁴kʰuɛ²¹ 浑身感觉到轻松

打惊了的马猴 ta⁵⁵tɕiɔ̃³²liɔ³²tsʅ²¹ma⁴⁴xɯ²¹ 惊慌失措

九 称 谓

（1）一般称谓

男人 næ̃³²z̩ɔ̃²¹

　男子汉 næ̃³²tsʅ²¹xæ²⁴

　掌柜的 tʂɔ̃⁴⁴kui³²tsʅ²⁴

女人 mȵ⁵⁵z̩ɔ̃²¹

　婆娘 pɔ²¹niɔ̃²⁴

㞒美美儿 ka²⁴mi³²mi³²ɛ²¹ 对刚生下不久的小孩的称呼

　月杂拉 yu³²tsa³²la²⁴

　㞒月杂 ka²⁴yu³²tsa²¹

　月杂拉娃娃 yu³²tsa³²la²⁴ua³²ua²¹

　㞒娃娃儿 ka²⁴ua³²ua³²ɛ²¹

　㞒杂儿 ka²⁴tsa³²ɛ²¹

关于小孩的戏谑的说法：

　㞒捏实匠儿 ka²⁴niᵊ³²ʂʅ³²ɕiɔ̃²⁴ɛ²¹

　㞒杂倯儿 ka²⁴tsa³²suɛ³²ɛ²¹

㞒娃儿 ka²⁴ua³²ɛ²⁴ 男孩儿

　大小伙 ta²⁴ɕiɔ³²xu²¹

丫头 ia⁴⁴tɯ²¹ 女孩儿

　大驴 ta²⁴lʷ²⁴ 人们骂长大的还未出嫁的姑娘

老阿爷 lɔ³²a³²iᵊ²¹

老阿奶 lɔ³²a³²nɛ²¹

小伙 ɕiɔ²¹xu²⁴

城里人 tʂʰɔ̃³²l̩³²z̩ɔ̃²¹

庄稼人 tʂuɔ̃³²tɕia³²z̩ɔ̃²⁴

乡里人 ɕiɔ̃³²l̩³²z̩ɔ̃²¹

乡棒 ɕiɔ̃³²pɔ̃²⁴ 带贬义

党家儿 tɔ̃⁴⁴tɕia³²ɛ²¹

{一个}德哇 ti²¹ua²⁴

{一个}房头 fɔ̃²¹tʰɯ²⁴

{一个}太爷的根子 tʰɛ³²iᵊ⁴⁴tsʅ²¹kɔ̃⁴⁴tsʅ²¹

{一个}阿爷的根子 a³²iᵊ⁴⁴tsʅ²¹kɔ̃⁴⁴tsʅ²¹

外地人 uɛ²⁴tsʅ³²z̩ɔ̃²¹

坐地户儿 tsu²⁴tsʅ³²xȵ⁴⁴ɛ²¹

　当地人 tɔ̃³²tsʅ³²z̩ɔ̃²¹

外国人 uɛ³²kui⁴⁴z̩ɔ̃²¹

　洋人 iɔ̃²⁴z̩ɔ̃²⁴

个家的 ku³²tɕia³²tsʅ²¹

外人 uɛ³²z̩ɔ̃²¹

亲戚 tɕʰiɔ̃⁴⁴tsʰʅ²¹

同庚子 tʰuɔ̃²⁴kɔ̃⁴⁴tsʅ²¹ 同岁

把式pa⁴⁴ʂʅ²¹

　内行nui³²xɤ̃⁴⁴

外行uɛ²⁴xɤ̃⁴⁴

光棍kuɤ̃⁴⁴kuɤ̃⁴⁴

　单身汉tæ̃³²ʂɤ̃³²xæ̃²¹

老丫头lɔ⁴⁴ia³²tʰɯ²¹

童养媳妇tʰuɤ̃³²iɤ̃⁴⁴sʅ⁴⁴fɛ²¹

截婚ɕiᵊ³²xuɤ̃²⁴二婚或多次婚姻的人

寡妇kua⁴⁴fɤ²¹

鸡儿tsʅ⁴⁴ɛ²¹妓女的一种称呼

寡蛋子kua⁴⁴tæ̃³²tsʅ²¹丈夫去世后未结婚跟别人生
的孩子

带羔子tɛ³²kɔ⁴⁴tsʅ²¹女子再嫁带来的以前所生的孩子

犯人fæ̃³²zɤ̃⁴⁴

暴发户pɔ²⁴fa³²xɤ²⁴

抠皮kʰɯ⁴⁴pʰʅ⁴⁴

　啬皮si⁴⁴pʰʅ⁴⁴

败家子pɛ²⁴tɕia³²tsʅ²⁴

要馍馍iɔ²⁴mɔ³²mɔ²¹叫花子

走江湖的tsɯ⁴⁴tɕiɤ̃³²xɤ³²tsʅ²¹

骗子pʰiæ̃³²tsʅ²¹

　骗骗pʰiæ̃³²pʰiæ̃²¹

流氓liɯ²⁴mɤ̃²⁴

拉娃娃la²⁴ua³²ua²¹专门拐带小孩的人

土匪tʰɤ⁴⁴fi²¹

抢娃tɕʰiɤ̃⁵⁵ua²¹

　强盗tɕʰiɤ̃²¹tɔ²⁴

贼娃子tsi³²ua⁴⁴tsʅ²¹

　绺娃子liɯ³²ua⁴⁴tsʅ²¹街上专事偷窃的人

　孕毛贼儿ka²⁴mɔ³²tsi³²ɛ²¹

（2）职业称谓

工作kuɤ̃⁴⁴tsu²¹

　营干iɤ̃²¹kæ̃²⁴

工人kuɤ̃⁴⁴zɤ̃²¹

长工tʂʰɤ̃²¹kuɤ̃²⁴

伙计娃xu⁵⁵tsʅ³²ua²⁴

短工tuæ̃⁴⁴kuɤ̃²¹

临时工liɤ̃²⁴sʅ²⁴kuɤ̃⁴⁴

庄稼人tʂuɤ̃³²tɕia³²zɤ̃²¹

　农民luɤ̃²⁴miɤ̃²⁴

　种庄稼的tʂuɤ̃²⁴tʂuɤ̃³²tɕia³²tsʅ²¹

　农村里的luɤ̃²⁴tsʰuɤ̃³²lʅ²tsʅ²¹

做买卖的tsʅ²⁴mɛ⁴⁴mɛ³²tsʅ²¹

掌柜的tʂɤ̃⁴⁴kui³²tsʅ²¹

老板lɔ²¹pæ̃²⁴新

老板娘lɔ²¹pæ̃²⁴nɤ̃²⁴新

徒弟娃tɤ³²tsʅ²⁴ua²¹

顾客kɤ³²kʰi²¹

贩贩fæ̃³²fæ̃²¹

货郎担担担xɤ³²lɤ̃²⁴tæ̃³²tæ̃³²tæ̃²¹

老师lɔ⁴⁴sʅ²¹

学生ɕyu³²sɤ̃²¹

同学tuɤ̃²⁴ɕyu²⁴

朋友pʰɤ̃²¹iɯ²⁴

兵娃子piɤ̃³²ua³²tsʅ²⁴

　当兵的tɔ³²piɤ̃⁴⁴tsʅ²¹

　吃粮的tʂʰʅ²⁴liɤ̃³²tsʅ²¹

警察tɕiɤ̃⁴⁴tsʰa⁴⁴

大夫tɛ²¹fɤ⁴⁴

　先生ɕiæ̃⁴⁴sɤ̃⁴⁴

　曼巴mæ̃²¹pa²⁴

司机sʅ⁴⁴tsʅ⁴⁴

　师傅sʅ⁴⁴fɤ⁴⁴

手艺人ʂɯ⁵⁵zʅ³²zɤ̃²¹

木匠mɤ⁴⁴tɕiɤ̃⁴⁴

泥水匠mʅ³²fi²⁴tɕiɤ̃²¹

铜匠tuɤ²¹tɕiɤ̃²⁴

铁匠tiᵊ⁴⁴tɕiɤ̃⁴⁴

箍漏工kɤ²¹lɯ³²kuɤ̃²¹补锅的

碗儿匠uɛ⁴⁴ɛ³²tɕiɤ̃²⁴补碗的

裁缝tsʰɛ²¹fɤ̃²⁴

剃头发的tsʰ1²⁴tʰɯ³²fa²⁴ts1²¹

　推头的tʰui²⁴tʰɯ³²ts1²¹

猪匠tʂʮ⁴⁴tɕiɤ̃⁴⁴

　芟巴ʂæ̃²¹pa²⁴

脚户tɕyu⁴⁴xɤ⁴⁴

　赶大车着的kæ̃⁴⁴ta³²tʂʰi⁴⁴tʂɔ³²ts1²¹

抬轿轿儿着的tʰɛ⁴⁴tɕiɔ³²tɕiɔ⁴⁴ɛ⁴⁴tʂɔ³²ts1²¹

管家kuæ̃⁵⁵tɕia²¹

搭帮儿着的ta²⁴pɤ̃³²ɛ⁴⁴tʂɔ³²ts1²¹

厨子tʂʰɤ³²ts1²¹

　家麻tɕia²¹ma²⁴

喂头牯着的ui²⁴tʰɯ³²kɯ³²tʂɤ⁴⁴ts1²¹

饲养员tsʰ1³²iɤ̃²⁴yæ²¹

丧主sɤ̃⁴⁴tʂʮ⁴⁴（白事上的总管）

东家tuɤ̃⁴⁴tɕia²¹（喜事上的帮忙的人）

干妈kæ̃⁴⁴ma²¹

干大大kæ̃³²ta³²ta²¹（干爹）

奶妈nɛ⁴⁴ma²¹

接生员ɕiᶻ²⁴sɤ̃⁴⁴yæ⁴⁴

丫鬟ia⁴⁴xuæ̃⁴⁴

阿卡爷a³²kʰa³²iᶻ⁴⁴

　阿卡a²¹kʰa²⁴

喇嘛爷la³²ma³²iᶻ⁴⁴

道人tɔ³²zɤ̃²¹

道姑儿tɔ³²kɤ⁴⁴ɛ²¹

　尼姑儿m1³²kɤ⁴⁴ɛ²¹

顾二典kɤ³²ɛ³²tiæ̃²⁴

法师fa⁴⁴s1⁴⁴

法拉fa²¹la²⁴

阴阳iɤ̃²⁴iɤ̃²⁴

苯波子pɤ̃⁴⁴pɤ³²ts1²¹

（3）人品称谓

二杆子ɛ³²kæ̃⁴⁴ts1²¹

二杆杆ɛ³²kæ̃⁴⁴kæ̃⁴⁴

懒干læ̃⁵⁵kæ̃²¹

死梗梗s1³²kɤ̃³²kɤ̃²¹（见人不吭声，话少的人）

二凉ɛ²⁴liɤ̃²⁴（天冷了却穿得很薄的人）

半匠子pæ̃³²tɕiɤ̃⁴⁴ts1²¹（学得不通的人或手艺不精的人）

俏皮ɕiɔ⁴⁴pʰ1⁴⁴（骂人轻浮）

虚皮sɤ⁴⁴pʰ1⁴⁴（骂小孩爱撒娇）

兹皮ts1⁴⁴pʰ1⁴⁴（骂小孩爱哭）

没本事mɔ³²pɤ̃²⁴s1²¹（没有本事的人）

尕眼睛儿ka³²niæ̃²⁴tɕiɤ̃³²ɛ²¹（容易妒忌别人的人）

搅骚鬼tɕiɔ⁴⁴sɔ³²kui²¹（老是打搅人干活或做事的人）

说皮胎胎fɔ³²pʰ1⁴⁴tʰɛ³²tʰɛ²⁴（爱说闲话、倒闲话的人）

结巴郎tɕiᶻ³²pa³²lɤ̃²¹（说话结巴的人）

大舌头ta⁵⁵ʂi⁴⁴tʰɯ¹

奸察神tɕiæ̃³²tsʰa³²ʂɤ̃²¹（爱探听消息的人）

瞎俫xa²⁴suɤ̃²⁴

瞎杂俫xa²⁴tsa³²suɤ̃²⁴

死俫s1⁴⁴suɤ̃²⁴

贼俫tsi²⁴suɤ̃²⁴

贼杂俫tsi²⁴tsa³²suɤ̃²¹

囊俫nɤ̃²⁴suɤ̃²⁴

贼打鬼tsi²⁴ta³²kui²⁴

鬼鬼kui⁴⁴kui²¹

自来鬼ts1²⁴lɛ³²kui²⁴（内鬼）

杨排风iɤ̃³²pʰɛ²⁴fɤ̃²¹（整天在外玩，不回家的小孩）

野娃娃iᶻ⁵⁵ua³²ua²¹（没人管的孩子）

野人婆iᶻ⁵⁵zɤ̃³²pʰɔ²¹（大人多骂整天在外游玩的小孩）

显能婆ɕiæ̃⁴⁴nɤ̃³²pʰɔ²¹（爱逞能的人）

半年汉pæ̃³²niæ̃⁴⁴xæ̃³²（身有残疾的人）

咒什tʂɯ²¹ʂ1⁴⁴（脑子不清楚的人）

瓜子kua⁴⁴ts1²¹（也指大脑有些毛病的人）

傻子ʂa³²ts1²¹

瓜婆娘kua³²pʰɔ³²niɔ²¹

跟人婆kɤ²⁴z̩ɤ̃³²pʰɔ²¹ _{跟人私奔的女人}
串门婆tʂʰuæ²⁴mɤ̃³²pʰɔ²¹ _{爱串门子的人}
没皮脸mɔ²⁴pʰ̩³²niæ̃²⁴ _{不知羞耻的人}
浪猫儿lɔ̃²⁴mɔ³²ɛ²⁴ _{指野猫或外来户}
油条iɯ²⁴tʰiɔ²⁴ _{圆滑的人}
矢坐蛋蛋tʂʰu²⁴tæ̃³²tæ̃²¹ _{小个子的人}
腻头m̩³²tʰɯ⁴⁴ _{不干净的人}
囊头nɤ̃³²tʰɯ⁴⁴ _{笨的人}
怂头suɤ̃³²tʰɯ²¹ _{骂人的话}
死头sɿ³²tʰɯ²¹
贱皮脸tɕiæ̃³²pʰ̩³²niæ̃²¹
得薄ti⁴⁴pɔ⁴⁴ _{很不济的人}

十　亲　属

（1）长辈
大辈儿ta³²pi⁴⁴ɛ²¹ _{长辈}
　老一辈儿lɔ⁴⁴zɿ³²pi⁴⁴ɛ²¹
太爷tʰɛ³²i̧⁴⁴ _{曾祖父}
太太tʰɛ³²tʰɛ²¹ _{曾祖母}
阿爷a²¹i̧⁴⁴
　阿枚a²¹mi²⁴ _{藏族对祖父的称呼}
奶奶nɛ³²nɛ²¹
　阿丫a²¹ia⁴⁴ _{藏族对祖母的称呼}
　阿野a²¹i̧²⁴ _{藏族对祖母的称呼}
外爷ui²¹i̧⁴⁴
外奶奶ui²⁴nɛ³²nɛ²¹
大大ta²¹ta⁴⁴
　阿大a²¹ta⁴⁴
　爹爹ti⁴⁴ti⁴⁴
　阿爸a²¹pa²⁴ _{藏族对父亲的称呼}
阿妈a²¹ma⁴⁴ _{母亲}
　妈妈ma⁴⁴ma²¹
丈人tʂɤ̃³²z̩ɤ̃²¹ _{背称}
　大大ta²¹ta⁴⁴ _{面称}
　阿爸a²¹pa²⁴ _{面称}

丈母tʂɤ̃³²mɣ²¹ _{背称}
　阿妈a²¹ma⁴⁴ _{面称}
公公kuɤ̃⁴⁴kuɤ̃²¹ _{夫之父}
　（孙子的名字）的阿爷tsɿ⁴⁴a³²i̧⁴⁴ _{背称}
　大大ta²¹ta⁴⁴ _{面称}
　阿爸a²¹pa²⁴ _{面称}
婆婆pʰɔ²¹pʰɔ²⁴ _{夫之母}
　（孙子的名字）的奶奶tsɿ⁴⁴nɛ³²nɛ²⁴ _{背称}
　阿妈a²¹ma⁴⁴ _{面称}
　妈妈ma⁴⁴ma²¹ _{面称}
子母婆tsɿ³²mɣ²⁴pʰɔ²¹ _{一种嫁给后母儿子的婚姻}
后父大大xɯ³²fɣ⁴⁴ta³²ta²¹ _{背称}
　大大ta²¹ta⁴⁴ _{面称}
　阿爸a²¹pa²⁴ _{面称}
后妈xɯ³²ma²¹ _{背称}
　阿妈a²¹ma⁴⁴ _{面称}
　妈妈ma⁴⁴ma²¹ _{面称}
达达ta²¹ta⁴⁴ _{伯父}
　（排行+）达达ta²¹ta⁴⁴
嘛嘛_{伯母}ma²¹ma⁴⁴
　（排行+）嘛嘛ma²¹ma⁴⁴
巴巴pa²¹pa²⁴ _{叔叔}
　阿库a²¹kʰɣ²⁴ _{藏族称呼叔叔}
　（排行+）爸爸pa²¹pa²⁴
　（排行+）阿库a²¹kʰɣ²⁴
　尕爸爸ka²⁴pa³²pa²⁴ _{最小的叔叔}
　尕阿库ka²⁴a³²kʰɣ²⁴ _{最小的叔叔}
婶婶ʂɤ̃⁴⁴ʂɤ̃²¹ _{婶母}
　阿奶a²¹nɛ²⁴ _{藏族称呼婶母}
　（排行+）婶婶ʂɤ̃⁴⁴ʂɤ̃²¹
　（排行+）阿奶a²¹nɛ²⁴
　尕婶婶ka²⁴ʂɤ̃⁴⁴ʂɤ̃²¹ _{最小的婶母}
　尕阿奶ka²⁴a³²nɛ²⁴ _{最小的婶母}
阿舅a²¹tɕiɯ²⁴

（排行+）阿舅a²¹tɕiɯ²⁴

舅母tɕiɯ²¹mɣ⁴⁴

　　（排行+）舅母tɕiɯ²¹mɣ⁴⁴

娘娘niɔ̃⁴⁴niɔ̃⁴⁴

　　（排行+）娘娘niɔ̃⁴⁴niɔ̃⁴⁴

　　尕娘娘ka²⁴niɔ̃⁴⁴niɔ̃⁴⁴_{最小的姑妈}

姨娘zๅ²¹niɔ̃²⁴

　　（排行+）姨娘zๅ²¹niɔ̃²⁴

　　尕姨娘ka²⁴zๅ³²niɔ̃²⁴_{最小的姨妈}

姑奶奶kɣ³²nɛ³²nɛ²¹_{父或母的姑妈}

姨奶奶zๅ³²nɛ³²nɛ²¹_{父或母的姨妈}

舅奶奶tɕiɯ²¹nɛ³²nɛ²¹_{父或母的舅妈}

姑爷kɣ⁴⁴iᶻ⁴⁴_{父或母的姑父}

姨爷zๅ²¹iᶻ²⁴_{父或母的姨父}

舅爷tɕiɯ²¹iᶻ⁴⁴_{父或母的舅舅}

（2）平辈

平辈pʰiɔ̃²¹pi²⁴

　　一辈儿人zๅ³²pi³²ɛ⁴⁴zๅɔ̃²⁴

两口儿liɔ̃³²kʰɯ²⁴ɛ²¹

男人næ²¹zๅɔ̃²⁴

　　掌柜子tʂɔ̃⁴⁴kui³²tsๅ²¹

　　（孩子的名字+）大大ta²¹ta⁴⁴_{背称}

　　（孩子的名字+）阿爸a²¹pa²⁴_{背称}

媳妇sๅ²¹fɛ²⁴

　　（孩子的名字+）阿妈a²¹ma⁴⁴_{背称}

　　婆娘pʰɔ²¹niɔ̃²⁴

　　女人mๅ⁴⁴zๅɔ̃²¹_{背称}

阿伯子a³²pi³²tsๅ²¹_{夫之兄（背称）}

　　哥哥kɔ²¹kɔ²⁴_{面称}

　　阿我a²¹u⁴⁴_{藏族称呼}

小叔儿ɕiɔ⁴⁴fɣ³²ɛ²¹_{夫之弟}

大姑儿ta³²kɣ⁴⁴ɛ²¹_{夫之姐}

　　阿姐a²¹tɕiᶻ⁴⁴_{面称}

小姑儿ɕiɔ⁴⁴kɣ³²ɛ²¹_{夫之妹}

大舅舅ta²⁴tɕiɯ³²tɕiɯ⁴⁴_{妻哥（背称）}

尕舅舅ka³²tɕiɯ³²tɕiɯ²⁴_{妻弟（背称）}

媳妇的阿姐sๅ³²fɛ⁴⁴tsๅ²¹a³²tɕiᶻ⁴⁴_{背称}

小姨儿ɕiɔ⁴⁴zๅ³²ɛ²¹_{妻妹（背称）}

弟兄tsๅ²¹ɕyɔ̃⁴⁴

姊妹tsๅ⁴⁴mi²¹

哥哥kɔ²¹kɔ²⁴

　　阿我a²¹u⁴⁴_{藏族称呼}

嫂子sɔ⁴⁴tsๅ²¹

　　新姐ɕiɔ̃²¹tɕi²⁴_{旧时称呼嫂子}

　　新阿姐ɕiɔ̃³²a³²tɕiᶻ²⁴_{旧时称呼嫂子}

　　新嫂ɕiɔ̃⁴⁴sɔ²⁴_{一般称呼最小的嫂子}

石毛ʂๅ²¹mɔ²⁴_{藏族称呼嫂子}

　　（排行+）石毛ʂๅ²¹mɔ²⁴

　　尕石毛ka³²ʂๅ³²mɔ²⁴_{最小的嫂子}

　　我嫂子nɔ⁴⁴sɔ⁴⁴tsๅ²¹_{背称}

　　我石毛nɔ⁴⁴ʂๅ³²mɔ²⁴_{背称}

兄弟ɕyɔ̃⁴⁴tsๅ²¹_{弟弟}

　　我兄弟nɔ⁴⁴ɕyɔ̃⁴⁴tsๅ²¹_{背称}

尕妹ka²¹mi⁴⁴_{弟媳}

　　兄弟媳妇ɕyɔ̃⁴⁴tsๅ⁴⁴sๅ⁴⁴fɛ²¹

　　我们的尕妹nɔ⁴⁴mɔ̃³²tsๅ²¹ka³²mi²⁴

　　我们的兄弟媳妇nɔ⁴⁴mɔ̃³²tsๅ³²ɕyɔ̃⁴⁴

tsๅ⁴⁴sๅ³²fɛ²¹_{背称}

阿姐a²¹tɕiᶻ⁴⁴

　　我的阿姐nɔ⁴⁴tsๅ³²a²¹tɕiᶻ⁴⁴_{背称}

姐夫tɕiᶻ⁴⁴fɣ²¹

　　我的姐夫nɔ⁴⁴tsๅ³²ɕiᶻ⁴⁴fɣ²¹_{背称}

妹子mi³²tsๅ²¹

　　我尕妹子儿nɔ⁴⁴ka³²mi³²tsๅ³²ɛ²¹_{背称}

妹夫mi³²fɣ²¹

　　我妹夫nɔ⁴⁴mi³²fɣ²¹_{背称}

党家儿的弟兄tɔ̃⁴⁴tɕia³²ɛ²¹tsๅ¹tsๅ³²ɕ

yɔ̃⁴⁴_{堂兄弟}

党家儿的哥哥tɔ̃⁴⁴tɕia³²ɛ²¹tsๅ⁴⁴kɔ⁴⁴

kɔ^{32}堂兄

党家儿的阿我tɔ̃^{44}tɕia^{32}ɛ^{21}tsʅ^{44}a^{32}u^{44}

党家儿的兄弟tɔ̃^{44}tɕia^{32}ɛ^{21}tsʅ^{44}çyɔ̃^{44}tsʅ^{21}堂弟

党家儿的姊妹tɔ̃^{44}tɕia^{32}ɛ^{21}tsʅ^{44}tsʅ^{44}mi^{32}堂姊妹

党家儿的阿姐tɔ̃^{44}tɕia^{32}ɛ^{21}tsʅ^{44}a^{32}tɕiᶻ^{44}堂姐

党家儿的妹子tɔ̃^{44}tɕia^{32}ɛ^{21}tsʅ^{44}mi^{32}tsʅ^{21}堂妹

姑舅kɣ^{21}tɕiɯ^{24}表兄弟姐妹

姑舅哥kɣ^{32}tɕiɯ^{24}kɔ^{24}背称

姑舅阿我kɣ^{32}tɕiɯ^{24}a^{32}u^{44}背称

哥哥kɔ^{44}kɔ^{21}面称

阿我a^{32}u^{44}面称

姑舅嫂kɣ^{32}tɕiɯ^{24}sɔ̃^{44}

姑舅阿姐kɣ^{32}tɕiɯ^{24}a^{32}tɕiᶻ^{44}背称

阿姐a^{32}tɕiᶻ^{44}面称

姑舅妹子kɣ^{32}tɕiɯ^{24}mi^{32}tsʅ^{44}表妹

（3）晚辈

小辈儿çiɔ^{44}pi^{32}ɛ^{21}

儿女ɛ^{21}mʅ^{24}儿子和女儿的总称

娃娃ua^{32}ua^{21}子女的统称

尕娃儿ka^{24}ua^{32}ɛ^{21}儿子

大尕娃ta^{32}ka^{44}ua^{24}大儿子

最尕的尕娃儿tsui^{44}ka^{32}tsʅ^{21}ka^{24}ua^{32}ɛ^{21}

垫窝子tiæ̃^{32}u^{44}tsʅ^{21}兄弟姊妹当中最小的

抱下的尕娃pɔ^{32}xa^{44}tsʅ^{32}ka^{24}ua^{32}ɛ^{21}养子

儿媳妇ɛ^{21}sʅ^{32}fɛ^{21}

丫头ia^{44}tʰɯ^{44}

抱下的丫头pɔ^{32}xa^{44}tsʅ^{32}ia^{44}tʰɯ^{44}养女

女婿mʅ^{44}sʯ^{21}

木花mɣ^{21}xua藏语对女婿的称呼

孙子suɔ̃^{44}tsʅ^{44}

孙娃子suɔ̃^{32}ua^{32}tsʅ^{21}

孙子媳妇suɔ̃^{44}tsʅ^{44}sʅ^{32}fɛ^{24}

孙子丫头suɔ̃^{44}tsʅ^{44}ia^{44}tʰɯ^{44}

孙子丫头的女婿suɔ̃^{44}tsʅ^{44}ia^{32}tʰɯ^{32}tsʅ^{44}mʅ^{44}sʯ^{21}

重孙儿tʂʰuə^{32}sʯɛ^{44}ɛ^{21}

外孙儿uɛ^{32}sʯɛ^{44}ɛ^{21}

外甥uɛ^{32}sɔ̃^{44}

外甥姑娘uɛ^{32}sɔ̃^{44}kɣ^{44}niɔ̃^{44}

侄儿子tsʅ^{32}ɛ^{44}tsʅ^{21}

侄女儿tsʅ^{32}mʅ^{44}ɛ^{21}

媳妇的侄儿子sʅ^{32}fɛ^{44}tsʅ^{21}tʂʅ^{32}ɛ^{32}tsʅ^{21}妻侄子

媳妇的侄女儿sʅ^{32}fɛ^{44}tsʅ^{21}tʂʅ^{32}mʅ^{44}ɛ^{21}妻侄女

（4）其他

挑担tʰiɔ^{44}tæ̃^{21}连襟

亲家tɕʰiɔ̃^{21}tɕia^{44}

亲家母tɕʰiɔ̃^{32}tɕia^{44}mɣ^{44}

亲戚tɕʰiɔ̃^{44}tsʰʅ^{44}

走亲戚tsɯ^{44}tɕʰiɔ̃^{44}tsʰʅ^{44}

带羔子tɛ^{32}kɔ^{44}tsʅ^{21}妇女改嫁带的子女

爷儿们zʅ^{32}ɛ^{24}mɔ̃^{32}父亲和子女

娘儿们niɔ̃^{32}ɛ^{24}mɔ̃^{32}母亲和子女

娘家niɔ̃^{21}tɕia^{44}

婆婆家pʰɔ^{32}pʰɔ^{32}tɕia^{44}

尕娃家ka^{24}ua^{24}tɕia^{44}从外人角度说婚姻关系中的男方

丫头家iᶻ^{32}tʰɯ^{32}tɕia^{24}从外人角度说婚姻关系中的女方

外奶奶家ui^{24}nɛ^{32}nɛ^{44}tɕia^{44}

外爷家ui^{32}iᶻ^{44}tɕia^{21}

丈人家tʂɔ̃^{32}zɔ̃^{44}tɕia^{21}

娃娃的外奶奶家ua^{32}ua^{32}tsʅ^{44}ui^{24}n

ɛ³²nɛ⁴⁴tɕia⁴⁴

十一　身　体

（1）五官

身体ʂə̃²¹tsʰʅ²⁴

身套ʂə̃⁴⁴tʰɔ⁴⁴

　身材ʂə̃²¹tsʰɛ⁴⁴

头tʰɯ²⁴

　朵落tu²¹lu⁴⁴

亮光头liɔ̃³²kuɔ̃⁴⁴tʰɯ²¹

　秃头tʰɣ⁴⁴tʰɯ⁴⁴

旋顶ɕyæ̃²¹tiə̃⁴⁴头顶没有头发

　卸顶ɕiᶻ²¹tiə̃⁴⁴

骚头sɔ²¹tʰɯ⁴⁴头上一片一片的没有头发

头顶顶tʰɯ²¹tiə̃²⁴tiə̃³⁴

　头顶tʰɯ²¹tiə̃⁴⁴

后脑勺xɯ²¹nɔ⁴⁴fɔ²⁴

　后脑瓜盖xɯ³²nɔ⁴⁴kua³²kɛ²⁴

板颈pæ̃⁴⁴tɕiə̃²¹

　脖板pɔ²¹pæ̃⁴⁴

紧嘴窝窝tɕiə̃³²tsui²⁴u³²u²¹颈后凹处

头发tʰɯ²¹fa⁴⁴

少白头ʂɔ³²pi⁴⁴tʰɯ²¹

脱头发tʰu²⁴tʰɯ³²fa⁴⁴

额颅nɛ⁴⁴lɣ⁴⁴

　额目头nɛ³²mɣ³²tʰɯ²⁴

性命口儿（囟门）ɕiə̃⁴⁴miə̃⁴⁴kʰɯ⁴⁴ɛ²¹

鬓间piə̃²¹tɕiæ̃⁴⁴

辫辫piæ̃²¹piæ̃⁴⁴

　抓角子tʂua³²tɕyu³²tsʅ²¹小女孩经常梳的头

　一把把zʅ³²pa⁴⁴pa²⁴马尾

纂纂tsuæ̃²¹tsuæ̃²⁴中老年妇女盘在脑后的髻

九九子tɕiɯ³²tɕiɯ³²tsʅ²¹刘海

脸niæ̃⁴⁴

　脸脑niæ̃²¹nɔ²⁴

脸蛋niæ̃²⁴tæ̃²⁴

颧骨tɕʰyæ̃²¹kɣ²⁴

酒窝儿tɕiɯ⁴⁴u³²ɛ²¹

人中zə̃⁴⁴tʂuə̃⁴⁴

牙巴骨ia³²pa³²kɣ⁴⁴腮帮子

眼睛niæ̃⁴⁴tɕiə̃⁴⁴

　眼窝niæ̃⁴⁴u²¹

眼眶骨niæ̃⁴⁴kʰuə̃³²kɣ²⁴

眼珠珠niæ̃⁴⁴tʂɣ³²tʂɣ⁴⁴

　眼仁儿niæ̃⁴⁴zɛ³²ɛ²¹

黑眼仁儿xi³²niæ̃⁴⁴zɛ³²ɛ²¹

白眼仁儿pi³²niæ̃⁴⁴zɛ³²ɛ²¹

眼娃娃niæ̃⁴⁴ua³²ua²¹瞳仁儿

大眼角ta²¹niæ̃⁴⁴tɕyu⁴⁴靠鼻子一侧的

小眼角ɕiɔ³²niæ̃³²tɕyu²⁴靠耳朵一侧的

眼圈圈niæ̃⁴⁴tɕʰyæ̃⁴⁴tɕʰyæ̃²¹

眼泪niæ̃⁴⁴lui²¹

眼角屎niæ̃⁴⁴tɕyu³²sʅ²⁴

眼皮儿niæ̃⁴⁴pʰʅ³²ɛ²¹

单眼皮儿tæ̃³²niæ̃⁴⁴pʰʅ³²ɛ²¹

层眼皮儿tsʰə̃³²niæ̃⁴⁴pʰʅ³²ɛ²¹双眼皮

眼眨毛niæ̃⁴⁴tsa³²mɔ²¹

眉毛mʅ³²mɔ²⁴

　长寿眉毛tʂʰə̃³²ʂɯ²⁴mʅ²¹mɔ²⁴眉毛很长

瞪眼子tə̃³²niæ̃⁴⁴tsʅ²¹斜眼睛的人

单腔tæ̃²¹tɕʰiə̃²⁴一只眼的人

萝卜花儿lɔ³²pɣ⁴⁴xua³²ɛ²¹眼珠子上面有白色的障碍物

皱眉头tsɯ²⁴mʅ³²tʰɯ²⁴

鼻子pʅ²¹tsʅ²⁴

　楞鼻儿lə̃³²pʅ²⁴ɛ²¹

　塌鼻tʰia⁴⁴pʅ⁴⁴

鼻pʅ²⁴鼻涕

鼻甲子pʅ³²tɕia⁴⁴tsʅ²¹鼻垢

鼻窟窿儿pʅ³²kʰɣ³²lɛ³²ɛ²¹

鼻毛pɿ³²mɔ²¹

鼻子尖尖pɿ³²tsɿ²⁴tɕiæ⁴⁴tɕiæ²¹

　鼻疙瘩pɿ³²ki³²ta²¹

　鼻疙瘩尖尖pɿ³²ki³²ta²¹tɕiæ⁴⁴tɕiæ²¹

鼻梁pɿ²¹liɔ̃²⁴

鼻子两傍里pɿ³²tsɿ²⁴liɔ̃⁴⁴pɔ̃⁴⁴l̩⁴⁴_{鼻翅}鼻翅

嘴tsui⁵⁵

　嘴皮儿tsui⁵⁵pʰɿ³²ɛ²¹

　上嘴皮ʂɔ̃³²tsui⁵⁵pʰɿ²⁴

　下嘴皮xa³²tsui⁵⁵pʰɿ²⁴

　嘴头儿tsui⁵⁵tʰɯ³²ɛ²¹_{口福或者等同于嘴上}口福或者等同于嘴上

唾沫tʰu²¹mɔ⁴⁴

　稠唾沫tʂʰɯ³²tʰu³²mɔ⁴⁴_{早晨的唾沫,黏稠}早晨的唾沫,黏稠

唾沫渣子tʰu³²mɔ⁴⁴tsa²¹tsɿ²⁴

颌水xæ²¹fi²⁴

颌水皮袋xæ³²fi²¹pʰɿ³²tʰɛ²¹_{唾液腺}唾液腺

舌头ʂi²¹tʰɯ²⁴

口条kʰɯ⁵⁵tʰiɔ²¹_{猪舌头或牛舌头}猪舌头或牛舌头

舌头尖尖ʂi³²tʰɯ²⁴tɕiæ⁴⁴tɕiæ⁴⁴

大舌头ta⁵⁵ʂi³²tʰɯ²¹

咽舌子iæ³²ʂi⁴⁴tsɿ²¹

牙ia²⁴

大门牙ta²⁴mɔ̃³²ia²¹

大牙ta³²ia⁴⁴

虎牙xɤ⁴⁴ia²¹

牙花子ia³²xua³²tsɿ²¹_{牙垢}牙垢

牙锈ia²¹ɕiɯ⁴⁴_{牙上沉积的沉淀物}牙上沉积的沉淀物

牙口ia²¹kʰɯ²⁴_{指牙齿的好坏,但多侧重于能不能咬动食物}指牙齿的好坏,但多侧重于能不能咬动食物

咬牙niɔ⁴⁴ia²⁴_{经常与人发生口角}经常与人发生口角

牙叉ia²¹tsʰa²⁴_{爱教训人}爱教训人

耳朵ɛ⁵⁵tu⁴⁴

耳朵门门儿ɛ⁵⁵tu⁴⁴mɔ̃³²mɔ̃²¹

耳朵眼ɛ⁵⁵tu⁴⁴niæ⁴⁴_{戴耳环的眼}戴耳环的眼

耳虱ɛ⁵⁵sɿ²¹

耳朵垂垂ɛ⁵⁵tu⁴⁴tʂʰui³²tʂʰui²¹_{耳朵的下半部分}耳朵的下半部分

背耳朵pi²⁴ɛ⁵⁵tu⁴⁴_{耳背}耳背

下巴xa²¹pa⁴⁴

嗓子sɔ̃⁴⁴tsɿ²¹

胡子xɤ²¹tsɿ²⁴

圈脸胡tɕʰyæ⁴⁴niæ⁴⁴xɤ²¹_{络腮胡子}络腮胡子

八字胡pa⁴⁴tsɿ⁴⁴xɤ²¹

茬茬胡tsʰa³²tsʰa⁴⁴xɤ²¹_{短胡子}短胡子

（2）手、脚、胸、背

肩头tɕiæ⁴⁴tʰɯ⁴⁴_{肩膀}肩膀

肩胛tɕiæ⁴⁴tɕia⁴⁴

　先板ɕiæ⁴⁴pæ⁴⁴_{肩胛骨}肩胛骨

出溜溜肩tʂʰɤ³²liɯ³²liɯ⁴⁴tɕiæ⁴⁴_{两肩下垂}两肩下垂

胳膊ki⁴⁴pɔ⁴⁴

胳肘子ki³²tʂʰɤ⁴⁴tsɿ²¹

胳肢凹ki³²tsɿ³²ua⁴⁴

丫丫ia³²ia²¹_{痒痒}痒痒

　丫痒ia³²iɔ̃²⁴

手脖腕儿ʂɯ⁵⁵pɔ³²uɛ³²ɛ²¹

左手tsu³²ʂɯ²¹

右手iɯ³²ʂɯ²¹

手指头ʂɯ⁵⁵tsɿ⁴⁴tʰɯ⁴⁴

骨节儿kɤ³²tɕiʔ³²ɛ²¹_{关节}关节

指头缝缝tsɿ³²tʰũ³²fɔ̃³²fɔ̃²¹

死肉丁丁sɿ⁵⁵ʐ̩ɯ³²tiɔ̃⁴⁴tiɔ̃²¹

大拇指头ta³²mɤ⁴⁴tsɿ⁴⁴tʰɯ²¹

二拇指头ɛ³²mɤ⁴⁴tsɿ⁴⁴tʰɯ²¹

中拇指头tʂuɔ̃⁴⁴mɤ⁴⁴tsɿ⁴⁴tʰɯ²¹

四拇指头sɿ³²mɤ⁴⁴tsɿ⁴⁴tʰɯ²¹

孬拇指头儿ka³²mɤ⁴⁴tsɿ⁴⁴tʰɯ³²ɛ²¹

　孬拇哥儿ka³²mɤ⁴⁴kɔ³²ɛ²¹

六指儿liɯ³²tsɿ³²ɛ²¹

指甲tsɿ⁴⁴tɕia⁴⁴

指甲缝缝tsʅ³²tɕia³²fɚ̃³²fɚ̃²¹

指头蛋蛋tsʅ³²tʰɯ³²tæ̃³²tæ̃²¹

捶头tʂʰui³²tʰɯ²¹

　捶骨都tʂʰui³²kɤ⁴⁴tɤ²¹

于掌ʂɯ³²tʂɔ̃²¹

巴掌pa⁴⁴tʂɔ̃²¹

手心ʂɯ⁵⁵ɕiɚ̃⁴⁴

手背ʂɯ⁵⁵pi²⁴

腿腿tʰui⁴⁴tʰui²⁴_{整条腿}

大腿ta²¹tʰui⁴⁴

大腿根里ta³²tʰui⁴⁴kɚ̃⁴⁴l̩²¹

小腿ɕiɔ³²tʰui²¹

鱼儿肉zʮ³²ɛ⁴⁴z̩ɯ²⁴_{腿肚子}

干腿kæ̃⁴⁴tʰui⁴⁴_{小腿内侧的长骨}

　野狐儿梁梁iᶻ⁴⁴xɤ³²ɛ²¹liɚ̃³²liɚ̃²¹

包来盖pɔ³²lɛ³²kɛ²⁴

　包膝盖pɔ³²sʅ³²kɛ²⁴

胯胯kʰua⁴⁴kʰua²⁴

　胯骨头头kʰua⁴⁴kɤ³²tʰɯ³²tʰɯ²¹_{股骨头}

裆tɔ̃⁴⁴

沟门kɯ²⁴mɚ̃²⁴

沟蛋kɯ²¹tæ̃²⁴

沟槽kɯ²⁴tsʰɔ²⁴

尾巴骨干zʅ⁴⁴pa³²kɤ³²kæ̃²¹

毬儿tɕʰiɯ²¹ɛ²⁴_{男阴}

雀娃子tɕʰiɔ⁴⁴ua³²tsʅ²¹_{赤子阴}

屄pʰʅ⁴⁴

日zʅ⁴⁴

㞞水水suɚ̃³²fi³²fi²¹_{精液}

脚巴骨tɕyu³²pa³²kɤ²¹

　骨拐kɤ³²kuɛ²¹

窝儿骨u⁴⁴ɛ⁴⁴kɤ²¹

脚tɕyu⁴⁴

精脚tɕiɚ̃⁴⁴tɕyu⁴⁴

　精脚片tɕiɚ̃²⁴tɕyu³²pʰiæ̃²⁴

脚面tɕyu²¹miæ̃²⁴

脚掌tɕyu²¹tʂɔ̃²⁴

脚尖尖tɕyu²⁴tɕiæ̃⁴⁴tɕiæ̃⁴⁴

脚趾头tɕyu²⁴tsʅ⁴⁴tʰɯ⁴⁴

脚趾甲tɕyu²⁴tsʅ⁴⁴tɕia⁴⁴

脚后跟tɕyu³²xɯ³²kɚ̃²¹

脚印tɕyu²¹iɚ̃²⁴

鸡眼tsʅ⁴⁴niæ̃⁴⁴

心口儿ɕiɚ̃³²kʰɯ⁵⁵ɛ²¹

腔子kʰɔ̃⁴⁴tsʅ²¹

肋巴lɛ⁴⁴pa²¹

奶头nɛ⁴⁴tʰɯ²¹

奶nɛ⁴⁴_{乳汁}

肚子tɤ³²tsʅ²¹

小肚子ɕiɔ⁴⁴tɤ³²tsʅ²¹

菩提眼pʰɤ³²tsʰʅ³²niæ̃²¹

腰iɔ⁴⁴

背子pi³²tsʅ²¹

脊梁tsʅ⁴⁴liɚ̃⁴⁴

（3）其他

头发旋儿tʰɯ³²fa²⁴ɕyæ̃³²ɛ²¹

双旋儿fɚ̃³²ɕyæ̃³²ɛ²¹

指纹tsʅ⁴⁴uɚ̃²⁴

笋儿lu²¹ɛ²⁴_{圆形的指纹}

簸箕pɔ²¹tsʅ²¹_{簸箕形的指纹}

寒毛xæ̃²¹mɔ²⁴

黡子iæ̃⁴⁴tsʅ²¹_痣

骨都kɤ⁴⁴tɤ²¹

筋tɕiɚ̃⁴⁴

筋头子tɕiɚ̃³²tʰɯ³²tsʅ²¹

血ɕiᶻ⁴⁴

血管ɕiᶻ⁴⁴kuæ̃⁴⁴

脉mi⁴⁴

　脉搏mi⁴⁴pɔ⁴⁴

五脏ɤ⁴⁴tsɔ̃²⁴

心脏ɕiɚ̃²¹tsɔ̃²⁴

肝子kæ̃⁴⁴tsʅ⁴⁴

肺肺fi³²fi²¹
胆tæ̃⁴⁴
色脾sʅ⁴⁴pʰʅ⁴⁴_{脾脏}
胃ui²⁴
腰子iɔ⁴⁴tsʅ²¹_肾
肠子tʂʰɔ̃³²tsʅ²¹
大肠ta³² tʂʰɔ̃²¹
小肠ɕiɔ⁴⁴tʂʰɔ̃²¹
盲肠mɔ̃³²tʂʰɔ̃²¹

十二　疾病、医疗

（1）一般用语
病哈了piɔ̃³²xa⁴⁴liɔ²¹
　病得哈了piɔ̃³²ti³²xa⁴⁴liɔ²¹
　没受瘾者mɔ³²ʂɯ³²iɔ̃⁴⁴tʂɔ²¹
　没舒坦者mɔ²⁴fɣ³²tʰæ̃³²tʂɔ²¹
孕病儿ka³²piɔ̃³²ɛ²¹
重病tʂuɔ̃²⁴piɔ̃²⁴
　大病ta²¹piɔ̃²⁴
猛症子病mɔ̃⁴⁴tʂɔ̃³²tsʅ³²piɔ̃²⁴
老病lɔ⁴⁴piɔ̃²¹
病松了piɔ̃²⁴suɔ̃⁴⁴liɔ²¹
病好了piɔ̃²⁴xɔ⁴⁴liɔ²¹
邀先生tɕʰiɔ²⁴ɕiæ̃⁴⁴sɔ̃²¹
　邀个大夫tɕʰiɔ²¹kɔ²⁴tɛ³²fɣ²¹
看病kʰæ̃²⁴piɔ̃²⁴
号脉xɔ²⁴mi⁴⁴
开药单子kɛ²⁴yu²⁴tæ̃⁴⁴tsʅ²¹
　开药方子kɛ²⁴yu²⁴fɔ̃⁴⁴tsʅ²¹
背方儿pi³²fɔ̃³²ɛ²¹_{偏方}
抓药tʂua²⁴yu⁴⁴_{中医}
买个药mɛ⁵⁵kɔ³²yu⁴⁴_{西药}
药铺yu⁵⁵pʰɣ⁴⁴_{农村不分中西药房，统称为药铺}
药引子yu⁵⁵iɔ̃³²tsʅ²¹

药罐罐yu⁵⁵kuæ̃³²kuæ̃²¹
滚汤药kuɔ̃⁴⁴tʰɔ̃⁴⁴yu⁴⁴
　炖药tuɔ̃²⁴yu⁴⁴
膏子kɔ⁵⁵tsʅ²¹_{西药}
膏药kɔ⁴⁴yu⁴⁴_{中药}
药面面yu³²miæ̃³²miæ̃²¹
抹药mɔ⁴⁴yu⁴⁴
点眼药tiæ̃³²niæ̃²⁴yu²¹_{①给眼睛点眼药；②给人点}
_{小小的好处}
截tɕi²⁴_{放血疗法}
占tʂæ̃⁴⁴_{一种迷信的治疗方法}
潮汗tʂʰɔ̃²¹xæ̃²⁴_{发汗}
败火pɛ³²xu²¹
败毒pɛ²¹tɣ²⁴
扎干针tsa²⁴kæ̃⁴⁴tʂɔ̃⁴⁴
拔火罐pa³²xu²⁴kuæ̃²¹

（2）内科
拉肚子la³²tɣ³²tsʅ⁴⁴
　拉稀稀la²⁴sʅ⁴⁴sʅ⁴⁴
烧着俩ʂɔ³²tʂɔ³²lia²¹_{发烧}
撕冷着sʅ³²lɔ̃²⁴tʂɔ²¹_{发冷}
鸡皮疙瘩起来了tsʅ⁴⁴pʅ⁴⁴ki⁴⁴ta²¹tsʰʅ⁴⁴lɛ³²liɔ²¹
凉哈了liɔ̃³²xa²⁴liɔ²¹_{伤风}
　阴凉哈了iɔ̃³²liɔ̃³²xa²⁴liɔ²¹
咳嗽kʰi²¹sɯ²⁴
齁xɯ⁴⁴_{气喘}
上火ʂɔ̃²¹xu⁴⁴_{发炎}
站下了tsæ̃³²xa⁴⁴liɔ²¹_{积滞}
肚子疼tɣ³²tsʅ⁴⁴tʰɔ̃²⁴
心口儿疼ɕiɔ̃³²kʰɯ³²ɛ²⁴tʰɔ̃²⁴
晕yɔ̃²⁴
晕车yɔ̃²⁴tʂʰi⁴⁴
晕船yɔ̃²⁴tʂʰuæ̃²⁴

头疼 tʰɯ²⁴tʰɤ̃²⁴
恶心 u⁵⁵ɕiɤ̃⁴⁴
嘲 tʂʰɔ²⁴（油腻得恶心）
吐 tʰɤ⁵⁵
呕 nɯ⁴⁴
寒疝 xæ̃²⁴sæ̃⁴⁴
　气泡子 tsʰʅ³²pɔ⁴⁴tsʅ²¹（小肠疝气）
脱肛 tʰu⁴⁴kɤ̃⁴⁴
子宫脱垂 tsʅ⁵⁵kuɤ̃³²tʰu²⁴tʂʰui²⁴
出花儿 tʰɤ²⁴xua⁴⁴ɛ²¹（出麻疹）
种花儿 tʂuɤ̃²⁴xua⁴⁴ɛ²¹（种痘）
胆溢 tæ̃⁵⁵zʅ²¹
　黄疸 xuɤ̃³²tæ̃²¹
羊羔儿疯 iɤ̃³²kɔ²⁴ɛ³²fɤ̃⁴⁴（癫痫）
抽风 tʂʰɯ²⁴fɤ̃⁴⁴（抽搐）
肝炎 kæ̃²⁴iæ̃⁴⁴
肺炎 fi²¹iæ̃⁴⁴
胃病 ui³²piɤ̃²¹
肺结核 fi²⁴tɕiᶻ³²xɛ²⁴
半脸汉 pæ̃³²niæ̃⁴⁴xæ̃²¹（中风半身不遂）

（3）外科
拌烂了 pæ̃²⁴læ̃²⁴liɔ²¹
碰烂了 pʰɤ̃³²læ̃³²liɔ²¹
扛到了点油皮 kɤ̃⁴⁴tɔ³²liɔ³²tɛ³²iɯ³²pʰʅ²¹（蹭破皮儿）
刺哈着一个口子 la²⁴xa³²tʂɔ³²zʅ³²kɔ²⁴kʰɯ⁵⁵tsʅ²¹（划伤）
出哈血价 tʂɤ⁴⁴xa⁴⁴ɕiᶻ³²tɕia²¹
血淤哈价 ɕiᶻ⁵⁵zʅ³²xa³²tɕia²¹
肿哈价 tʂuɤ̃³²xa³²tɕia²¹
溃哈了 xui³²xa⁴⁴liɔ²¹（溃脓）
痂痂坐哈了 tɕia⁴⁴tɕia³²tsu³²xa⁴⁴liɔ²¹（结痂）
疤疤 pa⁴⁴pa²¹
疮出来了 tʂʰuɤ̃⁴⁴tʂʰɤ³²lɛ³²liɔ²¹

癣 ɕyæ̃⁴⁴
猴子 xɯ³²tsʅ²¹
油靥子 iɯ³²iæ̃³²tsʅ²¹（雀斑）
颗颗儿 kʰu⁴⁴kʰu³²ɛ²⁴（粉刺）
长袖袖 tʂʰɤ̃³²ɕiɯ³²ɕiɯ³²（有狐臭的人）
　身袖不好 ʂɤ̃³²ɕiɯ²⁴pɤ³²xɔ²¹
　狐臭 xɤ³²tʂɯ²⁴
口臭 kʰɯ⁵⁵tʂɯ²¹
撒嗉 sa²¹sʅ²⁴（甲状腺肿大）
　撒嗉胎 sa³²sʅ³²tʰɛ²¹（甲状腺肿大的人）
齉鼻 nɤ̃³²pʅ²¹（嗅觉不灵）
哑嗓 ia²¹sɤ̃²⁴（嗓音沙哑）
近视眼 tɕiɤ̃³²sʅ⁴⁴niæ̃²¹
远视眼 yæ̃⁴⁴sʅ³²niæ̃²¹
老花眼 lɔ⁴⁴xua³²niæ̃²¹
绷眼子 pɤ̃³²niæ̃³²tsʅ²¹（鼓眼泡儿）
哈达玉石眼 xa⁴⁴ta³²zʅ²⁴ʂʅ⁴⁴niæ̃²¹（白内障）
蒜眼 suæ̃²⁴niæ̃²¹（患结膜炎的眼睛）
瞪眼儿 tɤ̃³²niæ̃⁴⁴ɛ²¹（眼外斜）
斗眼儿 tɯ³²niæ̃³²ɛ²¹（眼内斜）

（4）残疾等
羊羔儿疯 iɤ̃³²kɔ²⁴ɛ³²fɤ̃⁴⁴（癫痫）
急惊风 tsʅ²⁴tɕiɤ̃⁴⁴fɤ̃⁴⁴（小儿抽搐）
风打哈了 fɤ̃³²ta²⁴xa³²liɔ²¹（中风，脑血管意外、不语症）
半身不遂 pæ̃³²ʂɤ̃⁴⁴pɤ²⁴sui²⁴（偏瘫）
　半脸汉 pæ̃³²niæ̃⁴⁴xæ̃²¹
瘸子 tɕʰyu³²tsʅ²¹
　瘸瘸 tɕʰyu³²tɕʰyu²¹
　瘸孬达 tɕʰyu³²ka³²ta²¹
背老个儿 pi³²lɔ³²kɔ²⁴ɛ²¹（罗锅儿）
背耳朵 pi²⁴ɛ⁴⁴tu²⁴（聋子）
哑巴儿 ia⁴⁴pa³²ɛ²¹

结巴郎tɕi^{ʐ32}pa³²lɔ̃²⁴

瞎子xa⁴⁴tsʅ²¹

瓜子kua⁴⁴tsʅ²¹ 傻子

一个手zʅ³²kɔ²⁴ʂɯ⁴⁴ 一只手残的人

尕人儿ka³²z̞ɔ̃³²ɛ²¹ 侏儒

鸡膜炎tsʅ³²mɔ²⁴iæ̃⁴⁴ 夜盲症

秃光浪儿tʰɣ²⁴kuɔ̃³²lɔ̃³²ɛ²¹ 秃头

麻子ma²¹tsʅ²⁴ 人出天花后留下的疤痕

豁儿xu⁴⁴ɛ⁴⁴ 腭裂的人

　嗓豁儿sɔ̃⁴⁴xu³²ɛ²¹

没牙关mɔ²⁴ia³²kuæ̃²⁴ 缺门牙的人

阿奶儿a³²nɛ⁴⁴ɛ²¹ 成人不生胡须的

六指儿liɯ³²tsʅ³²ɛ²¹

左卡达tsu³²kʰa³²ta²¹

淌通耳tʰɔ̃⁴⁴tʰuɛ³²ɛ⁴⁴ 化脓性中耳炎

倒眨毛tɔ³²tsa⁴⁴mɔ²¹ 倒睫毛

瘄铃儿ɣ³²liɛ³²ɛ²¹ 耳屏小赘疣

回食xui³²ʂʅ²¹ 胃癌

羊毛疔iɔ̃³²mɔ²⁴tiɔ̃⁴⁴ 疖子

骚疳sɔ³²kæ̃²¹ 梅毒

鼻疳pʅ³²kæ̃²¹ 梅毒性鼻炎

十三　衣服、穿戴

穿罩tʂʰuæ̃⁴⁴tsɔ²¹

打扮ta⁵⁵pæ̃²¹

衣裳zʅ⁴⁴ʂɔ̃²¹

制服tʂʅ²¹fɣ²⁴

中山装tʂuɔ̃⁴⁴sæ̃⁴⁴tʂuɔ̃⁴⁴

西装sʅ⁴⁴tʂuɔ̃²¹

主腰tʂɣ⁴⁴iɔ²⁴ 中式小棉上衣，内穿

　棉主腰miæ̃³²tʂɣ²⁴iɔ²⁴

　皮主腰pʰʅ³²tʂɣ²⁴iɔ²⁴

面卡衣miæ̃³²kʰa³²zʅ²¹

　皮卡衣pʰʅ³²kʰa³²zʅ²¹

皮大衣pʰʅ³²ta³²zʅ⁴⁴

皮袄pʰʅ³²nɔ²⁴

　羊皮皮袄iɔ̃³²pʰʅ²¹pʰʅ³²nɔ²¹

　羔皮皮袄kɔ⁴⁴pʰʅ²¹pʰʅ³²nɔ²¹

水獭边子fi⁵⁵ta³²piæ⁴⁴tsʅ²¹

氆氇pʰɣ⁵⁵lɣ³²

带子tɛ³²tsʅ²¹

棉袍子miæ̃²⁴pʰɔ³²tsʅ²¹

皮袍子pʰʅ²⁴pʰɔ³²tsʅ²¹

白板板皮袄pi³²pæ̃²⁴pæ̃²⁴pʰʅ³²nɔ²⁴

热拉zi²¹la²⁴ 夹棉长袄

褐衫xu²¹sæ̃²⁴

　褐挂xu²¹kua²⁴

汗褟xæ̃³²tʰa²¹

　衬衣tsʰɔ̃³²zʅ²¹

大襟ta³²tɕiɔ̃²¹ 衣襟

　前襟tɕʰiæ̃²¹tɕiɔ̃²¹

　后襟xɯ³²tɕiɔ̃²¹

　左大襟tsu⁴⁴ta³²tɕiɔ̃²⁴

　对门襟儿tui³²mɣ⁴⁴tɕiɛ³²ɛ²¹

　小襟ɕiɔ⁴⁴tɕiɔ̃²¹

罩衣tsɔ³²zʅ²¹

领豁li⁴⁴xu²¹ 领子

袖子ɕiɯ³²tsʅ²¹

　袖口子ɕiɯ³²kʰɯ⁴⁴tsʅ²¹

　短袖儿tuæ̃⁵⁵ɕiɯ³²ɛ²¹

裙裙儿tɕʰyɔ̃³²tɕʰyɔ̃²⁴ɛ²¹

　裙子tɕʰyɔ̃³²tsʅ²¹

裤子kʰɣ³²tsʅ²¹

　棉裤miæ̃²¹kʰɣ²⁴

　套裤tʰɔ³²kʰɣ²¹

　皮套裤pʰʅ³²tʰɔ³²kʰɣ²¹

　罩裤tsɔ³²kʰɣ²¹

　衩裤儿tsʰa⁴⁴kʰɣ³²ɛ²⁴

裤头儿kʰɣ²⁴tʰɯ³²ɛ²¹

短裤儿tuæ⁵⁵kʰɣ³²ɛ²¹

衩衩裤儿tsʰa⁴⁴tsʰa³²kʰɣ³²ɛ⁴⁴ 开档裤

裆裆裤儿tɔ̃³²tɔ̃³²kʰɣ³²ɛ⁴⁴ 连档裤

连袜裤liæ³²ua²⁴kʰɣ²⁴

裤裆kʰɣ²¹tɔ̃⁴⁴

裤腰kʰɣ²¹iɔ⁴⁴

裤带kʰɣ²⁴tɛ²⁴

　皮裤带pʰɿ³²kʰɣ²⁴tɛ²⁴

　背带pi⁴⁴tɛ²¹

裤腿kʰɣ²¹tʰui⁴⁴

储储tʂɣ⁴⁴tʂɿ²¹ 衣服上的口袋

纽纽niɯ⁴⁴niɯ²⁴

　纽子niɯ⁴⁴tsɿ²¹

襻襻pʰæ̃³²pʰæ̃⁴⁴

扣眼kʰɯ³²niæ̃⁴⁴

披风儿pʰi³²fɛ²¹ɛ²⁴ 斗篷

（1）鞋帽

鞋鞋xæ̃³²xɛ²¹

拖鞋tʰu⁴⁴xɛ⁴⁴

皮鞋pʰɿ³²xɛ²¹

布鞋pɣ³²xɛ⁴⁴

□达拉鞋tʰia⁴⁴ta³²la²⁴xɛ²⁴ 一种很薄的、凑合的鞋

绣花鞋ɕiɯ²⁴xua⁴⁴xɛ²⁴

鸡窝tsɿ⁴⁴u⁴⁴ 装有羊毛，轻暖如鸡窝的棉鞋

毡靴tʂæ̃⁴⁴ɕyu⁴⁴

泥鞋mɿ³²xɛ²¹

胶鞋tɕiɔ⁴⁴xɛ⁴⁴

挖泥儿皮鞋ua⁴⁴mɿ³²ɛ²⁴pʰɿ³²xɛ²⁴ 鞋底和

鞋帮用一整块牛皮缝成

双鼻梁鞋fɔ̃³²pɿ³²liɔ̃²⁴xɛ²⁴ 双梁儿鞋

单鼻梁儿鞋tæ³²pɿ³²liɔ̃²⁴xɛ²⁴ 单梁儿鞋

鞋底儿xɛ³²tsɿ²⁴ɛ²¹

鞋口儿xɛ³²kʰɯ²⁴ɛ²¹

沿鞋扣儿iæ̃²⁴xɛ³²kʰɯ²⁴ɛ²¹

缉鞋扣儿tsʰɿ²¹xɛ³²kʰɯ²⁴ɛ²¹

鞋帮帮xɛ²⁴pɔ̃⁴⁴pɔ̃²¹

楦头ɕyæ̃³²tʰɯ²¹

鞋溜儿xɛ³²liɯ³²ɛ²¹

鞋簪簪xæ²⁴tsʰæ̃⁴⁴tsʰæ̃²¹

袜子ua⁴⁴tsɿ²¹

　布袜子pɣ²⁴ua³²tsɿ²¹

　毛袜子mɔ³²ua²⁴tsɿ²¹

　袜底儿ua³²tsɿ⁴⁴ɛ²¹

　袜溜跟子ua³²liɯ³²kɛ³²ɛ²¹

　包脚布pɔ²⁴tɕyu³²pɣ²⁴ 旧男用

　裹脚布ku⁴⁴tɕyu³²pɣ²⁴ 旧女用

缠腿儿tʂʰæ̃³²tʰui³²ɛ²¹

帽子mɔ³²tsɿ²¹

　皮帽pʰɿ³²mɔ²⁴

　礼帽lɿ⁵⁵mɔ²⁴

　毡帽tʂæ̃³²mɔ²⁴

　狐帽xɣ³²mɔ²⁴

　草帽tsʰɔ⁴⁴mɔ²⁴

　凉圈儿liɔ̃²⁴tɕʰyæ̃⁴⁴ɛ²¹ 妇女戴的布圈儿

　滚头子kuɔ̃⁴⁴tʰɯ³²tsɿ²⁴

　四片瓦sɿ²⁴pʰiæ³²ua²⁴

　照照帽帽tʂɔ³²tʂɔ⁴⁴mɔ³²mɔ²¹ 有檐的帽子

帽系系mɔ²⁴sɿ³²sɿ²¹

帽照照mɔ²⁴tʂɔ³²tʂɔ²¹ 帽檐

（2）装饰品

戴着的tɛ³²tʂɔ⁴⁴tsɿ²¹ 首饰

手镯儿ʂɯ⁴⁴tʂuɛ³²ɛ²⁴

　金手镯儿tɕiɔ̃³²ʂɯ⁴⁴tʂuɛ³²ɛ²⁴

　银手镯儿iɔ̃³²ʂɯ⁴⁴tʂuɛ³²ɛ²⁴

　玉手镯儿zɣ²⁴ʂɯ⁴⁴tʂuɛ³²ɛ²⁴

　开镯kʰɛ⁴⁴tʂu²¹ 口是开着的手镯

戒指儿kɛ³²tsɿ⁴⁴ɛ²¹

马鞍翘的戒指ma⁴⁴næ̃³²tɕʰiɔ²⁴tsʅ⁴⁴kɛ³²tsʅ⁴⁴ɛ²¹

金戒指儿tɕiɔ̃³²kɛ³²tsʅ⁴⁴ɛ²¹

银戒指儿iɔ̃³²kɛ³²tsʅ⁴⁴ɛ²¹

项链儿ɕiɔ̃²⁴liɛ³²ɛ²¹

银锁儿iɔ̃³²su²⁴ɛ²¹

百家锁pi³²tɕia³²su²¹

别针piᶻ³²tʂɔ̃²⁴

簪子tsæ̃⁴⁴tsʅ²¹

耳坠儿ɛ³²tʂui³²ɛ²¹

金耳坠儿tɕiɔ̃³²ɛ³²tʂui³²ɛ²¹

银耳坠儿iɔ̃³²ɛ²⁴tʂui³²ɛ²¹

胭脂iæ̃⁴⁴tsʅ²¹

粉fɔ̃⁵⁵

擦粉tsʰa²¹fɔ̃⁴⁴

（3）其他穿戴用品

护大襟xɣ²⁴ta³²tɕiɔ̃²⁴围裙

颔水转转xæ̃³²fi²⁴tʂuæ̃³²tʂuæ̃²¹围嘴儿

尿布子niɔ³²pɣ⁴⁴tsʅ²¹

屎裤裤sʅ⁵⁵tɕʰiɔ̃³²tɕʰiɔ̃²¹

尿毡毡niɔ²⁴tʂæ̃⁴⁴tʂæ̃²¹

手巾儿ʂɯ⁵⁵ɕiɔ̃³²ɛ²¹手绢

尕手巾儿ka³²ʂɯ⁵⁵tɕiɛ³²ɛ²¹

手帕ʂɯ⁵⁵pʰa²¹哈达

捂爪ɣ²¹tʂua²⁴手套

皮手套pʰʅ³²ʂɯ²⁴tʰɔ²⁴

线手套ɕiæ̃³²ʂɯ²⁴tʰɔ²⁴

筒袖儿tʰuɔ̃⁵⁵ɕiɯ³²ɛ²⁴

眼镜儿niæ̃⁵⁵tɕi³²ɛ²⁴

近视眼镜儿tɕiɔ̃³²sʅ⁴⁴niæ̃³²tɕi³²ɛ²⁴

老花镜lɔ⁵⁵xua³²tɕiɔ̃²⁴

黑墨眼镜儿xi⁴⁴mi⁴⁴niæ̃³²tɕi³²ɛ²¹墨镜

石头眼镜儿ʂʅ³²tʰɯ²⁴niæ̃³²tɕi³²ɛ²¹

雨伞zɣ²¹sæ̃²⁴

遮阳伞tʂʅ²⁴iɔ̃³²sæ̃²⁴

雨衣zɣ³²zʅ²¹

手表ʂɯ³²piɔ²¹

十四　饮　食

（1）伙食

吃的tʂʰʅ⁴⁴tsʅ²¹食物

早饭tsɔ³²fæ̃²¹

早甚tsɔ²¹ʂɔ̃²⁴

晌午ʂɔ̃³²ɣ²¹午饭

黑饭xi⁴⁴fæ̃²¹晚饭

打尖ta⁵⁵tɕiæ̃⁴⁴途中吃点东西

茶饭tsʰa²¹fæ̃²¹泛指一切面食和菜肴

茶饭好tsʰa³²fæ̃²⁴xɔ²¹指做饭手艺好

汤水tʰɔ̃⁴⁴fi⁴⁴做面时下面之前做的菜汤

吃货tʂʰʅ⁴⁴xu²¹食品

吃嘴tʂʰʅ²¹tsui²¹零食

小吃儿ɕiɔ⁴⁴tʂʰʅ⁴⁴ɛ²¹

零碎liɔ̃²¹sui²⁴零食

拉零碎la²⁴liɔ̃³²sui²⁴随时加餐

尕锅儿饭ka³²ku³²ɛ²¹fæ̃

大锅饭ta³²ku⁴⁴fæ̃²⁴

焦巴儿tɕiɔ³²pa³²ɛ²¹糊了的锅底

剩饭ʂɔ̃³²fæ̃⁴⁴

喝汤xu²⁴tʰɔ̃⁴⁴吃面等

唥tæ̃²⁴吃饭的另一种说法

日囊zʅ²¹nɔ̃²⁴吃饭的较粗的说法

加餐tɕia²⁴tsʰæ̃⁴⁴

（2）米食

大米饭ta²¹mʅ⁴⁴fæ̃²⁴

米汤mʅ⁵⁵tʰɔ̃³²

嘶气哈了sʅ³²tsʰʅ³²xa³²liɔ²¹馊了

粽子tsuɔ̃³²tsʅ²¹

醪糟lɔ²¹tsɔ²⁴

（3）面食

汤tʰɔ̃⁴⁴面条、面片

擀汤kæ̃⁴⁴tʰɔ̃²¹擀面条

白面pi²¹miæ̃²⁴

杂面 $tsa^{21}mi\tilde{æ}^{24}$

挂面 $kua^{21}mi\tilde{æ}^{44}$

机器面 $ts\eta^{32}ts^h\eta^{32}mi\tilde{æ}^{24}$ <small>用压面机做面</small>

连汤连水 $li\tilde{æ}^{44}t^h\tilde{ɔ}^{44}li\tilde{æ}^{32}fi^{24}$ <small>连锅面</small>

炒面片 $ts^h\mathfrak{ɔ}^{44}mi\tilde{æ}^{32}pi\tilde{æ}^{24}$

拉条 $la^{44}t^h\mathfrak{ɔ}^{44}$

干拌 $k\tilde{æ}^{21}p\tilde{æ}^{24}$

旗花面 $ts^h\eta^{32}xua^{24}mi\tilde{æ}^{24}$

破布衫 $p^h\mathfrak{ɔ}^{24}p\gamma^{32}s\tilde{æ}^{44}$

寸寸儿 $ts^hu\tilde{ɔ}^{32}ts^hu\tilde{ɔ}^{44}\epsilon^{21}$

突突麻食儿 $t^h\gamma^{44}t^h\gamma^{44}ma^{32}ş\epsilon^{32}\epsilon^{21}$

八鲁丁丁 $pa^{44}l\gamma^{44}ti\tilde{ɔ}^{44}ti\tilde{ɔ}^{21}$

熟面 $f\gamma^{21}mi\tilde{æ}^{24}$

熟面八鲁 $f\gamma^{21}mi\tilde{æ}^{24}pa^{44}l\gamma^{44}$

臊子 $s\mathfrak{ɔ}^{32}ts\eta^{21}$ <small>面上面浇的汤</small>

黏饭 $z_{\text{l}}\tilde{æ}^{21}f\tilde{æ}^{24}$

拌汤 $p\tilde{æ}^{21}t^h\tilde{ɔ}^{44}$

杂面拌汤 $tsa^{32}mi\tilde{æ}^{24}p\tilde{æ}^{32}t^h\tilde{ɔ}^{44}$

豆面拌汤 $tɯ^{32}mi\tilde{æ}^{44}p\tilde{æ}^{32}t^h\tilde{ɔ}^{44}$

饭块子 $f\tilde{æ}^{32}k^hu\epsilon^{44}ts\eta^{21}$

馍馍 $m\mathfrak{ɔ}^{21}m\mathfrak{ɔ}^{24}$

卷卷 $tɕy\tilde{æ}^{44}tɕy\tilde{æ}^{21}$

油花 $iɯ^{21}xua^{24}$

饼饼子 $pi\tilde{ɔ}^{44}pi\tilde{ɔ}^{32}ts\eta^{21}$

狗浇尿 $kɯ^{44}tɕi\mathfrak{ɔ}^{32}ni\mathfrak{ɔ}^{24}$

锅盔 $ku^{44}k^hui^{44}$

焜焜 $k^hu\tilde{ɔ}^{21}k^hu\tilde{ɔ}^{24}$

干粮 $k\tilde{æ}^{44}li\tilde{ɔ}^{44}$

油饼 $iɯ^{21}pi\tilde{ɔ}^{24}$

馓子 $s\tilde{æ}^{44}ts\eta^{21}$

花花子 $xua^{32}xua^{32}ts\eta^{21}$

翻杆头 $f\tilde{æ}^{32}k\tilde{æ}^{32}t^hɯ^{21}$

蜜馓 $m\eta^{44}s\tilde{æ}^{44}$

油条 $iɯ^{24}t^hi\mathfrak{ɔ}^{24}$

曲连 $ts^h\eta^{44}li\tilde{æ}^{44}$ <small>一种过去小孩满月时送给产妇家的馍</small>

献子 $ɕi\tilde{æ}^{21}ts\eta^{44}$ <small>祭祀等时候用的馒头</small>

饺子 $tɕi\mathfrak{ɔ}^{32}ts\eta^{21}$

扁食 $pi\tilde{æ}^{44}ş\eta^{21}$

馄饨扁食 $xu\tilde{ɔ}^{32}t^hu\tilde{ɔ}^{24}pi\tilde{æ}^{44}ş\eta^{21}$

馅子 $ɕy\tilde{æ}^{32}ts\eta^{21}$

蛋糕 $t\tilde{æ}^{32}k\mathfrak{ɔ}^{21}$

圆圆 $y\tilde{æ}^{32}y\tilde{æ}^{21}$ <small>元宵</small>

月饼 $yu^{44}pi\tilde{ɔ}^{44}$ <small>一种圆形的大馍，八月十五蒸，是当地真正的月饼</small>

灶卷 $ts\mathfrak{ɔ}^{21}tɕy\tilde{æ}^{44}$

饼干 $pi\tilde{ɔ}^{44}k\tilde{æ}^{21}$

酵头儿 $tɕi\mathfrak{ɔ}^{32}t^hɯ^{44}\epsilon^{21}$

炒面 $ts^h\mathfrak{ɔ}^{44}mi\tilde{æ}^{24}$ <small>青稞炒熟后磨成粉</small>

青稞炒面 $tɕ^hi\tilde{ɔ}^{32}k^hu^{32}ts^h\mathfrak{ɔ}^{44}mi\tilde{æ}^{21}$

燕麦炒面 $i\tilde{æ}^{44}mi^{44}ts^h\mathfrak{ɔ}^{44}mi\tilde{æ}^{21}$

拉丝颗儿 $la^{44}s\eta^{32}k^hu^{32}\epsilon^{21}$

炒面棒浪 $ts^h\mathfrak{ɔ}^{44}mi\tilde{æ}^{32}p\tilde{ɔ}^{32}l\tilde{ɔ}^{21}$

些麻炒面 $ɕi^{\text{z}32}ma^{24}ts^h\mathfrak{ɔ}^{44}mi\tilde{æ}^{21}$

压斗玛 $nia^{24}tɯ^{32}ma^{24}$

撒炒面 $s\tilde{æ}^{32}ts^h\mathfrak{ɔ}^{24}mi\tilde{æ}^{21}$

（4）肉、蛋

肉蛋蛋 $z_{\text{l}}ɯ^{24}t\tilde{æ}^{32}t\tilde{æ}^{44}$ <small>肉丁丁</small>

肉疙瘩 $z_{\text{l}}ɯ^{44}ki^{44}ta^{21}$

肉片片 $z_{\text{l}}ɯ^{24}p^hi\tilde{æ}^{44}p^hi\tilde{æ}^{21}$

肉丝丝 $z_{\text{l}}ɯ^{24}s\eta^{44}s\eta^{21}$

肉块块 $z_{\text{l}}ɯ^{32}k^hu\epsilon^{44}k^hu\epsilon^{24}$

肉皮皮 $z_{\text{l}}ɯ^{24}p^h\eta^{32}p^h\eta^{21}$

肘子 $tşɯ^{44}ts\eta^{21}$

猪蹄尕儿 $tşʐ^{24}ts^h\eta^{32}ka^{44}\epsilon^{21}$

里脊肉 $l\eta^{55}ts\eta^{32}z_{\text{l}}ɯ^{24}$

筋 $tɕi\tilde{ɔ}^{44}$

下水 $ɕia^{21}fi^{44}$ <small>指猪牛羊的内脏</small>

肺肺 $fi^{21}fi^{44}$

肠肠 $tş\tilde{ɔ}^{32}tş^h\tilde{ɔ}^{21}$

肋巴lɛ⁴⁴pa⁴⁴

肚子tʅ²¹tsʅ⁴⁴

　肚肚tʅ⁴⁴tʅ²¹

肝子kæ̃⁴⁴tsʅ⁴⁴

腰子iɔ⁴⁴tsʅ⁴⁴

鸡胗子tsʅ²⁴tʂɤ̃³²tsʅ⁴⁴

鸡嗉子tsʅ²¹sʮ³²tsʅ²¹

猪血tʂʅ²⁴çiᶻ⁴⁴

鸡血tsʅ²⁴çiᶻ⁴⁴

炒鸡蛋tsʰɔ⁴⁴tsʅ³²tæ̃²¹

荷包儿蛋xɛ³²pɔ⁴⁴ɛ⁴⁴tæ̃²⁴_{一般在牛奶中放入鸡}

<small>蛋后煮熟</small>

煮鸡蛋tʂɤ⁴⁴tsʅ⁴⁴tæ̃²¹

变蛋piæ̃²⁴tæ̃²⁴

鸡蛋汤tsʅ⁴⁴tæ̃⁴⁴tʰɔ̃⁴⁴

（5）菜

菜tsʰɛ²⁴

素菜sʮ²¹tsʰɛ⁴⁴

荤菜xuɔ̃⁴⁴tsʰɛ⁴⁴

咸菜xæ̃²¹tsʰɛ²⁴

小菜儿çiɔ⁴⁴tsʰɛ³²ɛ²¹

豆腐tɯ²¹fɤ⁴⁴

豆腐皮tɯ³²fɤ⁴⁴pʰʅ²⁴

腐竹fɤ⁴⁴tʂʅ²⁴

豆腐干儿tɯ³²fɤ⁴⁴kɛ⁴⁴ɛ²¹

豆腐脑tɯ³²fɤ⁴⁴nɔ⁴⁴

豆浆tɯ²⁴tçiɔ̃²⁴

粉丝儿fɔ̃⁵⁵sʅ⁴⁴ɛ²¹

粉条儿fɔ̃⁵⁵tʰiɔ³²ɛ²¹

粉皮儿fɔ̃⁵⁵pʰʅ³²ɛ²¹

面筋miæ̃²¹tçiɔ̃⁴⁴

凉粉儿liɔ̃³²fɛ³²ɛ²¹

粉面儿fɔ̃⁵⁵miæ̃³²ɛ²¹

木耳mɤ²¹ɛ²⁴

银耳iɔ̃²¹ɛ²⁴

海带xɛ⁴⁴tɛ²⁴

海蜇丝xɛ⁵⁵tʂi²⁴sʅ⁴⁴_新

（6）油盐作料

味道ui³²tɔ⁴⁴

气味儿tsʰʅ²⁴ui³²ɛ⁴⁴

颜色iæ̃²¹si⁴⁴

青油tçʰiɔ̃⁴⁴iɯ⁴⁴

猪油tʂʅ⁴⁴iɯ⁴⁴

　大油ta²⁴iɯ²⁴

酥油sʮ⁴⁴iɯ⁴⁴

羊油iɔ̃²¹iɯ⁴⁴

牛油niɯ²¹iɯ²⁴

香油çiɔ̃²⁴iɯ⁴⁴

青盐tçʰi⁴⁴iæ̃⁴⁴

　大蛋蛋青盐ta²⁴tæ̃³²tæ̃²¹tçʰi⁴⁴iæ̃⁴⁴

　沫沫儿青盐mɔ⁴⁴mɔ³²ɛ²⁴tçʰi⁴⁴iæ̃⁴⁴

酱油tçiɔ̃²⁴iɯ²⁴

芝麻酱tsʅ⁴⁴ma⁴⁴tçiɔ̃²⁴

甜面酱tʰiæ̃³²miæ̃²⁴tçiɔ̃²⁴

豆瓣酱tɯ²⁴pæ̃⁴⁴tçiɔ̃²⁴

辣酱la²¹tçiɔ̃²⁴

醋tsʰʮ²⁴

料酒liɔ²¹tçiɯ⁴⁴

黑糖xi²⁴tʰɔ̃²⁴

白糖pi²⁴tʰɔ̃²⁴

冰糖piɔ̃⁴⁴tʰɔ̃²¹

花糖xua⁴⁴tʰɔ̃²¹

调料tʰiɔ³²liɔ²⁴

　调和tʰiɔ²¹xu²⁴

大香ta²¹tiɔ̃⁴⁴

吴桂皮儿ɤ⁵⁵kui²⁴pʰʅ³²ɛ²⁴_{桂皮}

胡椒xɤ²¹tçiɔ²⁴

（7）烟、茶、酒

烟iæ̃⁴⁴

烟叶子iæ̃²⁴iᶻ⁴⁴tsʅ⁴⁴

卷烟tɕyæ̃³²iæ̃²¹

纸烟tsʅ⁴⁴iæ̃²¹

旱烟xæ̃²¹iæ̃⁴⁴

　烟瓶iæ̃⁴⁴pʰiɔ̃⁴⁴

　烟包子iæ̃³²pɔ³²tsʅ²⁴ 烟袋

水烟fi⁵⁵iæ̃²¹

烟盒儿iæ̃⁴⁴xu³²ɛ²⁴

烟灰iæ̃²⁴xui⁴⁴

火镰xu⁵⁵liæ̃²¹

火石头xu²⁴ʂɯ³²tʰɯ²⁴

茶tsʰa²⁴

茶叶子tsʰa³²iᶻ³²tsʅ²¹

开水kʰɛ⁴⁴fi⁴⁴

　滚水kuɔ̃²¹fi²⁴

燎茶liɔ⁴⁴tsʰa²⁴

沏茶tsʰʅ⁴⁴tsʰa⁴⁴

倒茶tɔ²⁴tsʰa²⁴

青稞酒tɕʰiɔ̃³²kʰu³²tɕiɯ²⁴

川酒tʂʰuæ̃⁴⁴tɕiɯ⁴⁴

十五　红白大事

（1）婚姻、生育

当媒tɔ̃²⁴mi²⁴

媒人mi²¹z̩ɔ̃²⁴

媒婆儿mi³²pʰɔ³²ɛ²¹

看家kʰæ̃²⁴tɕia⁴⁴

看女婿kʰæ̃³²mʅ⁴⁴sʅ²¹

长着tʂɔ̃⁴⁴tʂɔ²¹

　相貌ɕiɔ̃²⁴mɔ²⁴

岁数sui²¹fɤ⁴⁴ 年龄

自愿tsʅ²⁴yæ̃²⁴ 订婚

换手xuæ̃²¹ʂɯ⁴⁴ 交换信物

送礼suɔ̃²¹l̩⁴⁴

送节礼suɔ̃²⁴tɕiᶻ⁴⁴l̩⁴⁴

喜酒sʅ²¹tɕiɯ²⁴

娶媳妇tʂʰʅ⁴⁴sʅ³²fɛ²⁴ 男子娶亲

打发姑娘ta⁵⁵fa³²kɤ⁴⁴niɔ̃⁴⁴ 女子出嫁

结婚tɕiᶻ²⁴xuɔ̃⁴⁴ 新

拜天地pɛ²⁴tʰiæ̃³²tsʅ²⁴

新女婿ɕiɔ̃³²mʅ³²sʅ²¹ 新郎

新新妇儿ɕiɔ̃³²ɕiɔ̃³²fɛ³²ɛ²¹ 新娘

新房ɕiɔ̃⁴⁴fɔ̃⁴⁴

交杯酒tɕiɔ⁴⁴pi⁴⁴tɕiɯ⁴⁴

认门z̩ɔ̃²⁴mɔ̃²⁴

肚子大哈了tɤ⁵⁵tsʅ²¹ta²⁴xa⁴⁴liɔ²¹

　身上有了ʂɔ̃⁴⁴ʂɔ̃⁴⁴iᶻ³²lia²¹

大肚儿ta²⁴tɤ³²ɛ²⁴

　大肚儿婆娘ta²⁴tɤ³²ɛ²⁴pʰɔ³²niɔ̃²⁴

小月ɕiɔ⁴⁴yu²¹

打胎ta⁴⁴tʰɛ⁴⁴

　流产liɯ²¹tsʰæ̃⁴⁴ 到医院做流产手术

养娃娃iɔ̃³²ua³²ua²¹

接生tɕiᶻ⁴⁴sɔ̃⁴⁴

胎盘tʰɛ⁴⁴pʰæ̃²¹

坐月tsu²⁴yu⁴⁴

满月mæ̃²¹yu⁴⁴

洗三sʅ⁵⁵sæ̃⁴⁴ 孩子生下来以后第三天，娘家人带着东西去

看产妇，还有一些仪式，叫洗三

做十天zʅ²⁴sʅ³²tʰiæ̃²¹

做满月zʅ³²mæ̃⁴⁴yu²¹

过百岁ku²⁴pi³²sui²⁴

取毛头儿tsʰʅ⁴⁴mɔ³²tʰɯ³²ɛ²¹

头首儿tʰɯ³²ʂɯ³²ɛ²¹

双双儿fɔ̃³²fɔ̃⁴⁴ɛ²¹

　双双子fɔ̃³²fɔ̃⁴⁴tsʅ²¹

咂奶tsa³²nɛ²¹

尿炕niɔ²⁴kɔ̃²⁴

（2）寿辰、丧礼

生日儿sɔ̃³²z̩³²ɛ²¹ 新

过生日ku²⁴sɔ̃³²z̩⁴⁴

上寿ʂɔ̃²⁴ʂɯ²⁴

寿星爷ʂɯ³²ɕiɔ̃⁴⁴iɤ²¹

丧事sɔ̃⁴⁴sɿ⁴⁴

跑丧pʰɔ⁴⁴sɔ̃⁴⁴

殁到了mɔ³²tɔ³²liɔ²⁴

　　没有到了mɔ³²iɯ³²tɔ³²liɔ²¹

　　头倒着地上了tʰɯ²⁴tɔ⁴⁴tʂɔ³²tsɿ³²ʂɔ̃⁴⁴liɔ²¹

　　哇到了ua³²tɔ²⁴liɔ²¹ 小孩儿死亡或是对死亡的戏谑说法

棺材kuæ̃⁴⁴tsʰɛ²¹

寿材ʂɯ²⁴tsʰɛ²⁴

入殓ɣ²¹liæ̃²⁴

灵堂liɔ̃²¹tʰɔ̃²⁴

佛堂fɔ²¹tʰɔ̃²⁴

守灵ʂɯ⁴⁴liɔ̃²⁴

头七tʰɯ³²tsʰɿ²¹

三七sæ̃⁴⁴tsʰɿ⁴⁴

五七ɣ⁵⁵tsʰɿ²¹

七七tsʰɿ⁴⁴tsʰɿ⁴⁴

百天pi⁴⁴tʰiæ̃²¹

戴孝tɛ²⁴ɕiɔ²⁴

泡孝pʰɔ²⁴ɕiɔ²⁴

黑头孝xi³²tʰɯ³²ɕiɔ²⁴

换孝xuæ̃²⁴ɕiɔ²⁴

孝子ɕiɔ³²tsɿ²¹

孝孙ɕiɔ²⁴suɔ̃⁴⁴

送殡suɔ̃²⁴piɔ̃²⁴ 出殡

丧棒sɔ̃⁴⁴pɔ̃⁴⁴ 丧事用的,有时也骂一些碍手碍脚的东西

纸花tsɿ⁴⁴xua²¹

　　长钱tʂʰɔ̃²¹tɕʰiæ̃²⁴

　　金银斗tɕiɔ̃²⁴iɔ̃³²tɯ²⁴

　　花圈xua⁴⁴tɕʰyæ⁴⁴

　　童男童女tʰuɔ̃²⁴næ̃²⁴tʰuɔ̃³²mɿ²¹

坟滩fɔ̃²¹tʰæ̃²⁴

　　坟茔fɔ̃²¹iɔ̃²⁴

碑pɿ⁴⁴

上坟ʂɔ̃²⁴fɔ̃²⁴

　　坟滩里去了fɔ̃³²tʰæ̃³²l̩²¹tsʰɿ²⁴liɔ⁴⁴

个家死到了ku³²tɕia²⁴sɿ³²tɔ³²liɔ²¹

寻到无常了ɕiɔ̃³²tɔ²⁴ɣ³²tʂɔ̃²⁴liɔ²¹

　　自杀tsɿ²⁴sa⁴⁴

跳大河tʰiɔ²⁴ta³²xu⁴⁴ 投水

上吊ʂɔ̃²⁴tiɔ²⁴

　　抹脖脖mɔ⁵⁵pɔ³²pɔ²¹

死身子sɿ⁴⁴ʂɔ̃⁴⁴tsɿ⁴⁴ 尸骨

骨灰盒儿kɣ⁵⁵xui⁵⁵xu³²ɛ²⁴

（3）迷信

老天爷lɔ⁴⁴tʰiæ̃⁴⁴iɤ⁴⁴

灶家阿爷tsɔ³²tɕia⁴⁴a³²iɤ²¹

佛爷fɔ²¹iɤ²⁴

菩萨pʰɣ²¹sa²⁴

观世音菩萨kuæ̃³²ʂɿ³²iɔ̃²⁴pʰɣ³²sa²⁴

土地庙tʰɣ⁴⁴tsɿ²⁴miɔ²⁴

关祖庙kuæ̃³²zɿ²⁴miɔ²⁴

隍庙xuɔ̃²¹miɔ²⁴

阎王爷iɔ̃³²uɔ̃²⁴iɤ²¹

佛堂fɔ²¹tʰɔ̃²⁴

上香ʂɔ̃²⁴ɕiɔ̃⁴⁴

献ɕiæ̃²⁴

蜡la⁴⁴ 自己倒的那种

裱piɔ⁵⁵

香炉ɕiɔ̃⁴⁴lɣ⁴⁴

抽签tʂʰɯ²⁴tɕʰiæ̃⁴⁴

算卦suæ̃²⁴kua²⁴

做经事zɿ⁴⁴tɕiɔ̃⁴⁴sɿ²¹

看风水kʰæ̃²⁴fɔ̃⁴⁴fi⁴⁴

算命suæ̃²⁴miɔ̃²⁴

法师fa⁴⁴sɿ⁴⁴

顾二典kɣ³²ɛ³²tiæ̃²⁴

阿卡a²¹ka²⁴

苯波子pẽ⁵⁵pɤ³²tsɿ²¹

顾麻景kɤ²⁴ma³²tɕiẽ²⁴

道人tɔ³²z̩ẽ²¹

道姑儿tɔ³²kɤ⁴⁴ɛ²¹

发神fa²⁴ʂẽ²⁴ 跳神

折花儿tʂi⁴⁴xua⁴⁴ɛ²¹

还愿xuæ̃²¹yæ̃²⁴

十六　日常生活

（1）衣

穿衣裳tʂʰuæ̃²⁴zɿ⁴⁴ʂẽ⁴⁴

脱衣裳tʰu²⁴zɿ⁴⁴ʂẽ⁴⁴

脱鞋鞋tʰu²⁴xɛ³²xɛ²¹

量衣裳liẽ²⁴zɿ⁴⁴ʂẽ⁴⁴

做衣裳tsɿ²⁴zɿ⁴⁴ʂẽ⁴⁴

贴条tʰi⁴⁴tʰiɔ⁴⁴ 缝在衣服里子边上的窄条

纳鞋帮帮na³²xɛ²⁴pẽ⁴⁴pẽ²¹

站纽纽tsæ̃³²niɯ⁴⁴niɯ²⁴

扎花儿tsa²⁴xua⁴⁴ɛ²¹

打补丁ta³²pɤ²⁴tiẽ²¹

装被儿tʂuẽ²⁴pɿ³²ɛ²¹

装褛子tʂuẽ²⁴ɤ³²tsɿ²¹

洗衣裳sɿ⁵⁵zɿ⁴⁴ʂẽ⁴⁴

洗上一水sɿ⁵⁵ʂẽ³²zɿ³²fi²¹

淘tʰɔ²⁴ 用清水漂洗

晒衣裳sɛ²⁴zɿ⁴⁴ʂẽ⁴⁴

晾衣裳liẽ²⁴zɿ⁴⁴ʂẽ⁴⁴

熨衣裳yẽ³²zɿ⁴⁴ʂẽ⁴⁴

（2）食

架火tɕia³²xu²¹

架炉炉tɕia²⁴lɤ³²lɤ²¹

凑火tsʰɯ³²xu²¹

烧灶火ʂɔ³²tsɔ³²xu²¹

拾掇汤ʂɿ³²tu²⁴tʰɔ⁴⁴ 做饭

调面tʰiɔ²¹miæ̃²⁴

揉面zɯ²¹miæ̃²⁴

擀长面kæ̃⁴⁴tʂʰɔ³²miæ̃²⁴

擀汤kæ̃⁴⁴tʰɔ²¹

拉条la⁴⁴tʰiɔ⁴⁴

搭馒头ta²⁴mæ̃³²tʰɯ²¹

搭卷卷ta³²tɕyæ̃³²tɕyæ̃²⁴

拣菜tɕiæ̃⁴⁴tsʰɛ²⁴

炒菜tsʰɔ⁴⁴tsʰɛ²⁴

烧汤ʂɔ²⁴tʰɔ⁴⁴

汤拾掇哈了tʰɔ⁴⁴ʂɿ³²tu²⁴xa³²liɔ²¹

饭夹生哈了tɕia³²sẽ³²xa³²liɔ²¹ 半生不熟的饭

喝汤xu²⁴tʰɔ⁴⁴ 吃饭

舀汤iɔ⁴⁴tʰɔ⁴⁴ 盛饭

搛菜tɕiæ̃²¹tsʰɛ²⁴

吃早甚tʂɿ²⁴tsɔ³²ʂẽ²¹

吃晌午tʂɿ³²ʂẽ³²ɤ²¹

吃黑饭tʂɿ²⁴xi⁴⁴fæ̃²¹

吃小吃儿tʂʰɿ³²ɕiɔ⁴⁴tʂɿ⁴⁴ɛ²¹ 新
　　拉零碎la²⁴liẽ³²sui²⁴

拿筷子na³²kʰuɛ³²tsɿ²¹

肉硬着俩zɯ²⁴niẽ²⁴tsɔ⁴⁴lia²¹

嚼不下tɕyu³²pɤ³²xa²¹

噎哈了iˀ³²xa³²liɔ²⁴

打嗝价ta⁴⁴kɯ³²tɕia³²

吃着立哈了tʂɿ⁴⁴tsɔ⁴⁴lɿ³²xa³²liɔ²⁴

嘴里味道没有tsui⁵⁵lɿ³²ui³²tɔ⁴⁴mɔ³²iɯ²¹

喝茶xu²⁴tsʰa²⁴

喝酒xu³²tɕiɯ²⁴

吃烟tʂɿ²⁴iæ̃⁴⁴

饿了u²¹liɔ⁴⁴

（3）住

起来tsʰɿ⁴⁴lɛ²⁴

洗手sɿ²¹ʂɯ²⁴

洗脸sɿ²¹niæ̃²⁴

涮口fæ̃²¹kʰɯ⁴⁴

刷牙fa²⁴ia²⁴

梳头fɣ²⁴tʰɯ²⁴

编辫辫piæ̃²⁴piæ̃³²piæ̃⁴⁴ 梳辫子

绾纂纂uæ̃⁴⁴tsuæ̃⁴⁴tsuæ̃²⁴ 梳髻

铰指甲tɕiɔ⁴⁴tsʅ⁴⁴tɕia⁴⁴

挖耳朵ua³²ɛ²⁴tu²¹

洗澡sʅ²¹tsɔ²⁴

搓澡tsʰu²¹tsɔ²⁴

尿尿niɔ²⁴niɔ²⁴

　解手kɛ²¹ʂɯ²⁴

　消水ɕiɔ²¹fi²⁴

解大手kɛ⁴⁴ta³²ʂɯ⁴⁴

　屃屎pa²¹sʅ²⁴

荫洼儿里凉个iɔ̃³²uaɛ⁴⁴l̩³²liɔ̃³²kɔ²⁴ 乘凉

晒太阳sɛ²⁴tʰɛ³²iɔ̃⁴⁴

烤火kʰɔ³²xu²¹

点灯tiæ̃⁴⁴tɔ̃⁴⁴

灯哈拉到tɔ̃⁴⁴xa⁴⁴la⁴⁴tɔ²¹ 熄灯

缓一挂xuæ̃⁴⁴zʅ³²kua²¹ 歇歇

眯一挂mʅ³²zʅ³²kua²¹

打哈欠ta⁵⁵xu⁴⁴ɕiæ̃²¹

瞌睡了kʰu³²fi³²liɔ⁴⁴

铺炕pɣ²¹kʰɔ̃²⁴

躺下tʰɔ̃⁴⁴xa²¹

睡着了fi²⁴tsʰu³²liɔ²⁴

拉呼la²⁴xɣ²⁴

睡不着fi³²pɣ⁴⁴tsʰu²⁴

仰拌肚儿iɔ̃⁵⁵pæ̃³²tɣ³²ɛ²¹

恻愣子tsi³²lɔ̃³²tsʅ²¹

趴下着睡觉pʰa³²xa³²tsɔ̃³²fi²⁴tɕiɔ²⁴ 趴着睡

脖板窝哈了pɔ³²pæ̃²⁴u³²xa⁴⁴liɔ²¹ 落枕了

抽筋tʂʰɯ²⁴tɕiɔ̃⁴⁴

做睡梦tsɿ²⁴fi³²mɔ̃²⁴

说梦话fɔ³²mɔ̃³²xua²⁴

魇哈了iæ̃⁴⁴xa³²liɔ²¹

熬夜nɔ²¹i²⁴

连夜做活liæ̃³²i²⁴zɿ²⁴xu²⁴ 开夜车

（4）行

地里去俩tsʅ³²l̩⁴⁴tsʰʅ³²lia²¹

做活去zɿ²⁴xu³²tsʰʅ²¹ 上工

做罢了zɿ²⁴pa³²liɔ²¹ 下工

家里去俩tɕia⁴⁴⁵⁵tsʰʅ³²lia²¹

浪街lɔ²⁴kɛ⁴⁴

散步sæ̃²⁴pɣ²⁴ 新

　转街tʂuæ̃²⁴kɛ⁴⁴

　打过拉ta⁵⁵ku³²la²⁴ 藏语，转一圈

十七　讼事

打官司ta⁵⁵kuæ̃⁴⁴sʅ⁴⁴

告状kɔ²⁴tʂuɔ̃²⁴

原告yæ̃²¹kɔ²⁴

被告pʅ⁴⁴kɔ²⁴

状子tʂuɔ̃³²tsʅ²¹

坐堂tsu²⁴tʰɔ̃²⁴

退堂tʰui²⁴tʰɔ̃²⁴

问案uɔ̃⁴⁴næ̃²⁴

过堂ku²⁴tʰɔ̃²⁴

证人tʂɔ̃³²zɔ̃²¹

人证zɔ̃²¹tʂɔ̃²⁴

物证ɣ²¹tʂɔ̃²⁴

对证tui²⁴tʂɔ̃²⁴ 对质

刑事ɕiɔ̃²¹sʅ²⁴

民事miɔ̃²¹sʅ²⁴

家务事儿tɕia²⁴ɣ²⁴sʅ³²ɛ²¹

律师l̩ʷ⁴⁴sʅ²¹

代笔tɛ²⁴pʅ⁴⁴ 代写状纸的人

服fɣ²

不服pɣ²⁴fɣ²⁴

上诉ʂɔ²⁴sɿ²⁴

判pʰæ²⁴
　宣判ɕyæ²¹pʰæ²⁴
认下了z̩ɜ̃³²xa⁴⁴liɔ²¹_{招认}
口供kʰɯ⁵⁵kuɜ̃²¹
咬niɔ⁴⁴
　供kuɜ̃²⁴
一处儿的zɿ³²tʂʰɣ̩³²ɛ⁴⁴tsɿ²¹_{同谋}
　同犯tʰuɜ̃²¹fæ²⁴
　同谋tʰuɜ̃²⁴mɣ²⁴
故犯kɣ⁴⁴fæ²⁴
误犯ɣ²⁴fæ²⁴
犯法fæ²⁴fa⁴⁴
犯罪fæ²⁴tsui²⁴
赖lɛ²⁴
　栽tsɛ⁴⁴
　栽赃tsɛ²⁴tsɜ̃⁴⁴
连坐liæ²¹tsu²⁴
假释tɕia⁴⁴ʂɿ²¹
　保释pɔ⁴⁴ʂɿ²¹
取保tsʰʮ²¹pɔ²⁴
抓到了tʂua³²tɔ²⁴liɔ²¹_{被逮捕}
　押起来ia⁴⁴tsʰɿ⁴⁴lɛ²⁴
押解ia²¹tɕiᶻ²⁴
囚车tɕʰiɯ⁴⁴tʂʰi⁴⁴
青天大老爷tɕʰiɜ̃⁴⁴tʰiæ⁴⁴ta²⁴lɔ⁴⁴iᶻ²¹
　清官tɕʰiɜ̃⁴⁴kuæ⁴⁴
铁面无私tʰi³²miæ²⁴ɣ²⁴sɿ⁴⁴
贪官tʰæ⁵⁵kuæ⁴⁴
　赃官tsɜ̃⁵⁵kuæ²¹
受贿ʂɯ²⁴xui²⁴
行贿ɕiɜ̃²¹xui²⁴
罚款fa²¹kʰuæ²⁴
枪毙tɕʰiɜ̃²¹pɿ²⁴
上刑ʂɜ̃²⁴ɕiɜ̃²⁴
　用刑yɜ̃²⁴ɕiɜ̃²⁴

打板子ta²¹pæ³²tsɿ²¹
打沟板ta⁵⁵kɯ²¹pæ²⁴
扎竹签tsa²⁴tʂɣ⁴⁴tɕʰiæ⁴⁴
戴手铐tɛ²⁴ʂɯ⁵⁵kʰɔ²⁴
脚镣tɕyu²¹liɔ²⁴
绑哈了pɜ̃⁴⁴xa³²liɔ²¹
圈哈了tɕʰyæ²⁴xa³²liɔ²¹
　坐班房tsu²⁴pæ⁴⁴fɜ̃²¹
探监tʰæ²⁴tɕiæ⁴⁴
越狱yu²¹zʮ²⁴
立约l̩²⁴yu⁴⁴
拓手印tʰa³²ʂɯ²⁴ia²¹
　画押xua²⁴ia⁴⁴
上税ʂɜ̃²⁴fi²⁴
租子tsʮ⁴⁴tsɿ²¹
地契tsɿ²⁴tsʰɿ²⁴
房契fɜ̃²¹tsʰɿ²⁴
执照tʂɿ²¹tʂɔ²⁴
告示kɔ³²sɿ²¹
　布告pɣ⁴⁴kɔ²⁴
通知tʰuɜ̃²⁴tsɿ⁴⁴
路条lɣ²⁴tʰiɔ²⁴
命令miɜ̃²⁴liɜ̃²⁴
印iɜ̃²⁴
　大印ta²⁴iɜ̃²⁴
私访sɿ⁴⁴fɜ̃⁴⁴
交代tɕiɔ⁴⁴tɛ⁴⁴
上任ʂɜ̃³²z̩ɜ̃²¹
卸任ɕiᶻ³²z̩ɜ̃²¹
罢免pa³²miæ²¹
　免到了miæ⁵⁵tɔ³²liɔ²¹
案卷næ²¹tɕyæ⁴⁴
传票tsʰuæ²¹pʰiɔ²⁴
衙门ia²¹mɜ̃²⁴_旧

十八　交　际

应酬iə³²tʂʰɯ²¹ 多指吃席
来往lɛ²¹uɤ²⁴
　　打私交ta⁴⁴sɿ⁴⁴tɕiɔ⁴⁴
看人kæ²⁴z̩ɤ²⁴
　　看望kæ²¹uɤ⁴⁴
串门tʂʰuæ²⁴mɤ²⁴
亲戚tɕʰiɤ⁴⁴tsʰɿ⁴⁴
邀亲戚tɕʰiɔ²⁴tɕʰiɤ⁴⁴tsʰɿ⁴⁴
待客tɛ²⁴kʰi⁴⁴
送礼suɤ³²l̩²¹
　　送东西suɤ²⁴tuɤ⁴⁴sɿ²¹
　　走人情tsɯ⁵⁵z̩ɤ²¹tɕʰiɤ²⁴
礼行l̩⁵⁵ɕiɤ²¹
　　礼物l̩⁵⁵ɣ²¹ 新
送亲戚suɤ²⁴tɕʰiɤ⁴⁴tsʰɿ⁴⁴
多谢tu²¹ɕiz²⁴
怕没有pʰa²⁴mɔ³²iɯ²⁴ 没关系
摆席pɛ⁴⁴sɿ²⁴
　　摆酒席pɛ⁴⁴tɕiɯ⁴⁴sɿ²⁴
一桌席zɿ²⁴tʂu⁴⁴sɿ²⁴
请帖tɕʰiɤ⁵⁵tʰiz²¹
发请帖fa³²tɕʰiɤ³²tʰiz²¹
坐席tsu²⁴sɿ²⁴
上菜ʂɤ²⁴tsʰɛ²⁴
倒酒tɔ²¹tɕiɯ⁴⁴
敬酒tɕiɤ²¹tɕiɯ⁴⁴
干杯kæ⁴⁴pi⁴⁴
划拳xua²⁴tɕʰyæ²⁴
仇人ʂɯ³²z̩ɤ²¹
冤枉yæ⁴⁴uɤ⁴⁴
接下句tɕiz³²xa³²tsʅ⁴⁴ 插嘴
　　加嘴tɕia²¹tsui²⁴
鸡蛋里挑刺tsɿ³²tæ³²l̩⁴⁴tʰiɔ³²tsʰɿ²⁴ 吹毛求疵

做作tsʅ²¹tsu⁴⁴
　　轻飘飘tɕʰiə³²pʰiɔ²⁴pʰiɔ²⁴
架子大tɕia³²tsɿ²¹ta²⁴ 摆架子
装哈价tʂuɤ³²xa³²tɕia²¹
　　装傻tʂuɤ²⁴ʂa²⁴
耍洋相fa⁴⁴iɤ³²ɕiɤ⁴⁴
　　耍怪眼儿fa⁴⁴kuæ³²niæ³²ɛ²¹
脸哈丢到了niæ⁴⁴xa³²tiɯ³²tɔ³²liɔ²¹
装大狗tʂuɤ³²ta³²kɯ⁴⁴ 装大
溜沟子liɯ⁴⁴kɯ⁴⁴tsɿ⁴⁴
　　溜沟沟liɯ⁴⁴kɯ⁴⁴kɯ⁴⁴
　　巴结pa⁴⁴tɕi⁴⁴
拉关系la²⁴kuæ⁴⁴sɿ²¹
看起kæ³²tsʰɿ⁴⁴
看不起kæ²⁴pɣ³²tsʰɿ²⁴
搭伙儿ta³²xu²⁴ɛ²¹
答应ta⁴⁴iɤ⁴⁴
没答应mɔ²⁴ta⁴⁴iɤ⁴⁴
赶出去kæ⁴⁴tʂʰɣ⁴⁴tsʰɿ²¹

十九　商业、交通

（1）经商行业
商号ʂɤ²¹xɔ²⁴
　　字号tsɿ²⁴xɔ²⁴
宝号pɔ⁴⁴xɔ²⁴ 尊称
招牌tʂɔ⁴⁴pʰɛ⁴⁴
广告kuɤ⁴⁴kɔ²⁴
开铺子kʰɛ³²pʰɣ³²tsɿ²¹
　　开铺铺kʰɛ³²pʰɣ³²pʰɣ²¹
铺面pʰɣ²⁴miæ²⁴
摆摊摊pɛ⁴⁴tʰæ⁴⁴tʰæ²¹
牙行ia²⁴xɔ²⁴ 旧
走藏tsɯ⁴⁴tsɤ²⁴ 旧
做买卖tsʅ³²mɛ⁴⁴mɛ²¹
旅社lw⁴⁴ʂi²⁴

馆馆kuæ^{44}kuæ^{21}

钻馆馆tsuæ^{32}kuæ^{24}kuæ^{24}下馆子

打杂着的娃娃ta^{44}tsa^{32}tʂɔ^{24}tʂʅ^{32}

ua^{32}ua^{24}堂倌儿

布铺pɣ^{24}pʰɣ^{44}

铺铺pʰɣ^{21}pʰɣ^{44}卖百货的商店

杂货铺儿tsa^{32}xu^{24}pʰɣ^{32}ɛ^{44}

小卖铺儿ɕiɔ^{32}mɛ^{24}pʰɣ^{32}ɛ^{21}油盐店

粮店lɔ̃^{21}tiæ^{24}

卖文具的铺铺mɛ^{44}uɔ̃^{32}tsʅ^{24}tsʅ^{32}pʰ

ɣ^{32}pʰɣ^{44}文具店

理发店l̩^{55}fa^{32}tiæ^{24}

理头发l̩^{55}tʰɯ^{32}fa^{24}

刮脸kua^{21}niæ^{24}

刮胡子kua^{24}xɣ^{32}tsʅ^{24}

肉铺铺z̩ɯ^{24}pʰɣ^{32}pʰɣ^{44}

宰猪tsɛ^{44}tʂʅ^{44}

油坊iɯ^{21}fɔ̃^{24}

当铺tɔ̃^{21}pʰɣ^{44}

租房子tsɻ^{24}fɔ̃^{32}tsʅ^{24}

典房子tiæ^{44}fɔ̃^{32}tsʅ^{24}

煤厂mi^{21}tʂʰɔ̃^{24}

煤砖mi^{44}tʂuæ^{44}

机砖tsʅ^{44}tʂuæ^{44}机器倒的煤砖

蜂窝煤fɔ̃^{44}u^{44}mi^{24}

（2）经营、交易

开业kʰɛ^{24}ni^{44}

关门kuæ^{24}mɔ̃^{24}

盘点pʰæ^{32}tiæ^{21}

柜台kui^{24}tʰɛ^{24}

开价kʰɛ^{21}tɕia^{24}

还价xuæ^{21}tɕia^{24}

便宜pʰiæ^{21}z̩^{24}

贵kui^{24}

公当kuɔ̃^{44}tɔ̃^{44}

打折ta^{44}tʂi^{21}清理

买卖好mɛ^{44}mɛ^{21}xɔ^{44}

买卖做着烂包到了mɛ^{44}mɛ^{32}zʅ^{32}

tʂɔ^{44}læ^{32}pɔ^{44}tɔ^{32}liɔ^{21}买卖不好

工钱kuɔ̃^{44}tɕʰiæ^{44}

本钱pɔ̃^{44}tɕʰiæ^{21}

没贴给mɔ^{24}tʰiᶻæ^{44}ki^{44}保本

挣上了点tsɔ̃^{32}ʂɔ̃^{44}liɔ^{32}tɛ^{21}赚钱

贴给了tʰiᶻ^{32}ki^{32}liɔ^{24}赔本

路费lɣ^{24}fi^{24}

利息l̩^{21}sʅ^{44}

点点儿好tiæ^{44}tiæ^{32}ɛ^{24}xɔ^{44}运气好

点点儿瞎tiæ^{44}tiæ^{32}ɛ^{24}xa^{44}运气不好

欠tɕʰiæ^{24}

差tsʰa^{44}

押金nia^{21}tɕiɔ̃^{44}

（3）账目、度量衡

账房tʂɔ̃^{21}fɔ̃^{44}

花销xua^{44}ɕiɔ^{44}

收账ʂɯ^{21}tʂɔ̃^{24}

出账tʂʰɯ^{21}tʂɔ̃^{24}

欠账tɕʰiæ^{24}tʂɔ̃^{24}

要账iɔ^{24}tʂɔ̃^{24}

烂账læ^{24}tʂɔ̃^{24}

　一沟子烂账zʅ^{24}kɯ^{44}tsʅ^{44}læ^{24}tʂɔ̃^{24}

欠了很多钱

水牌子fi^{55}pʰæ^{32}tsʅ^{24}

发票fa^{21}pʰiɔ^{24}

收据ʂɯ^{21}tsʅ^{24}

存款tsʰuɔ̃^{21}kʰuæ^{24}

整着的钱儿tʂɔ̃^{44}tʂɔ^{32}tsʅ^{32}tɕʰia^{32}ɛ^{24}

　整钱儿tʂɔ̃^{44}tɕʰia^{32}ɛ^{24}

零钱儿liɔ̃^{32}tɕʰia^{32}ɛ^{21}

纸钱儿tsʅ^{32}tɕʰia^{32}ɛ^{24}

分分钱儿fɔ̃^{44}fɔ̃^{32}tɕʰia^{32}ɛ^{24}

铜板儿tʰuɔ̃³²pæ̃²⁴ɛ²¹

银圆iɔ̃²⁴yæ̃²⁴

一分钱儿zๅ²⁴fɔ̃⁴⁴tɕʰia³²ɛ²⁴

一毛钱儿zๅ²⁴mɔ²⁴tɕʰia³²ɛ²⁴

一块钱儿zๅ³²kʰuɛ²⁴tɕʰia³²ɛ²⁴

　一大钱儿zๅ³²ta²⁴tɕʰia³²ɛ²⁴

十块钱儿ʂๅ³²kʰuɛ⁴⁴tɕʰia³²ɛ²⁴

　十大钱儿ʂๅ³²ta²⁴tɕʰia³²ɛ²⁴

一百块钱儿zๅ²⁴pi⁴⁴kʰuɛ⁴⁴tɕʰia³²ɛ²⁴

一张票票子zๅ³²tʂɔ̃²⁴pʰiɔ³²pʰiɔ⁴⁴tsๅ²¹一

张票子（钞票）

一个铜子儿zๅ³²kɔ²⁴tʰuɔ̃³²tsๅ²⁴ɛ⁴⁴

算盘suæ̃²¹pʰæ̃⁴⁴

天平tʰiæ̃²¹pʰiɔ̃⁴⁴

戥子tɔ̃⁴⁴tsๅ²¹

称tʂʰɔ̃²⁴

　磅秤pɔ̃⁴⁴tʂʰɔ̃²¹

　大秤ta²¹tʂʰɔ̃⁴⁴

　尕秤儿ka³²tʂʰɛ³²ɛ²¹

　弹簧秤tʰæ̃²⁴xuɔ̃³²tʂʰɔ̃²⁴

　钩秤kɯ⁴⁴tʂʰɔ̃⁴⁴

　簸箕秤pɔ²¹tsๅ⁴⁴tʂʰɔ̃²⁴

秤盘tʂʰɔ̃²¹pʰæ̃⁴⁴

秤砣tʂʰɔ̃²¹tʰu⁴⁴

秤杆tʂʰɔ̃²¹kæ̃⁴⁴

秤钩子tʂʰɔ̃²¹kɯ⁴⁴tsๅ²¹

定盘星儿tiɔ̃³²pʰæ̃⁴⁴ɕiɔ̃⁴⁴ɛ²¹

　秤星儿tʂʰiɔ̃²⁴ɕiɔ̃⁴⁴ɛ²¹

秤高着俩tʂʰiɔ̃²⁴kɔ³²tʂɔ³²lia²¹

秤落着俩tʂʰiɔ̃²⁴la³²tʂɔ³²lia²¹

刮子kua⁴⁴tsๅ²¹刮平升板用的

（4）交通

铁路tʰi²¹lɣ²⁴

铁轨tʰi²⁴kui⁴⁴

火车xu⁴⁴tʂʰi²¹

火车站xu⁴⁴tʂʰi³²tsæ̃²⁴

公路kuɔ²¹lɣ²⁴

汽车tsʰๅ²¹tʂʰi²⁴

客车kʰi⁴⁴tʂʰi⁴⁴

货车xu²¹tʂʰi⁴⁴

班车pæ̃⁴⁴tʂʰi⁴⁴公共汽车

尕汽车儿ka²⁴tsʰๅ³²tʂʰi³²ɛ²¹小轿车

摩托mɔ²⁴tʰu⁴⁴

三轮车sæ̃⁴⁴luɔ̃⁴⁴tʂʰi²¹

平板三轮车pʰiɔ̃³²pæ̃²⁴sæ̃⁴⁴luɔ̃⁴⁴tʂʰi²¹

自行车tsๅ²⁴ɕiɔ̃⁴⁴tʂʰi⁴⁴

大车ta²¹tʂʰi⁴⁴

　车轱辘tʂʰi²¹kɣ⁴⁴lɣ²⁴

　车厢tʂʰi²¹ɕiɔ̃⁴⁴

　傍沿pɔ̃⁴⁴iæ̃⁴⁴

　延条iæ̃²¹tʰiɔ²⁴

　辐条fɣ⁴⁴tʰiɔ⁴⁴

　轴子tʂɣ³²tsๅ²¹

船tʂʰuæ̃²⁴

桨tɕiɔ̃²⁴

二十　文化教育

（1）学校

学校ɕyu²¹ɕiɔ²⁴

学里去了ɕyu³²l²⁴tsʰๅ³²liɔ²¹上学

学散了ɕyu³²sæ̃³²liɔ²¹

辍学tʂʰua²¹ɕyu²⁴

幼儿园iɯ³²ɛ⁴⁴yæ̃²⁴

托儿所tʰu⁴⁴ɛ⁴⁴fɔ⁴⁴

私塾sๅ⁴⁴fɣ⁴⁴

学费ɕyu²¹fi²⁴

放假fɔ̃²⁴tɕia²⁴

暑假fɣ⁴⁴tɕia²⁴

寒假xæ̃²¹tɕia²⁴

告假kɔ²⁴tɕia²⁴

请假tɕʰiɤ̃⁴⁴tɕia²⁴

（2）教室、文具

教室tɕiɔ²¹ʂʅ⁴⁴

上课ʂɤ̃²⁴kʰu²⁴

下课ɕia²⁴kʰu²⁴

讲台tɕiɤ̃⁴⁴tʰɛ²¹

黑板xi²¹pæ²⁴

粉笔fɤ̃⁵⁵pʅ²¹

板擦pæ⁴⁴tsʰa²¹

点名册tiæ⁴⁴miɤ̃²⁴tsʰi⁴⁴

戒尺tɕiᵊ²¹tʂʅ⁴⁴

笔记本pʅ³²tsʅ³²pɤ̃⁴⁴

课本儿kʰu³²pɛ³²ɛ²¹

铅笔tɕʰiæ⁴⁴pʅ⁴⁴

擦头儿tsʰɤ̃²⁴tʰɯ³²ɛ²¹橡皮

旋笔刀ɕyæ³²pʅ⁴⁴tɔ⁴⁴

圆规yæ²⁴kui⁴⁴

三角板sæ³²tɕyu³²pæ⁴⁴

作文本tsu²⁴uɤ̃³²pɤ̃²⁴

大字本ta²⁴tsʅ³²pɤ̃⁴⁴

描红本miɔ²⁴xuɤ̃³²pɤ̃²⁴

钢笔kɤ̃⁴⁴pʅ⁴⁴

毛笔mɔ²⁴pʅ⁴⁴

笔帽儿pʅ³²mɔ³²ɛ²¹

笔筒pʅ²¹tʰuɤ̃²⁴

砚台iæ³²tʰɛ⁴⁴

砚墨iæ²⁴mi⁴⁴

墨盒儿mi²⁴xu³²ɛ²⁴

墨汁mi⁴⁴tʂʅ²⁴

墨水mi⁴⁴fi⁴⁴

书包fɣ⁴⁴pɔ⁴⁴

（3）读书识字

念哈书的人niæ³²xa⁴⁴fɣ⁴⁴tsʅ⁴⁴zɤ̃²⁴

识字儿的ʂʅ³²tsʅ³²ɛ⁴⁴tsʅ²¹

不识字pɣ²⁴ʂʅ³²tsʅ²⁴

念书niæ²⁴fɣ⁴⁴

背书pi²⁴fɣ⁴⁴

报名pɔ²⁴miɤ̃²⁴

考场kʰɤ̃⁴⁴tʂʰɤ̃⁴⁴

进考场tɕiæ²⁴kʰɤ̃⁴⁴tʂʰɤ̃⁴⁴

考试kʰɤ̃⁴⁴sʅ²⁴

卷子tɕyæ⁴⁴tsʅ²¹

满分儿mæ⁵⁵fɛ³²ɛ²¹

零蛋liɤ̃²¹tæ²⁴

发榜fa²¹pɤ̃²⁴

头名tʰɯ²¹miɤ̃²⁴

孨名ka⁴⁴miɤ̃²¹末名

毕业pʅ²¹ni⁴⁴

肄业zʅ²⁴ni⁴⁴

文凭uɤ̃²¹pʰiɤ̃²⁴

（4）写字

大楷ta²¹kʰɛ⁴⁴

小楷ɕiɔ³²kʰɛ²¹

字帖tsʅ²⁴tʰiᵊ⁴⁴

抹掉mɔ⁴⁴tɔ²¹涂了

写别字ɕi⁴⁴pi³²tsʅ²⁴

掉字儿tiɔ²⁴tsʅ³²ɛ²¹

草稿tsʰɔ²¹kɔ²⁴

打草稿ta⁴⁴tsʰɔ³²kɔ²⁴

誊清tʰɤ̃²⁴tɕʰiɤ̃⁴⁴

一点zʅ²¹tiæ²⁴

一横zʅ²¹xɤ̃²⁴

一竖zʅ²¹fɣ²⁴

一撇zʅ²⁴pʰi⁴⁴

一捺zʅ²⁴na⁴⁴

一钩zʅ²⁴kɯ⁴⁴

一挑zʅ²¹tʰiɔ²⁴

一画zʅ²¹xua²⁴

偏旁儿piæ⁴⁴pʰɤ̃³²ɛ²¹

单立人儿tæ²⁴lʅ³²zɛ³²ɛ²¹

双立人儿fɔ²⁴l̩³²zɤ³²ɛ²¹
弓长张kuɔ⁴⁴tʰɔ²⁴tʂɔ⁴⁴
立早章l̩³²tʂɔ²⁴tʂɔ⁴⁴
和旁程xu³²pʰɔ²⁴tʂʰɔ²⁴
四框栏儿sɿ²⁴kʰuɔ⁴⁴læ³²ɛ²⁴
宝盖儿pɔ⁴⁴kɛ³²ɛ²¹
秃宝盖儿tʰɤ³²pɔ⁴⁴kɛ³²ɛ²¹
竖心旁fɤ⁴⁴ɕiɔ⁴⁴pʰɔ²¹
反犬旁fæ⁴⁴tɕʰyæ⁴⁴pʰɔ²¹
耳朵旁ɛ⁵⁵tu³²pʰɔ²¹
反文旁fæ⁴⁴uɔ³²pʰɔ²¹
斜玉儿ɕiᶻ³²zʅ³²ɛ²¹
提土旁tsʰɿ³²tʰɤ²⁴pʰɔ²¹
竹字头儿tʂʅ⁴⁴tsɿ⁴⁴tʰɯ³²ɛ²¹
火字旁xu⁵⁵tsɿ³²pʰɔ²¹
四点sɿ²¹tiæ⁴⁴
三点水儿sæ³²tiæ³²fi⁵⁵ɛ²¹
两点水儿liɔ³²tiæ³²fi⁵⁵ɛ²¹
病字旁儿piɔ³²tsɿ⁴⁴pʰɔ³²ɛ²¹
走之底儿tsɯ⁵⁵tsɿ³²tsɿ⁴⁴ɛ²¹
绞丝旁儿tɕiɔ⁴⁴sɿ³²pʰɔ³²ɛ²¹
提手旁儿tsʰɿ³²ʂɯ²⁴pʰɔ³²ɛ²¹
草字头儿tsʰɔ⁴⁴tsɿ³²tʰɯ³²ɛ²¹

二十一　文体活动

（1）游戏、玩具
风筝fɔ⁴⁴tsʰɔ⁴⁴
藏马马伙儿tɕʰiɔ³²ma²⁴ma³²xu³²ɛ²¹ 捉迷藏
踢毽子tsʰɿ³²tɕyæ³²tsɿ²¹
耍八个儿fa⁴⁴pa³²kɔ³²ɛ²¹ 抓子儿
跳房房儿tʰiɔ²⁴fɔ³²fɔ³²ɛ²¹
改绷绷kɛ⁴⁴pɔ⁴⁴pɔ²¹ 翻绳儿：两人轮番翻动手指头上
的细绳，变出各种花样
划拳xua²⁴tɕʰyæ²⁴ 喝酒时
出谜儿tsʰɤ³²mɿ³²ɛ⁴⁴

猜谜儿tsʰɛ³²mɿ³²ɛ⁴⁴
六九儿liɯ³²tɕiɯ²⁴ɛ²¹
麻将ma²¹tɕiɔ²⁴
掀牛ɕiæ²⁴niɯ²⁴
炮仗儿pʰɔ³²tʂɔ⁴⁴ɛ²¹
放炮仗儿fɔ²⁴pʰɔ³²tʂɔ⁴⁴ɛ²¹
两响儿liɔ³²ɕiɔ²⁴ɛ²¹
尕炮仗儿ka³²pʰɔ³²tʂɔ⁴⁴ɛ²¹
放花炮fɔ²⁴xua³²pʰɔ²⁴

（2）体育
象棋ɕiɔ²¹tsʰɿ⁴⁴
下象棋ɕia²⁴ɕiɔ³²tsʰɿ⁴⁴
将、帅tɕiɔ²⁴、fɛ²⁴
士sɿ⁴⁴
象ɕiɔ²⁴
车zʅ⁴⁴
马ma⁵⁵
炮pʰɔ²⁴
兵、卒piɔ⁴⁴、tsʯ⁴⁴
拱卒kuɔ⁴⁴tsʯ⁴⁴
上士ʂɔ³²sɿ⁴⁴
将军tɕiɔ²⁴tɕyɔ⁴⁴
围棋ui²¹tsʰɿ²⁴
黑子xi⁴⁴tsɿ²¹
白子pi³²tsɿ²¹
和棋xu²¹tsʰɿ²⁴
拉把牛la²⁴pa⁴⁴niɯ⁴⁴ 拔河
打浇洗ta⁵⁵tɕiɔ³²sɿ²¹ 游泳
打毛蛋ta⁵⁵mɔ³²tæ²⁴ 打球
比赛打球pɿ⁴⁴sɛ²⁴ta⁴⁴tɕʰiɯ⁴⁴ 赛球
乒乓球pʰiɔ⁴⁴pʰɔ⁴⁴tɕʰiɯ²¹
篮球læ²¹tɕʰiɯ²⁴
排球pʰɛ²¹tɕʰiɯ²⁴
足球zʯ⁴⁴tɕʰiɯ²⁴ 新
　毛蛋mɔ²¹tæ²⁴

羽毛球zʅ⁴⁴mɔ³²tɕʰiɯ²⁴

跳远tʰiɔ²¹yæ̃⁴⁴

跳高tʰiɔ²⁴kɔ⁴⁴

（3）武术、舞蹈

翻巴浪fæ̃²⁴pa⁴⁴lɔ̃⁴⁴_{翻跟头}

翻跟头fæ̃²⁴kɔ̃⁴⁴tʰɯ⁴⁴_{打车轮子}

倒立tɔ²⁴l̩⁴⁴

耍狮子fa⁴⁴sʅ⁴⁴tsʅ²¹

搬船pæ̃²⁴tʂʰuæ̃²⁴_{耍旱船}

高跷kɔ⁴⁴tɕʰiɔ⁴⁴

耍大刀fa⁴⁴ta³²tɔ⁴⁴

扭秧歌niɯ⁴⁴iɔ̃⁴⁴kɔ⁴⁴

跳舞tʰiɔ²⁴ɣ⁴⁴

（4）戏剧

木偶戏mɣ³²nɯ²⁴sʅ²⁴

皮影子pʰ1̩³²iɔ̃⁴⁴tsʅ²¹

大戏ta²¹sʅ⁴⁴

眉户儿m1̩³²xɣ²⁴ɛ²¹

话剧xua²⁴tsʅ²¹

戏园子sʅ²⁴yæ̃³²tsʅ²¹

戏台sʅ²¹tɛ⁴⁴

演员iæ̃³²yæ̃²¹

耍把戏儿fa³²pa²⁴sʅ³²ɛ²⁴_{变戏法儿}

耍魔术fa⁴⁴mɔ⁴⁴fɣ²¹

说书fɔ²⁴fɣ⁴⁴

花脸xua⁴⁴niæ̃²¹

小丑ɕiɔ³²tʂʰɯ²⁴

老生lɔ⁴⁴sɔ̃²¹

小生ɕiɔ⁴⁴sɔ̃²¹

武生ɣ⁵⁵sɔ̃²¹

刀马旦tɔ⁴⁴ma⁴⁴tæ̃²⁴

老旦lɔ⁴⁴tæ̃²⁴

青衣tɕʰiɔ̃⁴⁴z1̩⁴⁴

花旦xua⁴⁴tæ̃²⁴

小旦ɕiɔ⁴⁴tæ̃²⁴

跑龙套的pʰɔ⁴⁴luɔ̃³²tʰɔ²⁴tsʅ²¹

二十二　动　作

（1）一般动作

站tsæ̃²⁴

蹲tuɔ̃²⁴

绊倒了pæ̃³²tɔ³²liɔ²¹

爬起来pʰa³²tsʰ1̩²⁴lɛ²⁴

摇头iɔ²⁴tʰɯ²⁴

　甩头fɛ⁴⁴tʰɯ²⁴

点头tiæ̃⁴⁴tʰɯ²⁴

头抬上起来tʰɯ²⁴tʰɛ³²sɔ̃⁴⁴tsʰ1̩²⁴lɛ²⁴

头搁下tʰɯ²⁴kɯ⁴⁴xa²¹

头转过去tʰɯ²⁴tʂuæ̃²⁴ku⁴⁴tsʰ1̩²⁴

脸转过去niæ̃⁴⁴tʂuæ̃²⁴ku⁴⁴tsʰ1̩²⁴

　脸迈过去niæ̃⁴⁴mɛ²⁴ku⁴⁴tsʰ1̩²⁴

眼睛睁开niæ̃⁵⁵tɕiɔ̃³²tsɔ̃⁴⁴kʰɛ⁴⁴

眼睛闭上niæ̃⁵⁵tɕiɔ̃³²p1̩³²sɔ̃⁴⁴

挤眼睛ts1̩³²niæ̃²⁴tɕiɔ̃²¹

眨眼睛tsa³²niæ̃²⁴tɕiɔ̃²¹

碰上了pʰɔ̃³²sɔ̃⁴⁴liɔ²¹

看kʰæ̃²⁴

眼睛花就花就的niæ̃⁵⁵tɕiɔ̃³²xua⁴⁴

tɕiɯ³²xua⁴⁴tɕiɯ³²tsʅ²¹_{眼睛到处乱瞟}

　眼睛打花着niæ̃⁵⁵tɕiɔ̃³²ta⁵⁵xua⁴⁴

tʂɔ⁴⁴

淌眼泪tʰɔ̃³²niæ̃²⁴lui²¹

张嘴tʂɔ̃²¹tsui²⁴

闭嘴p1̩³²tsui²⁴

　嘴闭上tsui⁵⁵p1̩³²sɔ̃⁴⁴

　嘴夹严tsui⁵⁵tɕia²⁴niæ̃²⁴

嘴噘下着tsui⁵⁵tɕyu³²xa⁴⁴tʂɔ²¹_{撅嘴}

窝嘴u³²tsui²⁴_{努嘴}

举手tsʅ²¹sɯ²⁴

手摇着俩sɯ⁴⁴iɔ³²tʂɔ⁴⁴lia²¹

大撒手儿 ta²⁴sa³²ʂɯ³²ɛ²¹ _{不管事, 不负责任}

手放脱 ʂɯ⁵⁵fɔ̃²⁴tʰu⁴⁴ _{松手}

动手 tuɔ̃²¹ʂɯ⁴⁴

拍手 pʰi²¹ʂɯ²⁴

背搭手儿 pi²⁴ta³²ʂɯ²⁴ɛ²⁴

膀膀子抱上着
pɔ̃⁴⁴pɔ̃³²tsɿ²⁴pɔ³²ʂɔ̃⁴⁴tʂɔ²¹ _{双手交叉在胸前}

手筒上着 ʂɯ⁵⁵tʰuɔ̃⁵⁵ʂɔ̃³²tʂɔ²¹ _{笼着手}

拨拉 pɔ⁴⁴la²¹

捂住 ɣ⁴⁴tʂʰɣ⁴⁴

捻弄 niæ̃⁴⁴luɔ̃²¹ _{处理、修理}

　亦挖 zɿ⁴⁴ua²¹

　捻钻 niæ̃³²tsuæ̃²¹

　翻乱 fæ̃⁵⁵luæ̃²¹

抹 ma⁴⁴ _{摩掌}

凑 tsʰɯ⁴⁴ _{用手托着向上}

抓屎抓尿 tʂua³²ʂɿ²⁴tʂua³²niɔ²⁴ _{照看小孩}

扶着 fɣ²¹tʂɔ²⁴

弹指头 tʰæ̃²⁴tsɿ⁴⁴tʰɯ⁴⁴

锤骨都捏上 tʰui³²kɣ²⁴tɣ³²ni⁴⁴ʂɔ̃⁴⁴

拌脚 pæ̃²⁴tɕyu⁴⁴ _{跺脚}

蹅蹅脚儿 tiæ̃²¹tiæ̃²⁴tɕyu³²ɛ²⁴ _{踮着脚}

交夹腿儿 tɕiɔ⁴⁴tɕia³²tʰui²⁴ɛ²¹ _{跷着二郎腿}

腿子蜷下 tʰui⁵⁵tsɿ²¹tɕʰyæ̃³²xa²¹ _{蜷腿}

腿子抖着 tʰui⁵⁵tsɿ²¹tʰɯ⁴⁴tʂɔ²¹

蹦 pɔ̃²⁴ _踢

腰弯下 iɔ⁴⁴uæ⁴⁴xa²¹ _{弯腰}

打懒展 ta⁵⁵læ̃³²tʂæ̃⁴⁴ _{伸腰}

撑腰 tʂʰɔ̃²⁴iɔ⁴⁴ _{支持}

沟子撅下 kɯ⁴⁴tsɿ⁴⁴tɕyu³²xa²¹ _{撅屁股}

捶背 tʂʰui²¹pi²⁴

搎鼻 ɕiɔ̃⁴⁴pɿ²⁴ _{捏鼻涕}

鼻胡稀胡稀的 pɿ²⁴fɣ⁴⁴sɿ²¹fɣ⁴⁴sɿ⁴⁴tsɿ²¹ _{吸流鼻涕}

打喷嚏 ta⁵⁵pʰɔ̃³²tsɿ⁴⁴

闻 uɔ̃²⁴ _{用鼻子闻}

嫌疑 ɕiæ̃⁴⁴zɿ²⁴ _{嫌弃}

哭 kʰɣ⁴⁴

嚎 xɔ²⁴

撂 liɔ²⁴ _{把没用的东西扔掉}

说 fɔ⁴⁴

跑 pʰɔ⁴⁴

走 tsɯ⁴⁴

放 fɔ̃²⁴

搀 tsʰæ̃⁴⁴

收就 ʂɯ⁴⁴tɕiɯ⁴⁴

挑 tʰiɔ⁴⁴ _{选择}

提上起来 tsʰɿ³²ʂɔ̃⁴⁴tsʰɿ⁴⁴lɛ²⁴ _{提起}

拾上起来 ʂɯ³²ʂɔ̃⁴⁴tsʰɿ⁴⁴lɛ²⁴ _{捡起来}

擦掉 tsʰa⁴⁴tɔ⁴⁴

　抹掉 mɔ⁵⁵tɔ²¹

撂到了 liɔ³²tɔ⁴⁴liɔ²¹ _{丢失}

忘下了 uɔ̃³²xa⁴⁴liɔ²¹ _{落下}

寻着了 ɕiɔ̃³²tʂʰu³²liɔ²¹

藏下 tɕʰiɔ̃²¹xa²⁴ _{把东西藏起来}

墩下 tuɔ̃²¹xa²⁴ _{把东西放下}

撂上起来 lu²⁴ʂɔ̃⁴⁴tsʰɿ⁴⁴lɛ²⁴ _{码起来}

（2）心理活动

知道 tsɿ⁴⁴tɔ⁴⁴

挖清 ua⁴⁴tɕʰiɔ̃⁴⁴

　没挖清 mɔ³²ua²⁴tɕʰiɔ̃⁴⁴ _{不懂}

会了 xui³²liɔ²¹

认得 zɹ̩ɔ̃²⁴ti²⁴

认不得 zɹ̩ɔ̃³²pɣ⁴⁴ti²⁴

识字儿 ʂɯ²⁴tsɿ³²ɛ²¹

思谋个 sɿ³²mɔ̃³²kɔ²⁴

　想个 ɕiɔ̃⁴⁴kɔ²¹ _新

估计个 kɣ⁴⁴tsɿ³²kɔ²¹

　目量个 mɣ⁴⁴liɔ̃³²kɔ²¹

想个办法 ɕiɔ̃⁴⁴kɔ³²pæ̃³²fa⁴⁴

　拿个主意 na²⁴kɔ²⁴tʂɤ⁴⁴zʅ²¹

猜 tsʰɛ⁵⁵

主张 tʂɤ⁴⁴tʂɔ̃²¹

　主意 tʂɤ⁴⁴zʅ²¹

相信 ɕiɔ̃²¹ɕiɔ̃²⁴

　信服 ɕiɔ̃³²fɤ²¹

影儿 iᶻ⁴⁴ɛ²¹

　怀疑 xuɛ²¹zʅ²⁴

思谋 sʅ⁴⁴mɤ̃⁴⁴ 沉思

那谋 na⁴⁴mɤ̩⁴⁴ 犹豫

害怕 xɛ²⁴pʰa²⁴

吓下了 xa³²xa⁴⁴liɔ²¹ 吓着了

心慌着 ɕiɔ̃²⁴xuɔ̃⁴⁴tʂɔ⁴⁴ 着急

扯心 tʂʰi⁴⁴ɕiɔ̃²¹ 挂念

放心 fɔ̃²¹ɕiɔ̃⁴⁴

盼 pʰæ̃²⁴

巴不得 pa⁴⁴pɤ̩³²ti²⁴

　恨不得 xɤ̃³²pɤ̩⁴⁴ti²¹

记住 tsʅ³²tʂʰɤ²¹

忘到了 uɔ̃³²tɔ⁴⁴liɔ²¹

思谋上起来了 sʅ³²mɤ̃³²ʂɔ̃²⁴tsʰʅ⁴⁴lɛ⁴⁴liɔ²⁴ 想起来了

眼热着 niæ̃⁴⁴zʅ³²tʂɔ²¹ 羡慕

眼黑着 niæ̃⁴⁴xi⁴⁴tʂɔ²¹ 瞧不起

严瓷 iæ̃²⁴tsʰʅ²⁴ 脸皮厚

气 tsʰʅ²⁴ 恨

心偏着 ɕiɔ̃⁴⁴pʰiæ̃⁴⁴tʂɔ²¹ 偏心

放不过 fɔ̃²⁴pɤ̩⁴⁴ku²⁴ 妒忌

着气 tʂu²¹tsʰʅ²⁴ 生气

扇风 ʂæ̃²⁴fɤ̃⁴⁴ 倒霉、生气等

埋怨 mæ̃²¹yæ̃²⁴ 抱怨

心里疼着 ɕiɔ̃⁴⁴lʅ̩⁴⁴tʰɤ̃³²tʂɔ²⁴ 对人或东西爱惜

当人 tɔ̃²⁴zɔ̃²⁴ 对人疼爱

烫 tʰɔ̃²⁴ 心里喜欢

多谢 tu²¹ɕiᶻ²⁴ 感谢

道谢 tɔ²⁴ɕiᶻ²⁴ 辞谢

惯 kuæ̃²⁴ 娇惯

由马信缰 iɯ³²ma²⁴ɕiɔ̃³²tɕiɔ̃²⁴ 随心所欲

由傢 iɯ²¹tɕia²⁴ 迁就

心数儿 ɕiɔ̃³²fɤ³²ɛ²⁴ 心眼儿

恼间 nɔ⁴⁴tɕiæ̃⁴⁴ 烦恼

　颇烦 pʰɔ⁴⁴fæ̃⁴⁴

欺发 tsʰʅ⁴⁴fa⁴⁴ 欺负

（3）语言动作

说话 fɔ²¹xua²⁴

喧板 ɕya²¹pæ̃²⁴ 聊天

　赞干板 tsæ̃⁴⁴kæ̃²¹pæ̃⁴⁴

倒闲话 tɔ⁴⁴ɕiæ̃²¹xua²⁴

避学 pʰʅ⁴⁴ɕyu⁴⁴ 背后说人坏话

死声不出 sʅ⁴⁴ʂɤ̃⁴⁴pɤ²⁴tʂʰɤ̩⁴⁴ 不作声

哄 xuɔ̃⁵⁵ 骗

吃羊头 tʂʰʅ²⁴iɔ̃³²tʰɯ²⁴ 骗小孩，大人外出，将小孩留在家里

说给 fɔ⁴⁴ki⁴⁴ 告诉

寻碴头 ɕiɔ̃²⁴tsʰa³²tʰɯ²¹ 找碴儿

扳讲 pæ̃²¹tɕiɔ̃²⁴ 抬杠

犟嘴 tɕiɔ̃²¹tsui⁴⁴

吵嘴 tsʰɔ²¹tsui²⁴ 吵架

打仗 ta⁴⁴tʂɔ̃²⁴ 打架

骂 ma²⁴

　咕囔 kɤ⁴⁴nɔ̃²⁴ 小声地骂

　唠二叨三 lɔ³²ɛ²⁴tɔ³²sæ̃⁴⁴ 嘴里不干不净的骂

挨骂 nɛ²¹ma²⁴

再扎 tsɛ²⁴tsa⁴⁴ 啊咘

骂死了 ma²¹sʅ⁴⁴liɔ²¹ 挨骂

说事多 fɔ⁴⁴sʅ⁴⁴tu⁴⁴ 唠叨

喊给个 xæ̃⁴⁴ki³²kɔ²¹ 叫一下

二十三　位　置

上面儿 ʂɔ̃³²miɛ³²ɛ²¹

下面儿xa³²miɛ³²ɛ²¹　　　　东tuɔ̃⁴⁴

地下tsʅ²¹xa⁴⁴　　　　西sʅ⁴⁴

天上tʰiæ⁴⁴ʂɔ̃⁴⁴　　　　南næ̃²⁴

山上sæ⁴⁴ʂɔ̃⁴⁴　　　　北pi⁴⁴

路上lɣ²¹ʂɔ̃⁴⁴　　　　东南tuɔ̃²⁴næ̃²⁴

街上kɛ⁴⁴ʂɔ̃⁴⁴　　　　东北tuɔ̃²⁴pi⁴⁴

墙上tɕʰiɔ̃²¹ʂɔ̃²⁴　　　　西北sʅ²¹pi⁴⁴

门上mɔ̃²¹ʂɔ̃²⁴　　　　西南sʅ²¹næ̃²⁴

桌子上tʂu³²tsʅ⁴⁴ʂɔ̃²¹　　　　路边里lɣ²⁴piæ⁴⁴l̩²¹

凳子上tɔ̃³²tsʅ⁴⁴ʂɔ̃²¹　　　　当中里tɔ̃³²tʂuɔ̃³²l̩²¹

　椅子上zʅ⁴⁴tsʅ⁴⁴ʂɔ̃²¹　　　　床底下tʂʰuɔ̃³²tsʅ³²xa²¹

边边里piæ³²piæ³²l̩⁴⁴　　　　楼底下lɣ³²tsʅ³²xa²¹

里面l̩⁵⁵miæ²¹　　　　脚底下tɕyu³²tsʅ³²xa²¹

外面uɛ³²miæ²¹　　　　碗底底里uæ̃³²tsʅ²⁴tsʅ³²l̩²¹

手里ʂɯ⁴⁴l̩²¹　　　　锅底底里ku³²tsʅ²⁴tsʅ³²l̩²¹

心里ɕiɔ̃⁴⁴l̩⁴⁴　　　　缸底底里kɔ̃³²tsʅ²⁴tsʅ³²l̩²¹

口外滩滩kʰɯ⁴⁴uɛ²⁴tʰæ̃³²tʰæ̃²¹　　　　跟前kɔ̃⁴⁴tɕʰiæ⁴⁴旁边

大门的外面ta⁴⁴mɔ̃²¹tsʅ³²uɛ³²miæ²¹　　　　阿扎a³²tʂa²¹

墙外头tɕʰiɔ̃³²uɛ³²tʰɯ²¹　　　　左面儿tsu⁴⁴miɛ³²ɛ²¹

窗子外面tʂʰuɔ̃⁴⁴tsʅ²¹uɛ³²miæ²¹　　　　右面儿iɯ³²miɛ³²ɛ²¹

车上tʂʰi⁴⁴ʂɔ̃⁴⁴　　　　往里走uɔ̃³²l̩²⁴tsɯ²¹

车的外面tʂʰi⁴⁴tsʅ⁴⁴uɛ³²miæ²¹　　　　往外走uɔ̃³²uɛ²⁴tsɯ²¹

车前面tʂʰi²⁴tɕʰiæ³²miæ²¹　　　　往东面儿走uɔ̃⁴⁴tuɔ̃³²miɛ³²ɛ²⁴tsɯ²¹

　车头里tʂʰi²⁴tʰɯ³²l̩²¹　　　　往西面走uɔ̃⁴⁴sʅ³²miɛ³²ɛ²⁴tsɯ²¹

车后面tʂʰi⁴⁴xɯ⁴⁴miɛ²¹　　　　往里面走uɔ̃³²l̩⁴⁴miɛ³²ɛ²⁴tsɯ²¹

前面儿tɕʰiæ³²miɛ³²ɛ²¹　　　　往外面走uɔ̃³²uɛ³²miɛ³²ɛ²⁴tsɯ²¹

后面儿xɯ³²miɛ³²ɛ²¹　　　　往来走uɔ̃³²lɛ²⁴tsɯ⁴⁴

山前面sæ̃²⁴tɕʰiæ³²miæ²⁴　　　　往前走uɔ̃⁴⁴tɕʰiæ³²tsɯ²¹

山后面sæ̃³²xɯ³²miæ²¹　　　　的东面儿tsʅ³²tuɔ̃³²miɛ³²ɛ²¹

房子的背后fɔ̃³²tsʅ²¹tsʅ⁴⁴pi³²xɯ⁴⁴　　　　的西面儿tsʅ³²sʅ³²miɛ³²ɛ²¹

背后pi²¹xɯ⁴⁴　　　　的南面儿tsʅ³²næ̃³²miɛ³²ɛ²¹

以前zʅ⁴⁴tɕʰiæ²⁴　　　　的背面儿tsʅ³²pi²⁴miɛ³²ɛ²¹

以后zʅ⁴⁴xɯ²⁴　　　　的里面儿tsʅ³²l̩⁵⁵miɛ³²ɛ²¹

赶后儿kæ̃⁴⁴xɯ³²ɛ²¹指过去某事之后　　　　的外面儿tsʅ³²uɛ³²miɛ³²ɛ²¹

将后tɕiɔ̃²¹xɯ²⁴将来　　　　赶后儿kæ̃⁴⁴xɯ³²ɛ²¹以来

的前面儿tsʅ^{32}tɕʰiæ^{32}miɛ^{32}ɛ^{21}

的上面儿tsʅ^{32}ʂɤ̃^{32}miɛ^{32}ɛ^{21}

的下面儿tsʅ^{32}xa^{32}miɛ^{32}ɛ^{21}

二十四　代词等

我nɔ^{55}

你ni^{44}

傢tɕia^{24}

我们nɔ^{55}mɤ̃^{21}

你们ni^{44}mɤ̃^{21}

傢们tɕia^{32}mɤ̃^{21}

我的nɔ^{55}tsʅ^{21}

傢们的tɕia^{32}mɤ̃^{32}tsʅ^{21}

大家ta^{21}tɕia^{44}

谁fi^{24}

致个tʂɯ^{21}kɯ^{44}

那个nɛ^{21}kɯ^{44}

啊个a^{21}kɯ^{44}

致些tʂɯ^{21}ɕiᶻ^{44}

那些儿nɛ^{32}ɕiᶻ^{44}ɛ^{21}

啊些a^{21}ɕiᶻ^{44}

扎tʂa^{44}

那扎nɛ^{24}tʂa^{44}

啊扎a^{21}tʂa^{24}

致么高tʂi^{32}mɤ̃^{24}kɔ^{44}

致么做tʂi^{32}mɤ̃^{24}tsʮ^{24}

那么高nɛ^{32}mɤ̃^{24}kɔ^{44}

那么做nɛ^{32}mɤ̃^{24}tsʮ^{24}

啊们做a^{32}mɤ̃^{24}tsʮ^{24}

啊们办a^{32}mɤ̃^{24}pæ^{24}

为啥ui^{24}sa^{24}

啊们了a^{32}mɤ̃^{21}liɔ^{24}

啥sa^{24}

多少tu^{21}ʂɔ^{24}（钱）

啊们a^{21}mɤ̃^{24}（高、大、厚、重）

我俩儿nɔ^{44}lia^{32}ɛ^{24}

你俩儿ni^{44}lia^{32}ɛ^{24}

傢俩儿tɕia^{32}lia^{32}ɛ^{21}

两口儿liɔ̃^{32}kʰɯ^{24}ɛ^{21}

娘儿俩儿niɔ̃^{32}ɛ^{24}lia^{32}ɛ^{24}

爷儿俩儿zʅ^{32}ɛ^{24}lia^{32}ɛ^{24}

阿爷带孙子俩儿a^{32}iᶻ^{44}tɛ^{32}suɤ̃^{44}tsʅ^{44}lia^{32}ɛ^{24}

先后俩儿ɕiæ^{32}xɯ^{44}lia^{32}ɛ^{24}

嫂子带小姑俩儿sɔ^{44}tsʅ^{32}tɛ^{32}ɕiɔ^{44}kɣ^{32}lia^{32}ɛ^{24}

婆婆带媳妇俩儿pʰɔ^{32}pʰɔ^{21}tɛ^{44}sʅ^{32}fɛ^{24}lia^{32}ɛ^{24}

弟兄俩儿tsʅ^{32}ɕyɤ̃^{44}lia^{32}ɛ^{24}

哥儿俩儿kɔ^{32}ɛ^{44}lia^{32}ɛ^{24}

姊妹俩儿tsʅ^{44}mi^{32}lia^{32}ɛ^{24}

兄妹俩儿ɕyɤ̃^{32}mi^{32}lia^{32}ɛ^{24}

阿姐带兄弟俩儿a^{32}tɕi^{44}tɛ^{32}ɕyɤ̃^{44}tsʅ^{44}lia^{32}ɛ^{24}

阿舅带外甥俩儿a^{32}tɕiɯ^{32}tɛ^{32}uɛ^{32}sɤ̃^{44}lia^{32}ɛ^{24}

爸爸带侄儿子俩pa^{32}pa^{24}tɛ^{32}tʂʅ^{32}ɛ^{24}tsʅ^{32}lia^{21}

师傅带徒弟娃俩儿sʅ^{32}fɣ^{21}tɛ^{44}tʰɣ^{32}tsʅ^{24}lia^{32}ɛ^{24}

谁们fi^{21}mɤ̃^{24}

人们zɤ̃^{21}mɤ̃^{24}

先后们ɕiæ^{32}xɯ^{44}mɤ̃^{21}

嫂子小姑儿们sɔ^{44}tsʅ^{32}ɕiɔ^{44}kɣ^{21}ɛ^{32}mɤ̃^{21}

师傅徒弟们sʅ^{44}fɣ^{21}tʰɣ^{32}tsʅ^{24}mɤ̃^{21}

老师学生们lɔ^{44}sʅ^{21}ɕyu^{32}sɤ̃^{24}mɤ̃^{21}

这些道理们tsʅ^{32}ɕiᶻ^{44}tɔ^{32}lʅ^{21}mɤ̃^{21}

那些事情们nɛ^{32}ɕiᶻ^{44}sʅ^{32}tɕʰiɤ̃^{44}mɤ̃^{21}

桌子们tʂu^{32}tsʅ^{32}mɤ̃^{21}

椅子们zɿ⁵⁵tsɿ³²mə̃²¹
书们fɣ⁴⁴mə̃²¹

二十五　形容词

好xɔ⁴⁴这个比那个～些
中价tʂuə̃³²tɕia²¹差不多
　帮尖pə̃²⁴tɕiæ̃⁴⁴
好死俩xɔ⁴⁴sɿ³²lia²⁴非常好
情况不大tɕʰiə̃³²kʰuə̃²⁴pɣ³²ta²¹不怎么样
不中pɣ²⁴tʂuə̃²⁴不行、不顶事
　干蛋kæ̃²¹tæ̃⁴⁴
　逛蛋kuə̃²⁴tæ̃²⁴
　滚川kuə̃⁴⁴tʂʰuæ̃²⁴
坏xuɛ²⁴
将凑tɕiə̃⁴⁴tsʰɯ⁴⁴
　对凑tui²¹tsʰɯ⁴⁴
心疼ɕiə̃²⁴tʰə̃²⁴
　俊tsuə̃²⁴
　好看xɔ⁴⁴kʰæ̃²⁴
攒劲tsæ̃⁴⁴tɕiə̃²⁴好看、漂亮、帅
丑tʂʰɯ⁵⁵
　难看næ̃²¹kʰæ̃²⁴
　狼亢lə̃²¹kʰə̃²⁴大而无当
要紧iɔ²¹tɕiə̃⁴⁴
　打硬ta²¹niə̃²⁴
不打硬pɣ²⁴ta²¹niə̃²⁴不要紧
热闹ʐi⁴⁴nɔ⁴⁴
　红火xuə̃³²xu²¹
牢lɔ²⁴坚固
硬niə̃²⁴
　硬刺拐棒niə̃³²tsʰɿ⁴⁴kuɛ⁴⁴pə̃²⁴
软uæ̃⁵⁵
　软囊囊uæ̃⁵⁵nə̃³²nə̃²¹
　软骨囊囊uæ̃⁵⁵kɣ³²nə̃³²nə̃²¹
干净kæ̃²¹tɕiə̃⁴⁴

净tɕiə̃²⁴
清楚tɕʰiə̃⁴⁴fɣ²¹干净、整洁
脏tsɔ̃⁴⁴
　腻mɿ²⁴
来带不四lɛ³²tɛ³²pɣ³²sɿ⁴⁴
肮脏nɔ̃⁴⁴tsɔ̃⁴⁴
咸xæ̃²⁴
甜tʰiæ̃²⁴淡
香ɕiɔ̃⁴⁴
味道好ui³²tɔ⁴⁴xɔ⁴⁴
臭tʂʰɯ²⁴
难闻næ̃²⁴uə̃²⁴
酸suæ̃⁴⁴
酸胖五烂suæ̃³²pʰɔ̃³²ɣ⁴⁴læ̃²⁴
苦kʰɣ⁴⁴
辣la⁴⁴
稀sɿ⁴⁴米汤太～了
稠tʂʰɯ²⁴米汤太～了
稀sɿ⁴⁴不密
稠tʂʰɯ²⁴密
缓xuæ̃⁵⁵指动物：猪～，也可指人
瘦sɯ²⁴不肥、不胖
　瘦干欠sɯ²⁴kæ̃²¹tɕʰiæ̃²⁴很瘦
瘦sɯ²⁴指肉
受瘾ʂɯ²¹iə̃⁴⁴舒服
　受活ʂɯ³²xu²¹
难受næ̃²¹ʂɯ²⁴
　没舒坦着mɔ²⁴fɣ³²tʰæ̃³²tʂɔ²¹
　不受瘾pɣ³²ʂɯ³²iə̃⁴⁴
羞脸儿大ɕiɯ³²niɛ³²ɛ²⁴ta²⁴腼腆
乖kuɛ⁴⁴小孩儿真乖
皮pʰɿ²⁴顽皮
很xɔ⁴⁴指人有能力
慢mæ̃²⁴指人没本事、没能力
缺德tɕʰyu²⁴ti⁴⁴新

机溜 $\text{tsɿ}^{44}\text{liɯ}^{21}$

巧 tɕʰiɔ^{55} 灵巧

糊涂 $\text{xɣ}^{32}\text{tɣ}^{21}$

　颠懂 $\text{tiæ̃}^{44}\text{tuɤ̃}^{21}$ 人老了，有些老糊涂

死心眼儿 $\text{sɿ}^{55}\text{ɕiɤ̃}^{32}\text{niɛ}^{32}\text{ɛ}^{21}$

奴海 $\text{nɣ}^{21}\text{xɛ}^{24}$ 无用的人

　死奴海 $\text{sɿ}^{44}\text{nɣ}^{32}\text{xɛ}^{24}$

　奴那比 $\text{nɣ}^{24}\text{na}^{32}\text{pɿ}^{24}$

抠皮 $\text{kʰɯ}^{44}\text{pʰɿ}^{44}$

　嗇皮 $\text{sɿ}^{44}\text{pʰɿ}^{21}$

抠 kʰɯ^{44} 小气

大到 $\text{ta}^{24}\text{tɔ}^{24}$

　大方 $\text{ta}^{32}\text{fɤ̃}^{21}$

囫囵 $\text{xɣ}^{21}\text{lɤ̃}^{24}$ 整个的

浑 xuɤ̃^{24} ～身是汗

弓 kuɤ̃^{44} 凸出来的部分

凹 ua^{24}

凉 liɤ̃^{24}

僻静 $\text{pʰɿ}^{44}\text{tɕiɤ̃}^{24}$

　僻背 $\text{pʰɿ}^{44}\text{pi}^{24}$

稀子活多 $\text{sɿ}^{21}\text{tsɿ}^{24}\text{xu}^{21}\text{tu}^{24}$ 活动的、不牢固的

正儿八经 $\text{tʂɤ̃}^{32}\text{ɛ}^{44}\text{pa}^{32}\text{tɕiɤ̃}^{24}$

整齐 $\text{tʂɤ̃}^{44}\text{tsʰɿ}^{24}$

心头上到了 $\text{ɕiɤ̃}^{32}\text{tʰɯ}^{32}\text{ʂɤ̃}^{24}\text{tɔ}^{32}\text{liɔ}^{21}$ 称心如意

迟 tsʰɿ^{24} （来着～哈了）

多 tu^{44}

少 ʂɔ^{55}

大 ta^{24}

小 ɕiɔ^{55}

长 tʂʰɤ̃^{24}

短 tuæ̃^{55}

宽 kʰuæ̃^{44}

窄 tsi^{55}

厚 xɯ^{213}

薄 pɔ^{24}

深 ʂɤ̃^{44}

浅 tɕʰiæ̃^{55}

高 kɔ^{44}

低 tsɿ^{44}

锉 tsʰu^{24}

正 tʂɤ̃^{24}

歪 uɛ^{44}

　歪尕拉 $\text{uɛ}^{21}\text{ka}^{21}\text{la}^{44}$

斜 ɕiᶎ^{24}

红 xuɤ̃^{24}

大红 $\text{ta}^{21}\text{xuɤ̃}^{44}$

桃红 $\text{tʰɔ}^{21}\text{xuɤ̃}^{24}$ 粉红

枣儿红 $\text{tsɔ}^{55}\text{ɛ}^{32}\text{xuɤ̃}^{21}$

紫红 $\text{tsɿ}^{44}\text{xuɤ̃}^{21}$

品红 $\text{pʰiɤ̃}^{44}\text{xuɤ̃}^{21}$

红兹兹 $\text{xuɤ̃}^{32}\text{tsɿ}^{24}\text{tsɿ}^{24}$

红丢丢 $\text{xuɤ̃}^{32}\text{tiɯ}^{24}\text{tiɯ}^{24}$

红刚刚 $\text{xuɤ̃}^{32}\text{kɔ}^{24}\text{kɔ}^{24}$

蓝 læ̃^{24}

天蓝 $\text{tʰiæ̃}^{44}\text{læ̃}^{21}$

灰蓝儿 $\text{xui}^{32}\text{læ̃}^{32}\text{ɛ}^{21}$

黑透蓝 $\text{xi}^{32}\text{tʰɯ}^{32}\text{læ̃}^{21}$

鸽子蓝 $\text{ku}^{44}\text{tsɿ}^{44}\text{læ̃}^{21}$

蓝刚刚 $\text{læ̃}^{32}\text{kɔ}^{24}\text{kɔ}^{24}$

绿 liɯ^{44}

草绿色 $\text{tsʰɔ}^{44}\text{lɣ}^{32}\text{si}^{21}$

军绿色 $\text{tɕyɤ̃}^{44}\text{lɣ}^{32}\text{si}^{21}$

豆绿儿 $\text{tɯ}^{32}\text{liɯ}^{32}\text{ɛ}^{21}$

黑绿儿 $\text{xi}^{32}\text{liɯ}^{32}\text{ɛ}^{21}$

绿汪汪儿的 $\text{liɯ}^{32}\text{uɤ̃}^{44}\text{uɤ̃}^{32}\text{ɛ}^{32}\text{tsɿ}^{21}$

绿不赞赞 $\text{liɯ}^{32}\text{pɣ}^{32}\text{tsæ̃}^{32}\text{tsæ̃}^{21}$

白 pi^{24}

　白兹兹 $\text{pi}^{32}\text{tsɿ}^{24}\text{tsɿ}^{21}$

灰 xui^{44}

深灰ʂɤ^{24}xui^{44}

浅灰tɕʰiæ^{44}xui^{21}

银灰iɤ^{24}xui^{44}

黄xuɤ^{24}

焦黄tɕiɔ^{44}xuɤ^{21}

青tɕʰiɤ^{44}

紫tsɿ^{55}

黑xi^{44}

　黑汪汪xi^{32}uɤ^{24}uɤ^{21}

肉色ʐɯ^{21}si^{44}

　人肉色ʐɤ^{32}ʐɯ^{32}si^{44}

棕色tsuɤ^{44}si^{44}

　香色ɕiɤ^{44}si^{44}

二十六　副词、介词

刚tɕiɔ^{24}我~来，没赶上

刚好儿tɕiɔ^{32}xɔ^{44}ɛ^{24}~十块钱

刚tɕiɔ^{24}不大不小，~合适

刚好tɕiɔ^{21}xɔ^{44}~我在那里

光kuɤ^{44}~吃米，不吃面

将就儿tɕiɔ^{32}tɕiɯ^{32}ɛ^{21}天~冷着点

恐怕kuɤ^{44}pʰa^{21}也许：~下里吧

可能kɔ^{44}nɤ^{21}明早儿~下俩

吸乎点点儿sɿ^{44}xʅ^{32}tɛ^{32}tɛ^{32}ɛ^{21}~拌到了

不……不pɤ^{24}九点不到哈会不开

就tɕiɯ^{24}马上：~来

就就tɕiɯ^{24}tɕiɯ^{24}~来：马上、很快来，比"就来"的速度快

就就就tɕiɯ^{24}tɕiɯ^{24}tɕiɯ^{24}~来：马上，比"就来"的速度还要快，是最快的一种

趁早儿tsʰɤ^{32}tsɔ^{44}ɛ^{21}~走吧

啊时候a^{44}sɿ^{44}xɯ^{21}随时：~来哈成价

眼望眼niæ^{44}uɤ^{32}niæ^{44}眼看：~就到期了

亏杀kʰui^{44}sa^{21}~你来了，要不然我们就走错了

当面tɔ^{21}miæ^{24}哈话哈~说

当头对面tɔ^{44}tʰɯ^{24}tui^{24}miæ^{24}

背地过里pi^{32}tsɿ^{44}kuɤ^{32}lʅ^{21}~要说

一处儿zɿ^{32}tʂʅ^{32}ɛ^{21}我们~去

一搭儿zɿ^{32}ta^{32}ɛ^{21}

个家ku^{21}tɕia^{24}自己：像~去

一手儿zɿ^{32}ʂɯ^{32}ɛ^{21}顺便：~拿上

得故意儿ti^{32}kɤ^{24}zɿ^{32}ɛ^{24}~捣乱

到底tɔ^{21}tsɿ^{44}像~走了没有，你要问清楚

实真真儿ʂɿ^{24}tʂɤ^{32}tʂɤ^{44}ɛ^{24}压根儿：像~不知道

实话ʂɿ^{21}xua^{24}这个人~好

平四十pʰiɤ^{32}sɿ^{32}ʂɿ^{21}刚好四十：这人刚~了

一挂麻拉zɿ^{32}kua^{24}ma^{21}la^{24}一共：~才十个人

嫑pɔ^{24}慢慢儿走，~跑

白pi^{24}不要钱：~吃

白pi^{24}空：~跑了一趟

偏个pʰiæ^{32}kɔ^{21}你我哈不去给哈，我~去俩

胡xɤ^{24}~说

先ɕiæ^{44}你~走，我随后就来

再的tsɛ^{24}tsɿ^{21}~还有一个人

哈xa^{44}像~狗阿咬给了一嘴

哈xa^{44}你像~好哈，像就你~好

对tui^{24}像我哈~运儿~上着笑价

才tsʰɤ^{24}啊一天~止哈俩：到哪天才为止？

着tʂɔ^{44}摆~水里

前头tɕʰiæ^{21}tʰɯ^{24}吃饭的~先洗手

照tʂɔ^{24}这个哈~上着做哈，就好价

哈xa^{44}我说~没错哈着：照我说没有错

俩lia^{21}你毛笔~写：你使毛笔写

就tɕiɯ^{21}你~这个路上家一直往前走：顺着这条大路一直往前走

价tɕia^{21}河边里~走：沿着河边走

往uɤ^{21}~后头看看

给ki^{21}你我哈写~个信：你替我写封信

哈xa⁴⁴ 大家~办事儿价：替大家办事

带tɛ²¹ 这个~那个一样

个kɔ²¹ 像哈打听~：向他打听一下

哈xa⁴⁴ 像~借一本书：问他借一本书

当tɔ̃²⁴ 有些地方麦草俩~烧柴价

尕子块价ka³²tʂʅ⁴⁴kʰuɛ³²tɕia²¹ 像~吃苦哈逮啊

望外uɔ̃³²uɛ²⁴ 老王钱儿多，~不拿

赶kæ̃⁵ 你得天黑以前~到

二十七　量　词

一个椅子zʅ³²kɔ²⁴zʅ⁴⁴tsʅ²¹

一个奖状zʅ³²kɔ²⁴tɕiɔ̃³²tʂuɔ̃²¹

一本儿书zʅ³²pɛ³²ɛ⁴⁴fɤ⁴⁴

一笔款子zʅ²⁴pʅ⁴⁴kʰuæ̃³²tsʅ²¹

一个马zʅ³²kɔ²⁴ma⁴⁴

一个牛zʅ³²kɔ²⁴niɯ²⁴

一封信zʅ³²fɛ³²ɕiɔ̃²⁴

一服药zʅ³²fɤ⁴⁴yu⁴⁴

一条河zʅ³²tʰiɔ⁴⁴xu²⁴

一个帽子zʅ³²kɔ²⁴mɔ³²tsʅ²¹

一朵儿花儿zʅ³²tu²⁴xua⁴⁴ɛ²¹

一顿饭zʅ³²tuɔ̃²⁴fæ̃²⁴

一个手巾zʅ³²kɔ²⁴ʂɯ⁴⁴tɕiɔ̃²¹

一辆车zʅ³²liɔ̃²⁴tʂʰi⁴⁴

一根儿香zʅ³²kɛ³²ɛ³²ɕiɔ̃⁴⁴

一只儿手zʅ³²tʂʅ³²ɛ³²ʂɯ⁴⁴

一个灯zʅ³²kɔ²⁴tɔ̃⁴⁴

一张桌子zʅ³²tʂɔ̃²⁴tʂu⁴⁴tsʅ²¹

一桌酒席zʅ³²tʂu⁴⁴tɕiɯ⁴⁴sʅ²¹

一场雨zʅ³²tʂʰɔ̃³²zɤ⁴⁴

一出戏zʅ³²tʂʰɤ⁴⁴sʅ²¹

一床被子zʅ²⁴tʂʰuɔ̃²⁴pʅ³²tsʅ²¹

一件儿棉衣zʅ³²tɕiæ̃⁴⁴ɛ³²miæ̃³²zʅ²¹

一杆儿枪zʅ³²kɛ³²ɛ³²tɕʰiɔ̃²¹

一支笔zʅ³²tsʅ³²pʅ⁴⁴

一根儿头发zʅ³²kɛ³²ɛ³²tʰɯ³²fa²¹

一棵儿树zʅ³²kʰu³²ɛ³²fɤ²⁴

一颗米zʅ³²kʰu³²mʅ⁴⁴

一片砖zʅ³²pʰiæ̃³²tʂuæ⁴⁴

一个猪zʅ³²kɔ²⁴tʂɤ⁴⁴

一个人zʅ³²kɔ³²zɔ̃²¹

两口儿liɔ̃³²kʰɯ³²ɛ²¹

一个铺子zʅ³²kɔ²⁴pʰɤ³²tsʅ²¹

一个飞机zʅ³²kɔ²⁴fi⁴⁴tsʅ²¹

一间房子zʅ³²tɕiæ²⁴fɔ̃³²tsʅ²¹

一件衣裳zʅ³²tɕiæ²⁴zʅ⁴⁴ʂɔ̃²¹

一行儿字zʅ³²xɔ²⁴ɛ⁴⁴tsʅ²⁴

一篇文章zʅ³²pʰiæ²⁴uɔ̃³²tʂɤ²⁴

一页书zʅ³²iɛ⁴⁴fɤ⁴⁴

一段儿文章zʅ³²tuɛ⁴⁴ɛ⁴⁴uɔ̃³²tʂɔ̃²⁴

一片好心zʅ³²pʰiæ²⁴xɔ⁴⁴ɕiɔ̃²⁴

一个红旗zʅ³²kɔ²⁴xuɔ̃²⁴tsʰʅ²⁴

一层儿纸zʅ³²tsʰɛ³²ɛ⁴⁴tsʅ²¹

一股儿味道zʅ³²kɤ³²ɛ⁴⁴ui³²tɔ⁴⁴

一个桥zʅ³²kɔ²⁴tɕʰiɔ²⁴

一盘棋zʅ³²pʰæ̃³²tsʰʅ²⁴

一门亲事zʅ³²mɔ̃²⁴tɕʰiɔ̃⁴⁴sʅ⁴⁴

一刀纸zʅ³²tɔ⁴⁴tsʅ⁴⁴

一沓儿纸zʅ³²tʰa³²ɛ²⁴tsʅ²¹

一个事情zʅ³²kɔ²⁴sʅ³²tɕʰiɔ̃²¹

一缸水zʅ³²kɔ̃⁴⁴fi⁴⁴

一碗饭zʅ³²uæ̃²⁴fæ̃²⁴

一缸缸茶zʅ³²kɔ̃⁴⁴kɔ̃⁴⁴tsʰa²⁴

一把儿米zʅ³²pa³²ɛ⁴⁴mʅ⁴⁴

一个萝卜zʅ³²kɔ²⁴lɔ³²pɤ²⁴

一卷儿纸zʅ³²kɤyæ̃³²ɛ⁴⁴tsʅ²¹

一捆行李zʅ³²kʰuɔ̃²⁴ɕiɔ̃³²ʅli

一担水zʅ³²tæ̃³²fi⁴⁴

一排桌子zʅ³²pʰɛ³²tʂu⁴⁴tsʅ²¹

一个院院zʅ³²kɔ²⁴yæ̃³²yæ̃²¹

一串串炮仗儿zʅ³²tʂʰuæ³²tʂʰuæ⁴⁴pʰɔ³²tʂɔ̃⁴⁴ɛ²¹

一句话zʅ³²tsɥ²⁴xua²⁴

一个客人zʅ³²kɔ²⁴kʰi⁴⁴z̩ɔ̃⁴⁴

一双鞋zʅ³²fɔ̃²⁴xɛ²⁴

一对儿花瓶zʅ³²tui³²ɛ⁴⁴xua⁴⁴pʰiɔ̃⁴⁴

一副眼镜zʅ³²fʮ³²niæ̃⁴⁴tɕiɔ̃²⁴

一套书zʅ³²tʰɔ²⁴fʮ⁴⁴

一种虫儿zʅ³²tʂuɔ̃²⁴tʂʰuɛ³²ɛ²⁴

一伙儿人zʅ³²xu³²ɛ³²z̩ɔ̃²⁴

一帮人zʅ³²pɔ̃⁴⁴z̩ɔ̃²⁴

一批货zʅ³²pʰʅ⁴⁴xu²⁴

一个zʅ³²kɔ²⁴

一窝蜜蜂儿zʅ³²u⁴⁴mʅ²¹fɛ²⁴ɛ²⁴

一串串葡萄zʅ³²tʂʰuæ³²tʂʰuæ⁴⁴pʰʮ³²tʰɔ²⁴

一拃zʅ²¹tsa²⁴ 大拇指与中指张开的长度

一庹zʅ²¹tʰu⁴⁴ 两臂平伸两手伸直的长度

一指儿zʅ³²tsʅ³²ɛ²¹长

一骨节儿zʅ³²kʮ³²tɕiæ⁴⁴ɛ²⁴长：手上两个骨节之间的距离

一脸zʅ²¹niæ̃²⁴

一身儿zʅ³²ʂɛ⁴⁴ɛ²⁴

一肚子瞎气zʅ³²tʮ³²tsʅ²¹xa²¹tsʰʅ²⁴

一顿zʅ²¹tuɔ̃²⁴

一趟zʅ²¹tʰɔ̃²⁴

（打）一挂zʅ²¹kua²⁴

（看）一眼zʅ²¹niæ̃²⁴

（吃）一口zʅ²¹kʰɯ²⁴

（喧）一下zʅ²¹kua²¹

（下）一阵（雨）zʅ²¹tʂɔ̃²⁴

（闹）一场zʅ³²tʂʰɔ²¹

（见）一面zʅ³²miæ̃²⁴

一个（佛像）zʅ²¹kɔ²⁴

一扇儿（门）zʅ³²ʂɛ³²ɛ⁴⁴

一张（画儿）zʅ³²tʂɔ̃²⁴

一堵（墙）zʅ²¹tʮ²⁴

一个（花瓣）zʅ²¹kɔ²⁴

一个（地方）zʅ²¹kɔ²⁴

一班（车）zʅ³²pæ̃⁴⁴

一堆（雪）zʅ³²tui⁴⁴

一个（火车）zʅ²¹kɔ²⁴

一师（兵）zʅ³²sʅ⁴⁴

一旅（兵）zʅ²¹lʮ²⁴

一团（兵）zʅ²¹tʰuæ̃²⁴

一营（兵）zʅ²¹iɔ̃²⁴

一连（兵）zʅ²¹liæ̃²⁴

一排（兵）zʅ²¹pʰɛ²⁴

一班（兵）zʅ²¹pæ̃⁴⁴

一组zʅ³²tsʮ⁴⁴

一撮毛zʅ³²tsu⁴⁴mɔ²⁴

一杆线zʅ³²kæ̃²⁴ɕiæ̃²⁴

一撮儿头发zʅ³²tsu⁴⁴ɛ⁴⁴tʰɯ³²fa²⁴

（写）一笔（好字）zʅ²¹pʅ⁴⁴

（开）一会儿（会）zʅ³²xu³²ɛ⁴⁴

（下）一盘（棋）zʅ²⁴pʰæ̃²⁴

（打）一圈（麻将）zʅ²⁴tɕʰyæ̃⁴⁴

一疙瘩（肉）zʅ²⁴ki⁴⁴ta²¹

一袋袋（面）zʅ³²tɛ²¹tɛ²⁴

一滴儿（雨）zʅ²⁴tʰia⁴⁴ɛ⁴⁴

一盒（洋火）zʅ²¹xu²⁴

一箱箱（衣裳）zʅ²⁴ɕiɔ̃⁴⁴ɕiɔ̃²¹

一书架（小说）zʅ²⁴fʮ³²tɕia²⁴

一抽屉（文件）zʅ²⁴tʂʰɯ⁴⁴tsʅ²⁴

一筐筐（菠菜）zʅ²⁴kʰuɔ̃⁴⁴kʰuɔ̃²⁴

一篮篮（梨儿）zʅ³²læ̃²¹læ̃²⁴

一炉子（灰）zʅ²⁴lʮ²¹tsʅ²⁴

一包（书）zʅ²⁴pɔ⁴⁴

一皮袋（干粮）zʅ²⁴pʰʅ²¹tʰɛ²⁴

一池池（水）zʅ²⁴tʂʰʅ²¹tʂʰʅ²⁴

一缸（金鱼）zʅ²⁴kɤ̃²⁴
一瓶瓶（醋）zʅ²⁴pʰiɤ̃²¹pʰiɤ̃²⁴
一坛坛（酒）zʅ²⁴tʰæ̃²¹tʰæ̃²⁴
一桶（汽油）zʅ³²tʰuɤ̃²¹
一电壶（开水）zʅ³²tiæ̃²¹xɣ⁴⁴
一茶壶（茶）zʅ³²tsʰa²¹xɣ⁴⁴
一锅（汤）zʅ²⁴ku⁴⁴ 一锅饭
一笼（包子）zʅ²¹luɤ̃²⁴
一碟碟（菜）zʅ²⁴ti³²ti²¹
一碗（饭）zʅ²¹uæ̃²⁴
一盅（酒）zʅ²⁴tʂuɤ̃⁴⁴
一勺勺（汤）zʅ²⁴fɔ²¹fɔ²⁴
万把银子uæ̃³²pa⁴⁴iɤ̃³²tsʅ²⁴

二十八　附加成分等

后加成分：
～着很tʂɔ³²xɤ̃²¹
～死sʅ⁴⁴
吃头tʂʰʅ⁴⁴tʰɯ⁴⁴ 这个菜没吃～
喝头xu⁴⁴tʰɯ⁴⁴ 那个酒没喝～
看头kʰæ̃³²tʰɯ⁴⁴ 这个戏没～
说头fɔ⁴⁴tʰɯ⁴⁴ ～个啥有里哟
干头kæ̃³²tʰɯ⁴⁴ 这会儿没～
～着点tʂɔ⁴⁴tɛ²¹ 我忙～
想头ɕiɤ̃⁴⁴tʰɯ⁴⁴ ～个多嘛
前加成分：
糊涂一xɣ³²tɣ²¹
阿一a²⁴
虚字：
哈xa⁴⁴
了liɔ²⁴
价tɕia²⁴
俩lia²⁴
哆sa²¹

着tʂɔ⁴⁴
给ki²⁴

二十九　数字等

一号zʅ²¹xɔ²⁴
二号ɛ²¹xɔ⁴⁴
三号sæ̃²¹xɔ⁴⁴
四号sʅ²¹xɔ⁴⁴
五号ɣ⁵⁵xɔ²¹
六号liɯ²¹xɔ²⁴
七号tsʰʅ²¹xɔ²⁴
八号pa³²xɔ²¹
九号tɕiɯ⁴⁴xɔ²¹
十号ʂʅ²¹xɔ²⁴
初一tʂʰɣ⁴⁴zʅ⁴⁴
初二tʂʰɣ²¹ɛ²⁴
初三tʂʰɣ²¹sæ̃⁴⁴
初四tʂʰɣ²¹sʅ²⁴
初五tʂʰɣ²¹ɣ²⁴
初六tʂʰɣ²⁴liɯ⁴⁴
初七tʂʰɣ²⁴tsʰʅ⁴⁴
初八tʂʰɣ²⁴pa⁴⁴
初九tʂʰɣ²¹tɕiɯ⁴⁴
初十tʂʰɣ²⁴ʂʅ²⁴
大爷ta²¹iʐ⁴⁴ 老大
二爷ɛ²¹iʐ⁴⁴ 老二
三爷sæ̃⁴⁴iʐ⁴⁴ 老三
四爷sʅ²¹iʐ⁴⁴ 老四
五爷ɣ⁵⁵iʐ⁴⁴ 老五
大姐ta²¹tɕiʐ⁴⁴ 老大姑娘
二姐ɛ²¹tɕiʐ⁴⁴ 老二姑娘
三姐sæ̃²¹tɕiʐ²⁴ 老三姑娘
四姐sʅ²¹tɕiʐ⁴⁴ 老四姑娘
五姐ɣ⁵⁵tɕiʐ²⁴ 老五姑娘
最尕的tsui²⁴ka²¹tsʅ²¹ 老小

一个 zๅ²¹kɔ²⁴　　　　六 liɯ⁴⁴

两个 liɔ̃⁴⁴kɔ²¹　　　　七 tsʰๅ⁴⁴

三个 sæ̃⁴⁴kɔ⁴⁴　　　　八 pa⁴⁴

四个 sๅ²¹kɔ⁴⁴　　　　九 tɕiɯ⁴⁴

五个 ɣ̩⁵⁵kɔ²¹　　　　十 ʂๅ²⁴

六个 liɯ⁴⁴kɔ⁴⁴　　　　十一 ʂๅ²⁴zๅ⁴⁴

七个 tsʰๅ⁴⁴kɔ⁴⁴　　　　二十 ɛ²¹ʂๅ⁴⁴

八个 pa⁴⁴kɔ⁴⁴　　　　二十一 ɛ²⁴ʂๅ³²zๅ⁴⁴

九个 tɕiɯ⁴⁴kɔ²¹　　　　三十 sæ̃⁴⁴ʂๅ²¹

十个 ʂๅ²¹kɔ²⁴　　　　三十一 sæ̃³²ʂɯ²⁴zๅ⁴⁴

第一 tsๅ²⁴zๅ⁴⁴　　　　四十 sๅ³²ʂๅ²¹

第二 tsๅ²⁴ɛ²⁴　　　　四十一 sๅ³²ʂๅ⁴⁴zๅ⁴⁴

第三 tsๅ²⁴sæ̃⁴⁴　　　　五十 ɣ̩⁵⁵ʂๅ²¹

第四 tsๅ²⁴sๅ²⁴　　　　五十一 ɣ̩⁵ʂๅ²⁴zๅ⁴⁴

第五 tsๅ²¹ɣ̩⁵⁵　　　　六十 liɯ⁴⁴ʂๅ²¹

第六 tsๅ²⁴liɯ⁴⁴　　　　六十一 liɯ³²ʂๅ²⁴zๅ⁴⁴

第七 tsๅ²⁴tsʰๅ⁴⁴　　　　七十 tsʰๅ⁴⁴ʂๅ⁴⁴

第八 tsๅ²⁴pa⁴⁴　　　　七十一 tsʰๅ³²ʂๅ²⁴zๅ⁴⁴

第九 tsๅ²¹tɕiɯ⁴⁴　　　　八十 pa⁴⁴ʂๅ⁴⁴

第十 tsๅ²⁴sๅ²⁴　　　　八十一 pa³²ʂๅ²⁴zๅ⁴⁴

第一个 tsๅ²⁴zๅ⁴⁴kɔ²⁴　　　　九十 tɕiɯ⁴⁴ʂๅ²¹

第二个 tsๅ²⁴ɛ²¹kɔ⁴⁴　　　　九十一 tɕiɯ⁴⁴ʂๅ³²zๅ⁴⁴

第三个 tsๅ²⁴sæ̃⁴⁴kɔ⁴⁴　　　　一百 zๅ²⁴pi⁴⁴

第四个 tsๅ²⁴sๅ²¹kɔ⁴⁴　　　　一千 zๅ²⁴tɕʰiæ̃⁴⁴

第五个 tsๅ³²ɣ̩⁵⁵kɔ²¹　　　　百一 pi²⁴zๅ⁴⁴

第六个 tsๅ²⁴liɯ⁴⁴kɔ⁴⁴　　　　一百一十一 zๅ²⁴pi⁴⁴zๅ²⁴ʂๅ²⁴zๅ⁴⁴

第七个 tsๅ²⁴tsʰๅ⁴⁴kɔ⁴⁴　　　　百二 pi²¹ɛ²⁴

第八个 tsๅ²⁴pa⁴⁴kɔ⁴⁴　　　　百三 pi²⁴sæ̃⁴⁴

第九个 tsๅ³²tɕiɯ⁴⁴kɔ²¹　　　　百五 pi⁴⁴ɣ̩⁵⁵

第十个 tsๅ²⁴ʂๅ³²kɔ²⁴　　　　一百五十个 zๅ²⁴pi⁴⁴ɣ̩⁵⁵ʂๅ³²kɔ²¹

一 zๅ⁴⁴　　　　二百五 ɛ³²pi⁴⁴ɣ̩⁴⁴（二百五十）

二 ɛ²⁴　　　　二百五十个 ɛ³²pi⁴⁴ɣ̩⁵⁵ʂๅ³²kɔ²¹

三 sæ̃⁴⁴　　　　三百一 sæ̃³²pi²⁴zๅ⁴⁴

四 sๅ²⁴　　　　三百三 sæ̃²¹pi²⁴sæ̃⁴⁴

五 ɣ̩⁵⁵　　　　三百八 sæ̃²¹pi²⁴pa⁴⁴

千一 tɕʰiæ̃^{24}zʅ^{44}

一千一百个 zʅ^{24}tɕʰiæ̃^{44}zʅ^{24}pi^{44}kɔ^{21}

千九 tɕʰiæ̃^{21}tɕiɯ^{24}

一千九百个 zʅ^{24}tɕʰiæ̃^{44}tɕiɯ^{24}pi^{32}kɔ^{21}

三千 sæ̃^{44}tɕʰiæ̃^{44}

五千 ɣʅ^{55}tɕʰiæ̃^{21}

八千 pa^{44}tɕʰiæ̃^{44}

一万 zʅ^{21}uæ̃^{24}

万二 uæ̃^{24}ɛ^{24}

一万两千个 zʅ^{32}uæ̃^{24}liɔ̃^{44}tɕʰiæ̃^{32}kɔ^{21}

三万五 sæ̃^{32}uæ̃^{32}ɣʅ^{21}

三万五千个 sæ̃^{32}uæ̃^{24}ɣʅ^{55}tɕʰiæ̃^{32}kɔ^{21}

零 liɔ̃^{24}

二斤 ɛ^{32}tɕiɔ̃^{44}

二两 ɛ^{32}liɔ̃^{44}

二钱 ɛ^{32}tɕʰiæ̃^{24}

二分 ɛ^{32}fɔ̃^{21}

两厘儿 liɔ̃^{44}lʅ^{32}ɛ^{24}

两丈 liɔ̃^{21}tʂɔ̃^{44}

二尺 ɛ^{32}tʂʰʅ^{44}

二寸 ɛ^{32}tsʰuɔ̃^{44} 两寸

二里 ɛ^{32}lʅ^{44}

两担 liɔ̃^{44}tæ^{21}

二斗 ɛ^{21}tɯ^{44}

二升 ɛ^{21}ʂɔ̃^{44}

两盒 liɔ̃^{44}xu^{24}

两项 liɔ̃^{32}ɕiɔ^{21}

两亩 liɔ̃^{21}mʅ^{24}

几个 tsʅ^{44}kɔ^{21}

几个俩 tsʅ^{44}kɔ^{24}lia^{21} 好几个

大着点 ta^{32}tʂɔ^{44}tɛ^{21}

大着多 ta^{32}tʂɔ^{44}tu^{44}

一点点 zʅ^{24}tɛ^{21}tɛ^{24}

十几个 ʂʅ^{32}tsʅ^{24}kɔ^{24}

一百多个 zʅ^{24}pi^{44}tu^{32}kɔ^{21}

十个的个 ʂʅ^{32}kɔ^{32}tsʅ^{44}kɔ^{21} 十来个

一千个的个 zʅ^{24}tɕʰiæ̃^{44}kɔ^{32}tsʅ^{24}kɔ^{21} 千数个

半个儿 pɔ̃^{32}kɔ^{44}ɛ^{21}

一半个儿 zʅ^{32}pæ̃^{32}kɔ^{44}ɛ^{21}

两半个 liɔ̃^{44}pæ̃^{32}kɔ^{24}

多半个儿 tu^{32}pɔ̃^{32}kɔ^{44}ɛ^{21}

一个半 zʅ^{21}kɔ^{24}pæ̃^{24}

成语：

一来二去 zʅ^{24}lɛ^{24}ɛ^{24}tsʰʅ^{24}

一刀两断 zʅ^{24}tɔ^{44}liɔ̃^{44}tuæ^{24}

一举两得 zʅ^{21}tsɥ^{24}liɔ̃^{44}ti^{44}

一打两下十 zʅ^{21}ta^{24}liɔ̃^{44}xa^{32}ʂʅ^{44}

一打两响 zʅ^{21}ta^{24}liɔ̃^{32}ɕiɔ̃^{24}

二八搅干 ɛ^{32}pa^{44}tɕiɔ^{21}kæ^{24}

三天两头 sæ̃^{44}tʰiæ̃^{44}liɔ̃^{44}tʰɯ^{24}

三长两短 sæ̃^{44}tʂʰɔ̃^{24}liɔ̃^{32}tuæ^{21}

三言两语 sæ̃^{44}iæ̃^{44}liɔ̃^{21}zɥ^{24}

三心二意 sæ̃^{44}ɕiɔ̃^{44}ɛ^{24}zʅ^{24}

三锤两棒 sæ̃^{44}tʂʰui^{44}liɔ̃^{44}pɔ̃^{24}

四面八方 sʅ^{24}miæ̃^{24}pa^{44}fɔ̃^{24}

四平八稳 sʅ^{24}pʰiɔ̃^{24}pa^{44}uɔ̃^{21}

五湖四海 ɣʅ^{55}xɣʅ^{32}sʅ^{32}xɛ^{44}

五花八门 ɣʅ^{55}xua^{32}pa^{24}mɔ̃^{24}

乱七八糟 luæ̃^{32}tsʰʅ^{44}pa^{32}tsɔ^{24}

七长八短 tsʰʅ^{24}tʂɔ̃^{24}pa^{21}tuæ̃^{44}

七手八脚 tsʰʅ^{21}ʂɯ^{24}pa^{24}tɕyu^{44}

千军万马 tɕʰiæ̃^{44}tɕyɣ^{44}uæ̃^{32}ma^{21}

千变万化 tɕʰiæ̃^{44}piæ̃^{44}uæ̃^{24}xua^{24}

千言万语 tɕʰiæ̃^{44}iæ̃^{44}uæ̃^{32}zɥ^{44}

干支：

甲 tɕia^{44}

乙 zʅ^{24}

丙 piɔ̃^{44}

丁 tiɔ̃^{44}

戊 ɣʅ^{44}

己tʂɿ²⁴

庚kə̃⁴⁴

辛ɕiə̃⁴⁴

壬z̩ə̃²⁴

癸kui²⁴

子tʂɿ⁴⁴

丑tʂʰɯ²⁴

寅iə̃²⁴

卯mɔ²⁴

辰tʂʰə̃²⁴

巳sɿ²⁴

午ɣ̩⁵⁵

未ui²⁴

申sə̃⁴⁴

酉iɯ⁴⁴

戌sʮ⁴⁴

亥xɛ²⁴

参考文献

论文与著作

1. 曹志耘、邵朝阳：《青海乐都方言音系》，《方言》2001 年第 4 期。

2. 曹志耘：《方言与地域文化研究的对象和方法——读〈福建方言〉有感》，《语文研究》1999 年第 2 期。

3. 曹树基：《中国移民史》第六卷，福建人民出版社 1997 年版。

4. 陈保亚：《论语言接触与语言联盟——汉越（侗台）语源关系的解释》，语文出版社 1996 年版。

5. 陈其光：《语言间的深层影响》，《民族语文》2002 年第 1 期。

6. 陈良煜：《河湟汉族来源与青海方言的形成》，《青海师范大学学报》2008 年第 6 期。

7. 程祥徽：《青海口语语法散论》，《中国语文》1980 年第 2 期。

8. 丁邦新：《论官话方言研究中的几个问题》，《史语所集刊》1987 年。

9. 邓靖声：《西宁方言词例释》，《青海社会科学》1981 年第 2 期。

10. 鄂春荣：《浅释民和土族村庙中的"装脏"仪式》，《青海民族研究》2004 年第 2 期。

11. 葛剑雄主编，葛剑雄、吴松弟、曹树基著：《中国移民史》第五卷，福建人民出版社 1997 年版。

12. 顾颉刚：《甘青闻见录》，甘肃人民出版社 1988 年版。

13. 谷晓恒：《青海汉语方言谚语的文化特征探究》，《青海社会科学》2006 年第 3 期。

14. 谷晓恒：《青海话中的词缀"头"》，《青海民族研究》2006 年第 2 期。

15. 谷晓恒：《青海汉语方言谚语的句法结构及语义特征分析》，《青海民族学院学报》2007 年第 4 期。

16. 高本汉：《中国音韵学研究》，商务印书馆 1940 年版。

17. 郭纬国：《循化方言志》，青海人民出版社 1995 年版。

18. 郭沈青：《西北方言全浊清化的年代考》，《宝鸡文理学院学报》2004 年第 1 期。

19. ［瑞典］高本汉：《中国音韵学研究》，商务印书馆 2003 年版。

20. 高葆泰：《兰州方言音系》，甘肃人民出版社 1985 年版。

21. 侯精一：《现代汉语方言概论》，上海教育出版社 2002 年版。

22. 何大安：《规律与方向：变迁中的音韵结构》，北京大学出版社 2004 年版。

23. 贺巍：《中原官话的分区（稿）》，《方言》2005 年第 2 期。

24. ［比利时］贺登崧著，石汝杰、岩田礼译：《汉语方言地理学》，上海教育出版社 2003 年版。

25. 霍福：《"南京竹子巷"与青海汉族移民》，《青海师范大学民族师范学院学报》2006 年第 11 期。

26. 贾晞儒：《语言接触中的汉语青海方言词》，《青海民族学院学报》2006 年第 2 期。

27. 贾晞儒：《青海话中的民族语借词》，《民族语文》2006 年第 2 期。

28. 贾晞儒：《对河湟汉语几个语法现象的分析》，《青海民族学院学报》1990 年第 4 期。

29. 贾晞儒：《青海汉话与少数民族语言》，《民族语文》1991 年第 5 期。

30. 贾晞儒：《从青海汉语的几个方言词看语言间的接触影响》，《民族语文》1994 年第 4 期。

31. 贾伟：《试论明代河湟地区人口迁移》，《青海民族研究》2002 年第 2 期。

32. 蒋平、沈明：《晋语的儿尾变调和儿化变调》，《方言》2002 年第 4 期。

33. 李荣：《方言研究中的若干问题》，《方言》1983 年第 2 期。

34. 李荣：《官话方言的分区》，《方言》1985 年第 1 期。

35. 李荣主编：《西宁方言词典》，江苏教育出版社 1994 年版。

36. 李倩：《中宁方言两字组的两种连调模式》，《语言学论丛（24）》，商务印书馆 2001 年版。

37. 李建校：《陕北晋语语音研究》，博士学位论文，北京语言大学，2006 年。

38. 李蓝：《现代汉语方言差比句的语序类型》，《方言》2003 年第 3 期。

39. 李思敬：《汉语"儿"[ɚ]音史研究》，商务印书馆 1986 年版。

40. 李克郁：《青海汉语中的某些阿尔泰语言成分》，《民族语文》1987 年第 3 期。

41. 李克郁：《析青海汉语的让给动词"给"》，《青海民族学院学报》1993 年第 4 期。

42. 李树俨：《中宁方言志》，宁夏人民出版社 1989 年版。

43. 李树玫：《西宁方言的歇后语》，《青海师范大学学报》1985 年第 1 期。

44. 李树玫：《青海民间文学中的西宁方言特色》，《青海民族学院学报》1989

年第 1 期。

45. 李文实：《青海汉语方言试探》，《青海民族研究》1991 年第 4 期。

46. 李炜：《兰州话、河州话两种混合语及其关系——兼谈西北话的阿尔泰化》，《双语双方言与现代中国》，北京语言文化大学出版社 1999 年版。

47. 李如龙：《关于方言与地域文化研究》，《泉州师范学院学报》2005 年第 1 期。

48. 李如龙：《方言与文化的宏观研究》，《暨南学报》1994 年第 4 期。

49. 林伦伦：《潮汕方言与文化研究》，广东高等教育出版社 1991 年版。

50. 李逢春：《西宁史话》，中国文联出版社 2006 年版。

51. 刘勋宁：《再论汉语北方话的分区》，《中国语文》1995 年第 6 期。

52. 刘俐李：《焉耆汉语方言研究》，新疆大学出版社 1994 年版。

53. 刘凯：《"花儿"中的方言语法结构及一些虚词》，《青海师范学院学报》1982 年第 4 期。

54. 廖贞：《青海汉语方言探微》，《现代语文》2007 年第 9 期。

55. 林有盛：《西宁方言寻古》，青海人民出版社 2003 年版。

56. 鲁晋：《"花儿"的语言结构与河湟的方言俗语》，《雪莲》1981 年第 4 期。

57. 罗常培：《唐五代西北方音》，中央研究院历史语言研究所 1933 年版。

58. 罗杰瑞著，张惠英译：《汉语概说》，语文出版社 1995 年版。

59. 罗美珍：《论族群互动中的语言接触》，《语言研究》2000 年第 3 期。

60. 罗昕如：《湖南方言与地域文化研究》，湖南师范大学出版社 2001 年版。

61. 罗福腾：《汉语方言与民间文化新观察》，新华文化事业（新）有限公司 1998 年版。

62. 雒鹏：《甘肃汉语方言声韵调及特点》，《西北师范大学学报》2001 年第 2 期。

63. 马树钧：《汉语河州话与阿尔泰语言》，《民族语文》1984 年第 2 期。

64. 马梦玲：《青海多元文化交融下的语言接触现象》，《青海师范大学学报》2007 年第 6 期。

65. 马甘：《青海乡风》，湟中印刷厂 1995 年印刷。

66. 马雪雁：《谈汉语西宁方言语汇中的文化心理》，《青海民族学院学报》2006 年第 3 期。

67. 芈一之：《青海汉族的来源、变化和发展》，《青海民族研究》1996 年第 3 期。

68. 梅耶：《历史语言学中的比较方法》，科学出版社 1957 年版。

69. ［俄］莫景西：《"儿化"、"儿尾"的分类和分区初探》，《中山大学学报》

1992 年第 4 期。

70. 莫超：《白龙江流域汉语方言语法研究》，中国社会科学出版社 2004 年版。

71. 莫超、朱富林：《洮河流域汉语方言的语音特点》，《中山大学学报》2009 年第 3 期。

72. 敏生智：《汉语青海方言与藏语安多方言》，《青海民族学院学报》1989 年第 3 期。

73. 聂鸿音：《回鹘文〈玄奘传〉中的汉字古音》，《民族语文》1998 年第 6 期。

74. 南德庆：《青海乐都地区汉族寿礼习俗研究》，《青海民族研究》2006 年第 3 期。

75. 潘悟云：《关于汉语声调发展的几个问题》，*Journal of Chinese Linguistic* 1982 年第 10 期。

76. 潘悟云：《汉语历史音韵学》，上海教育出版社 2000 年版。

77. 蒲生华：《河湟汉族婚俗中抢婚文化的"遗留物"》，《青海民族研究》2005 年第 3 期。

78. 瞿建慧：《湘语辰溆片语音研究》，博士学位论文，陕西师范大学，2008 年。

79. 钱曾怡：《汉语方言研究的方法与实践》，商务印书馆 2002 年版。

80. 钱曾怡：《从汉语方言看汉语声调的发展》，《语言教学与研究》2000 年第 2 期。

81. [日]桥本万太郎著，余志鸿译：《语言地理类型学》，北京大学出版社 1985 年版。

82. 乔全生：《现代晋方言与唐五代西北方言的亲缘关系》，《中国语文》2004 年第 3 期。

83. 乔全生：《晋方言语音史研究》，中华书局 2008 年版。

84. 秦永章：《甘宁青地区多民族格局形成史研究》，民族出版社 2005 年版。

85. 任碧生：《西宁方言的前置宾语句》，《方言》2004 年第 4 期。

86. 任碧生：《西宁方言"把"字的多样性》，《青海民族学院学报》2005 年第 2 期。

87. 任碧生：《青海方言语法专题研究》，青海人民出版社 2006 年版。

88. 孙考：《青海乡俗》，青海人民出版社 1992 年版。

89. 宋金兰：《甘青汉语选择问句的特点》，《民族语文》1993 年第 1 期。

90. 宋金兰：《丝路汉语语法的两个特征》，《青海民族研究》1993 年第 3 期。

91. 石汝杰：《汉语方言中高元音的强摩擦倾向》，《语言研究》1998 年第 1

期。

92. 侍建国：《官话德陌麦三韵入声字音变》，《方言》1996 年第 3 期。

93. 邵荣芬：《敦煌俗文学中的别字异文和唐五代西北方音》，《中国语文》1963 年第 3 期。

94. 许英国：《青海居住民俗摭言》，《青海民族研究》1992 年第 4 期。

95. 万波、庄初升：《西北方言中古知庄章精组声母的今读类型与历史层次》，第四届西北方言与民俗国际研讨会参会论文，2010 年。

96. 吴波：《江淮官话语音研究》，博士学位论文，复旦大学，2007 年。

97. 吴媛：《岐山方言语音研究》，硕士学位论文，陕西师范大学，2006 年。

98. 吴媛：《岐山话两字组的连读变调及中和调的模式》，《南开语言学刊》2008 年第 2 期。

99. 伍巍：《合肥话-i、-y 音节声韵母前化探讨》，《语文研究》1995 年第 3 期。

100. 王士元著，石锋等译：《语言的探索——王士元语言学论文选译》，北京语言大学出版社 2000 年版。

101. 王力：《汉语史稿》，中华书局 2004 年版。

102. 王力：《汉语语音史》，中国社会科学出版社 1998 年版。

103. 王福堂：《汉语方言语音的演变与层次》，语文出版社 2005 年版。

104. 王福堂：《古全浊声母清化后塞音塞擦音送气不送气的问题》，《语言学论丛》，商务印书馆 2007 年版。

105. 王双成：《青海方言元音[i]的舌尖化音变》，《中国语文》2006 年第 4 期。

106. 王双成：《西宁方言的体貌》，《青海师范大学学报》2009 年第 1 期。

107. 王双成：《西宁方言的差比句》，《中国语文》2009 年第 3 期。

108. 王双成：《安多藏语[i]的舌尖化及其类型学意义》，《语言研究》2010 年第 2 期。

109. 王双成：《西宁方言的给予类双及物结构》，《方言》2011 年第 1 期。

110. 王双成：《西宁方言的介词类型》，《中国语文》2012 年第 5 期。

111. 王森：《临夏方言的儿化音变》，《语言研究》1995 年第 1 期。

112. 王军虎：《晋陕甘方言的"支微入鱼"现象和唐五代西北方音》，《中国语文》2004 年第 3 期。

113. 王临惠：《汾河流域方言的语音特点及其流变》，中国社会科学出版社 2003 年版。

114. 王洪君：《入声韵在山西方言中的演变》，《语文研究》1990 年第 1 期。

115. 汪忠强：《青海方言的特殊的表意形式》，《青海社会科学》1982 年第

5 期。

116. 汪忠强：《青海方言的几个特殊的助词》，《青海师专学报》1983 年第 2 期。

117. 汪忠强：《谈谈青海方言的特殊语序》，《语言文字学》1984 年第 7 期。

118. 魏明章：《汉族迁入今青海东部农业区的历史情况琐谈》，《青海社会科学》1983 年第 6 期。

119. 徐通锵：《宁波方言的"鸭"[ɛ]类词和儿化的残迹》，《中国语文》1985 年第 3 期。

120. 谢佐：《青海风俗》，青海人民出版社 2002 年版。

121. 谢佐等：《西宁文化的内涵特征及发展方向调查分析报告》，《攀登》2005 年第 1 期。

122. 邢向东：《神木方言研究》，中华书局 2002 年版。

123. 邢向东：《陕北晋语语法比较研究》，商务印书馆 2006 年版。

124. 邢向东：《论西北方言和晋语重轻式语音词后字的调位中和模式》，《南开语言学刊》2003 年第 3 期。

125. 邢向东：《神木方言的儿化变调》，《方言》1996 年第 1 期。

126. 熊正辉：《官话方言分 ts tʂ 的类型》，《方言》1990 年第 1 期。

127. 杨耐思：《中原音韵音系》，中国社会科学出版社 1981 年版。

128. 杨迎春：《青海农村居住建筑习俗》，《民俗研究》1996 年第 1 期。

129. ［日］远藤光晓：《介音与其它语音成分之间的配合关系》，《声韵论丛》，《学生书局》2001 年第 11 期。

130. 袁家骅：《汉语方言概要》，文字改革出版社 1960 年版。

131. 赵日新：《汉语方言中的[i]>[ʅ]》，《中国语文》2007 年第 2 期。

132. 赵浚、张文轩：《兰州方言志》，兰州大学出版社 2004 年版。

133. 照那斯图：《土族语简志》，民族出版社 1981 年版。

134. 赵学玲：《汉语方言影疑母字声母的分合类型》，《语言研究》2007 年第 4 期。

135. 赵宗福：《花儿通论》，青海人民出版社 1989 年版。

136. 赵宗福、马成俊：《中国民俗大系·青海民俗》，甘肃人民出版社 2004 年版。

137. 赵宗福：《青海多元民俗文化圈研究》，中国社会科学出版社 2012 年版。

138. 张安生：《宁夏同心话的选择性问句——兼论西北方言"X 吗 Y"句式的来历》，《方言》2003 年第 1 期。

139. 张安生：《西宁回民话的引语标记"说着"、"说"》，《中国语文》2007 年第 4 期。

140. 张安生：《同心方言研究》，中华书局 2006 年版。

141. 张成材、朱世奎：《西宁方言志》，青海人民出版社 1987 年版。

142. 张成材：《西宁话音档》，上海教育出版社 1997 年版。

143. 张成材：《青海省汉语方言的分区》，《方言》1984 年第 3 期。

144. 张成材：《循化方言有 aŋ、iaŋ 韵没有 uaŋ 韵》，《语言研究》1984 年第 1 期。

145. 张成材：《青海省语言概况》，《青海民族学院学报》1989 年第 4 期。

146. 张成材：《试论青海汉语方言的形成》，《青海社会科学》1992 年第 4 期。

147. 张成材：《西宁方言的语法特点》，《青海社会科学》1981 年第 1 期。

148. 张世方：《中原官话知系字读唇齿音声母的形成与分布》，《语言科学》2004 年第 4 期。

149. 张双庆、邢向东：《关中礼泉方言音系及声调对元音开口度的影响——兼论关中及西北方言调查中的音位处理原则》，《语文研究》2010 年第 2 期。

150. 张维佳：《演化与竞争：关中方言音韵结构的变迁》，陕西人民出版社 2005 年版。

151. 张燕来：《兰银官话语音研究》，博士学位论文，北京语言大学，2003 年。

152. 张燕芬：《中古阳声韵韵尾在汉语方言中的读音类型》，博士学位论文，山东大学，2009 年。

153. 张晓贞：《青海汉语方言语法二、三题》，《青海民族研究》1998 年第 3 期。

154. 张翁、燕娟：《青海省志资料》，国防研究院，1961 年。

155. 张云海：《青海贵德汉族节庆民俗变迁研究》，《西北第二民族学院学报》2004 年第 4 期。

156. 周磊、王燕：《乌鲁木齐方言词典》，江苏人民出版社 1998 年版。

157. 周振鹤、游汝杰：《方言与中国文化》，上海人民出版社 2006 年版。

158. 朱马：《甘宁青三省汉语声音研究之浅见》，《新光》1949 年第 11 期。

159. 朱晓农：《汉语元音的高顶出位》，《中国语文》2004 年第 4 期。

160. 朱刚、韩建业：《河湟"花儿"族源试探——从河湟"花儿"的若干语言现象谈起》，《青海民族学院学报》1986 年第 3 期。

161. 朱世奎主编：《青海风俗简志》，青海人民出版社 1994 年版。

162. 朱世奎、丁乐年：《西宁方言词语汇典》，青海人民出版社 2003 年版。

地方史志

1. 中国西北文献丛书编委会：《中国西北文献丛书·西北稀见方志文献·第五十五卷》，中国西北文献丛书编委会 1990 年版。

2. 青海省地方志编纂委员会：《青海省志·人口志》，西安出版社 2000 年版。

3. 西宁市城东区志编纂委员会：《城东区志》，青海人民出版社 2000 年版。

4. 青海省志编纂委员会：《青海历史纪要》，青海人民出版社 1987 年版。

5. 青海省政协文史资料研究委员会：《青海文史资料选辑·第 16 辑》，内部发行，1987 年。

6. 民和回族土族自治县地方志编纂委员会：《民和县志》，陕西人民出版社 1993 年版。

7. 乐都县地方志编纂委员会：《乐都县志》，陕西人民出版社 1991 年版。

8. 大通回族土族自治县地方志编纂委员会：《大通县志》，陕西人民出版社 1993 年版。

9. 大通回族土族自治县概况编写组：《大通回族土族自治县概况》，青海人民出版社 1986 年版。

10. 化隆回族自治县地方志编纂委员会：《化隆县志》，陕西人民出版社 1993 年版。

11. 湟中县地方志编纂委员会：《湟中县志》，青海人民出版社 1990 年版。

12. 湟源县地方志编纂委员会：《湟源县志》，陕西人民出版社 1993 年版。

13. 化隆县地方志编纂委员会：《化隆县志》，陕西人民出版社 1993 年版。

14. 《互助土族自治县县志》编纂委员会：《互助土族自治县县志》，内部发行，1984 年。

15. 平安县地方志编纂委员会：《平安县志》，陕西人民出版社 1996 年版。

16. 《循化撒拉族自治县概况》编写组：《循化撒拉族自治县概况》，青海人民出版社 1984 年版。

后　记

　　湟水流域是一个多民族聚居的地区，除汉族以外，有藏族、蒙古族、撒拉族、土族、回族等少数民族。各民族在长期交往与融合过程中，在汉语方言方面，呈现出了一些特殊的语言面貌，在文化方面，形成具有特色的地域文化。2008 年，我申请了国家社科基金青年项目"湟水流域方言与地域文化研究"并获批准。但接下来的研究却并不顺利，最大的困难是时间得不到保证。时值博士在读，博士论文和项目关系不密切，故只能搁置项目，集中精力写博士论文，以至于让项目的结项一拖再拖。

　　记得在上大学时，我们几个老乡在火车上说方言，有些听不懂青海方言的人好奇地问我们说的是不是日语？我们的方言听起来居然跟日语相似？真有点不可思议。也就是从那时候起，我就萌生了研究湟水流域汉语方言与文化的念头。但限于自己的学力，一直徘徊于方言与文化研究的门外。1998 年我有幸攻读了"民俗学"硕士学位，郝苏民先生在文化的研究方面，给予了我悉心的指导，也为我后来进行的湟水流域文化研究，打下了坚实的基础。2007 年，我考取了邢向东先生的博士研究生，先生不嫌我的愚钝，一步步把我带进了方言研究的殿堂。10 多年来，我在这条学术道路上的每一点进步都得到先生亲切关怀和切实指导。现在，先生又拨冗审阅全书，并欣然赐序，热情洋溢，褒掖有加。先生厚望，怎一个"谢"字了得！我唯有再接再厉，方不辜负先生的培育之恩。

　　做课题比较辛苦，特别是做方言和文化的调查。自 2012 年开始，我从被誉为"青海东大门"的民和回族土族自治县到被称为"海藏咽喉"的湟源县，扎下心来做方言调查。那时候，母亲还在，陪同我住在那乡间的小旅馆里，找合适的发音合作人，一切好像发生在昨日，历历在目。可是如今，母亲却已辞世，如果母亲能知道我们的辛勤付出总算有所收获，一定也会欣慰吧！

　　在这部书中还有一些问题，我并没有解决或解决得不好，借此机会向前辈同行讨教。比如语法部分，有些语法特点没有涉及，有些没能够深入下去。江蓝生先生将比况助词"似的"分为两类："似的 1"表示相似或比喻义；"似的 2"表示不定判断（或曰推测）语气。湟水流域的比况助词"般的", 除了有"似的 1"和"似的 2"的用法外, 还有只表示相似, 没有比喻意义的用法。例如:"你我说着般的傢哈说给。你跟我说的这样给他说。"这种用法比前两种用法产生的时间早还是迟? 是不是受了少数民族语言的影响, 是语言接触所致, 我说不清楚。另外, 湟水流域汉语方言的反复问句、"哈"字句等, 由于时间原因, 也没能详细探讨。如今书就要付梓出版了, 我心里却并不轻松, 由于本人的水平有限, 书中的错漏之处, 还请各位专家读者不吝赐教!

在此我感谢在调查中给我提供帮助的亲人和朋友, 还有那些积极配合的发音合作人。

本书的出版, 得到雍际春教授及天水师范学院陇右文化研究中心的大力支持, 郭昭第教授一直过问本书的出版情况, 在此一并表示由衷谢忱!

在本书即将出版之际, 我还要特别感谢责任编辑张林老师, 看着她寄给我的批注得密密麻麻的书稿, 既汗颜又欣慰, 感谢她一丝不苟的辛勤工作, 让我可以减少很多内容和形式上的疏漏。

芦兰花

2017 年 12 月 1 日